제7판 자료목록법
■ KORMARC · MARC 21을 중심으로 ■

제 7 판

자료목록법

■ KORMARC · MARC 21을 중심으로 ■

이경호 · 김정현 공저

Introduction to Cataloging :
KORMARC and MARC 21

Seventh edition

by
Lee Kyung-Ho and Kim Jeong-Hyen

국립중앙도서관 출판시도서목록(CIP)

자료목록법 : KORMARC · MARC 21을 중심으로 / 이경호, 김정현 공저. -- 제7판. -- 대구 : 태일사, 2024.
435 p. : 삽화 ; 26 cm

ISBN 979-11-87268-82-6

024.3 - KDC6
025.3 - DDC23   CIP2016-----

머리말

오늘날 수많은 정보의 신속한 전달을 위해서는 도서관에 있어서 새로운 정보처리 및 전달 방법을 요구하고 있다. 이러한 요구에 부응하는 방법 가운데 하나가 도서관의 목록데이터베이스 구축이다. 컴퓨터의 신속하고 정확한 데이터처리 능력을 이용하여 전통적인 편목업무를 효율적으로 처리하고자 개발된 것이 MARC(MAchine Readable Cataloging)이며, 이를 자동화목록법 또는 기계가독목록법이라 한다. MARC이 개발됨으로 인해 도서관은 자료의 상호이용과 도서관간 상호협력을 위한 표준화에 착수하게 되었고, 나아가 신속 정확하게 필요한 자료를 제공할 수 있게 됨으로써 도서관사에 하나의 획기적인 사실로 등장하게 되었다.

오늘날 웹 환경에서 더블린 코어와 같은 메타데이터가 개발되어 자원조직을 위한 대체 수단으로 일부 사용되기도 하지만, 국내외 도서관마다 수십만, 수백만 건의 목록레코드가 MARC 형식으로 저장되어 데이터베이스의 역할을 하고 있다. 또한 도서관간 정보공유의 측면에서도 MARC 형식은 여전히 중요한 수단이 되고 있다. 따라서 목록레코드를 이해하기 위해서는 ISBD를 중심으로 이루어지고 있는 전통적인 서지기술과 이것을 코드화하여 구조화한 MARC 형식에 대한 기본적인 이해가 필요하며, 아울러 도서관 현장에서 레코드 작성을 위해 실질적으로 적용되고 있는 한국목록규칙, KORMAC 및 MARC 21 형식 등을 함께 이해할 필요가 있다.

2003년 한국목록규칙 제4판이 발간되고 이를 반영하여 2006년 KORMARC 형식 통합서지용이 발간된 이후 실질적으로 한국목록규칙의 표준화가 이루어졌다고 볼 수 있지만 여전히 전거형접근점에 대한 규칙의 미비로 전거제어가 제대로 이루어지고 있지 않다. 국제적으로는 IFLA에서 국제목록원칙규범을 제정하고, 그동안 자료별로 분산되어 있던 ISBD를 하나로 통합하여 통합판을 발간하였다. 그리고 AACR2R의 후속규칙으로 RDA가 발간되었으며, 서지레코드의 기능요건인 FRBR 모형이 목록계 전반에 활발하게 연구되고 있다.

최근의 목록 동향으로는 한국목록규칙 제4판의 개정 작업이 거의 마무리되어 초안이 한국도서관협회 홈페이지에 공개되어 있으며, 조만간 제5판이 발간될 예정이다. 또한

KORMARC 형식은 이미 RDA와 MARC 21 형식을 반영하여 2014년과 2023년에 각각 개정이 되었다. 그리고 국제적으로 2017년 IFLA의 FR 개념모형 즉, FRBR, FRAD, FRSAD가 통합되어 도서관 참조모형인 LRM으로 발표되었으며, 국제목록원칙규범과 RDA는 LRM을 반영하여 개정판이 공개되어 있다.

본서는 무엇보다 최근의 이러한 국내외 목록 흐름을 이해하는데 주안점을 두었다. 특히 한국목록규칙 제5판(안)의 특성과 주요 내용을 소개하고, 이의 기반이 되는 FR 개념모형과 전거제어의 기반이 되는 RDA의 전거형접근점 작성지침(한국목록규칙 제5판에 대부분 포함 예정)을 이번 개정 내용에 포함하였다. 그리고 KORMARC 형식 2023년 개정판의 특성도 함께 소개하였다.

본서는 크게 7개 부문의 본문, 용어해설, 부록 등으로 구성되어 있다. 우선 제1장에서는 목록에 대한 기본적인 이해를 중심으로 기술하였으며, 제2장은 현행 규칙인 한국목록규칙 제4판의 내용을 중심으로 기술하였고, 제3장은 KORMARC 형식의 구조와 목록레코드 작성, 제4장은 RDA의 특성과 내용, 제5장은 MARC 21 형식의 구조와 목록레코드 작성, 제6장에서는 접근점, 그리고 제7장에서는 주제명목록과 전거제어에 대해 다루었다. 따라서 본서는 한국목록규칙 제4판, KORMARC, RDA, MARC 21의 내용을 모두 통합하여 한 권의 책으로 엮은 만큼 일선 사서는 물론 문헌정보학 교육의 현장에서도 누구나 손쉽게 이용할 수 있도록 하였다. 또한 가능한 한 MARC의 기본개념을 쉽게 이해할 수 있고, KORMARC과 MARC 21을 실제로 적용할 수 있도록 목록의 원리 중심으로 설명하였다. 그리고 문헌정보학을 전공한 사람이라면 목록을 쉽게 작성할 수 있고, 목록데이터베이스를 이해할 수 있도록 목록 사항 및 필드 별로 다양한 목록예시와 함께 해설도 제공하였다.

본서가 이 분야의 연구자들이나 실무자, 그리고 목록을 학습하는 학생들에게 조그마한 보탬이 된다면 더없는 기쁨이며, 이를 토대로 부족한 부분을 계속 보완할 생각이므로 독자 여러분의 아낌없는 지적과 조언을 부탁드리는 바이다. 끝으로 초판(2003), 개정판(2005), 제3판(2007), 제4판(2009), 제5판(2012), 제6판(2016)에 이어 제7판이 나올 수 있도록 기꺼이 후원해 주신 태일사에 진심으로 감사를 드린다.

2024년 8월
저자

목 차

제1장 목록의 이해

1. 목록과 목록조직 ·· 17
   1.1 목록의 의의와 기능 ··· 17
   1.2 목록의 요소와 종류 ··· 20
   1.3 목록조직의 원리 ··· 31
2. 목록규칙의 발달 ·· 35
   2.1 근대 목록규칙 ·· 35
   2.2 현대 목록규칙: 20세기 초반 ··· 37
   2.3 현대 목록규칙: 파리원칙 이후 ·· 40
3. 목록기술과 ISBD ·· 43
   3.1 서지기술의 요소와 순서 ·· 44
   3.2 구두법 ··· 47
   3.3 ISBD 적용 예시 ··· 47
4. FR 개념모형과 LRM ··· 49
   4.1 FRBR ·· 49
   4.2 FRAD ·· 53
   4.3 FRSAD ·· 54
   4.4 LRM ·· 56
5. 서지적 관계 유형 ·· 57
   5.1 MARC 형식의 서지적 관계 유형 ·· 58
   5.2 Tillett의 서지적 관계 유형 ··· 59
   5.3 Bertha의 서지적 관계 유형 ·· 59
   5.4 Smiraglia의 서지적 관계 유형 ·· 60
   5.5 한국목록규칙 제4판의 서지적 관계 유형 ··························· 60
   5.6 RDA의 서지적 관계 유형 ·· 61

6. MARC의 개념과 발전 ·· 62
  6.1 MARC의 개념 ·· 62
  6.2 MARC의 발전 ·· 63
  6.3 MARC 레코드의 구조 ·································· 65
7. 메타데이터 ··· 66
  7.1 메타데이터의 개념 ······································ 66
  7.2 메타데이터의 유형 ······································ 67
  7.3 DC와 MODS ·· 68

제2장 한국목록규칙

1. 한국목록규칙 제4판과 제5판(안) ···························· 75
  1.1 한국목록규칙 제4판의 특성과 구성 ····················· 75
  1.2 한국목록규칙 제5판(안)의 특성과 주요 내용 ··········· 77
2. 단행본 총칙 ··· 81
  2.1 기술의 대상 ··· 81
  2.2 기술의 정보원 ··· 81
  2.3 기술구조와 제요소의 기재순서 ·························· 82
  2.4 기술방법 ·· 84
3. 표제와 책임표시사항 ··· 89
  3.0 총칙 ·· 89
  3.1 본표제 ·· 90
  3.2 자료유형 ·· 96
  3.3 대등표제 ·· 97
  3.4 표제관련정보 ·· 98
  3.5 권차, 회차, 연차표시 ··································· 99
  3.6 책임표시 ·· 101
4. 판사항 ·· 122
  4.0 총칙 ·· 122

  4.1 판표시 ··· 122
  4.2 특정판의 책임표시 ··· 125
  4.3 부차적 판표시 ·· 126
  4.4 부차적 판의 책임표시 ··· 127
 5. 자료특성사항 ·· 130
  5.0 총칙 ··· 130
  5.1 범위 ··· 130
  5.2 기술방법 ··· 130
  5.3 복수의 특성 ·· 130
 6. 발행사항 ·· 131
  6.0 총칙 ··· 131
  6.1 발행지, 배포지 ··· 131
  6.2 발행처, 배포처 ··· 134
  6.3 발행년, 배포년 ··· 137
  6.4 제작사항 ··· 140
 7. 형태사항 ·· 143
  7.0 총칙 ··· 143
  7.1 특정자료종별과 자료의 수량 ··· 143
  7.2 삽화류표시 ··· 151
  7.3 크기 ··· 153
  7.4 딸림자료 ··· 154
 8. 총서사항 ·· 158
  8.0 총칙 ··· 158
  8.1 총서의 본표제 ·· 159
  8.2 총서의 대등표제 ·· 159
  8.3 총서의 표제관련정보 ··· 160
  8.4 총서의 책임표시 ·· 160
  8.5 총서의 ISSN ·· 161
  8.6 총서의 권호 ·· 161
  8.7 하위총서 ··· 162

9. 주기사항 ... 167
- 9.0 총칙 ... 167
- 9.1 주기의 범위 ... 167
- 9.2 기술방법 ... 167
- 9.3 주기의 종류와 기재순서 ... 168

10. 표준번호 및 입수조건사항 ... 182
- 10.0 총칙 ... 182
- 10.1 표준번호 ... 182
- 10.2 등록표제 ... 183
- 10.3 입수조건표시 ... 183

제3장 KORMARC 형식

1. KORMARC 형식의 개요 ... 187
- 1.1 형식의 범위 ... 187
- 1.2 레코드의 구성요소 ... 188
- 1.3 설계원칙 ... 192
- 1.4 리더 ... 194
- 1.5 디렉토리 ... 197

2. KORMARC 형식의 필드별 데이터입력 ... 198
- 2.1 제어필드(00X) ... 198
- 2.2 숫자와 부호필드(01X~09X) ... 212
- 2.3 기본표목(1XX) ... 225
- 2.4 표제와 표제관련필드(20X-24X) ... 233
- 2.5 판차, 발행 등 필드(250-28X) ... 243
- 2.6 형태사항 등(3XX) ... 247
- 2.7 총서사항(4XX) ... 250
- 2.8 주기사항(5XX) ... 254
- 2.9 주제명부출표목(6XX) ... 272
- 2.10 부출표목(70X-75X) ... 279

    2.11 연관저록(76X-78X) ··· 284
    2.12 총서부출표목(80X-830) ·· 297
    2.13 소장, 변형문자 등(841-89X) ······································· 298
    2.14 로컬에서 정의한 필드(9XX) ······································· 300
3. KORMARC 형식 개정판의 특성 ·· 301
    3.1 KORMARC 형식 2014년 개정판 ······································ 301
    3.2 KORMARC 형식 2023년 개정판 ······································ 304
4. MARC 데이터베이스의 이해 ·· 307
    4.1 데이터베이스란 무엇인가? ·· 307
    4.2 고장길이 레코드 구조의 데이터베이스 ····························· 307
    4.3 MARC의 구조 ·· 310
    4.4 MARC 데이터베이스 구축원리 ······································ 312
    4.5 MARC 데이터베이스와 정보검색 ···································· 315

제4장 RDA(자원기술과 접근)

1. RDA의 특성 ·· 323
    1.1 RDA의 이론적 기반 ··· 323
    1.2 자원의 유형별 구분 ··· 324
    1.3 기술과 접근을 분리하지 않음 ······································· 327
    1.4 접근점 ··· 327
2. RDA의 내용구조 ·· 328
    2.1 서론 ··· 328
    2.2 속성 ··· 328
    2.3 관계 ··· 332
    2.4 부록 및 용어집 ·· 332
3. RDA의 기술 실례 ··· 333
    3.1 AACR2와 RDA의 목록기술 비교 ··································· 333
    3.2 레코드 작성 예시 ·· 336

제5장 MARC 21 형식

1. MARC 21 형식의 개요 ·· 341
   1.1   레코드의 구조 ·· 341
   1.2   필드의 세부 내용 ··· 343
   1.3   KORMARC과 MARC 21 형식의 차이점 ······································· 346
2. MARC 21 형식의 적용 예시 ·· 350
   2.1   숫자와 부호 필드(01X-09X) ··· 350
   2.2   기본표목 필드(1XX) ·· 351
   2.3   표제와 표제관련 필드(20X-24X) ·· 356
   2.4   판차, 발행 등 필드(25X-28X) ··· 361
   2.5   형태사항 등 필드(3XX) ··· 363
   2.6   총서사항 필드(4XX) ·· 365
   2.7   주기 필드(5XX) ··· 366
   2.8   주제명접근 필드(6XX) ··· 370
   2.9   부출표목 필드(70X-75X) ··· 371
   2.10 연관저록 및 기술 필드(76X-78X) ··· 372
   2.11 총서부출표목 필드(80X-83X) ·· 373
   2.12 소장, 위치, 변형문자 등 필드(841-88X) ································· 374

제6장 접근점

1. 접근점의 의의 ·· 379
   1.1   AACR ·· 379
   1.2   국제목록원칙규범 ·· 380
   1.3   RDA ··· 382
   1.4   한국목록규칙 제4판 ··· 383
2. 접근점의 작성 ·· 383
   2.1   저작의 접근점 ·· 384

2.2 표현형의 접근점 ··· 392
2.3 개인의 접근점 ·· 394
2.4 가계의 접근점 ·· 395
2.5 단체의 접근점 ·· 396

제7장 주제명목록과 전거제어

1. 주제명목록 ·· 401
    1.1 주제명목록의 개념과 특성 ·· 401
    1.2 주제명표목의 구조 ·· 402
    1.3 주제명표목표 ·· 404
2. 전거제어 ·· 405
    2.1 전거제어의 개념과 특성 ·· 405
    2.2 KORMARC 형식의 전거제어 ·· 406

- ■ 참고문헌 / 416
- ■ 부 록 / 419
    - 용어해설 / 421
- ■ 색인 / 429
    - 국문색인 / 429
    - 영문색인 / 434

그림 목차

〈그림 1-1〉 목록의 기입요소 ··· 20
〈그림 1-2〉 목록대상 자료의 예시 ·· 25
〈그림 1-3〉 목록카드의 종류 ·· 30
〈그림 1-4〉 목록레코드의 예시 ··· 30
〈그림 1-5〉 FRBR의 구조 ·· 49
〈그림 1-6〉 저작개념의 예: Ernest Hemingway의 *The Old Man and the Sea* ······· 51
〈그림 1-7〉 FRAD: 전거데이터의 개념모형 ··································· 54
〈그림 1-8〉 FRSAD: 주제전거데이터의 개념모형 ··························· 55
〈그림 1-9〉 LRM의 개체 구성 ·· 59
〈그림 1-10〉 DC의 기술 예시 ·· 70
〈그림 1-11〉 MODS의 기술 예시 ··· 72
〈그림 2-1〉 활자자체의 크기를 우선 순위로 삼아 본표제 채택 ········· 107
〈그림 2-2〉 외국어표제와 한국어표제가 함께 기재되어 있는 경우 ···· 108
〈그림 2-3〉 본문은 한글이지만 외국으로만 되어 있는 표제는 그대로 채택 ··· 109
〈그림 2-4〉 본표제에 오자가 있고 그 오자를 확인하여 부가할 경우 ··· 110
〈그림 2-5〉 관제의 기술 ·· 111
〈그림 2-6〉 본표제앞에 기재되어 있는 문구는 각각 해당 사항에 옮겨 기술 ··· 112
〈그림 2-7〉 고전류의 표제: 증보, 신역, 주해 등 ···························· 113
〈그림 2-8〉 종합본표제가 없는 2인 이상의 합집 ···························· 114
〈그림 2-9〉 종합표제가 있는 4개 저작(저자) 이상의 합집 ··············· 115
〈그림 2-10〉 별표제가 있는 경우 ··· 116
〈그림 2-11〉 한글 및 한자표제가 함께 기재되어있는 경우 ·············· 117
〈그림 2-12〉 표제관련 정보의 기술순서 ·· 118
〈그림 2-13〉 원표제와 외국문자로 표기된 원저자 ·························· 119
〈그림 2-14〉 저자가 4인 이상인 경우 ··· 120
〈그림 2-15〉 저작의 역항을 달리 하는 2종 이상의 책임표시가 있는 경우 ··· 121
〈그림 2-16〉 판과 쇄의 구분 ··· 128
〈그림 2-17〉 판표시와 유사한 어구가 있는 경우 ··························· 129
〈그림 2-18〉 발행처가 2곳 이상인 경우 ·· 141
〈그림 2-19〉 발행처명이 표제와 책임표시사항에 포함된 경우 ·········· 142
〈그림 2-20〉 쪽수 매김이 4개 이상의 부분으로 나뉘어져 있는 경우 ··· 156
〈그림 2-21〉 딸림자료가 있는 경우 ·· 157
〈그림 2-22〉 총서표제가 2개 이상 나타나 있는 경우 ····················· 164
〈그림 2-23〉 총서사항: 총서번호와 ISSN이 있는 경우 ···················· 165
〈그림 2-24〉 총서표제와 총서의 권차표제로 나뉘어져 있는 경우 ····· 166
〈그림 2-25〉 상이한 표제에 관한 주기 ··· 180
〈그림 2-26〉 내용주기 ·· 181

〈그림 3-1〉 KORMARC 서지레코드의 구조 ··· 188
〈그림 3-2〉 KORMARC 서지레코드의 리더 구조 ································· 188
〈그림 3-3〉 KORMARC 서지레코드의 디렉토리 구조 ························· 189
〈그림 3-4〉 KORMARC 서지레코드의 가변길이 데이터 필드 구조 ··· 190
〈그림 3-5〉 KORMARC 서지레코드의 출력 예 ···································· 190
〈그림 3-6〉 KORMARC 서지레코드 예 ·· 191
〈그림 3-7〉 KORMARC 서지레코드의 입력화면 예 ····························· 192
〈그림 3-8〉 KORMARC 서지레코드의 디렉토리 예 ····························· 198
〈그림 3-9〉 부호화 정보필드의 입력요소: 공통 ···································· 205
〈그림 3-10〉 국립중앙도서관 청구기호 및 KDC, DDC, ISBN의 표시 예 ········ 224
〈그림 3-11〉 기본표목: 개인명 ··· 229
〈그림 3-12〉 기본표목: 단체명 ··· 230
〈그림 3-13〉 기본표목: 회의명 ··· 231
〈그림 3-14〉 기본표목: 통일표제 ··· 232
〈그림 3-15〉 표제와 책임표시사항: 표제관련정보 및 기능이 다른 저자들의 표시 ····· 239
〈그림 3-16〉 여러 형태의 표제: 대등표제, 표제관련정보 ··················· 240
〈그림 3-17〉 여러 형태의 표제: 원표제 ··· 241
〈그림 3-18〉 MARC 21의 번역도서 목록 예 ·· 242
〈그림 3-19〉 판사항의 표시 ··· 245
〈그림 3-20〉 발행처가 두 곳인 경우 ·· 246
〈그림 3-21〉 형태사항: 페이지, 사진, 크기, 딸림자료 ························· 249
〈그림 3-22〉 총서사항: 총서번호와 ISSN이 있는 경우 ······················· 252
〈그림 3-23〉 총서사항: 다르게 부출되는 총서표제 ····························· 253
〈그림 3-24〉 일반주기 ··· 267
〈그림 3-25〉 주기사항: 학위논문주기 ··· 268
〈그림 3-26〉 내용주기: 종합표제는 표제에, 개별표제는 내용주기에 기술 ····· 269
〈그림 3-27〉 종합표제를 총서표제, 개별표제를 본표제로 하여 낱권으로 목록 ····· 270
〈그림 3-28〉 주기사항: 원본출판사항 ··· 271
〈그림 3-29〉 주제명부출표목 ··· 278
〈그림 3-30〉 분출표목이 있는 경우 ··· 283
〈그림 3-31〉 번역저록이 있는 경우 ··· 294
〈그림 3-32〉 모체레코드의 저록이 있는 경우 ······································ 295
〈그림 3-33〉 선행저록이 있는 경우 ··· 296
〈그림 3-34〉 Excel의 레코드 구조 ·· 308
〈그림 3-35〉 저자명색인파일과 도치파일 ·· 309
〈그림 3-36〉 MARC 21 입력화면 ··· 313
〈그림 3-37〉 MARC 21 레코드 형식(%는 필드종료표시, @는 레코드 종료표시) ····· 314
〈그림 4-1〉 RDA를 적용한 레코드 작성 예 ··· 337
〈그림 5-1〉 MARC 21 서지레코드 예 ·· 342
〈그림 5-2〉 LC OPAC의 목록검색 예 ·· 343

〈그림 5-3〉 서지제어번호: ISBN, LC 청구기호, DDC 분류기호 ·················· 350
〈그림 5-4〉 기본표목: 개인명 ·················· 351
〈그림 5-5〉 기본표목: 단체명 ·················· 352
〈그림 5-6〉 기본표목: 단체명(대통령) ·················· 353
〈그림 5-7〉 기본표목: 회의명 ·················· 354
〈그림 5-8〉 기본표목: 통일표제 ·················· 355
〈그림 5-9〉 저자가 4인 이상일 경우: 첫 번째 또는 대표저자 ·················· 356
〈그림 5-10〉 기타표제가 있는 경우 ·················· 357
〈그림 5-11〉 번역도서인 경우 ·················· 358
〈그림 5-12〉 별표제가 있는 경우 ·················· 359
〈그림 5-13〉 합집: 종합표제가 없는 개인저서 ·················· 360
〈그림 5-14〉 발행사항: 발행사항이 중복될 경우 ·················· 361
〈그림 5-15〉 판사항: 개정판의 표제가 변경된 경우 ·················· 362
〈그림 5-16〉 형태사항: 페이지수, 삽화, 크기, 딸림자료 ·················· 363
〈그림 5-17〉 형태사항: 전집 ·················· 364
〈그림 5-18〉 총서사항: 총서표제, 총서번호, ISSN ·················· 365
〈그림 5-19〉 일반주기 ·················· 366
〈그림 5-20〉 학위논문주기 ·················· 367
〈그림 5-21〉 내용주기: 전집의 권차표제가 있는 경우 ·················· 368
〈그림 5-22〉 내용주기: 종합표제가 있는 합집 ·················· 369
〈그림 5-23〉 주제명부출: 개인명, 통일표제 ·················· 370
〈그림 5-24〉 부출표목: 분출표제 ·················· 371
〈그림 5-25〉 연관저록: 선행저록이 있는 경우 ·················· 372
〈그림 5-26〉 총서부출표목 ·················· 373
〈그림 5-27〉 소장정보: 전자적 위치 및 접속방법 (856 필드) ·················· 374
〈그림 7-1〉 KORMARC 전거레코드의 구조 ·················· 407

표 목차

〈표 1-1〉 목록기술 내용의 비교: KORMARC과 ISBD ·················· 63
〈표 1-2〉 DC 15개 기본요소 및 한정어 ·················· 69
〈표 1-3〉 MODS의 20개 상위요소 ·················· 71
〈표 2-1〉 한국목록규칙 제4판과 제5판(안)의 목차 비교 ·················· 79
〈표 4-1〉 RDA의 매체 및 수록매체유형 ·················· 325
〈표 4-2〉 RDA의 내용유형 ·················· 326

제1장

목록의 이해

1. 목록과 목록조직
2. 목록규칙의 발달
3. 목록기술과 ISBD
4. FR 개념모형과 LRM
5. 서지적 관계 유형
6. MARC의 개념과 발전
7. 메타데이터

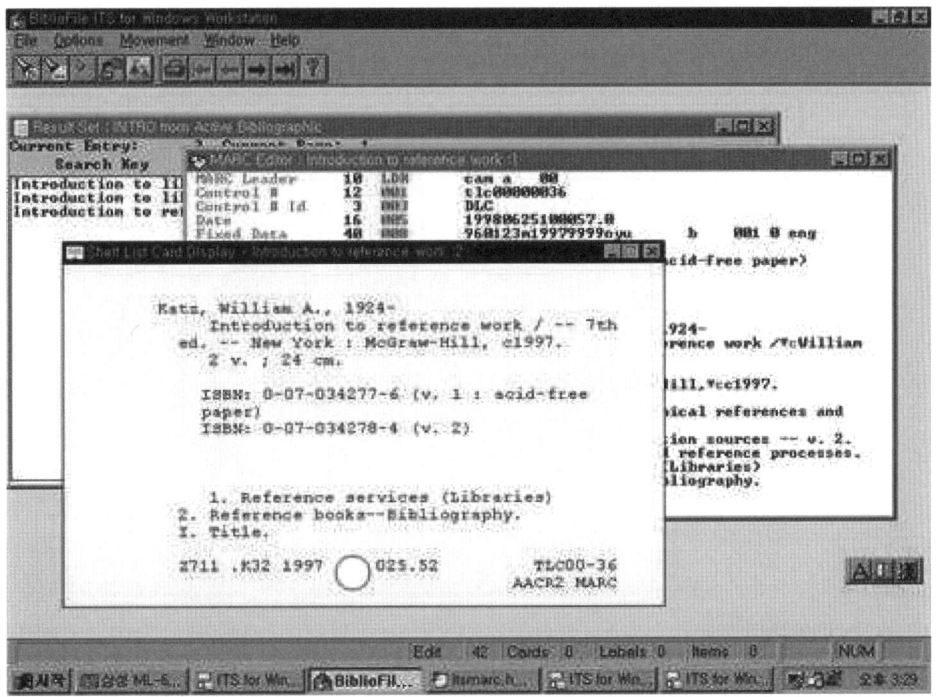

목록의 이해

1 목록과 목록조직

1.1 목록의 의의와 기능

 목록이란 도서관이 소장하고 있는 자료의 물리적 정보를 일정한 체계에 따라 조직한 것으로 이용자와 자료를 매개하는 하나의 검색도구이다. 이러한 기본개념이 정립되기까지 그동안 수많은 목록이 작성되어 이용되어왔으며, 목록의 작성방법도 역사와 더불어 다양한 기법이 개발되고 연구되어왔다.
 목록기능의 변화 과정을 역사적으로 살펴보면 동서양을 불문하고 1400년대까지는 주로 개인이나 도서관 또는 수도원이 소유하고 있던 소장문헌에 대한 단순한 기록으로, 이 시대의 목록은 주로 자산목록(inventory list)으로서의 기능을 수행하였다. 17세기 이후 과학기술을 비롯한 서구의 학문이 커다란 진보를 이루면서 특히 인쇄술의 발달과 교육 인구의 확장, 출판물의 대량생산으로 인해 정보량이 급속하게 증가되었다. 자연스럽게 당시 지식인들은 이들 자료를 조직하고 제어하기 위한 새로운 방법으로서의 목록을 생각하게 되었으며, 지금까지의 자산목록에서 관심 있는 자료를 확인하고, 검색할 수 있는 새로운 기능을 필요로 하게 되었다. 특히 목록의 기능가운데 특정 저자의 모든 저작과 특정 저작의 상이한 판을 한자리에 집중하고자 하는 저작단위 집중기능도 중시되었다. 결국 자료를 조직적이고 논리적으로 배열, 검색할 수 있는 현대적 의미의 도서관목록이 출현하게 된 것이다.
 이와 같이 목록기능의 역사적인 발전과정을 보면 처음 자산목록으로부터 특정 자료의 검색기능으로 발전하였으며, 다시 저작단위를 집중하는 기능으로 발전해 왔다. 이것은 인쇄술의 발전과 교육기회의 확장, 정보에 대한 새로운 평가 등 문화나 사회발전의 영향을 받아 목록도 변화됐음을 볼 수 있다.

일찍이 Cutter와 Shera는 물론, 국제목록원칙규범과 한국목록규칙 제4판에서는 이와 같은 목록의 구체적인 기능을 다음과 같이 요약하고 있다.

1) Charles Ammi Cutter[1]

① 이용자가 알고 있는 저자명, 표제, 주제명으로 자료를 검색하게 함
② 도서관이 소장하고 있는 특정 도서를 저자명, 주제명, 문헌의 유형으로 보여
③ 특정 판(서지적) 또는 저작의 특성(문자나 주제별)에 따라 자료의 선정을 지원함

2) Jesse Hauk Shera[2]

아래의 각 항목들로 부터 자료의 검색을 가능하게 한다.
① 출판물에 관계한 저자, 역자, 출판자
② 표제
③ 출판형식에 의한 사전, 서지, 인명록
④ 시간적인 측면을 고려한 출판년
⑤ 지명
⑥ 언어적인 측면에서 원저 혹은 번역서
⑦ 물리적인 측면에서 제본과 장정
⑧ 주제적인 측면에서 분류나 주제명

3) 국제목록원칙규범[3]

IFLA의 2016년판 국제목록원칙규범은 크게 1. 적용범위, 2 일반 원칙, 3. 개체, 속성, 관계, 4. 서지기술, 5. 접근점, 6. 목록의 목적과 기능, 7. 탐색능력의 기반 등 7개 조항으로

---

1) Charles Ammi Cutter. *Rules for Dictionary Catalog, 4th ed.*(Washington, D.C. : Government Printing Office, 1904), p.12.
2) Jesse Hauk Shera. *Libraries and the Organization of Knowledge*(London : C. Lockwood, 1966), p.183.
3) IFLA Cataloguing Section. *Statement of International Cataloguing Principles(ICP)*, 2016
⟨https://www.ifla.org/wp-content/uploads/2019/05/assets/cataloguing/icp/icp_2016-en.pdf⟩

구성되어 있으며, 아래의 내용은 이 가운데 조항 6에서 제시하고 있는 '목록의 목적과 기능'을 발췌한 것이다.

> 6. 목록의 목적과 기능
>   목록의 기능은 이용자가 다음의 사항을 효과적으로 효율적으로 수행할 수 있는 도구이어야 한다.
>   6.1 자원의 속성이나 관계를 이용하여 탐색한 결과로서 소장자료 중 서지자원을 탐색(find)하는 일: 다음과 같은 단일자원과 자원들의 집합을 탐색하는 일
>   동일 저작에 속하는 모든 자원
>   동일 표현형에 속하는 모든 자원
>   동일 구현형에 속하는 모든 자원
>   특정 개인이나 가계, 단체와 관련된 모든 자원
>   특정 테마에 관한 모든 자원
>   일반적으로 탐색 결과의 이차적인 제한을 위해 기타 기준(언어, 발행지, 발행일, 내용유형, 매체유형, 수록매체유형 등)으로 한정한 모든 자원
>   6.2 서지자원이나 행위자를 식별(identify)하는 일 (즉, 기술된 개체가 찾고자 하는 개체에 해당하는지를 확인하거나 유사한 특징을 지닌 둘 이상의 개체를 구별하는 일)
>   6.3 이용자의 요구에 적합한 서지자원을 선정하는 일(select) (즉, 매체, 내용, 수록매체 등과 관련하여 이용자의 요구를 만족시키는 자원을 선정하는 일, 혹은 이용자의 요구에 적합하지 않은 자원을 제외하는 일)
>   6.4 기술된 개별자료를 입수(acquire), 혹은 접근을 확보(obtain access)하는 일
>   (즉, 구입이나 대출 등을 통해 이용자가 개별자료를 입수할 수 있도록 정보를 제공하는 일이나 원격자원에 온라인 연결을 통해 전자적으로 개별자료에 접근하는 일), 혹은 전거데이터나 서지데이터를 접근하거나 입수, 확보하는 일
>   6.5 목록의 안팎을 항해(navigate)하고 탐험(explore)하는 일
>   서지데이터와 전거데이터의 논리적 배열 및 개체간의 명확한 관계 표현을 통해 목록의 안팎은 물론, 도서관 외부의 각종 개체까지 항해하고 탐험

4) 한국목록규칙[4]

① 특정 저자의 저작과 특정 표제(서명)의 저작, 또는 특정 주제의 표제를 탐색한다.
② 특정 저자의 모든 저작과 특정 저작의 모든 상이한 판을 목록상에서 집중한다.

---

4) 韓國圖書館協會 目錄委員會. 韓國目錄規則, 第4版(韓國圖書館協會, 2003), p.3.

1.2 목록의 요소와 종류

1) 목록의 요소

목록의 대상인 특정문헌의 서지정보를 일정한 규칙에 따라 특정한 형식으로 기록한 하나의 단위기록을 저록(bibliographic record, or entry)이라고 하며, 이를 일정한 체계로 배열하였을 때 목록이라고 한다. 다시 말하면, 개개의 도서관자료에 관한 단위기록을 저록이라고 하며, 구체적으로 말하면 카드목록에서는 특정문헌의 서지정보를 기록한 카드자체이고, 책자목록에서는 특정 자료에 대한 기록자체이고, 기계가독목록에서는 대상자료의 레코드 자체를 의미한다. 그러나 넓은 의미로는 참조와 같이 서지자료와 직접 관련되지 않은 기록도 저록의 범주에 포함하고 있다.

저록에 포함되는 요소는 크게 네 가지로 구분할 수 있으며, 〈그림 1-1〉은 그 예를 나타낸 것이다. 흔히 ISBD 등에서 규정하고 있는 내용은 아래의 저록 요소 가운데 기술부만을 대상으로 하고 있다.

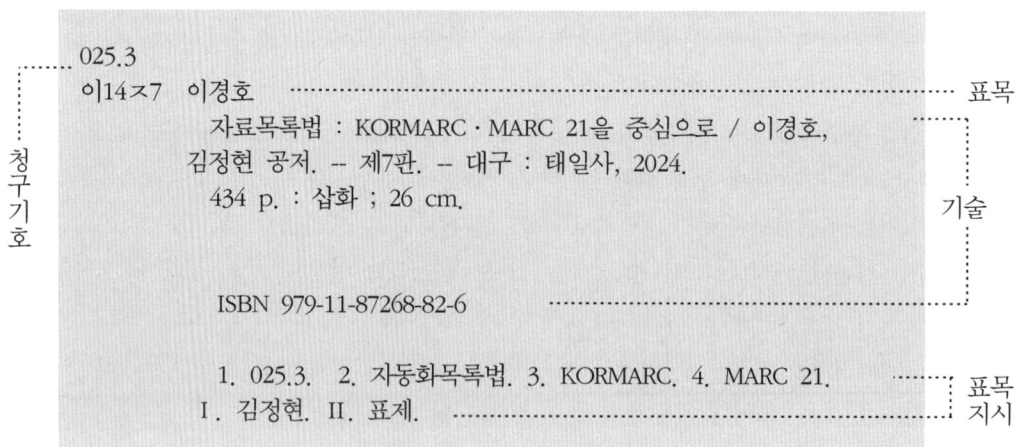

〈그림 1-1〉 목록의 기입요소

① 표목(heading): 저록의 배열 위치를 결정하는 제1요소이면서, 검색도구로 기능을 한다. 오늘날 접근점(access point)이라는 보다 포괄적인 의미의 용어가 사용되고 있다.
② 기술(description): 저록을 구성하는 기본요소로서, 문헌에 기재된 표제나 저자명, 판

차, 발행사항 등 구체적인 인쇄물로서의 외형에 관한 데이터를 말한다. 기술은 특정 저작이나 특정 저작의 한 판을 다른 저작이나 다른 판과 식별하는데 필요한 여러 요소로 구성된다.

③ 표목지시(tracing): 열람용 목록을 편성하는 경우와 같이 복수의 저록을 작성할 때 저록의 표목을 지시하는 기능을 지닌다.

④ 청구기호(call number): 문헌의 소재를 제시하는 요소이다. 따라서 저록은 표목과 기술을 기본요소로 하여 특정문헌을 다른 문헌과 식별하고, 필요한 각종 표목을 지시하여 문헌의 검색수단을 제공하며, 청구기호를 통하여 관련문헌의 소재를 확인할 수 있는 도구인 것이다.[5]

2) 목록의 종류

목록은 목록의 형태, 용도, 검색항목, 수록대상 등의 관점에 따라 여러 가지로 구분할 수 있다.

(1) 형태에 의한 구분

목록의 형태 즉, 수록매체의 유형에 따라 책자형 목록, 카드형 목록, 가제식 목록, COM 목록, CD-ROM 목록, On-line 목록 등으로 나눌 수 있다.

① 책자형 목록

재산목록시대부터 발전하여 온 것으로 특정 도서관의 장서목록, 출판목록, 신착도서목록, 연속간행물목록 등을 책자형태로 작성하여 발행한 것이다. 주로 내용의 변동이 적거나 수록량이 소규모인 각종 자료목록에 이용된다.

② 카드형 목록

낱장의 카드를 만들어 서랍에 보관하는 목록으로 하나하나의 책에 대한 저록을 독립된 카드에 기입하는 것으로 말한다. 즉, 새로운 자료가 들어왔을 때 그 자료에 대한 개개의 저록을 독립해서 카드로 작성하여 삽입·편성하는 방법이다.

1886년 듀이가 표준목록카드를 제창한 이래 도서관계에 100년 가까이 사용되어 왔지만 오늘날 On-line 목록이 일반화되고부터 거의 사용되고 있지 않다.

---

[5] 김태수. 목록의 이해(한국도서관협회, 1999), pp.31-32.

③ 가제식 목록

책자형 목록과 비슷하나 장부의 형식으로 각 장이 분리되어 있는 낱장식 구조의 목록을 말한다. 카드형 목록과 책자형 목록의 단점을 보완한 것이지만 도서관목록으로 널리 활용되고 있지 않다.

④ COM 목록

카드형 목록의 대안으로 개발된 것이며, 자기테이프로부터 자동적으로 마이크로피시화하여 사용된다. 일반규격(105×148.4 mm)의 피시에 2,000매 정도의 카드목록이 수록된다. 보관을 위한 공간의 경제적인 측면에서 우수하나 목록의 최신성을 유지하기 위하여 필름이나 피시에 수록된 내용의 정정이 불가능하기 때문에 전부를 한꺼번에 갱신해야 하는 단점이 있다.

⑤ CD-ROM 목록

주로 온라인목록의 백업용이나 네트워크 환경에서 사용되고 있다. 대량의 데이터를 수록하여 공간을 절약할 수 있고 다양한 접근을 제공하는 장점이 있지만 내용의 변경이 어렵고, 처리장비나 비용이 수반된다는 단점이 있다.

⑥ On-line 목록

목록데이터를 회선으로 연결하여 컴퓨터 단말기를 통해 직접 필요한 정보를 입력하거나 출력하는 방식이다. 다양한 접근점의 제공, 고급탐색기능, 고급출력기능, 원격접근, 종합정보시스템 구축 등의 장점이 있다.

(2) 용도에 의한 구분

목록의 용도에 따라 크게 사무용 목록(official catalog)과 열람용 목록(public catalog)으로 나눌 수 있다. 사무용 목록은 목록작성과 그 관리상의 기초가 되는 목록으로 기본목록, 서가목록, 전거목록, 도서원부 등이 있으며, 열람용 목록은 이용자의 정보검색용 도구가 되는 목록으로 저자명목록, 표제목록, 분류목록, 주제명목록 등이 있다. 아래의 내용은 사무용목록에 대한 설명이며, 열람용 목록은 다음절에서 소개하는 검색항목에 의한 목록과 중복되므로 여기서는 생략하기로 한다.

① 기본목록

특정 자료에 관련된 완전한 서지정보를 수록한 목록이며, 자료의 중복구입을 피하기 위한 복본조사, 표목형식의 통일, 부출표목의 지시, 등록번호나 입수일자의 기입 등 주로 목록의 관리용으로 사용된다. 기본표목의 자모순으로 배열되는 되는 경우가 많다.

② 서가목록

서가상의 자료와 동일하게 청구기호 순으로 배열된 목록이다. 주로 청구기호의 결정, 장서점검, 주제별로 균형 있는 장서구성 등을 위해 이용된다.

③ 전거목록

목록기입에 있어서 표목으로 선정된 저자명(개인 또는 단체명), 무저자명도서, 그리고 고전의 기입형식에 대한 근거나 출처를 밝혀주고, 그 외 여러 형식도 아울러 표시하여 통일성 있는 자료의 정리에 참고가 되도록 만든 목록이다.

이를 위해 전거목록에는 표목(인명, 단체명, 회의명, 지명, 통일표제, 총서표제, 연속간행물표제, 주제명, 인명/표제)과 참조, 주기, 기타 적용지침과 작성자, 청구기호 등 다양한 유형의 전거데이터가 수록된다.

④ 자료원부

자료가 수입되는 순으로 등록번호를 주고 그 등록번호 순으로 저자명, 표제, 판차, 출판사, 발행년도, 수입처, 가격, 청구기호, 수증별, 입고 혹은 검수, 기타 필요한 사항 등을 기록한 장부이다. 오늘날 도서관의 목록의 대부분 컴퓨터로 처리되어 컴퓨터상에 보관되어 있지만, 자료원부만은 별도의 출력물로 다시 출력하여 관리하고 있다.

(3) 검색항목에 의한 구분

목록의 검색항목에 따라 저자명목록, 표제목록, 주제명목록, 분류목록, 사전체목록 등으로 나눌 수 있다. 그런데 컴퓨터상의 목록에서는 이러한 목록이 별도의 파일로 각각 저장되어 있는 것이 아니고, 하나의 데이터베이스 내에서 검색항목에 따라 조작적으로 검색되는 것이므로 이러한 구분이 무의미할 수도 있다.

① 저자명목록

자료를 저자명으로 검색할 수 있도록 만든 목록이며, 이는 저자명을 가나다순 또는 알파벳순으로 배열하고 있다. 저자명에는 도서를 저작한 저자뿐만 아니라 편자나 공저자, 역자는 물론 그 저작에 참여하여 내용에 책임을 질 수 있는 단체명까지도 저자로 취급된다.

② 표제목록

자료를 표제로 검색할 수 있도록 만든 목록이며, 이는 표제를 가나다순 또는 알파벳순으로 배열하고 있다. 표제에는 본표제는 물론이거니와 총서표제, 통일표제 등도 포함된다.

③ 주제명목록

자료의 내용이 포함되어 있는 주제로 해당 자료를 검색할 수 있도록 만든 목록이며, 이는 주제명을 가나다순 또는 알파벳순으로 배열하고 있다.

④ 분류목록

자료의 주제를 나타내는 분류기호로 해당 자료를 검색할 수 있도록 만든 목록이며, 이는 분류기호를 논리적인 분류체계에 의해 숫자순이나 특정한 기호 순으로 배열하고 있다.

⑤ 사전체목록

자료의 저자명목록, 표제목록, 주제명목록 등을 혼합하여 하나의 파일로 편성한 목록이며, 이는 사전의 문자나 낱말의 배열과 동일한 방법으로 배열되어 있다. 1876년 커터의 사전체목록규칙에서 비롯된 것이다.

(4) 수록대상에 의한 구분

목록의 수록대상에 따라 개개 도서관의 소장목록, 도서관간 종합목록, 그리고 특정 주제나 목적을 위해 편성한 서지목록 등으로 나눌 수 있다.

① 소장목록

각 도서관이 소장하고 있는 자료의 내용을 나타내기 위해 만든 목록이다. 대개 해당 도서관내의 소재위치가 포함되어 있다.

② 종합목록

각 도서관의 소장목록을 도서관들이 협력하여 편성한 목록이며, 여기에는 소장 기관을 확인할 수 있는 정보가 포함된다. 도서관간 상호대차나 공동수서와 같은 협력을 위해서 필수적인 자료이며, 이를 위해서는 목록의 표준화가 선행되어야 한다.

③ 서지목록

특정 주제, 분야, 목적을 위해 편성한 목록이며, 소재 또는 소장정보와는 직접적으로 연결되어 있지 않다. 이 서지목록을 통해서 자료의 존재자체를 확인할 수 있으며, 자료의 이용을 위해서는 다시 종합목록이나 소장목록을 조사해야 한다.

오늘날 목록업무가 전산화되면서 이러한 목록들이 일부 통합되기도 하고 출력형태가 조금씩 달라지기도 했지만 기능면에서는 변함없이 원래의 기능을 그대로 수행하고 있으며, 단지 형태만 온라인 목록으로 전환되었다고 하겠다. 따라서 오늘날 모든 자동화 목록의 기본 바탕이 되고 있는 전통적인 목록의 형태를 먼저 이해할 필요가 있다.

〈그림 1-3〉은 〈그림 1-2〉에 제시되어 있는 자료의 표제면과 판권기를 대상으로 AACR2R과 RDA에 의해 전통적인 목록카드형식에 따라 작성된 목록이다. 이는 목록대상자료를 바탕으로 기본목록을 작성한 후, 여기서 작성된 기본목록의 부출지시에 따라 필요한 관련 부출목록들을 하나하나 작성한 것이다. 전통적인 도서관에서는 이러한 부출목록을 모두 수작업으로 작성하여 직접 목록함에 배열하였으나 오늘날 기계가독목록에서는 기본목록에 해당하는 목록레코드를 작성하면 필요한 부출목록은 모두 자동으로 생성할 수 있게 되었다. 〈그림 1-4〉는 기본목록을 MARC 21 형식에 따라 목록레코드로 기술한 것이다.

[표제면]   [판권기]

Mathematical Concepts and Methods in Science and Engineering, VIII

Series Editor: Angelo Miele

Introduction to Vectors and Tensors
Volume 1: Linear and Multilinear Algebra
Volume 2: Vector and Tensor Analysis

ISBN 0-306-37508-7 (set) : $52.74
ⓒ 1976, 2008 Plenum Press, New York
United Kingdom edition published by Plenum Press, London
Printed in the United States of America.

2 volumes (xxii, 456 pages), illustrations, 24.1 cm
2 computer disks, Includes bibliographies and index

〈그림 1-2〉 목록대상 자료의 예

① 기본목록

```
515.63
B786i2   Bowen, Ray M.
            Introduction to vectors and tensors / by Ray M. Bowen and
         Chao-cheng Wang. --Second edition. -- New York ; London :  Plenum
         Press, 2008.
            2 volumes (xxii, 456 pages) : illustrations ; 24 cm + 2 computer
         disks. -- (Mathematical concepts and methods science and engineering ; 8)

            Includes bibliographies and index.
            Contents: v. 1. Linear and multilinear algebra -- v. 2. Vector and
         tensor analysis.
            ISBN 0-306-37508-7 (set) : $52.74

            1. 515.63.  2.. VECTOR ALGEBRA.  3. TENSOR ALGEBRA.  I. Wang,
         Chao-cheng.  II. Title.  III. Contents anals.  IV. Series.

                                    O
```

위의 기본목록(전통적인 카드목록)을 MARC 21의 형식에 따라 구조화하면 〈그림 1-4〉와 같은 목록레코드(기계가독목록)가 된다.

② 분류부출목록

```
515.63                                                           515.63
B786i2   Bowen, Ray M.
            Introduction to vectors and tensors / by Ray M. Bowen and
         Chao-cheng Wang. --Second edition. -- New York ; London :  Plenum
         Press, 2008.
            2 volumes (xxii, 456 pages) : illustrations ; 24 cm + 2 computer
         disks. -- (Mathematical concepts and methods science and engineering ; 8)

            Includes bibliographies and index.
            Contents: v. 1. Linear and multilinear algebra -- v. 2. Vector and
         tensor analysis.
            ISBN 0-306-37508-7 (set) : $52.74

                                    O
```

위의 분류부출목록은 〈그림 1-4〉의 목록레코드에서 필드 082에 의해 생성된다.

③ 주제명부출목록

```
515.63       VECTOR ALGEBRA.
B786i2   Bowen, Ray M.
             Introduction to vectors and tensors / by Ray M. Bowen and
         Chao-cheng Wang. --Second edition. -- New York ; London : Plenum
         Press, 2008.
             2 volumes (xxii, 456 pages) : illustrations ; 24 cm + 2 computer
         disks. -- (Mathematical concepts and methods science and engineering ; 8)

             Includes bibliographies and index.
             Contents: v. 1. Linear and multilinear algebra -- v. 2. Vector and
         tensor analysis.
             ISBN 0-306-37508-7 (set) : $52.74
```

위의 주제명부출목록은 〈그림 1-4〉의 목록레코드에서 필드 650에 의해 생성된다.

④ 주제명부출목록

```
515.63       TENSOR ALGEBRA
B786i2   Bowen, Ray M.
             Introduction to vectors and tensors / by Ray M. Bowen and
         Chao-cheng Wang. --Second edition. -- New York ; London :  Plenum
         Press, 2008.
             2 volumes (xxii, 456 pages) : illustrations ; 24 cm + 2 computer
         disks. -- (Mathematical concepts and methods science and engineering ; 8)

             Includes bibliographies and index.
             Contents: v. 1. Linear and multilinear algebra -- v. 2. Vector and
         tensor analysis.
             ISBN 0-306-37508-7 (set) : $52.74
```

위의 주제명부출목록은 〈그림 1-4〉의 목록레코드에서 필드 650에 의해 생성된다.

⑤ 공저자명부출표목

```
515.63      Wang, Chao-cheng.
B786i2   Bowen, Ray M.
             Introduction to vectors and tensors / by Ray M. Bowen and
         Chao-cheng Wang. --Second edition. -- New York ; London :  Plenum
         Press, 2008.
             2 volumes (xxii, 456 pages) : illustrations ; 24 cm + 2 computer
         disks. -- (Mathematical concepts and methods science and engineering ; 8)

             Includes bibliographies and index.
             Contents: v. 1. Linear and multilinear algebra -- v. 2. Vector and
         tensor analysis.
             ISBN 0-306-37508-7 (set) : $52.74
```

위의 공저자명부출표목은 〈그림 1-4〉의 목록레코드에서 필드 245의 $c와 필드 700에 의해 생성된다.

⑥ 표제부출목록

```
515.63      Introduction to vectors and tensors.
B786i2   Bowen, Ray M.
             Introduction to vectors and tensors / by Ray M. Bowen and
         Chao-cheng Wang. --Second edition. -- New York ; London :  Plenum
         Press, 2008.
             2 volumes (xxii, 456 pages) : illustrations ; 24 cm + 2 computer
         disks. -- (Mathematical concepts and methods science and engineering ; 8)

             Includes bibliographies and index.
             Contents: v. 1. Linear and multilinear algebra -- v. 2. Vector and
         tensor analysis.
             ISBN 0-306-37508-7 (set) : $52.74
```

위의 표제부출표목은 〈그림 1-4〉의 목록레코드에서 필드 245의 $a에 의해 생성된다.

⑦ 총서부출표목

```
515.63      Mathematical concepts and methods science and engineering ; 8
B786i2   Bowen, Ray M.
             Introduction to vectors and tensors / by Ray M. Bowen and
         Chao-cheng Wang. --Second edition. -- New York ; London : Plenum
         Press, 2008.
             2 volumes (xxii, 456 pages) : illustrations ; 24 cm + 2 computer
         disks. -- (Mathematical concepts and methods science and engineering ; 8)

             Includes bibliographies and index.
             Contents: v. 1. Linear and multilinear algebra -- v. 2. Vector and
         tensor analysis.
             ISBN 0-306-37508-7 (set) : $52.74
```

위의 총서부출표목은 〈그림 1-4〉의 목록레코드에서 필드 830에 의해 생성된다.

⑧ 내용분출목록

```
515.63      Linear and multilinear algebra, vol. 1.
B786i2   Bowen, Ray M.
             Introduction to vectors and tensors / by Ray M. Bowen and
         Chao-cheng Wang. --Second edition. -- New York ; London : Plenum
         Press, 2008.
             2 volumes (xxii, 456 pages) : illustrations ; 24 cm + 2 computer
         disks. -- (Mathematical concepts and methods science and engineering ; 8)

             Includes bibliographies and index.
             Contents: v. 1. Linear and multilinear algebra -- v. 2. Vector and
         tensor analysis.
             ISBN 0-306-37508-7 (set) : $52.74
```

위의 내용분출목록은 〈그림 1-4〉의 목록레코드에서 필드 505와 740에 의해 생성된다.

⑨ 내용분출목록

```
515.63      Vector and tensor analysis, vol. 2.
B786i2      Bowen, Ray M.
               Introduction to vectors and tensors / by Ray M. Bowen and
            Chao-cheng Wang. --Second edition. -- New York ; London :  Plenum
            Press, 2008.
               2 volumes (xxii, 456 pages) : illustrations ; 24 cm + 2 computer
            disks. -- (Mathematical concepts and methods science and engineering ; 8)

               Includes bibliographies and index.
               Contents: v. 1. Linear and multilinear algebra -- v. 2. Vector and
            tensor analysis.
               ISBN 0-306-37508-7 (set) : $52.74
```

위의 내용분출목록은 〈그림 1-4〉의 목록레코드에서 필드 505와 740에 의해 생성된다.

〈그림 1-3〉 목록카드의 종류

[MARC 21] ─────
- 001 75028115
- 020 $a0306375087 (set)
- 082 04$a515.63$220
- 100 1b$aBowen, Ray M.
- 245 10$aIntroduction to vectors and tensors /$cby Ray M. Bowen and Chao-cheng Wang.
- 250 bb$aSecond edition.
- 260 bb$aNew York ;$aLondon :$bPlenum Press,$c2008.
- 300 bb$a2 volumes (xxii, 456 pages) :$billustrations ;$c24 cm +$e2 computer disks.
- 490 1b$aMathematical concepts and methods science and engineering ;$v8
- 504 bb$aIncludes bibliographies and index.
- 505 0b$av. 1. Linear and multilinear algebra -- v. 2. Vector and tensor analysis.
- 650 b0$aVector algebra.
- 650 b0$aTensor algebra.
- 700 1b$aWang, Chao-cheng.
- 740 02$aLinear and multilinear algebra.$nv. 1.
- 740 02$aVector and tensor analysis.$nv. 2.
- 830 b0$aMathematical concepts and methods science and engineering ;$v8

〈그림 1-4〉 목록레코드의 예시

1.3 목록조직의 원리

오늘날 목록을 작성한 후 최종적으로 이용할 수 있는 시스템으로 제시되기까지 그 맥락을 이해하기 위해서는 개념모형, 목록원칙, 목록규칙, 인코딩(encoding) 형식, 목록시스템 등의 특성과 이들의 관계성을 이해할 필요가 있다. 이론적으로는 개념모형이 정립된 후 목록원칙, 목록규칙, 인코딩 형식이 제시되는 것이 온당하다고 생각 되지만 개념모형은 국제목록원칙과 목록규칙이 제정된 이후에 발표되었다. 다시 말하면 기존의 국제목록원칙과 목록규칙에 관계성을 도입하여 서지레코드의 구조 개편을 위한 모형이 FRBR인 것이다. 인코딩 형식은 컴퓨터가 도입되기 이전의 목록조직에서 컴퓨터 처리가 가능하도록 서지정보를 부호화하기 위한 수단으로 도입되었다고 할 수 있다. 목록시스템은 인코딩 형식으로 입력된 서지데이터를 다시 디코딩(decoding)하여 이용자들이 활용하기 위한 시스템으로 이해할 수 있다.

1) 개념모형

개념모형은 현실 세계의 복잡한 데이터 구조와 관계를 추상화하여 단순하게 표현한 것이며, 이의 핵심은 주요 개체와 그 개체의 속성을 표현하고, 개체 간의 관계를 나타내는 것이다. 도서관계에서는 그동안 자동화시스템을 통해 MARC 형식의 서지 데이터베이스를 구축하여 웹상의 온라인 목록에 이르게 되었지만 새로운 구조 개편이 필요하게 되었다. 이리하여 데이터베이스 분야에서 주로 사용되는 개체-관계분석 기법을 적용하여 서지정보를 위한 새로운 개념모형을 개발하게 된 것이다. 목록원칙 및 목록규칙은 실제적인 목록작성법이지만 개념모형은 목록작성법에 앞서 이를 개념적으로 모형화한 것이다. 즉, 개념모형은 상위 수준의 모형이고, 이를 바탕으로 목록규칙을 만들고, 목록시스템을 구축하는 지침이나 기반이 된다.

IFLA에서는 1998년 서지레코드의 개념모형 FRBR(Functional Requirements for Bibliographic Records, 서지레코드의 기능 요건)[6]을 발표했다. FRBR에서 정의한 개체는 그동안 우리에게 익숙한 목록의 요소 즉, 서지사항들이며, 이러한 서지사항들을 크게 3개 집단으로 구분

---

6) IFLA Study Group on the FRBR. *Functional Requirements for Bibliographic Records : Final Report* (Munich : Saur, 1998).

하여 모형화 하였다. 제1집단에는 저작, 표현형, 구현형, 개별자료, 제2집단에는 개인과 단체, 제3집단에는 개념, 대상, 사건, 장소로 구성하였다. 이 모형은 특히 이들 개체에 대한 이용자 요구를 반영하여 같은 저작의 집중을 강조하고 있으며, 이를 위해 저작의 개념을 제1집단에서 저작, 표현형, 구현형, 개별자료로 구분하고 있다.

그후 IFLA에서는 2009년 전거데이터의 개념모형 FRAD(Functional Requirements for Authority Data, 전거데이터의 기능 요건)을 발표했다.[7] 여기서 전거데이터란 서지데이터에 포함된 다양한 표기 형태의 개인명, 가계명, 단체명을 상호 참조할 수 있도록 표목이나 식별기호와 함께 일목 요연하게 표현한 데이터이다. 또한 2010년 주제 전거데이터의 개념모형 FRSAD(Functional Requirements for Subject Authority Data, 주제 전거데이터의 기능 요건)를 발표했다.[8] FRAD와 FRSAD는 별도로 개발되었지만, FRAD는 FRBR의 제2집단과 저작과의 관계를 대상으로 하고, FRSAD는 주로 FRBR의 제3집단과 저작과의 관계를 대상으로 하고 있다. FRBR, FRAD, FRSAD 3개의 개념모형을 FR 개념모형(FR Family)이라 한다. IFLA에서는 FR 개념모형을 통합하여 2017년 LRM(IFLA Library Reference Model, 도서관 참조모형)을 발표했다.[9] 이러한 개념모형들이 발표됨과 동시에 국제목록원칙과 각국의 목록규칙에는 점진적으로 개념모형이 반영되는 추세다.

2) 목록원칙과 목록규칙

목록원칙이란 목록을 작성할 때 적용되는 기본원칙이며, 목록규칙은 도서관에서 목록을 작성할 때 통일을 기하기 위해 구체적으로 성문화된 기준을 말한다.[10] 목록의 발전 과정을 살펴보면 이미 국제수준에서 표준화를 논의하기 이전부터 목록규칙이 있었다. 이러한 목록규칙은 주로 개인이나 개별 도서관에서 편찬되었으며, 점차 도서관협회 등의 단체 또는 단체간의 협동노력에 의해서, 나아가 국가적 혹은 국제적인 표준 목록규칙으로 발전하였다.

국제적인 목록규칙의 표준화는 주로 서양을 중심으로 이루어져 왔으며, 한국을 비롯한

---

7) IFLA Working Group on FRANAR. *Functional Requirements for Authority Data*. 2009. ⟨https://www.ifla.org/wp-content/uploads/files/assets/cataloguing/frad/frad_2013.pdf⟩.
8) IFLA Working Group on FRSAR. *Functional Requirements for Subject Authority Data*. 2010. ⟨https://repository.ifla.org/handle/123456789/835⟩.
9) IFLA FRBR Review Group. *IFLA Library Reference Model : A Conceptual Model for Bibliographic Information*. 2017. ⟨https://repository.ifla.org/handle/123456789/40⟩.
10) 한국도서관협회. 문헌정보학용어사전, 개정판(한국도서관협회, 2010), pp.129-130.

동양권 국가들의 목록규칙에 도입되었다. 서양의 현대 목록규칙은 크게 영미계 목록규칙과 독일계 목록규칙의 양대 조류로 구분되어 있었으며, 서로간의 차이를 극복하고 국제적 표준규칙을 마련하기 위한 노력이 계속되어왔다. 이러한 연장 선상에서 국제적 표준화를 위한 대표적인 흐름은 IFLA(국제도서관협회연맹)를 중심으로 1961년 파리에서 개최된 국제목록원칙회의에서 본격적으로 이루어지기 시작하였으며, 여기서 국제적 수준의 목록원칙(파리원칙)이 발표되었다. 그후 이러한 원칙을 좀더 구체화한 표준서지기술법 즉, 목록규칙이라고 할 수 있는 ISBD가 1974년 발표되기 시작하였으며, 이후 각국의 목록규칙에는 국제목록원칙과 ISBD를 반영하여 국제적인 표준화를 지향하게 되었다.

이와같이 목록원칙은 국제적 표준화를 위해 목록규칙보다 상위의 선언적인 지침이라고 할 수 있으며, 여기에는 파리원칙(1961)과 국제목록원칙규범(2009, 2016)이 있다. 그리고 목록규칙에는 국제표준인 ISBD를 비롯하여 AACR, RDA 등 각국의 표준목록규칙, 그리고 한국목록규칙이 있다. FRBR이 발표된 이후의 국제목록원칙규범, ISBD, RDA에는 개념모형이 반영되어 있다.

3) 인코딩 형식

인코딩은 일반적으로 코드화, 암호화, 부호화 등의 의미로 사용되며, 컴퓨터가 이해할 수 있는 바이너리 형식으로 데이터를 변환하는 과정이다. 인코딩 방식은 대체로 표준화되어 있다. 인코딩 표준은 크게 두 가지 범주로 구분할 수 있는데, 정보자원을 실제로 기술할 수 있는 메타데이터 스키마로도 사용되는 인코딩 형식(MARC, METS 등)과 인코딩 구문을 구축하기 위한 목적으로만 사용되는 마크업 언어(SGML, HTML, XML, XHTML 등)가 있다.[11]

목록조직에서 인코딩은 컴퓨터가 이해할 수 있도록 서지정보의 표현 및 전달을 위한 형식으로 변환하는 과정이라고 할 수 있다. 그런데 인코딩을 위한 형식에는 전통적인 도서관의 목록규칙을 기반으로 개발된 MARC과 디지털 정보나 웹상의 정보를 조직하기 위한 메타데이터가 있다. 이들은 애당초 다른 의도로 출발하였지만 결과적으로 동일한 목적을 수행하고 있다고 볼 수 있다. MARC은 서지정보의 표현 및 전달을 위한 표준입니다. 즉, MARC은 1960년대부터 서지정보를 컴퓨터가 처리할 수 있는 수단으로 개발되어 목록조직의 가장 대표적인 인코딩 형식으로 자리잡고 있다. 앞서 소개한 〈그림 1-4〉는 MARC으로

---

11) 남태우, 이승민. 정보자원의 기술과 메타데이터, 개정판(한국도서관협회, 2018), pp.128-129.

인코딩한 목록레코드 예시이다. 메타데이터는 웹의 등장과 함께 인쇄매체 중심의 정적인 목록에서 디지털 매체 중심의 동적인 정보자원 기술이라는 변화를 가져왔다. 대표적인 메타데이터로 1995년에 개발된 Dublin Core가 있으며, 이후 도서관의 목록조직에 보다 적합하다고 할 수 있는 MODS, BIBFRAME 등이 개발되었다. MARC, Dublin Core, MODS, BIBFRAME 등은 목록조직에 주로 사용되고 있거나 앞으로 사용 가능성이 높은 인코딩 형식이며, 이들은 인코딩 구문으로 XML을 주로 사용하고 있다.

4) 목록시스템

컴퓨터 처리를 위해 코드화한 데이터를 다시 원래의 정보인 일반 언어로 되돌리는 것을 디코딩이라 한다. 목록시스템은 인코딩 형식으로 입력한 데이터를 여러 가지 목적으로 활용할 수 있고 다시 디코딩하여 일반 이용자가 쉽게 이해할 수 있는 언어로 표현하여 제공하려면 목록시스템이 개발되어야 한다. 물론 실제 목록시스템에는 인코딩 및 디코딩의 모든 과정을 동시에 수행할 수 있도록 프로그램이 포함되어 있다. 오늘날 대부분의 도서관 자동화시스템에는 목록시스템이 하위시스템으로 구성되어 있으며, 코드화된 인코딩 형식의 데이터를 활용하여 다양한 형태의 목록 생성과 함께 각종 목록 서비스가 가능하도록 개발되어 있다.

2 목록규칙의 발달

목록이 처음 만들어질 때부터 엄격히 말하면 목록규칙이 존재했다고 볼 수 있다. 그렇지만 당시에는 목록작업에 전문적으로 종사하던 사람도 적었을 뿐만 아니라 자료도 획일화되어 있지 않아 규칙이 구전으로 전승되었을 뿐 성문화할 필요성을 느끼지 못했을 것이다. 물론 이 때에는 주로 개인이나 개별도서관의 차원에서 목록작성이 이루어졌으므로 규칙의 표준화도 문제가 되지 않았다고 볼 수 있다. 그런데 소장자료가 많은 대규모 도서관이 늘어나고 규칙의 성문화와 함께 표준화의 필요성이 대두됨으로써 근대 목록규칙이 발달하기 시작했다. 아래의 내용은 주로 柴田과 高畑의 「情報資源組織論」[12])을 참고하여 기술하였다.

2.1 근대 목록규칙

1) 파니찌의 목록규칙

근대 목록규칙의 기원으로 일컬어지는 것은 1841년 「대영박물관 목록규칙(파니찌의 91개 규칙)」이다. 분류목록이냐 저자목록이냐의 논쟁을 수용하여 1839년 이사회의 승인을 받아 1841년에 간행된 대영박물관 목록규칙의 제1권에 파니찌(Antonio Panizzi)의 해설과 함께 모두 91개조의 목록편성규칙(*Rules for the Compilation of the Catalogue*)을 담고 있다. 표목의 선정·형식·배열, 서지사항의 기술, 참조기입 등에 대해 언급하고 있다. 기술에 관한 규정은 간단하며, 표목은 통일하지 않고 참조기입으로 관련짓고 있다. 표목은 저자명기본표목을 원칙으로 하고 있으며, 단체명도 기본표목으로 인정하고 있다. 또한 성경에 대한 통일표목을 인정하고 있으며, 학협회, 정기간행물, 백과사전, 사전 등의 형식표목 등을 규정하고 있다.

---

12) 柴田正美, 高畑悅子. 情報資源組織論, 三訂版(東京 : 日本圖書館協會, 2020), pp.98-107.

2) 제위트의 목록규칙

미국의 스미드소니언협회 도서관장인 제위트(Challes C. Jewett)는 1853년 종합목록작성을 위한 표준목록규칙 즉, 「제위트의 목록규칙」을 제안하였다. 기술, 표목, 참조, 배열에 관해 규정하고 있으며, 표목과 동일한 책임표시도 생략하지 않는다. 책자형 종합목록 편성을 위한 방안을 강구하고 있다. 특히 동일 저자의 저작을 본명 아래 집중하고 있는 점과 개명이나 개제는 새로운 쪽으로 통일하며, 표제의 배열요소를 최초의 단어가 아닌 관사나 전치사 이외의 최초의 단어로 하고 있고, 단체저자의 범위를 확장하고 있는 점 등이 특색이다. 모두 39개 조항으로 되어 있지만 대부분의 규칙에 주석을 달고 있어 이해하기 쉽게 되어 있다. 종합목록은 하나의 문헌을 한 개의 활자로 생각하는 스테레오판으로 구상하여 견본을 제시하였지만 내구성이 부족하여 종합목록의 편찬까지는 이르지 않았다.

3) 카터의 사전체목록규칙

보스톤 아테나움 도서관장인 카터(Charles A. Cutter)는 이 도서관의 장서목록 편찬 경험에서 1876년 「사전체목록규칙」을 발표하였다. 그는 목록의 목적을 저자명, 표제, 주제명으로 자료를 찾을 수 있게 하고, 도서관이 소장하고 있는 특정 자료의 저자, 주제, 문헌의 유형을 알 수 있게 하며, 서지적 특징과 주제적 특징을 나타내어 읽을 자료를 선택할 수 있도록 하는 세 가지를 언급하면서 이를 실현하기 위한 목록작업의 원칙을 체계화하여 나타낸 것이다.

4) 요약저자서명목록규칙

1876년 미국도서관협회가 창립되면서 개별도서관이 아닌 표준 목록규칙을 지향하게 되며, 이때 카터의 사전체목록규칙을 토대로 초안을 만든 후 1883년 「요약저자서명목록규칙」(*Condensed Rules for an Author and Title Catalog*)이 승인되었다. 표목의 선정 및 형식, 기술(서명, 출판사항, 내용과 주기), 기타 배열 등 규정이 수록되어 있다.

5) 영국도서관협회목록규칙

영국의 도서관협회도 1878년 서명기입에 관한 위원회를 설치한 후 목록규칙의 제정에 착수한 후 1881년 「영국도서관협회목록규칙」(*Cataloguing Rules of the Library Association of the United Kingdom*)을 발표하였다. 서명(대문자사용법, 형태에 관한 사항, 출판사항 등을 포함), 서명 등의 언어, 내용과 주기, 표목, 기타 사항 등 49개의 조항으로 이루어져 있으며, ALA의 규칙과는 달리 기술부문을 먼저 규정하고 있는 점이 다르다고 하겠다.

6) 듀이와 린더펠트의 목록규칙

1888년 듀이(Melvil Dewey)는 「콜롬비아대학도서관의 저자 및 분류목록규칙」(*Library School Card Catalog Rules, with 52 Facsimiles of Sample Cards for Author and Classed Catalogs*)을 출판하였다. 이는 본명과 익명의 관계 등 일부 차이점이 있지만, ALA의 요약 저자서명목록규칙의 표현을 변형하기도 하고 실례를 제시하는 등 이해하기 쉽게 구성되었다는 평가를 받고 있다.

독일계 목록규칙의 우월성을 믿고 있는 린더펠트(Klas A. Linderfelt)는 이전의 각종 목록규칙의 규정을 취사선택하여 1890년 「카드목록규칙」(*Eclectic Card Catalog Rules*)을 발표하였다. 목록규칙의 적용을 플로차트 형식으로 나타내는 등 독창적인 시도를 하였지만 저자의 성격이 불확실하여 기입에 혼란이 일어나는 문제가 있었다.

2.2 현대 목록규칙: 20세기 초반

1) ALA 규칙 예비판

1901년 LC에서는 인쇄카드를 배포하기 시작했다. 인쇄카드는 목록의 표준화를 진전시킨 계기가 되었으며, 인쇄카드작성을 위한 규칙이 표준목록규칙으로 자리잡게 되었다. 처음에는 LC 하나의 도서관을 위한 목록규칙이었지만 그 영향력을 고려하여 ALA와의 공동작업으로 규칙의 표준화를 검토하게 된 것이다. 그 결과 1902년 요약저자명목록규칙을 기반으로 「ALA 규칙 예비판」(*ALA Rules Advanced Edition: Condensed Rules for an Author and Title Catalog*)이 공표되었다. 서론에 당시 미간이었던 카터의 사전체목록규칙 제4판이 인용되기도 하고, 카터의 규칙을 참조하도록 지시하는 등 카터의 규칙을 그대로 반영한 것이다.

2) 목록규칙: 미국판과 영국판(AA Code)

같은 시기 영국에서도 목록규칙이 개정작업이 진행되고 있었는데 LA에서는 1902년 개정을 위한 위원회를 설치한 후, 1904년에 초안이 완성되었다.

이러한 ALA와 LA의 개정작업은 듀이에 의해 양쪽이 서로 의견을 교환하면서 1908년 AA Code(Anglo-American Code)라고 불리고 있는 「목록규칙(Catalog Rules: Author and Title Entries)」이 미국판과 영국판으로 동시에 간행되었다. 일부 상이점이 있지만 앞서 언급한 린더펠트의 규칙이 참조되고, LC의 규칙을 본문에 그대로 삽입하는 등 지금까지의 목록규칙을 집대성한 것이다. 이는 지금까지 국가차원에서 각자 표준적인 것이었지만 이제 2개 국가에서 사용할 수 있는 국제수준의 표준목록규칙이 탄생한 것이라 할 수 있다.

3) ALA 저자목록규칙 제2판과 LC 기술목록규칙

1930년대 들어 정부기관 등에서 출판량이 급증하는 가운데 목록규칙의 개정이 검토되었다. 처음에는 미국과 영국이 연락을 취하면서 작업을 진행하였지만 제2차 세계대전의 발발로 미국 측에서만 진행하게 된다. 그 후 1941년 「목록규칙 미국판 제2판 예비판」(Cataloguing Rules: Preliminary American 2nd ed.)이 출판되었다. 그러나 이 예비판은 매우 복잡하다는 비판이 있어 표목에 관한 규칙은 ALA, 기술에 관한 규칙은 LC의 것을 수용하게 되었다. 그 결과 1949년에 간행된 것이 「ALA 저자서명목록규칙 제2판」(ALA Cataloging Rules for Author and Title Entries, 2nd ed.)과 「LC 기술목록규칙」(Rules for Descriptive Cataloging in the Library of Congress)이다. 전자는 기입과 표목부분, 후자는 목록의 기술부분을 규정하고 있는데, 이는 「영미목록규칙 북미판」에 그대로 계승되고 있다.

4) 독일의 카드목록규칙과 프로이센목록규칙

독일에 있어서는 슈레팅거(Martin W. Schrettinger)를 중심으로 19세 후반부터 구전으로 존재하고 있던 목록규칙을 성문화하려는 움직임이 있었다. 찌아츠코(Karl Dziatzko)가 1874년에 작성한 「브레슬라우왕립 및 대학도서관 알파벳순카드목록기입배열규칙」은 카드목록에 관한 최초의 규칙으로 알려져 있다.

1890년대 들어 프러시아에서도 종합목록이 구상되었는데 참가도서관의 목록규칙을 통일하려는 움직임이 일어났다. 또한 1982년 프로이센왕립도서관이 인쇄카드의 배포를 개시하자 이 움직임은 더욱 활발해졌다. 즉, 1896년부터 프로이센정부에 의해 시작된 종합목록 편찬사업을 지원하기 위한 목록규칙이 찌아츠코의 규칙을 바탕으로 진행되었으며, 1899년 「프로이센도서관알파벳순목록 및 프로이센종합목록규칙」으로 공표되었다. 이것이 「프로이센목록규칙」(Preussische Instruktionen: PI)이며, 1908년 개정2판이 출판되었다. PI의 특색은 기본기입에 있어 단체저자의 개념을 인정하지 않으며, 표제기입의 배열에 적합하게 주제명의 기능을 할 수 있도록 문법적 체계에 따라 명사를 취해서 순차배열어로 한 것이다.

PI에 대해서는 고전적 문법학의 지식이 없으면 사용할 수 없다는 비판이 있을 만큼 현대의 새로운 출판물에 대응하기 어려운 운용상의 문제가 내포되어 있다. 제2차 세계대전 후 이러한 문제점을 극복하기 위해 동·서독에서는 각자 독자적인 PI 개정작업을 개시하였지만 1961년 파리회의의 원칙을 합의하고, 1965년 이후에는 합동으로 목록규칙 편찬작업이 진행되었다.

5) 러시아권의 목록규칙

러시아권에서는 전통적인 프로이센목록법의 영향이 크다. 이 때문에 단체저자의 개념이 희박하였지만, 소비에트연방 성립이후 단체저작물이 급속히 증가하여 여기에 대한 대책이 필요하게 되었다. 1926년에 출판된 루먄쵸프박물관(후에 레닌도서관이 됨) 편집의 「알파벳목록편성규칙 제2부: 단체저작물목록규칙」이 도서관계에 단체저작자에 대한 인식을 정착시키는 효과가 있었다.

1941년부터 구소련에서는 국가수준의 통일된 목록규칙을 제정하기 시작했다. 全소연방도서원, 레닌도서관, 모스크바에 있는 대규모 도서관의 대표 등이 위원회를 구성한 후 작업을 진행하여 1949년에는 대규모 도서관용, 1953년에는 대중도서관 및 소학술도서관용의 통일규칙을 간행하였다. 1959년에는 대도서관용 제2판을 출간하였으며, 파리원칙에 대응하여 1961년 소규모도서관용의 통일규칙을 작성하였다.

2.3 현대 목록규칙: 파리원칙 이후

1) 국제목록원칙규범

국제수준에서 서지정보의 유통과 교환을 위한 원칙이 1961년 10월 파리에서 개최된 국제목록원칙회의에서 승인되었으며, 이것이 오늘날 파리원칙(Paris principles)으로 알려져 있다. 그 후 40여년 이상이 경과한 후 IFLA에서는 이용자의 편의와 온라인목록 환경 및 미래의 시스템을 설계하는데 초점을 두고 2003년 독일의 프랑크푸르트에서 개최된 제1회 국제목록전문가회의(IFLA Meetings of Experts on an International Cataloguing Code: IME ICC)[13]에서 새로운 국제목록원칙(안)을 발표하였다. 이듬해부터 대륙을 순회하며 각국의 목록전문가 의견을 수렴하여 2009년 국제목록원칙규범을 확정하였다. 그후 새로운 이용자 범주, 오픈액세스 환경, 데이터의 상호운용성과 접근점, 탐색 도구의 특징, 이용자 행동의 중요한 변화 등을 고려하여 2016년에 개정되었다.[14] 특히 2016년 개정판에서는 원칙의 적용 범위를 도서관, 기록관, 박물관 등에서 주로 도서관에서 생성된 서지 및 전거데이터로 명확히 하였다.

2) 영어권의 목록규칙

영어권에서는 파리원칙을 받아들여 다시 영국과 미국이 하나의 목록규칙을 제정하기 위한 기구를 만들었다. 하지만 여전히 실제적인 관행의 차이가 상당히 존재하였으며, 결국 1967년 「영미목록규칙」(*Anglo-American Cataloging Rules*: AACR1)은 영국판과 북미판으로 각각 발간되었다. 그런데 파리원칙에서는 '표목의 선정과 형식'에 대한 합의만 있었기 때문에 이러한 상황이 예견되었으며, 그 후 컴퓨터에 의한 서지정보의 처리를 고려하여 국제표준을 지향함으로써 ISBD가 제정되었다. 이것을 바탕으로 두 개로 나뉘어 있던 영미목록규칙이 다시 개정되어 1978년 「영미목록규칙 제2판」(*Anglo-American Cataloging Rules*:

---

[13] IFLA의 목록분과에서 주관하는 일련의 지역적인 회의로 목록전문가와 목록규칙 제정자들의 회의이다. 2003년 독일의 프랑크푸르트에서 제1차 회의가 개최되었으며, 제2차는 2004년 아르헨티나의 부에노스아이레스, 제3차는 2005년 이집트의 카이로, 제4차는 2006년 한국의 서울, 최종적으로 제5차는 2007년 남아공에서 개최함으로써 대륙별로 도서관계의 의견을 수렴하였다.

[14] IFLA Cataloguing Section. *Statement of International Cataloguing Principles*(*ICP*), 2016 〈https://www.ifla.org/wp-content/uploads/2019/05/assets/cataloguing/icp/icp_2016-en.pdf〉

AACR2)이 발간되었다. 이는 표목과 기술의 분리, 도서이외의 자료도 대등하게 취급, 컴퓨터처리를 전제, 국제적인 서지정보의 유통을 고려하고 있는 점들이 특징이라고 하겠다.

그 후 1988년과 1998년, 2002년에 AACR2를 개정하였으며, 이 모든 개정판에서는 전자자료와 연속간행물, 계속자료에 대한 새로운 관점으로 시간이 경과함에 따라 발생되는 여러 가지 변경사항을 반영하기 위한 개정조항이 포함되었으나 기본적으로는 AACR2와 동일한 구조를 따르고 있다.

한편 AACR 개정 합동상임위원회에서는 2010년 AACR을 전면 개정하여 새로운 규칙이라고 할 수 있는 RDA(Resource Description and Access)를 발간하였다.[15] 이는 IFLA의 국제목록원칙규범과 FRBR 등의 개념모형을 근간으로 하고 있으며, 전통적인 도서관목록이 아니라 웹 기반 환경에서 사용할 수 있고, 모든 매체에 대한 서지기술과 접근점을 제공하기 위한 다국적 내용의 표준을 지향하고 있다. 그후 RDA는 2017년까지 매년 부분적인 수정이 있었으며, IFLA의 LRM을 반영하여 2020년에 전면 개정되었다.

3) 독일어권의 목록규칙

독일에서는 동서도서관계가 합동으로 개정작업을 진행하였다. 그 결과 1969년에서 1974년에 걸쳐 잇달아 주요한 부분의 예비판이 공표되었으며, 1977년에는 「알파벳순목록규칙」(*Regeln für die Alphabetischen Katalogisierung*: RAK)이 간행되었다. RAK는 단체명의 기입규칙을 취하고 있으며, 어순에 의한 표제의 기계적인 배열규칙을 도입, 개인 및 단체명 표목에 원어를 그대로 채용, 그리고 ISBD를 따르고 있는 등 지금까지의 독일계목록규칙과는 크게 양상을 달리하면서 국제수준의 서지제어에 대응하고 있다. 그렇지만 다수의 임의규정을 내포하고 있어 실제 적용에서 해석을 달리하는 경우가 많으며, 이는 결국 목록정보의 표준화를 저해하는 요인으로 지적되었다. 이러한 문제를 해결하기 위해 특별규칙으로 학술도서관용(*Regeln für wissenschafliche Bibliotheken*: RAK-WB)과 공공도서관용(*Regeln für offentliche Bibliotheken*: RAK-OB)을 작성하여 RAK의 통일적인 운용을 취하고 있다. 2014년 독일 국립도서관에서는 RAK에서 RDA로 이행하였다.

이와같이 ISBD에 의한 기술의 표준화로 세계 각국의 목록규칙은 큰 틀에서 표준화가 진행되고 있다. 각자의 출판 및 문화 상황, 언어와 관련된 문제 등에 따라 독자적인 규칙을

---

15) JSC. *RDA : Resource Description and Access*(Chicago : ALA, 2010) [RDA Toolkit, 2017 April Update]. 〈https://original.rdatoolkit.org/〉.

유지하고 있지만, 영어권에서는 AACR, 독일어권에서는 RAK가 큰 영향을 미치고 있었다. 그런데 최근의 흐름을 보면 RDA가 국제적인 표준목록규칙으로 자리매김하는 양상이다.

4) 한국의 목록규칙

20세기 초반까지 우리나라에는 서구와 같은 목록규칙이 존재하지 않았으며, 현대적인 목록규칙의 제정은 해방이후 비롯되었다고 할 수 있다. 당시 대표적인 목록규칙으로 1947년 박봉석에 의해 편찬된 「東書編目法」(1948년에 朝鮮東書編目規則으로 발행), 1954년 고재창에 의해 편찬된 「韓銀圖書編目法」이 있다. 「朝鮮東書編目規則」은 동양서를 대상으로 하고 있으며, 동양의 전통적 기술방식인 서명기본저록을 기반으로 하고 있는 반면, 「韓銀圖書編目法」은 동양서와 서양서 공용이며, 저자명기본저록 방식을 취하고 있다.

1962년 한국도서관협회에서는 목록규칙을 제정할 것을 결의하고 목록분과위원회를 구성한 후, 그 당시 파리원칙에 준하는 목록규칙을 편찬하여 1964년 「韓國目錄規則」을 발간하였다. 이는 저자명기본저록을 채택하고 있으며, 표목의 표기는 한글, 외국인명과 서명 등은 번자표목으로 하고 있다. 제1부 기본표목의 선정, 제2부 표목의 형식, 제3부 목록기술규칙으로 구성되어 있으며, 최초의 표준목록규칙이 확립되는 계기가 되었다.

1966년에 수정판(KCR2)이 발간되었는데 기본원칙에는 변화가 없으나 일부 중복되는 조문을 제거하고 예시를 보강하는 등 체계상 상당한 변화가 있었다.

1983년에 제3판(KCR3)이 발행되었으며, 이는 그 당시 국제표준인 ISBD를 반영하여 개정함으로써 서지기술의 표준화를 기하고, 레코드의 국제교환과 기계가독목록에 적용할 수 있게 되었다. 또한 기술부를 표목과 독립시킨 서지기술 단위저록의 목록규칙을 지향하고 있으며, KCR2 까지만 하더라도 동양서 전문 목록규칙이었지만 KCR3에서는 동양서와 서양서 공용의 목록규칙이다.

2003년에 제4판(KCR4), 2013년에는 제4판 보유편(전자책·전자저널)이 발행되어 오늘에 이르고 있으며, 여기에 대한 특성과 최근의 개정 상황은 장을 달리하여 소개하기로 한다.

3. 목록기술과 ISBD

목록의 기술은 넓은 의미로는 표목을 포함한 서지적인 기재사항과 기타 목록상에 필요한 모든 내용들을 포괄하지만 좁은 의미로는 표목과 부출지시 사항 등을 제외한 ① 표제와 책임표시, ② 판사항, ③ 발행사항, ④ 형태사항, ⑤ 총서사항, ⑥ 주기사항, ⑦ 표준번호 등의 서지적인 사항만을 포함하고, 이들의 기재내용과 순서, 방법을 정하여 조직적으로 열거한 것이다. 그런데 ISBD(국제표준서지기술)가 나타나면서 좁은 의미의 목록기술을 서지기술이라 부르고 있으며, 오늘날 대부분의 나라와 도서관에서 목록기술을 할 때 ISBD를 따르고 있으므로 이를 중심으로 살펴보기로 한다.

IFLA의 주관으로 서지기술의 국제적 표준화와 목록의 기계화를 고려하여 제정된 것이 ISBD라고 할 수 있는데, 이는 과학기술의 발달이 도서관 목록에 미치는 영향을 참작하여 다른 출판물로부터 서지적 기록에 효율성을 유지하게 하고, 언어의 장벽을 초월한 서지기록의 해석을 도우며, 서지기록의 기계가독형으로의 전환을 용이하게 한다는 것을 목적으로 하고 있다.

1974년 단행본용 ISBD(M)이 처음으로 제정되었으며, 1977년에는 일반공통용 ISBD(G)가 제정되어 ISBD(M)이 개정됨은 물론, 이후 모든 매체들의 ISBD에 기본규칙이 되었다. 1978년 AACR2는 이것을 바탕으로 만들어 졌으며, 1983년 KCR3도 ISBD(M)을 적용하여 제정되었다. 2011년에는 각 매체별로 제정된 ISBD를 하나의 통합된 형태로 제정하기 위한 통합판이 발행되었다. 지금까지 제정된 각 매체별 규칙은 다음과 같으며, 이 가운데 *표시가 된 것은 한글로 번역 간행되었다.

ISBD(G) : general 1977, 1992, 2004
ISBD(M) : monographic publications 1974*, 1978, 1988, 2002*
ISBD(S) : serials 1977*, 1988
ISBD(NBM) : non-book materials 1977, 1987
ISBD(CM) : cartographic materials 1977, 1987
ISBD(A) : antiquarian 1980, 1991

ISBD(PM) : printed music 1980, 1991
ISBD(CP) : component parts 1988
ISBD(CF) : computer files 1990
ISBD(ER) : electronic resources 1997
ISBD(CR) : continuing resources 2002*
ISBD : consolidated edition 2011, update 2021

그 후 대부분의 나라에서는 이와 같은 ISBD를 바탕으로 목록규칙을 정비하였으며, 이러한 목록규칙을 근간으로 MARC를 제정하게 되어 세계서지제어에 결정적인 역할을 했다고 볼 수 있다. 여기서는 2011년에 발간되어 2021년에 갱신된 ISBD 통합판의 서지기술 요소와 순서, 구두점 등을 소개하기로 한다. 아래의 요소들 가운데 [M]은 ISBD 기술을 위한 필수요소, [MA]는 자원에 적용할 요소가 있다면 필수요소, [R]은 반복 기술할 수 있는 요소이다.[16]

3.1 서지기술의 요소와 순서

0. 내용형식과 매체유형사항 (Content form and media type area)

구두점		서지기술 요소	필수	반복
	0.1	내용형식	M	R
.		같은 매체유형의 추가 내용형식		R
+		다른 매체유형의 추가 내용형식		R
( )	0.1.1	내용한정어	MA	
;		추가 내용한정어		R
	0.2	제작과정과 매체유형		
:	0.2.1	제작과정		
( )	0.2.1.1	제작과정의 한정어		
;	0.2.2	매체유형	M	

---

16) IFLA ISBD Review Group. *ISBD International Standard Bibliographic Description : 2021 Update to the 2011 Consolidated Edition*, Feb. 2022 〈https://repository.ifla.org/handle/123456789/1939〉 pp.11-14.

1. 표제와 책임표시사항 (Title and statement of responsibility area)   [M]

구두점		서지기술 요소	필수	반복
	1.1	본표제	MA	
=	1.2	대등표제		R
:	1.3	표제관련정보		R
	1.4	책임표시		
/		첫 번째 책임표시	MA	
;		두 번째 이후의 책임표시		R
;	1.1.5.2	같은 저자의 두 번째 이후의 표제	MA	R
.	1.4.5.11.2	다른 저자의 두 번째 이후의 표제	MA	R

2. 판사항 (Edition area)

구두점		서지기술 요소	필수	반복
	2.1	판표시	MA	
	2.3	판표시 관련 책임표시		
/		판 관련 첫 번째 책임표시	MA	
;		판 관련 두 번째 이후의 책임표시		R
,	2.4	부차적 판표시	MA	R
	2.5	부차적 판표시 관련 책임표시		
/		부차적 판표시 관련 첫 번째 책임표시	MA	
;		부차적 판표시 관련 두 번째 이후의 책임표시		R

3. 자료 또는 자원유형특성사항 (Material or type of resource specific area) [R]

구두점		서지기술 요소	필수	반복
	3.1	수치데이터(지도자원)	MA	R
	3.1.1	축척표시(scale)	MA	R
;	3.1.2	도법표시(projection)		
( )	3.1.3	경위도와 천구표시 (coordinates and celestial hemisphere)	MA	
;	3.1.4	연대와 분점표시(epoch and equinox)		
;	3.1.5	광도표시(magnitude)	MA	
	3.2	음악형식표시(악보)	MA	
	3.3	권호(연속간행물)	MA	
		권호표시	MA	
( )	3.3.2	연대표시	MA	
=	3.3.6	대체 권호체계	MA	
;	3.3.7	새로운 권호	MA	
	3.4	미발행표시		

4. 발행, 생산, 배포사항 (Publication, production, distribution, etc. area)

구두점		서지기술 요소	필수	반복
	4.1	발행지, 생산지, 배포지		
		첫 번째 발행지, 생산지, 배포지	MA	
;		두 번째 이후의 발행지, 생산지, 배포지		R
:	4.2	발행처, 생산처, 배포처	MA	R
,	4.3	발행일, 생산일, 배포일	M	
( )		인쇄나 제작정보		
	4.4	인쇄지나 제작지		R
:	4.5	인쇄처나 제작처		R
,	4.6	인쇄일이나 제작일		

5. 자료기술사항 (Material description area) [R]

구두점		서지기술 요소	필수	반복
	5.1	수량		
:	5.2	기타 물리적 세목		
;	5.3	크기		
		서지형식과 크기(고전 단행자원)		
+	5.4	딸림자료표시		R

6. (총서와 다권단행자원사항) (Series and multipart monographic resource area) [R]

구두점		서지기술 요소	필수	반복
	6.1	총서나 다권단행자원의 본표제	MA	
:	6.3	총서나 다권단행자원의 표제관련정보		R
	6.4	총서나 다권단행자원의 책임표시		
/		첫 번째 책임표시		
;		두 번째 이후의 책임표시		R
,	6.5	총서나 다권단행자원의 ISSN	MA	
;	6.5	총서나 다권단행자원의 권호	MA	

7. 주기사항 (Note area) [R]

8. 자원식별자와 입수조건사항 (Resource identifier and terms of availability area) [R]

구두점		서지기술 요소	필수	반복
	8.1	자원식별자	MA	
		핑거프린트(고전 단행자원)		
=	8.2	등록표제(계속자원)	MA	
:	8.3	입수조건		R

3.2 구두법

ISBD의 특징 중 가장 중요한 것은 구두법이다. 규칙으로 정한 구두법은 각 기술요소의 성격을 나타내고, 기술요소의 구분을 위한 것이며, 서지기술의 기계적, 수동적인 조작을 위해 고안된 것이기 때문에 기술요소와 함께 채기하되 언제나 기술요소의 앞에 온다. 다음은 구두점의 사용에 대한 것을 요약한 것이다.

① -- 이중붙임표(dash)
② : 쌍점(colon)
③ ; 쌍반점(semicolon)
④ / 빗금(diagonal slash)
⑤ = 등호(equal sign)
⑥ . 온점(full stop)
⑦ , 쉼표(comma)
⑧ - 붙임표(hyphen)
⑨ … 석점줄임표(mark of omission)
⑩ ( ) 원괄호(parentheses)
⑪ [ ] 각괄호(square brackets)
⑫ + 덧셈표(plus sign)
⑬ ? 의문부호(question mark)

3.3 ISBD 적용 예시

[예시 1] Book

Area 0	문자 (시각) : 기기불용
Area 1	우리나라의 회계감리제도 = A study on peer review system in Korean capital market / 이창우, 유재규, 고종권
Area 2	개정판
Area 3	
Area 4	서울 : 서울대학교출판부, 2007
Area 5	189 p. ; 23 cm
Area 6	(서울대학교 경영연구소 기업경영사 연구총서 ; 16)
Area 7	부록: 1. 감사인의 선임제도 ; 2. 회사별 감리 지적사항 ; 3. 미국회계개혁법의 내용 등. -- 참고문헌(p. 183) 및 색인 수록. -- 본 연구총서는 서울대학교 발전기금 연구비 및 서울대학교 경영연구소 연구비 지원에 의하여 이루어졌음
Area 8	ISBN 978-89-521-0750-3 (93320) : ₩9000

[예시 2] Printed map

Area 0	화상 (지도 ; 정지 ; 2차원 ; 시각) : 기기불용
Area 1	서울특별시 전도. 2007 / 성지문화사 기술부 지도제작
Area 2	제14판
Area 3	축척 1:40,000
Area 4	파주 : 성지문화사, 2007
Area 5	지도 1매 : 천연색 ; 79 x 109 cm, 접으면 16 x 23 cm
Area 6	(도시지도 ; 1)
Area 7	수도권 지하철 노선도 수록
Area 8	₩4000

[예시 3] Web site

Area 0	Text (visual) : electronic
Area 1	America's literacy directory : a service of the National Institute for Literacy and partners
Area 2	
Area 3	
Area 4	[Washington, D.C.] : National Institute for Literacy, cop. 2008
Area 5	
Area 6	
Area 7	Mode of access: World Wide Web. — URL: http://www.literacydirectory.org/. — Allows users to find local literacy providers in all 50 states and the U.S. territories. An online form is available to allow individual organizations to add new programs to the directory or update current information. — Description based on home page (viewed on Oct. 13, 2008)
Area 8	

4 FR 개념모형과 LRM

앞서 언급한 바와 같이 IFLA가 발표한 FRBR, FRAD, FRSAD 3개의 FR 개념모형을 하나로 통합한 것이 LRM이다.

4.1 FRBR

관계형 데이터베이스 작성을 위한 개체-관계 기법은 개체와 관계를 데이터베이스의 처리 대상과 그 관계를 나타내기 위해 사용한다. 즉, 개체는 데이터베이스가 대상으로 하는 영역에서 인식되는 개념을 나타내는 것이다. FRBR은 서지레코드가 제공해야 하는 기능적 요건을 제시한 개념모형이며, 서지레코드를 나타내기 위해 개체-관계 기법을 사용한다. 이는 도서관목록이 대상으로 하는 서지적 영역 가운데 주로 자원에 중점을 두고 있으며, 이용자가 자원을 탐색할 때 중요하다고 생각되는 것을 10개의 개체로 추출한 후 그것을 3개의 집단으로 구분하고 있다. 〈그림 1-5〉는 10개의 개체로 구성된 이들 3개 집단의 관계를 모형화하여 나타낸 것이다.17)

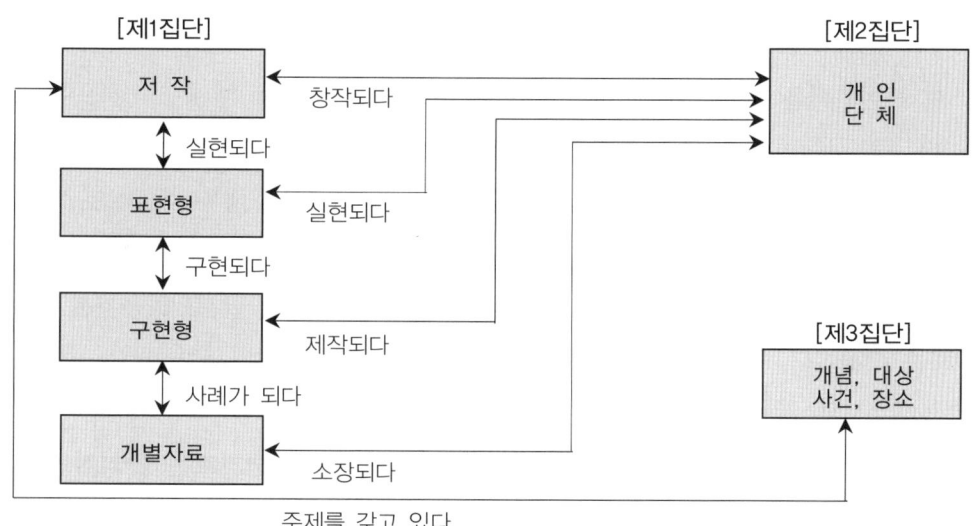

〈그림 1-5〉 FRBR의 구조

---

17) IFLA Study Group on the FRBR. *op. cit.*

1) 제1집단의 개체

서지레코드에 기술되어 있는 지적 예술적 활동의 성과로서 정보원을 이용자가 어떻게 인식하고 있는지 아래와 같이 저작, 표현형, 구현형, 개별자료의 4개 개체로 표현하고 있다.

① 저작(work): 추상성을 지닌 지적 예술적 창작물이다. 보다 구체적으로 말하면, 학술적인 연구와 독창적인 문학작품이나 음악작품 등이며, 그것이 언어나 음성으로 표현되기 이전의 상태를 가리킨다. 저작의 속성은 저작의 표제, 저작의 형식, 저작의 일자, 대상 이용자, 저작의 맥락, 연주수단(음악), 작품번호(음악), 조(음악), 좌표(지도), 분점(지도) 등을 기록한다.

② 표현형(expression): 저작을 지적 예술적으로 실현한 것이다. 문자, 숫자, 악보 기보법, 무용 기보법, 음향, 화상, 실물, 동작, 또는 그것을 조합한 형식으로 표현의 차이를 동일 저작 아래에서 구별하여 기술하기 위한 기능을 한다. 번역문, 영화 시나리오, 라디오방송 시나리오 등과 같은 표현형식을 기술하며, 서체나 지면배치와 같은 물리적 형식은 그 하위의 구현형에서 기술한다. 원작의 형식 변경(예: 문어체에서 구어체로 변조)이나, 번역과 같이 다른 언어로 변경된 것은 표현형은 다르지만 원작과 동일한 저작으로 간주한다. 표현형의 속성은 표현형의 표제, 표현형의 형식, 표현형의 일자, 표현형의 언어, 축척(지도) 등을 기록한다.

③ 구현형(manifestation): 저작의 표현형을 물리적으로 구현한 것이다. 즉, 추상적인 것(저작)이 표현형식을 수반하여(표현형) 물리적으로 구체화된 것에 대해 기술하도록 설정된 개체이다. 즉, 구현형은 지적 내용(저작)과 그 표현형식(표현형)이 동일한 것이므로 물리적인 대상이 다른 것을 구별한다. 구체적으로는 원고, 도서, 연속간행물, 지도, 포스터, 녹음물, 영화, 비디오, 점자, CD, DVD 등과 같은 물리적인 매체를 수반하고 있는 자료를 대상으로 그 특징을 구별하며, 이용자에게 어떤 매체로 정보원을 제공할 수 있는가를 알 수 있도록 하는 부분이다. 구현형의 속성은 구현형의 표제, 책임표시, 판사항, 발행사항, 총서사항, 수록매체사항, 구현형 식별기호(예: ISBN, 정부간행물번호) 등을 기록한다.

④ 개별자료(item): 구현형의 일례를 나타내며, 구현형과 개별자료는 물리적인 형식을 기술하기 위한 개체로서 기능을 한다. 즉, 어떤 매체로 유통되며, 어디에 가면 그것을 입수할 수 있는가를 이용자가 알도록 하는 관점이다. 개별자료의 속성은 개별자료 식별기호(예: 청구기호, 입수번호), 핑거프린트(fingerprint), 개별자료의 내력, 전시기록 등을 기록한다.

한편 FRBR의 핵심이라고 할 수 있는 제1집단을 좀 더 자세하게 분석하면 〈그림 1-6〉과 같다. 〈그림 1-6〉은 FRBR에 있어 저작, 표현형, 구현형, 개별자료의 관계를 *The Old Man and the Sea*를 예로 들어 나타낸 것이다. 'Ernest Hemingway의 *The Old Man and the Sea*'라는 추상적인 저작 개체 아래에 영문 원본, 한국어 번역, 일본어 번역, 영문 낭독, 점자와 같은 5개의 표현형이 연결되어 있다. 각 표현형아래에는 단행본, CD, 카세트테이프, 점자도서라는 복수의 구현형이 연결되어 있으며, 〈그림 1-6〉에는 나타나 있지 않지만 각 구현형 아래에는 다시 개별자료의 구체적인 소장상황 즉, 소장도서관 및 청구기호와 같은 관리번호가 연결된다. FRBR은 이와 같이 4개의 계층관계와 표현형간, 구현형간, 개별자료 간에 형제관계(sibling relationship)를 갖고 있다. 그리고 저작 A, B, C는 별개의 저작으로 간주되지만 저작 A는 Ernest Hemingway의 원작인 *The Old Man and the Sea*를 대상으로 하는 저작이며, 저작 B는 원작을 기초로 Henry King에 의해 작성된 영화 각본이고, 저작 C는 원작을 바탕으로 유호근의 관점에서 *The Old Man and the Sea*에 대해 연구된 논문이

저작 A: Ernest Hemingway의 *The Old Man and the Sea*
  표현형 A-1: 저자의 영문 원본
    구현형 A-1-1: *The Old Man and the Sea* [단행본] (New York : Bantam, 1952)
    구현형 A-1-2: *The Old Man and the Sea* [단행본] (London : Granada, 1976)
  표현형 A-2: 전진희에 의한 한국어 번역
    구현형 A-2-1: 노인과 바다 [단행본] / 전진희 옮김(서울 : 한실미디어, 1994)
  표현형 A-3: 福田恒存에 의한 일본어 번역
    구현형 A-3-1: 老人と海 [단행본] / 福田恒存 譯 (東京 : 三笠書房, 昭和31)
  표현형 A-4: Elliot Engel에 의한 영문 낭독
    구현형 A-4-1: *The Old Man and the Sea* [카세트테이프] (Cassette Studies, 1980)
    구현형 A-4-2: *The Old Man and the Sea* [CD] (Raleigh, NC : Authors Ink, 1984)
  표현형 A-5: Louis Braille Productions에 의한 點字化
    구현형 A-5-1: *The Old Man and the Sea* [점자도서] (Louis Braille Productions, 1985)

저작 B: Henry King에 의한 *The Old Man and the Sea* 영화 각본
  표현형 B-1: Henry King에 의한 영화 각본
    구현형 B-1-1: *The Old Man and the Sea* [영화] (New York : Warner Bros, 1968)
    구현형 B-1-2: *The Old Man and the Sea* [DVD] (New York : The Teaching, 2002)

저작 C: 유호근에 의한 '老人과 바다' 연구
  표현형 C-1: 유호근에 의한 '老人과 바다' 연구
    구현형 C-1-1: Hemingway의 '老人과 바다' 연구 [책자형] / 유호근 (석사학위논문, 2000)
    구현형 C-1-2: Hemingway의 '老人과 바다' 연구 [디스켓] / 유호근 (석사학위논문, 2000)

〈그림 1-6〉 저작 개념의 예: Ernest Hemingway의 *The Old Man and the Sea*

다. 즉, 저작 B와 C는 원작인 저작 A에서 파생되었다는 서지적 관계가 존재한다.

2) 제2집단의 개체

지적 예술적 내용, 물리적 생산, 배포, 생산물의 관리, 보관에 책임이 있는 저작자, 출판사, 도서관 등을 개인과 단체라는 2개의 개체[18]로 나타내고 있다. 개인과 단체는 제1집단의 개체인 저작을 창조하고, 표현형을 실현하고, 구현형을 제작하며, 개별자료를 소장하는 기능을 하고 있다. 앞서 언급한 바와 같이 제1집단 개체와의 사이에는 저작의 창작과 관련하여 발생한 역할을 명확히 하는 관계가 있으며, 그 내용을 간결한 형태로 서지데이터에 기록할 필요가 있다. 또한 관계에서는 단체명의 변경 등을 비롯하여 다양한 정보가 포함될 수 있다.

① 개인(person): 저작의 창작이나 실현에 관련되었거나(예: 저자, 작곡자, 화가, 편자, 역자, 감독 등), 저작의 주제와 관련된 경우(예: 전기서나 자서전의 주제, 혹은 역사적 인물 등)에만 개체로 취급된다. 개인의 속성은 개인명, 생몰년, 직위 등을 기록한다.

② 단체(corporate body): 저작의 창작이나 실현에 관련되었거나, 저작의 주제와 관련된 경우에만 개체로 취급된다. 단체의 속성은 단체명, 단체 관련 수치, 단체 관련 장소, 단체 관련 기타 호칭 등을 기록한다.

3) 제3집단의 개체

지적 예술적 활동의 대상이 되는 주제 즉, 테마, 개념, 인물, 사건, 시대, 영역 등을 개념, 대상, 사건, 장소의 4개 개체로 나타내고 있다.

① 개념(concept): 추상적인 관념이나 이상을 나타내며, 저작의 주제로 사용된 경우에만 개체로 취급된다.

② 대상(object): 사물 혹은 물체를 나타내며, 저작의 주제로 사용된 경우에만 개체로 취급된다.

③ 사건(event): 행위나 일어난 일을 나타내며, 저작의 주제로 사용된 경우에만 개체로 취급된다.

④ 장소(place): 위치를 나타내며, 저작의 주제로 사용된 경우에만 개체로 취급된다.

---

18) FRBR에서는 제2집단을 개인과 단체로 구분하고 있으나, FRAD에서 '가계'를 추가하여 3개 개체로 나타냄으로써 전체 10개 개체에서 사실상 11개 개체로 확장됨.

제1집단과 제2집단의 개체들을 저작의 주제로서 개체로 간주할 수도 있다. 제3집단 내 상호 관계가 있을 뿐만 아니라 상위나 하위 등 다양한 관계도 존재한다. 이러한 3개 집단의 관계는 제2집단이 주체가 되어 제3집단을 대상으로 작용하면, 그 결과 제1집단의 성과가 나타나는 것으로 되어 있다. 따라서 3개 집단 가운데 제1집단이 정보원 자체를 기록하는 핵심적인 부분으로 구성되어 있음을 알 수 있다.

4.2 FRAD

FRAD는 전거데이터가 제공해야 하는 기능적 요건을 제시한 개념모형이다. 여기서 전거데이터란 서지데이터에 포함된 다양한 표기 형태의 개인명, 가계명, 단체명을 상호 참조할 수 있도록 표목이나 식별기호와 함께 일목 요연하게 표현한 데이터이다.

FRAD는 서지개체가 이름이나 식별기호로 식별되며, 도서관이나 박물관, 기록관 등의 목록작성 과정에서 이들 이름과 식별기호가 제어형 접근점의 작성 기반으로 사용된다. 〈그림 1-7〉과 같이 서지개체를 개인, 가계, 단체, 저작, 표현형, 구현형, 개별자료, 개념, 대상, 사건, 장소 등 11개 요소로 제시하고 있으며, 그 중간 부분에는 이들 개체를 식별하기 위한 이름과 개체에 부여된 식별기호, 전거데이터로 등록된 이름과 식별기호에 기반한 제어형 접근점이 제시되어 있다. 그리고 하단에는 접근점의 내용과 형식을 결정함에 있어 도구가 되는 두 개의 개체 즉, 규칙과 서지기관이 나타나 있다.[19]

---

19) IFLA Working Group on FRANAR. *op. cit.*

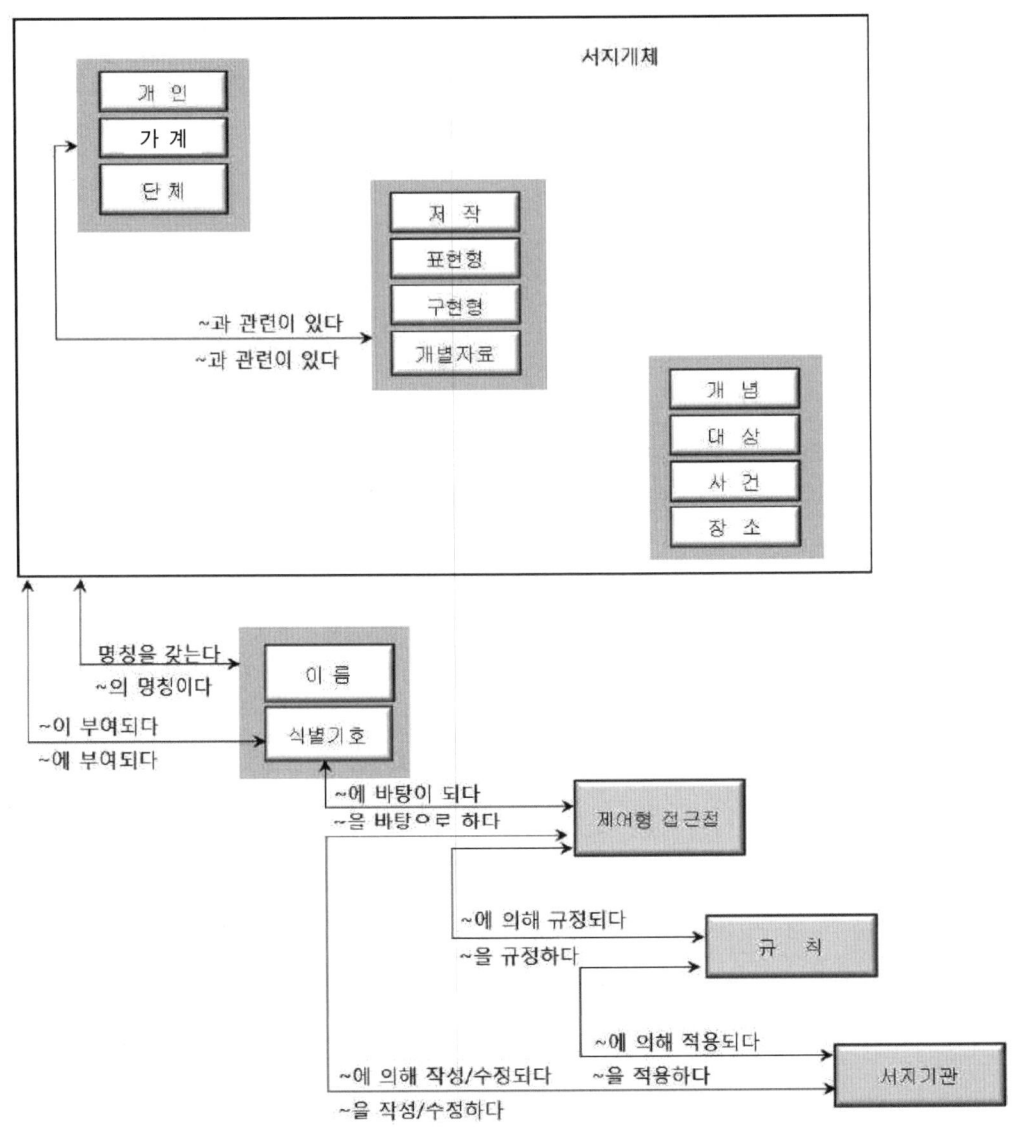

〈그림 1-7〉 FRAD: 전거데이터의 개념모형

4.3 FRSAD

FRSAD는 이용자가 주제 검색을 보다 효과적으로 수행할 수 있도록 주제 전거데이터가 구비해야 할 기능적 요건을 제시한 개념모형이다. FRAD와 FRSAD는 별도로 개발되었지만, FRAD는 FRBR의 제2집단과 저작과의 관계를 대상으로 하는 반면, FRSAD는 주제 전거데이터를 대상으로 하고 있다. FRSAD는 다음 두 개체를 사용하여 주제 전거데이터를 표현한다.
① 테마(thema): 저작의 주제로 사용된 모든 개체
② 노멘(nomen): 테마로 알려지거나 언급, 지칭되는 모든 기호 또는 기호의 연속(문자와 숫자, 부호, 소리 등)

FRSAD는 〈그림 1-8〉과 같이 테마와 노멘 개체 간의 연관성을 설명하여 주제 전거레코드를 표현하며, 주제 전거레코드와 서지레코드의 관계는 테마 개체와 FRBR의 저작 개체와의 관계를 기록함으로써 표현된다.[20]

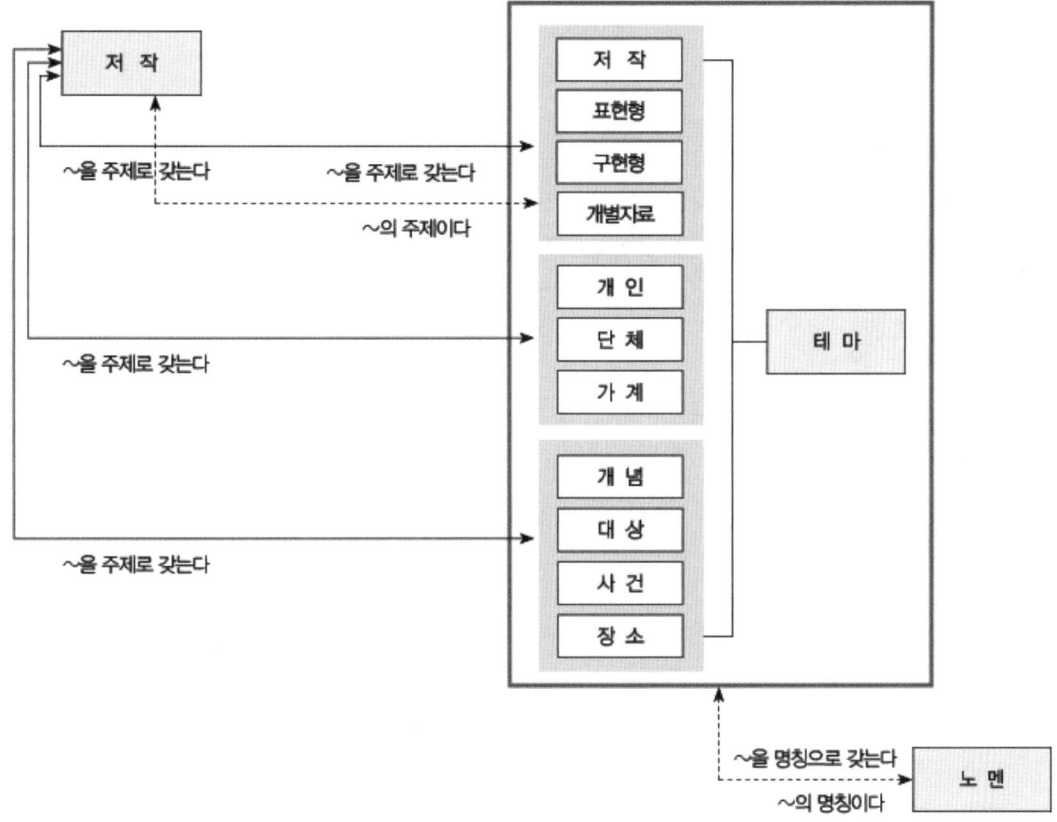

〈그림 1-8〉 FRSAD: 주제전거데이터의 개념모형

---

20) IFLA Working Group on FRSAR, *op. cit.*

4.4 LRM

LRM은 IFLA의 FRBR, FRAD, FRSAD 3개를 통합한 것이지만 이름 그대로 기능요건(functional requirements)이 아니라 도서관의 서지정보를 위한 참조모형(reference model)이다. LRM은 레(res), 저작, 표현형, 구현형, 개별자료, 행위자, 개인, 집합행위자, 노멘, 장소, 시간범위 등 모두 11개의 개체를 3개 수준으로 표현하고 있지만, 여전히 저작, 표현형, 구현형, 개별자료 개체간의 구조적 관계가 이 모형의 핵심이다. 〈그림 1-9〉는 LRM에 있어 개체와 개체 간의 대략적인 관계를 나타낸 것이다.[21] 여기서 저작, 표현형, 구현형, 개별자료는 FRBR과 동일한 4계층 구조를 취하고 있어 개체간의 관계표시를 생략하였다.

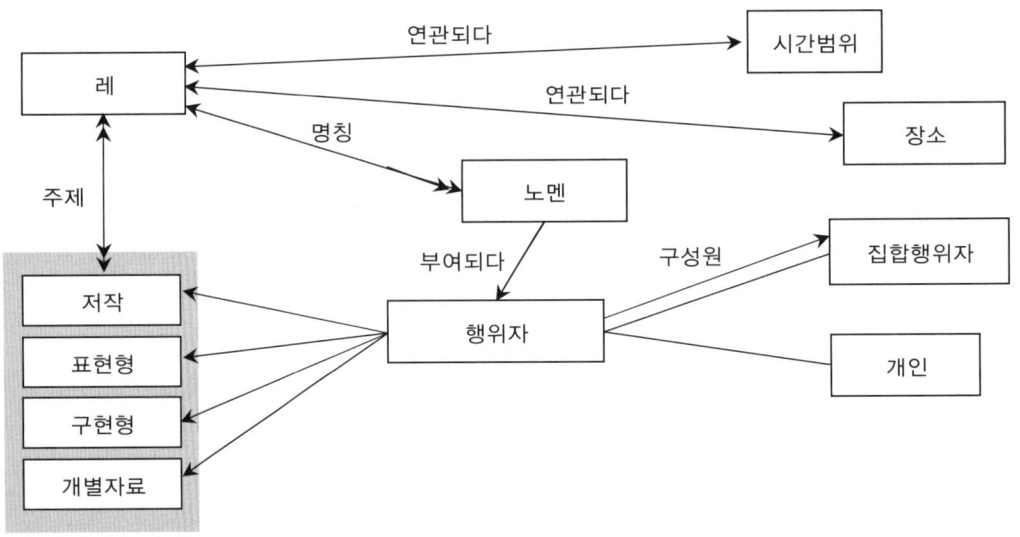

〈그림 1-9〉 LRM의 개체 구성

① 레(res): 라틴어로 사물이나 실체 등을 의미하며, FRSAD의 '테마'가 여기에 흡수되었다. LRM의 다른 모든 개체의 최상위 개념으로 설정되어 있다.
② 저작, 표현형, 구현형, 개별자료: 앞서 FRBR에서 정의한 개념과 4계층 구조를 그대로 취하고 있다.
③ 행위자(agent): 의도적으로 행동을 할 수 있고, 권한을 부여받아 그 행동에 책임을 질

---

21) IFLA FRBR Review Group. op. cit.

수 있는 개체를 의미하며, 그 하위 클래스로 '개인'과 '집합행위자'가 있다.
④ 개인: FRAD에서는 가공의 인물도 포함하였지만, LRM에서는 개개의 인간으로 살아있거나 살았다고 추정되는 실제 개인으로 한정한다.
⑤ 집합행위자(collective agent): 특정 이름을 갖고 한 구성단위로 행동을 할 수 있는 개인의 모임이나 단체를 의미한다.
⑥ 노멘(nomen): 개체와 이 개체를 지칭하는 명칭과의 연계를 의미한다. FRSAD의 '노멘'과 FRAD의 개체 '제어형 접근점', '이름', '식별자'가 여기에 흡수되었다. LRM에서 모든 개체는 '노멘'으로 불린다.
⑦ 장소(place): 주어진 범위의 공간을 나타낸다. 저작의 주제로서 장소뿐만 아니라 개인의 출생지, 사건의 개체지 등도 포함된다.
⑧ 시간범위(time-span): 시작, 종료, 기간을 나타내는 시간적 범위를 나타낸다. 개인의 생몰년, 단체의 존속기간, 구현형의 발행일 등이 해당된다.

5 서지적 관계 유형

서지적 관계(bibliographic relationship)란 2개 이상의 서지적 속성 간의 관계이다. 예를 들면 도서의 개정판은 초판과 서지적 관계가 있으며, 총서내의 낱권은 전체 총서의 한 부분으로서 총서와 서지적으로 연결된다. 그런데 서지적 관계의 개념은 3가지 구성요소를 포함하고 있는 서지구조 즉, 서지기술, 목록, 그리고 서지 그 자체의 구조와도 관련되어 있다.[22] 따라서 서지적 관계는 서지 그 자체의 구조와 관련되어 있으므로 서지적 요소 간에 관계는 이러한 관계를 기술하고 있는 목록의 구조를 결정한다.

이러한 서지적 관계는 근대도서관의 초창기 목록규칙에도 그 개념이 언급되어 있음을

---

22) Ying Zhang. *Bibliographic Relationships among Chinese Publications : a Bibliographic Study of the Chinese Collections of the East Asia Resources at the University of North Carolina at Chapel Hill*(M.A. Thesis, University of North Carolina, 2003), p.5.

알 수 있다. 즉, Panizzi의 91개 규칙에 이미 참조지시를 다루고 있으며, Cutter의 사전체목록규칙에서는 서지적으로 특정 판을 구별하고 있다. 또한 최근의 국제목록원칙규범에서 제시하고 있는 목록의 기능 가운데 다양한 서지적 관계에 있는 자료들을 식별하여 쉽게 탐색(항해)할 수 있도록 목록이 조직되어야 한다는 것을 강조함으로써 목록의 서지적 관계를 중요시하고 있다고 생각된다.

이와 같이 전통적인 목록에서부터 일반적으로 사용되어 오고 있던 참조나 주기가 바로 서지적 관계를 나타내고 있으며, 이러한 서지적 관계는 자동화목록인 MARC 형식에도 그대로 반영되어 있다. 오늘날 서지적 관계와 관련하여 Tillett, Bertha, Smiraglia 등 다양한 학자들의 연구가 있으며, 이러한 연구들이 RDA에도 그대로 반영되어 있다고 볼 수 있다.

5.1 MARC 형식의 서지적 관계 유형

UNIMARC, MARC 21, KORMARC 형식에서는 해당 자료와 관련자료 사이의 서지적 관계유형을 아래와 같이 세 가지로 구분하고 있다.[23]

① 수직적 또는 계층관계(vertical relationship)

전체와 부분, 부분과 전체의 계층관계로서 총서에 속하는 특정자료와 이를 포함하고 있는 총서, 혹은 학술지의 논문과 이 논문을 수록하고 있는 학술지와의 관계를 말한다.

② 수평적 또는 파생관계(horizontal relationship)

서로 다른 언어나 형식, 매체 등으로 표현된 특정 저작의 여러 상이한 판간의 관계를 말한다.

③ 연대적 또는 선후관계(chronological relationship)

연속간행물의 선행지와 후속지와의 관계와 같이 시간순서에 따른 서지자료간의 관계를 말한다.

---

23) Library of Congress. *MARC 21 Format for Bibliographic Data: 1999 edition*.
　　IFLA. *UNIMARC Universal MARC Format*(London : IFLA International Office for UBC, 1980), p.58.
　　국립중앙도서관. 한국문헌자동화목록형식 : 통합서지용(한국도서관협회, 2006), pp.885-886.

5.2 Tillett의 서지적 관계 유형

Tillett은 Panizzi의 목록규칙에서부터 영미계 목록규칙들을 조사하여 다음과 같이 7가지의 서지적 관계유형을 제시하였다.[24]
① 대등관계: 복본, 복제물, 영인본, 재쇄본, 사진복제, 마이크로형태의 복제 등
② 파생관계: 번역서, 개정판, 증보판, 축약판, 요약, 개작, 극화, 소설화 등
③ 기술관계: 서평, 평론서, 해설집, 사례집, 주석서 등
④ 부분-전체관계: 선집, 합집
⑤ 딸림자료관계: 부록, 지침서, 색인집, 용어집 등
⑥ 전후관계: 후속자료, 선행자료, 속편
⑦ 특성공유관계: 해당 자료가 특정 자료와 저자, 서명, 주제 등이 동일하거나, 접근점으로 사용되는 발행국, 발행년 등이 동일한 자료간의 관계. 서지적으로 특별한 관계를 맺지는 않는다.

5.3 Bertha의 서지적 관계 유형

Bertha는 자료의 표현매체와 본문, 언어, 시간, 서지계층과 같은 매개변수를 사용하여 아래와 같이 5가지의 서지관계를 제안하였다.[25]
① 대등관계: 표현매체를 달리하는 동일한 내용의 저작간의 관계, 예를 들면 원작과 복본, 재쇄본, 영인본, 마이크로피쉬, 마이크로필름, CD-ROM 등이 여기에 해당된다.
② 수평관계: 본문 혹은 언어와 관련하여 원작과 이의 상이한 버전과의 관계, 예를 들면 증보판, 간략판, 번역서, 편곡, 개작서, 평가, 평론, 비평, 주석서, 초록, 이차문헌 등이 여기에 해당된다.
③ 연대관계: 선행저작과 후속저작간의 관계, 예를 들면 연속간행물의 선행지와 후속지,

---

24) Barbara B. Tillett. "Bibliographic Relationships: an Empirical Study of the LC Machine Readable Records." *Library Resources & Technical Services*, Vol. 36, No. 2(April 1992), pp. 162-163.
25) Bertha, Eva. "Inter- and Intrabibliographical Relationships : a Concept for a Hypercatalog." In: *Opportunity 2000 : Understanding and Serving Users in an Electronic* / edited by Ahmed H. Helal and Joachim W. Weiss(Germany, Essen : Essen Univ. Library, 1993), pp. 215-216.

단행본의 속편 등이 여기에 해당된다.
④ 계층관계: 부분-전체와 전체-부분간의 관계, 예를 들면 도서와 개개의 단원, 학술지와 여기에 수록된 논문, 학술지와 특별호, 회의록과 여기에 수록된 하나의 글, 시선집과 여기에 수록된 특정 시, 주된 자료와 딸림자료, 원작과 부록 등이 여기에 해당된다.
⑤ 특성공유관계: 저자나 언어, 발행처, 발행년, 주제명표목, 분류기호, 문헌형태 등과 같은 특성을 공유하는 자료들간의 관계로서 동일한 저자명탐색, 연도나 언어로 이용자 질의의 제한탐색, 표제와 주제명표목, 분류기호, 인용저자 등에 의한 주제탐색 등이 여기에 해당된다.

5.4 Smiraglia의 서지적 관계 유형

Smiraglia는 1992년 그의 박사학위논문에서 서지적 관계유형 가운데 저작들간에 파생관계의 속성을 분석하여 아래와 같이 7가지를 제안하였다.[26]
① 동시적 파생물: 동시에 두 가지 판으로 발행된 저작의 출판물
② 연속적 파생물: 판을 달리하여 계속 발간되는 관계이며, 판표시 없이 연속적으로 발행되는 경우도 포함된다.
③ 번역물: 원작의 번역물
④ 증보: 원작에 삽화, 비평, 용어, 색인, 주석 등이 부가된 것을 포함
⑤ 축약: 요약이나 발췌 등을 포함
⑥ 개작: 영화각본, 가사대본, 편곡 등의 개작물을 포함
⑦ 공연: 소리와 영상기록물을 포함

5.5 한국목록규칙 제4판의 서지적 관계 유형

저작유형과 관련하여 각종 서지적 관계유형을 표현하기 위한 수단으로 주기를 사용하고 있으며, 주기사항에 기술하도록 규정하고 있는 서지적 관계를 살펴보면 아래와 같다.[27]

---

26) R.P. Smiraglia and G.H. Leazer. "Derivative Bibliographic Relationships: the Work Relationship in a Global Bibliographic Database." *Journal of the American Society for Information Science*, Vol.50, No.6(1999), p.495.

① 번역, 개작, 번안
② 판표시와 서지적 내력: 개정, 전판, 속편, 후편, 개제, 영인본, 복제본, 점자자료, 발췌, 별쇄본 등
③ 딸림자료
④ 총서
⑤ 상이한 형태의 자료: 마이크로피시, 마이크로필름, CD-ROM 등
⑥ 요약, 해제, 초록
⑦ 내용
⑧ 합철물
⑨ 부록: 별책부록, 기념호, 특별호

5.6 RDA의 서지적 관계 유형

RDA의 제5부~제10부에는 '관계'에 대해 다루고 있으며, 이 가운데 제8부는 자원간의 서지적 관계 즉, 저작, 표현형, 구현형, 개별자료간의 관계 기록을 규정하고 있다. 여기서 저작간의 관계는 '관련 저작', 표현형간의 관계는 '관련 표현형', 구현형간의 관계는 '관련 구현형', 개별자료간의 관계는 '관련 개별자료' 요소에 각각 기록하게 된다. 그리고 이러한 요소의 기록에는 구체적인 '관계표시어'를 사용할 수가 있으며, 이들 간의 관계유형은 아래와 같다.[28] 특히 RDA 부록 J에는 관련 저작, 관련 표현형, 관련 구현형, 관련 개별자료에 대한 340여개의 구체적인 관계표시어를 제시하여 번안, 번역, 계층구조 등 각종 서지적 관계유형을 범주화하고 있다.

(1) 관련 저작 관계, 관련 표현형 관계
   ① 파생관계
   ② 기술관계
   ③ 전체/부분관계
   ④ 딸림자료관계
   ⑤ 연속관계

---

27) 韓國圖書館協會 目錄委員會. 전게서, pp.73-88.
28) *RDA*, J.2-J.5.

(2) 관련 구현형 관계, 관련 개별자료 관계
　① 대등관계
　② 기술관계
　③ 전체/부분관계
　④ 딸림자료관계

6 MARC의 개념과 발전

6.1 MARC의 개념

　MARC란 MAchine-Readable Cataloging의 약어로서 흔히 기계가독형 목록이라고 하며, 이는 무수한 서지정보를 일관성 있게 축적하여 둠으로써 시스템간 서지정보의 공유는 물론 시스템내에서 컴퓨터에 의한 원활한 정보처리를 목적으로 사용된다.

　MARC은 원래 전통적인 카드목록을 만들 때 컴퓨터의 힘을 빌어 신속하고 대량으로 업무를 처리하기 위한 취지에서 비롯되었으며, 처음부터 새로운 규칙을 제정하려는 것은 아니었다. 따라서 MARC을 설계할 때 기존의 목록형태를 그대로 적용하였으며, 컴퓨터가 인식할 수 있도록 서지기술의 각 요소들을 하나하나 목록의 규칙대로 코드화 시켰다. 오늘날 온라인 목록의 관점에서 보면 구조적으로 불합리한 점도 많아 보이지만 의도했던 원래의 목적은 충분히 달성했다고 볼 수 있다. 목록기술이 어떻게 MARC으로 변환되었는지 살펴보면 〈표 1-1〉과 같다.

〈표 1-1〉 목록기술 내용의 비교: KORMARC과 ISBD

KORMARC		ISBD
020	▼aISBN : ▼c입수조건	영역8 (자원식별자와 입수조건사항)
245	▼a본표제 ▼h[일반자료표시] = ▼x대등표제 : ▼b표제관련정보 / ▼d책임표시	영역1 (표제와 책임표시사항)
250	▼a판표시 / ▼b개정자	영역2 (판사항)
260	▼a발행지 : ▼b발행처, ▼c발행년	영역4 (발행사항)
300	▼a쪽수 : ▼b삽화 ; ▼c크기 + ▼e딸림자료	영역5 (자료기술사항)
490	▼a총서사항, ▼x총서의 ISSN ; ▼v총서번호	영역6 (총서사항)
500	▼a주기사항	영역7 (주기사항)

6.2 MARC의 발전

1) MARC 21

오늘날 모든 도서관에서 MARC을 이용한 자료처리가 일반화되어 있지만 미국 의회도서관에서 처음 도서관의 전통적인 검색수단인 목록을 컴퓨터로 처리하려는 시도를 할 때만 해도 크게 주목되지 않았다. 그렇지만 미국 의회도서관에서 1950년대 초부터 자신의 도서관업무를 자동화하기 위한 위원회를 구성하고 업무개발을 위한 타당성을 검토하기 시작하였으며, 길버트 킹(G.M. King)을 중심으로 구성된 조사반의 권고에 따라 1960년 초부터 가능성 검토와 함께 개발계획을 수립한 후, 1965년 MARC I을 완성하게 됨으로써 돌이켜보면 이는 전세계 도서관계에 혁명적인 변화의 서곡이라고 과언이 아니다. 그후 이를 수정보완하여 1968년 MARC II가 제정되었는데 이는 미국의 국가적인 표준인 *USMARC Format for Bibliographic Data*뿐만 아니라 세계 각국의 MARC개발의 기초가 되었다. 즉, 캐나다의 CANMARC, 호주의 Australian MARC, 영국의 UK MARC, 독일의 MAB, 중국의 Chinese MARC, 일본의 JapanMARC 및 우리 나라의 KORMARC 등이 개발되고, MARC 레코드의 국제적인 교환을 위하여 국제도서관협회연맹은 UNIMARC을 제정하게 되었다. 이러한 MARC들은 서로 ① 필드당 지시기호의 수, ② 식별기호의 수, ③ 디렉토리에서 필드길이와 오프셋의 크기 등에서 조금씩 차이가 난다. MARC 21에서 레코드당 총 문자수는 99,999개 캐릭터까지 가능하며, 250여 개의 필드가 있고, 필드당 문자수는 9,999개 캐릭터까지 가능하다.

최근 인터넷의 확산과 더불어 네트워크자원의 서지기술에 대한 다양한 요구를 수용하기 위해 미국 의회도서관과 캐나다 국립도서관은 1999년 공동으로 USMARC을 개정하여 오늘날의 MARC 21을 제정하게 되었다. MARC 21은 단행본, 문서 및 사본자료, 전자자료, 지도, 악보, 시각자료, 계속자료 등에 관한 서지적인 정보를 종합적으로 표현할 수 있도록 설계되어 있다. MARC 21에는 이러한 기본적인 형식 외에도 다음과 같은 형식이 제정되어 있다.

- MARC 21 Format for Classification Data
- MARC 21 Format for Holdings Data
- MARC 21 Format for Community Information
- MARC 21 Code List for Countries
- MARC 21 Code List for Geographic Areas
- MARC 21 Code List for Languages
- MARC 21 Code List for Organizations
- MARC 21 Code List for Relators, Sources, Description Conventions
- MARC 21 Specifications for Record Structure, Character Sets, and Exchange Media

2) KORMARC

KORMARC(한국문헌자동화목록형식)은 ① 국가발전의 기틀인 지적정보를 컴퓨터기법으로 처리하여 국내학술의 진흥과 사회개발을 위한 정보를 신속 정확히 공급하고, ② 전국 대학 및 공공도서관을 온라인으로 연결하여 문헌정보의 네트워크를 편성하며, ③ 정보의 표준포맷을 제정하여 유통망 형성의 기반을 조성하고, ④ 국내문헌의 전산화를 통하여 국립중앙도서관의 중앙 대표성을 부각하고 그 기능을 현대화할 목적으로 개발되었다.

표준포맷의 기본구조는 ISO 2709를 따르고 있으며, MARC 21과 공통적으로 호환될 수 있는 구조로 레코드가 설계되어 있다. 그러므로 세부적인 편성방침도 MARC 21을 준용하고 있으며, 식별기호를 규정하는데 있어서는 UK MARC을 따르고 있고, UNIMARC도 부분적으로 수용하고 있다. 그리고 목록기술은 ISBD에 준거하여 국립중앙도서관에서 제정한 한국문헌자동화목록법 기술규칙을 따르고 있다. KORMARC 형식의 개발과 KS 제정경위를 간단히 살펴보면 다음과 같다.

- KORMARC 실험용 포맷 : 단행본(1980), 연속간행물(1983), 비도서자료용(1991)
- KORMARC 형식 KS 제정: 단행본(KS C 5867-1993), 연속간행물용(KS C 5795-1994),

비도서자료용(KS C 5969-1996), 전거통제용(KS X 6006-4, 1999), 소장정보용(KS X 6006-5, 1999), 고서용(KS X 6006-6, 2000), 통합서지용(KS X 6006-0, 2005)
· KORMARC 형식 소장정보용 개정판(KS X 6006-5, 2020)
· KORMARC 형식 통합서지용 개정판(KS X 6006-0, 2014, 2023)
· KORMARC 형식 전거통제용 개정판((KS X 6006-4, 2016, 2023)

6.3 MARC 레코드의 구조

모든 MARC 레코드는 기본적으로 리더, 디렉토리, 가변길이 제어필드, 가변길이 데이터 필드로 구성되어 있으며, 자세한 내용은 KORMARC 형식과 MARC 21 형식의 레코드 구조에서 각각 소개하기로 한다. 다만 여기서는 실질적인 목록데이터가 입력되는 가변길이 필드에 대해서 간단히 살펴보기로 한다.

일반적으로 가변길이 필드에 나타나는 대부분의 내용은 목록카드 상에 나타나는 정보들이다. 따라서 이러한 정보의 대부분은 소급자료의 변환에 있어 기존의 목록카드나 표제면 등에서 얻을 수 있는 정보이며, 새로 구입한 자료의 경우에는 CIP(Cataloging in Publication)정보에서 얻을 수 있는 것들이다.

MARC 레코드의 특징은 정보처리에 있어 다른 레코드와는 달리 레코드의 구조가 가변길이의 구조를 가진다는 점이다. 이러한 가변길이의 구조를 가진 레코드는 각 레코드마다 데이터의 길이가 길고 짧음에 따라 레코드의 길이가 일정하지 않게 된다. 따라서 이러한 가변길이의 레코드는 정보처리에 있어 어려움이 수반되기 때문에 입력시에 고정길이 필드와는 다른 방법을 사용하고 있다.

가변길이 데이터는 입력시에 해당 가변길이 데이터의 이름을 알려주는 고유번호인 표시기호(tag)를 사용한다. 표시기호를 사용하여 입력함으로써 프로그램에 의해 입력한 데이터의 길이와 상대적인 위치를 파악하여 디렉토리를 생성시킴으로써 목록카드의 작성을 가능하게 한다. 자세한 가변길이 표시기호는 KORMARC과 MARC 21 형식의 필드별 데이터 입력부분에서 기술한다.

c f. 정보의 단위

　　bit 〈byte 〈word 〈field 〈record 〈block 〈file 〈database 〈databank
　· bit = 0 또는 1
　· 8 bit = 1 byte
　· field = item의 구성단위
　· 1 record = 목록 1건

7 메타데이터

7.1 메타데이터의 개념

메타데이터(metadata)라는 용어는 1990년대 이후 인터넷 컴퓨팅 및 웹의 등장과 더불어 네트워크상의 정보를 기술하는 것과 관련하여 사용되기 시작하였다. *Harrod's Librarians' Glossary*에서는 "메타데이터란 메타데이터 자원을 기술한 데이터 또는 데이터에 관한 데이터"라고 정의 하고 있다.[29] 『정보학사전』에서는 "메타데이터란 문헌의 속성을 기술하기 위한 데이터를 말하며, 데이터에는 구체적으로 레코드의 이름, 설명, 크기 혹은 길이, 구성요소로써 데이터 항목들, 그리고 데이터집합과 주요키에 대한 식별 등에 관한 정보가 해당된다."고 정의하고 있다.[30] 이와 같이 메타데이터는 사용하는 사람에 따라 다양한 의미로 해석되고 있지만, 일반적으로 '데이터에 관한 구조화된 데이터(structured data about data)'라고 요약할 수 있다.

그런데 이 용어는 주로 컴퓨터 전문가들 사이에 사용되어 왔지만 메타데이터의 실체를 분석하여 보면, 수세기동안 도서관에서 편목이라는 형식으로 '데이터에 관한 구조화된 데이터'를 이미 작성해 왔다고 할 수 있다. 즉, MARC 레코드는 물론이며, 출처나 문헌을 기

---

[29] *Harrod's Librarians' Glossary and Reference Book,* 10th ed. / edited by Ray Prytherch (Burlington, VT : Ashgate, 2005), p.453.
[30] 정보학사전(문헌정보처리연구회, 2001), p.140.

술하는데 사용되는 특정 형태의 목록, 내용리스트, 초록이나 색인 등도 넓은 범주의 메타데이터라고 할 수 있다. 그리고 데이터의 실체를 디지털자원으로 국한하여 사용하는 사람도 있지만, 디지털 자원은 물론이거니와 인쇄 출판물을 포함한 모두 유형의 정보자원을 포함하고 있다는 주장이 오히려 설득력을 얻고 있다. 이렇게 볼 때 DC(Dublin Core)는 물론이거니와 MARC 형식도 대표적인 메타데이터의 일종이며, 단지 데이터를 구조화하는 방법이 다를 뿐이다.

7.2 메타데이터의 유형

메타데이터의 기술대상은 앞절에서 언급한 바와 같이 도서나 잡지뿐만 아니라 사진, 회화, 지도, 데이터베이스, 웹 등 다양한 정보자원을 대상으로 하고 있으며, 적용분야나 이용자 수준, 기술관점, 기술목적 등에 따라 다양한 유형의 메타데이터가 개발되어 있다.

일반적으로 정보자원의 관리나 검색을 위한 메타데이터에는 크게 기술용 메타데이터(description metadata), 관리용 메타데이터(administration metadata), 구조용 메타데이터(structural metadata)의 3종류가 있다. 기술용 메타데이터는 주로 정보자원의 검색을 목적으로 하고 있으며, 관리용 메타데이터는 보존이나 저작권 관리에 관한 내용의 기술을 목적으로 하고 있고, 구조용 메타데이터는 정보자원의 논리적 내부구조 특성에 관한 기술을 목적으로 하고 있다. 예를 들면 DC와 MODS는 기술용 메타데이터이며, 아카이브에 관한 메타데이터인 METS는 기술용 메타데이터의 특성뿐만 아니라 관리용 및 구조용 메타데이터의 측면도 갖고 있다. 일반적으로 자원의 관리목적을 위한 기술(記述)은 검색을 위한 기술에 비해 상세한 것이 요구되므로 메타데이터 스키마도 비교적 상세하게 되어 있다.

한편 DC와 MODS, MARC 형식과 같은 범용 메타데이터 외에도 지리정보 시스템을 위한 CSDGM, 교육학습자원을 위한 IEEE LOM, 미국 연방정부의 정보기술을 위한 GILS, 예술작품을 위한 CDWA, 온라인 서점과 관련된 ONIX, 참조모형을 기반으로 디지털장서보존을 위한 OAIS, 전자상거래를 위한 indecs 등 다양한 형식이 개발되어 있으며, 새로운 형식의 메타데이터가 계속 개발되고 있다.

7.3 DC와 MODS

1) DC

OCLC의 본부가 있는 오하이오주의 더블린에서 1995년 최초의 회의가 개최되어 그 이름을 갖게 된 DC는 가장 대표적인 메타데이터의 하나이며, 인터넷상의 거대한 정보공간에 대한 기술과 검색요구를 해결하고자 제정되었다. 즉, 네트워크 환경에서 각종 전자정보를 기술하는 데이터요소와 그 호환성, 데이터요소의 규정, 신속한 자원검색을 위해 적용할 수 있는 기본 요소라고 할 수 있다. 이와 같이 DC는 종래의 목록규칙으로는 기술하기가 곤란한 네트워크자원에 적용할 수 있으며, 도서관이나 미술관과 같은 커뮤니티의 벽을 초월하여 메타데이터의 상호 이용을 목적으로 하고 있는 메타데이터의 작성규칙에 따라 국제표준으로 보급하고 있다

① DC의 기본요소

오늘날 〈표 1-2〉와 같이 15개의 기본요소와 한정어가 확정되어 있으며,[31] 〈표 1-2〉에서 〈Audience〉는 아직 15개의 기본요소에는 해당되지 않지만 다른 요소와 함께 이미 사용되고 있다. 그리고 기본요소 가운데 DC의 특유한 기술항목은 〈Description〉, 〈Type〉, 〈Format〉, 〈Source〉, 〈Language〉, 〈Relation〉, 〈Coverage〉, 〈Rights〉 등 8개 항목이며, 이것은 일반 도서목록에서는 볼 수 없는 기술항목으로서 인터넷자료의 특징을 나타내고 있다고 생각된다. 또한 기본요소의 의미를 보다 상세하고 정확하게 기술할 수 있도록 한정어를 도입하였으며, 여기에는 요소세목과 입력체계의 두 가지 유형이 있다. 요소세목은 데이터요소의 하위범주로 데이터요소의 적용범위를 한정하기 위해 사용되며, 입력체계는 요소의 값을 기술할 때 사용되는 단위나 분류체계를 명시하여 내용을 해석하는데 도움을 주기 위한 것이다. 그렇지만 결과적으로 한정어의 도입은 누구나 간단하고 쉽게 기술할 수 있도록 도입된 DC의 취지를 무색하게 하는 것이며, 최근에는 네트워크상의 전자자료뿐만 아니라 모든 종류의 자료기술을 목적으로 한다고 명시하고 있어 결국은 일반 도서관계의 표준 목록규칙이 지향하는 바와 크게 다를 바 없다고 하겠다.

---

[31] Dublin Core Metadata Initiative. *Using Dublin Core : Dublin Core Qualifiers*(2005. 11) 〈http://dublincore.org/documents/usageguide/qualifiers.shtml〉 [cited 2016. 6. 20].

〈표 1-2〉 DC 15개 기본요소 및 한정어

기본요소 (DCMES element)	한정어 (Qualifier)	
	요소세목 (Element refinements)	요소 입력체계 (Element encoding schemes)
Title (표제)	Alternative	-
Creator (창작자)	-	-
Subject (주제)	-	LCSH, MeSH, DDC, LCC, UDC
Description (내용기술)	Table Of Contents Abstract	-
Publisher (발행처)	-	-
Contributor (기타 저자)	-	-
Date (발행일자 또는 이용 가능한 날짜)	Created Valid Available Issued Modified Date Copyrighted Date Submitted	DCMI Period, W3C DTF
Type (자료유형)	-	DCMI Type Vocabulary
Format (데이터의 형식)	-	IMT
	Extent	-
	Medium	-
Identifier (자원식별자)	-	URI
	Bibliographic Citation	-
Source (정보원 출처)	-	URI
Language (내용기술 언어)	-	ISO 639-2, RFC 3066
Relation (다른 자원과의 관계)	Is Version Of Has Version Is Replaced By Replaces Is Required By Requires Is Part Of Has Part Is Referenced By References Is Format Of Has Format Conforms To	URI
Coverage (시간적 공간적 범위)	Spatial	DCMI Point, ISO 3166, TGN, DCMI Box
	Temporal	DCMI Period, W3C-DTF
Rights (저작권 정보)	Access Rights	-
*Audience (이용대상자)	Mediator Education Level	-

② XML에 의한 메타데이터의 기술

메타데이터 스키마는 메타데이터를 기술하는 요소(데이터항목)의 이름이나 구조를 정의한 메타데이터 규칙으로서, DCMES(Dublin Core Metadata Element Set)는 메타데이터 스키마의 일종이다. 메타데이터 스키마는 요소의 이름이나 구조는 정의하지만 그것을 어떻게 표현하는가에 대해서는 규정하지 않는다. 일반적으로 DCMES는 여러 가지 형식으로 표현할 수 있지만 대체로 XML 형식으로 기술한다.

DC의 요소별로 데이터를 입력하면 XML, HTML, RDF 등의 형식으로 자동 기술이 가능한 프로그램[32]이 많이 개발되어 있어 쉽게 활용할 수 있다.

〈그림 1-10〉은 UKOLIN의 DC Dot에서 DC의 요소별로 데이터를 입력하여 XML로 자동 편집한 것이다.

```
[KORMARC 형식의 기술]
001
008    120625s2002    tgka              kor
020        ▼a8989023351 ▼g93020 : ▼c₩15000
056        ▼a025.3595 ▼24
082 0      ▼a025.344 ▼220
100 1      ▼a김정현
245 10 ▼a전자자료조직론 / ▼d김정현 지음
260        ▼a대구 : ▼b태일사, ▼c2002
300        ▼a352 p. : ▼b삽화 ; ▼c26 cm
650   8 ▼a전자자료
650   8 ▼aKORMARC
650   8 ▼aMARC 21
```

```
〈metadata
  xmlns="http://www.ukoln.ac.uk/metadata/dcdot/"  …
  xmlns:dc="http://purl.org/dc/elements/1.1/"〉
  〈dc:title xml:lang="한국어"〉전자자료조직론〈/dc:title〉
  〈dc:creator〉김정현〈/dc:creator〉
  〈dc:subject xml:lang="한국어"〉전자자료〈/dc:subject〉
  〈dc:subject xml:lang="영어"〉KORMARC〈/dc:subject〉
  〈dc:subject xml:lang="영어"〉MARC 21〈/dc:subject〉
  〈dc:publisher〉태일사〈/dc:publisher〉
  〈dc:date〉2002〈/dc:date〉
  〈dc:type〉Text〈/dc:type〉
  〈dc:identifier〉ISBN 89-89023-35-1〈/dc:identifier〉
  〈dc:language〉한국어〈/dc:language〉
〈/metadata〉
```

〈그림 1-10〉 DC의 기술 예시

---

32) UKOLN. *DC Dot: Dublin Core Metadata Editor*(2005) 〈http://www.ukoln.ac.uk/cgi-bin/dcdot.pl〉
   Library of Congress. *MARC in XML* 〈http://www.loc.gov/marc/marcxml.html〉. [cited 2016. 6. 20].

2) MODS

미국의회도서관의 21세기 디지털전략이라고 할 수 있는 LC21에서 이미 도서관계와 메타데이터계를 포함한 새로운 표준화를 시도하려는 제안이 포함되어 있었으며, 이러한 전략의 일환으로 LC에서는 메타데이터와 관련된 두 종류의 형식 즉, MARC XML과 MODS(Metadata Object Description Schema)를 개발하였다.

MARC XML은 MARC의 요소를 모두 ISO2709의 형식에 의해 XML구문으로 변환할 수 있는데, 이는 XML 환경에서 MARC 데이터로 작업하기 위한 프레임워크라고 할 수 있다.

MODS는 MARC의 하위요소로 구성되어 MARC보다 간단하고 숫자가 아닌 언어로 태그를 표현할 수 있다. 주로 도서관에서의 이용을 염두에 두고 개발된 메타데이터 스키마이며, MARC 21의 하위요소로 구축되기 때문에 MARC 형식에 익숙한 사람에게는 이해하기가 쉽다. 그리고 MARC 21에 대응하는 요소의 의미가 비슷하므로 호환성이 높다. LC 홈페이지에는 MODS와 MARC 21 간에 상호 변환표가 제시되어 있다.

2002년에 처음 발표된 이후 2022년 현재 MODS version 3.8이 나와 있으며, 〈표 1-3〉과 같이 20개의 상위요소와 그 하위요소(1st, 2nd, 3rd) 및 각 요소별 속성에 대해 정의하고 있다. 'titleInfo'를 제외한 모든 상위요소와 하위요소, 속성은 필요한 경우에 선택적으로 사용할 수 있으며, 상위요소나 하위요소에 속하는 데이터가 다수일 경우 이를 반복할 수 있다.[33]

〈표 1-3〉 MODS의 20개 상위요소

titleInfo (표제정보)	note (주기사항)
name (저자정보)	subject (주제명)
typeOfResource (자원유형)	classification (분류기호)
genre (장르)	relatedItem (연관자료)
originInfo (출처정보)	identifier (식별자: DOI, ISBN, URI 등)
language (언어정보)	location (소재정보)
physicalDescription (형태기술정보)	accessCondition (접근제한이나 이용조건)
abstract (요약정보)	part (구성요소)
tableOfContents (내용목차)	extension (부가적 정보)
targetAudience (이용대상자)	recordInfo (레코드관리정보)

---

[33] Library of Congress. *MODS : Metadata Object Description Schema*, 2022 〈https://www.loc.gov/standards/mods/〉 {cited 2024. 6. 5}

〈그림 1-11〉은 KORMARC 형식으로 기술된 레코드를 XML에 의해 MODS로 변환한 것이다.

```
<?xml version="1.0"?>
<mods xmlns:mods="http://loc.gov/mods/">
   <titleInfo>
      <title>전자자료조직론</title>
   </titleInfo>
   <name type="person">
      <namePart>김정현</namePart>
   </name>
   <typeOfResource>텍스트</typeOfResource>
   <originInfo>
      <place>대구</place>
      <publisher>태일사</publisher>
      <dateIssued>2002</dateIssued>
      <issuance>monographic</issuance>
   </originInfo>
   <subject authority="국립중앙도서관주제명표">
      <topic>전자자료</topic>
      <topic>KORMARC</topic>
      <topic>MARC 21</topic>
   </subject>
   <classification edition="20" authority="ddc">025.344</classification>
   <classification edition="4" authority="kdc">024.3595</classification>
   <identifier type="isbn">8989023351</identifier>
</mods>
```

〈그림 1-11〉 MODS의 기술 예시

제2장

한국목록규칙

1. 한국목록규칙 제4판과 제5판(안)
2. 단행본 총칙
3. 표제와 책임표시사항
4. 판사항
5. 자료특성사항
6. 발행사항
7. 형태사항
8. 총서사항
9. 주기사항
10. 표준번호 및 입수조건 사항

한국목록규칙

한국목록규칙 제5판(안)의 초안이 2024년 4월 한국도서관협회 홈페이지에 공개되었으며, 최종적으로 제5판이 발간되려면 좀 더 기다려야 할 것 같다. 따라서 여기서는 제4판과 제5판의 대략적인 특성에 대해 살펴본 후, 2절에서 10절까지 현행 한국목록규칙인 제4판 가운데 단행본을 중심으로 소개하기로 한다.

1 한국목록규칙 제4판과 제5판(안)

1.1 한국목록규칙 제4판의 특성과 구성

1) 특성

1983년 KCR3이 간행된 지 20여 년 후인 2003년 KCR4, 2013년 KCR4 보유판이 발간되었다. KCR3은 기술(記述)만으로 저록을 완결하는 기법을 채택한 규칙으로서, 우리의 전통적인 서명선기입론을 기술의 근간으로 수용하였다는 점과 이것이 바로 국제적인 서지기술규범과도 맥을 같이 한다는 점에서 목록사적으로 대단히 의미 있는 규칙으로 평가되어왔다.

그럼에도 불구하고 KCR3은 몇 가지 점에서 한계를 지닌 규칙으로 지적되었다. 무엇보다 단행본이나 고서와 같은 인쇄매체로 기술대상을 제한함으로써 연속간행물, 지도자료, 악보, 영상자료, 전자자료 등 각종 유형과 매체로 생산되는 다양한 자료의 기술규칙이 필요하게 되었다. 또한 기계가독목록의 출현으로 전통적으로 사용되어 온 표목의 선정과 형식의 문제를 새로운 시각에서 접근할 필요가 있게 되었다.

KCR4는 기본적으로 KCR3의 기술체계를 수용하면서 자료의 서지적 특성을 제시하는 기술사항을 추가하였으며, KORMARC의 사용을 고려하여 기존의 기술규정을 일부 수정하였다. KCR4가 지닌 주요 특징을 요약하면 아래와 같다.[1)]

첫째, ISBD에서 규정한 기술요소와 순서, 구두점을 적용하고 있다. 즉, 서지기술의 일관성을 위해 ISBD에서 규정한 기술요소와 그 순서, 구두점 등을 기본적으로 수용하면서 동시에 서지정보의 교환을 위해 기계가독목록형식을 고려하였다. 이에 따라 저록에 수록되는 정보의 표준화를 달성하고, 이를 통해 기술 수준의 질적인 제고를 고려하였다.

둘째, 자료유형별로 기술규칙이 전개되어 있다. 즉, 제1장 기술총칙에서는 모든 자료에 전반적으로 적용되는 규칙을 적용한 것이며, 각 자료유형에 따른 개개의 규칙은 후속되는 제2장부터 제12장으로 제시하였다. 즉, 자료의 유형에 따라 특수하게 취급되는 경우, 총칙에서는 간략한 설명만을 제시하고 해당 자료유형의 규칙에서 상세하게 처리하도록 규정하였다. 자료유형은 단행본, 지도자료, 고서와 고문서, 악보, 녹음자료, 화상자료와 영상자료, 전자자료, 입체자료, 마이크로자료, 연속간행물, 점자자료로 구분하였다.

셋째, 기본표목을 규정하지 않고 있다. 즉, 기본표목에 대한 개념을 목록에서 제외하고 있다. 그 주된 원인은 기본표목의 선정을 위한 절대기준을 규정하기 어렵고, 또 기계가독목록에서는 특정 서지자료에 대해 대부분 단일 저록만을 작성하기 때문에 실제로 기본표목이라는 개념을 적용할 수 없으며, 목록의 기능수행에서 다른 접근점과의 기능상 차이를 발견할 수 없다는 점 등이었다. 결과적으로 기본표목도 저록을 검색하기 위한 여러 유형의 접근점 중 하나로 이해하였다. 이에 따라 표목의 선정과 형식은 전거에서 처리하도록 규정하고, KCR4에서는 이를 제외하였다.

넷째, 통일표목을 적용하지 않고 있다. 즉, 특정 표목에 대해 하나의 특정 형식을 표준형식으로 고려하지 않고 있다. 동일 접근점의 상이한 형식간의 연결기법을 통하여 전통적인 표목의 검색기능과 동일한 효과를 얻을 수 있으며, 이에 따라 통일표목의 개념을 목록에서 배제하였다. 이 기법을 통해 특정 표목에 대한 대표형식을 고려할 필요가 없고, 결과적으로 표목의 선정과 그 형식을 결정하기 위해 소요되는 시간과 비용을 줄일 수 있으면서, 전통적인 표목의 기능을 그대로 유지할 수 있다는 장점이 있다.

다섯째, 표목의 선정과 형식은 전거에서 처리하도록 규정하고 있다. 기본표목을 규정하지

---

1) 韓國圖書館協會 目錄委員會. 韓國目錄規則, 第4版(韓國圖書館協會, 2003). pp.viii-x, xxv-xxvii.
김정현. "한국목록규칙의 개정 방향에 대한 연구," 한국도서관·정보학회지, 제44권 제4호(2013. 12), pp.130-133.

않음으로써 파리원칙 이후 AACR2의 저자기본원칙에 근거하여 기본기입방식에 익숙하던 도서관현장에서는 혼란과 어려움을 겪을 수밖에 없었다. 이러한 문제의 해결책으로 표목의 선정과 형식은 전거에서 처리하도록 하였으나 지금까지 한국목록규칙에 전거에 대한 규정이 추가되지 않아 전거제어는 개별 도서관의 관행대로 방치된 결과를 초래하였다. 즉, 자동화목록법 이전의 전통적인 수작업 시스템에서 개별 도서관이 나름대로 기본표목을 적용하며 전거파일을 작성하고 있었지만, 오히려 전거레코드를 작성하기 훨씬 용이한 온라인 컴퓨터 환경에서 대부분의 도서관이 전거레코드를 작성하지 않고 있다. 물론 이것은 제4판이 제정된 이후 후속 규칙으로 전거규정이 마련되지 않은 점이 가장 큰 원인이라고 할 수도 있겠으나 수작업 시스템에서 작성했던 전거파일을 어떠한 형태로든 계속 유지할 필요가 있었다.

2) 구성

한국목록규칙 제4판은 기본적으로 모든 유형의 자료를 대상으로 하되, 구체적으로 이들 자료를 다음과 같이 0장에서 12장으로 나누어 구성하고 있다.

제0장 총칙	제7장 화상자료와 영상자료
제1장 기술총칙	제8장 전자자료
제2장 단행본	제9장 입체자료(실물)
제3장 지도자료	제10장 마이크로자료
제4장 고서와 고문서	제11장 연속간행물
제5장 악보	제12장 점자자료
제6장 녹음자료	

1.2 한국목록규칙 제5판(안)의 특성과 주요 내용

1) 특성

2003년 KCR4가 간행된 지 20여 년이 지나 2024년 마침내 KCR5의 초안이 공개되었다. 제5판의 초안이 표방하고 있는 주요 특성을 요약하면 다음과 같다.[2]

첫째, FRBR 등의 개념모형에 기반하고 있다. 즉, 개체-관계 분석 기법을 적용한 FRBR 등의 개념모형에 기반하고 있으며, 제1부 서지기술은 FRBR에 규정된 개체 즉, 저작, 표현

---

2) 김정현. "한국목록규칙 제5판의 개정 방향과 핵심 내용," 도서관문화, 제65권 제3호(2024. 4), pp.20-23.

형, 구현형, 개별자료, 개인, 가계, 단체별로 장을 구성하고 있다. 다만 개념, 대상, 사건, 장소에 관한 서지기술은 RDA 등의 규칙을 고려하여 유보되었다.

둘째, 전거제어를 규칙상에서 명확히 하고 있다. 즉, 저작, 표현형, 개인, 가계, 단체를 독립적인 개체로 파악하고, 각각에 대한 속성 및 관계를 명확히 기록함으로써 제4판이 단순히 구현형의 서지기술에 한정되어 있었던 비해 제5판에서는 전거제어와 관련된 개체의 기술로 크게 확장되었다.

셋째, 모든 저작에 대해 전거제어를 실시하도록 규정하였다. 지금까지 국내 도서관계에서는 주로 고전작품이나 종교경전 등에 대해 AACR2의 통일표목을 매우 제한적으로 적용하였지만, 이제부터는 모든 저작에 대해 전거형접근점을 작성하도록 규정하고 있다.

넷째, 서지적 관계 기록을 중요시하고 있다. 개체의 속성 즉, 서지기술과는 별도로 서지적 관계 기록을 위한 '제3부 관계' 규정을 둠으로써 서지적 관계를 중요시하고 있다. 이는 목록의 링크 기능을 제공하는데 매우 효과적이라 할 수 있다.

다섯째, 서지요소의 의미적 측면과 구문적 측면을 분리하고 있다. 즉, 제5판에서는 의미적 측면에 해당하는 서지요소의 기록 범위와 방법에 한정하고, 구문적 측면이라고 할 수 있는 ISBD의 구분기호와 서지요소 기록의 순서, 인코딩 방식 등을 규정하지 않고 있다. 이와같이 구문적 측면을 제외하고 서지요소의 정의와 값에 해당하는 의미적 측면만 규정한 것은 메타데이터 관련의 표준을 염두에 둔 것이다. 구문적 측면에 대해서는 각자 상호운용성이 높은 방식을 적용하여 LOD(linked open data)로써 개방적으로 제공된 서지데이터의 광범위한 활용으로 이어지는 것이 바람직하다.

여섯째, 자원의 내용적 측면과 물리적 측면을 구분하고 있다. 즉, 제4판에서와 같이 자원의 유형별로 장을 구성하지 않고, 자원을 내용적 측면에서 저작과 표현형, 물리적 측면에서 구현형과 개별자료로 구분하여 기록한다. 아울러 저작과 표현형에 대한 새로운 속성을 다수 추가함으로써 내용적 측면이 보다 강조되고 있다.

일곱째, RDA와의 호환성을 유지하고 있다. 즉, 국제목록원칙규범과 ISBD는 물론, 국제적인 표준 목록규칙이라고 할 수 있는 RDA의 체제와 구성을 기본바탕으로 함으로써 국제적인 호환성을 유지하고 있다.

여덟째, 제4판과의 연속성을 고려하고 있다. 전거제어를 위한 저작, 표현형, 개인, 가계, 단체 등의 개체가 추가되었지만, 구현형에 대한 기록을 서지데이터의 근간으로 하는 점은 제4판에 의한 목록작성과 크게 다르지 않다. 즉, 목록의 연속성을 고려하여 가능하면 제4

2) 구성

앞서 제5판의 주요 특성에서도 언급하였지만 〈표 2-1〉의 목차 구성을 보면 외형적으로 제4판과 전개 방식이 완전히 다르다고 할 수 있다. 제4판은 기술총칙 아래 자료유형별로 단행본부터 점자자료까지 장을 세분하여 자원의 속성을 기록하도록 규정하고 있지만, 제5판은 ISBD 통합판에서와 같이 구현형이라는 개체 아래에 서지요소별로 세분하여 규정하고 있다. 그리고 〈표 2-1〉에서와 같이 제4판의 전체 내용이 제5판의 일부분에 지나지 않는 구현형에 해당한다고 볼 수 있다. 제5판의 구현형 다음에 설정되어 있는 개별자료, 저작, 표현형, 개인, 가계, 단체, 접근점, 관계는 모두 새로이 신설된 부분이다.

〈표 2-1〉 한국목록규칙 제4판과 제5판(안)의 목차 비교

한국목록규칙 제4판	한국목록규칙 제5판(안)
제0장 총칙	제0부 총설

제1장 기술총칙
제2장 단행본
제3장 지도자료
제4장 고서와 고문서
제5장 악보
…
제11장 연속간행물
제12장 점자자료
	제1부 서지기술
	  1.0 서지기술 총칙
	  1.1 구현형
	      1.1.0 총칙
	      1.1.1 표제 1.1.2 책임표시
	      1.1.3 판사항 1.1.4 연속간행물의 권호사항
	      … 1.1.10 주기사항
	      1.1.11 식별기호 1.1.12 입수 및 접근정보
	  1.2 개별자료 1.3 저작
	  1.4 표현형 1.5 개인
	  1.6 가계 1.7 단체

	제2부 접근점
	  2.0 접근점 총칙
	  2.1 저작의 접근점 2.2 표현형의 접근점
	  2.3 개인의 접근점 2.4 가계의 접근점
	  2.5 단체의 접근점

	제3부 관계
	  3.0 관계 총칙
	  3.1 자원에 관한 기본적 관계
	  3.2 자원과 개인, 가계, 단체와의 관계
	  3.3 저작, 표현형, 구현형, 개별자료간의 관계
	  3.4 개인, 가계, 단체간의 관계

3) 제1부 서지기술

목차에서와 같이 제1부에서는 서지데이터로서의 저작, 표현형, 구현형, 개별자료, 개인, 가계, 단체 등 각 개체의 요소를 기록하며, 개체마다 탐색과 식별에 필요한 서지요소에 대해 규정하고 있다. 여기서 서지데이터의 근간은 구현형이며, 표제, 책임표시, 판사항, 연속간행물 권호사항, 발행사항, 수록매체사항, 총서사항, 간행방식, 간행빈도, 주기사항, 식별기호, 입수 및 접근정보 등의 요소로 구분하고, 각 요소 아래 자원의 속성을 기록하고 있다. 이러한 서지요소에 대한 규정은 제4판에서 우리가 익히 알고 있는 기술규칙과 내용이 거의 유사하다. 새로 신설된 저작, 표현형, 개인, 가계, 단체에 관한 서지기술은 대부분 전거제어를 위해 사용되고, 개별자료는 기술의 대상이 되는 각 개체의 식별에 사용된다.

4) 제2부 접근점

제2부에서는 서지데이터 및 전거데이터의 검색을 위한 접근점에 대해 규정하고 있다. 접근점은 크게 제어형 접근점과 비제어형 접근점으로 구분된다. 제어형 접근점은 전거제어의 대상이며, 일련의 자원에 관한 데이터를 집중하기 위해 필요한 일관성을 제공한다. 제어형 접근점에는 전거형접근점과 이형접근점이 있다. 전거형접근점은 저작, 표현형, 개인, 가계, 단체의 우선명 또는 우선표제를 기초로 작성한다. 이형접근점은 이러한 각 개체의 우선명(또는 우선표제) 또는 이형명(또는 이형표제)을 기초로 작성한다. 또한 접근에 중요한 경우, 기타 형태에도 작성할 수가 있다.

5) 제3부 관계

제3부에서는 저작, 표현형, 구현형, 개별자료, 개인, 가계, 단체 간에 존재하는 다양한 서지적 관계에 대해 규정하고 있다. 서지적 관계 즉, 관련 개체를 나타냄으로써 이용자에게 자원의 탐색, 식별, 선택에 도움을 주고, 각종 개체로 직접 또는 간접적으로 안내할 수 있도록 한다. 관계의 속성은 〈표 2-1〉에서와 같이 크게 4가지로 구분하고 있으며, 이를 나타내기 위해서는 자원에 관한 기본적 관계를 제외하고 식별기호, 전거형접근점, 구조화기술에서는 관계표시어를 사용한다. 관계표시어는 부록으로 제시하고 있다.

2 단행본 총칙

2.1 기술의 대상

여기서는 한국목록규칙 제4판-단행본[3]에 국한하여 기술한다. 독자들의 이해를 돕기 위해 대부분 KCR4의 전문을 제시하였으며, 도서관목록 데이터베이스 구축을 위해 KORMARC 입력방법에 대한 설명을 부가하였다.

단행본은 고유한 표제를 지니면서 독립적으로 간행된 도서로서, 다음과 같은 유형의 자료도 포함한다.

① 물리적으로 두 책 이상으로 구성되어 있으면서 각 책에 독립된 표제가 없는 도서
② 물리적으로는 독립적으로 간행되고, 고유한 표제를 지닌 부록이나 보유
③ 전질의 구성요소가 되는 도서
④ 총서의 일부를 구성하는 도서
⑤ 연속간행물의 일부로 고유한 표제를 지닌 별책
⑥ 합철본
⑦ 합집
⑧ 도서가 주된 구성요소인 복합매체자료
⑨ 도서의 구성요소(장이나 절)로 구성된 자료(별쇄본)
⑩ 팜플렛

2.2 기술의 정보원

1) 기술 정보의 우선순위

목록의 정보원은 원칙적으로 도서 자체에 기초하여, 그 자료에 나타난 정보 그대로 다음과 같은 우선순위로 기재한다. 표제면이 없는 도서는 가장 상세한 서지정보가 제시되어 있

---

[3] 韓國圖書館協會 目錄委員會. 전게서, pp.9-123.

는 정보원을 표제면 대신 사용하여 기술한다.
1. 표제면, 판권기, 이표제면(裏標題面), 표지
2. 약표제면, 권두
3. 책등(書背)
4. 서문, 후기, 본문, 부록 등 그 도서의 나머지 부분
5. 그 도서 이외의 정보원

2) 기술사항별 정보원

기술사항은 다음과 같이 사항별로 그의 으뜸정보원을 잡아 기술한다. 다만 기술사항에 대응되는 으뜸정보원 이외에서 얻은 정보는 각괄호([ ])로 묶어 기재한다.
(1) 표제와 책임표시사항: 표제면, 판권기, 표지
(2) 판사항: 표제면, 판권기, 표지, 약표제면, 권두, 책등
(3) 발행사항: 표제면, 판권기, 표지, 약표제면, 권두, 책등
(4) 형태사항: 그 도서 자체에서
(5) 총서사항: 그 도서 자체에서
(6) 주기사항: 어디에서나
(7) 표준번호 및 입수조건사항: 어디에서나

3) 복제본의 정보원

점역된 자료를 제외한 영인본이나 복제본은 원칙적으로 원자료가 아닌, 복제본 자체에서 정보원을 선정하여 기술한다.

2.3 기술구조와 제요소의 기재순서

도서의 식별에 필요한 제요소를 다음과 같이 순서대로 기재한다.

1) 표제와 책임표시사항

가) 본표제, 별표제

나) 자료유형(단행본에서는 적용하지 않음)
다) 대등표제
라) 표제관련정보
마) 권차, 회차, 연차표시
바) 책임표시

2) 판사항

가) 판표시
나) 특정판의 책임표시
다) 부차적 판표시
라) 부차적 판의 책임표시

3) 자료특성사항

단행본에는 적용하지 않는다.

4) 발행사항

가) 발행지, 배포지
나) 발행처, 배포처
다) 발행년, 배포년
라) 제작사항

5) 형태사항

가) 쪽수(면수), 장수 또는 권책수
나) 삽화표시
다) 크기
라) 딸림자료

6) 총서사항

　가) 총서의 본표제
　나) 총서의 대등표제
　다) 총서의 표제관련정보
　라) 총서의 책임표시
　마) 총서의 ISSN
　바) 총서의 권호
　사) 하위총서

7) 주기사항

8) 표준번호 및 입수조건사항

　가) 표준번호
　나) 등록표제(단행본에는 적용하지 않음)
　다) 입수조건표시

2.4 기술방법

1) (기술원칙) 다음의 서지사항을 기술할 때는 대상자료에 쓰여진 언어나 문자 그대로 적고, 그의 보기(補記)도 앞뒤 어구의 언어나 문자에 일치되게 적는 것을 원칙으로 한다.
　(1) 표제와 책임표시사항
　(2) 판사항
　(3) 발행사항
　(4) 총서사항

2) (언어와 문자) 한글이나 로마자나 일본가나는 자료에 쓰여진 철자 그대로 적으며, 한자는 정자와 약자간의 상호 사용을 허용한다. 형태사항, 주기사항, 입수조건사항의 기술은,

그 자료에 쓰여진 언어나 문자와 관계없이, 한국어로 표기함을 원칙으로 하되 양서에 대해서는 영어로, 고서와 고문서에 대해서는 한자로 기술함을 허용한다.

3) (로마자의 대문자법) 로마자의 대문자법은 기술되는 언어의 관용법에 따른다.

4) (숫자) 표제와 책임표시사항의 숫자는 그 자료에 쓰여진 그대로 기재한다. 단, 권차나 회차, 연차표시는 아라비아숫자로 통일해서 사용한다.

5) (서수) 서수는 표제와 책임표시사항에서는 권차, 회차, 연차표시를 빼놓고 그 자료에 쓰여진 그대로 기재하고, 그 이외의 기술사항의 경우에는 발행처명 등의 고유명사를 빼놓고 아라비아 숫자에 서수를 나타내는 문자(예: 第, 제, th, 또는 이의 상등어)를 앞 또는 뒤에 적절히 덧붙여서 기술함을 원칙으로 한다.
 (1) 영어 이외의 서양어 서수는 서수를 가리키는 문자(t, st-, er, ère, e 등)를 온점으로 대체하여 기술한다.
 (2) 한국토박이말의 서수(첫째, 둘째, 셋째…)는 쓰여진 그대로 기술한다.

	자료상의 표기	기술상의 표기
한중일어	제일, 제이, 제삼, 제사…	제1, 제2, 제3, 제4…
	第一, 第二, 第三, 第四…	第1, 第2, 第3, 第4…
	첫째, 둘째, 셋째, 넷째…	첫째, 둘째, 셋째, 넷째…
영어	first, second, third, fourth…	1st, 2nd, 3rd, 4th…
독일어	erst-, zweit-, dritt-, viert-…	1., 2., 3., 4.…
프랑스어	premier(première), deusième(second(e)),	1., 2., 3., 4.…

6) (오기, 오식, 탈자) 오기와 오식은 있는 그대로 기재하고 그 다음에 [!] 또는 [sic]를 부기하거나, '실은' 또는 'i.e.'를 관기하여 그의 바른 꼴을 각괄호([ ])로 묶어 부기한다. 빠진 글자는 각괄호로 묶어 보기한다. 다만, 빠진 글자를 식별할 수 없는 경우에는 그 위치에 물음표(?)를 빠진 글자의 수만큼 각괄호([ ])로 묶어 보기한다(〈그림 2-4〉 참조).

　　1997 [실은 1979]
　　慵[齋]叢話

> The world in [d]anger
> Looser [i.e. Loser] takes all

7) (전사문구의 띄어쓰기) 자료의 으뜸정보원에서 옮겨 적은 서지적 문구는, 해당 자료에 쓰여진 그대로의 띄어쓰기를 한다. 다만 이 원칙에 의해 띄어 쓴 결과 그 형태가 어색하여 붙여 쓴 것보다 오히려 의미 파악이 모호해질 경우에는 띄어쓰기 관용을 허용한다.

(1) 서양인명의 각 요소(이름과 성) 사이, 붙여 쓰면 의미파악이 어렵다고 생각되는 외래어의 중요 단어 사이는 띄어 쓴다. 서양인명이 두문자로 표시된 경우에는 온점(.) 다음에 띄어쓰기를 하되, 두문자가 연속하여 이어진 경우에는 띄어 쓰지 않는다.

> 올리버 트위스트
> S.C. Glover
> Henry C. DeMille

(2) 저작자명과 저작 역할어 사이는 띄어 쓴다.

> 최현배 지음
> 閔泳珪 著

(3) 책임표시와 발행사항에서의 단체명은 조직 단위별로 띄어 쓴다.

> 한국능력개발사 편집부 편
> 연세대학교 한국어학당

8) (쪽·장·권·책의 수, 크기, 화폐 단위명칭의 띄어쓰기) 형태사항에서 쪽·장·권·책의 수와 크기의 단위명칭을 로마자로 'p.', 'v.', 'leaves', 'cm', 'mm', 등으로 표시할 경우는 숫자와 그 단위명칭 사이를 띄어 쓰고, 한글로 '쪽', '장', '책', '센치', '밀리' 등으로 표시할 경우는 그 양자 사이를 붙여 쓴다.

> 155 p.   155쪽

9) (주기문구의 띄어쓰기) 정보원에서 옮겨 적은 것 이외에 목록자가 서술하는 모든 문구의 띄어쓰기는 일반 관용에 따른다.

10) (구두점의 띄어쓰기) 기술요소간의 구분표시로서의 구두점은 그 앞과 뒤를 띄어 쓴다.

다만 온점(.)과 쉼표(,), 주기사항에서 설명적 기능을 갖는 쌍점(:)만은 그 뒤만을 띄어 쓴다.

발행사항에 → 서울 : 修學社, 1981

주기사항에 → 초판표제: 朝鮮十進分類法

☞ KORMARC에서의 입력은 「260ᄫᄫ▼a서울 :▼b修學社,▼c1981」와 같이 온점과 쉼표를 제외하고는 부호의 앞을 띄어 쓴다.

11) (구두법) 이 규칙에서 사용되는 구두법은 일반문장에서 사용되는 구두점 이외에 등호(=), 빗금(/), 덧셈표(+), 붙임표(-) 및 이중붙임표(--)를 사용하며, 그 용법은 다음과 같다.
   (1) 등호(=)는 대등표제, 총서의 대등표제, 등록표제 앞에 사용한다.
   (2) 빗금(/)은 첫 번째 책임표시 앞에 사용한다.
   (3) 덧셈표(+)는 딸림자료표시 앞에 사용한다.
   (4) 온점·빈칸·이중붙임표·빈칸(. --)은 기술의 첫 번째 사항인 표제와 책임표시사항을 제외한 각 사항의 첫 요소 앞에 사용한다. 다만 문단 바꿈 등에 의해 사항 사이가 뚜렷이 구분될 경우에는 이를 생략한다.

☞ MARC에서는 각 필드의 데이터를 입력할 때 이중붙임표(. --)를 입력하지 않는다. 이 부호는 해당 데이터를 출력할 때 프로그램 상에서 지시하여 자동적으로 출력하게 된다. 또한 MARC 21과는 달리 KORMARC에서는 필드 마지막에 온점도 입력하지 않는다.

   (5) 빈칸·이중붙임표·빈칸(--)은 내용주기의 두 번째 이하의 저작 앞에 사용한다.
   (6) 쌍점(:)은 표제관련정보, 저작역할어가 명사형으로 저자명 앞에 놓였을 때 저자명, 발행처, 삽화표시, 총서의 표제관련정보, 가격표시사항 앞에 사용한다.
   (7) 쌍반점(;)은 동일 책임표시의 두 번째 이하의 표제, 역할이 다른 책임표시, 특정판(해당판)에 관련된 역할이 다른 책임표시, 두 번째 이하의 발행지, 크기, 총서의 권호 앞에 사용된다.
   (8) 쉼표(,)는 권차표제, 역할이 동일한 두번째 이하의 책임표시, 발행년이나 ISSN번호 앞과 별표제 앞에 적은 '일명'이나 'or'의 앞과 뒤에 사용된다.
   (9) 가운뎃점(·)은 책임표시를 제외하고는 정보원에 나타난 그대로 사용한다.

☞ 성격이 같은 책임표시는 가운뎃점을 쉼표로 대체하여 사용할 수 있다.

(10) 온점(.)은 표제의 권차, 회차, 연차표시와 책임표시가 각기 다른 두번째 이하의 표제와 책임표시사항, 총서사항의 하위총서표제 앞, 내용주기의 권차, 회차, 연차표시 다음에 사용된다.

(11) 원괄호(( ))는 본표제 앞에 기술되는 관제, 제작사항, 총서사항, 총서의 관제, 서력기년을 포함하는 두 종 이상의 발행년의 기년이 병기되어 있는 것의 서기 이외의 기년을 묶는 데나 상위단위의 지명에 의해 동명이지(同名異地)를 구별하는데, 장정표시에 사용된다.

(12) 각괄호([ ])는 그 정보가 으뜸정보원 이외에서 얻어진 것임을 나타내는데 사용된다.

(13) 석점줄임표(…)는 어떤 서지요소의 한 부분을 생략하였음을 나타내는데 사용된다.

(14) 서양어의 약어표시로서의 온점과 원괄호, 각괄호, 석점줄임표가 다른 구두점과 겹치는 결과를 가져올 경우에도 이중구두점을 사용한다.

  312 p. : diag., photos. ; 19 cm
  [서울] : 修學[社], 1960

(15) 빈칸·붙임표·빈칸(-)은 학위논문주기에서 학위수여기관 앞에 사용한다.

(16) 붙임표(-)는 권차, 회차, 연차의 범위를 나타내는 데 사용한다. 다만 권차, 회차, 연차에 붙임표가 포함되어 그 범위표시가 모호할 경우에는 빈칸·붙임표·빈칸(-)을 사용한다.

이상의 구두점을 서지기술형식으로 나타내면 다음과 같다. (각 기술사항의 요소는 제1장 2절, 서지의 기술요소와 순서를 참조)

〈서지기술형식〉

본표제, 일명, 별표제 [자료유형표시] = 대등표제 : 표제관련정보. 권차나 회차나 연차, 권차나 회차나 연차표제 / 첫 번째 책임표시, 동일 역할의 두 번째 이하 책임표시 ; 역할이 다른 책임표시. -- 판표시 / 특정 판의 첫 번째 책임표시, 동일 역할의 두 번째 이하 책임표시 ; 특정 판의 역할이 다른 책임표시. -- 자료특성사항. -- 발행지 : 발행처, 발행년. -- 특정자료종별과 자료의 수량 : 기타 형태사항 ; 크기 + 딸림자료. -- (총서의 본표제 = 총서의 대등표제 : 총서의 표제관련정보 / 총서의 책임표시, 총서의 ISSN ; 총서의 권호. 하위총서) (둘 이상의 독립총서의 두 번째 이하의 총서). -- 주기사항. -- 표준번호 = 등록표제 : 입수조건표시 (가격, 장정 등 표시)

3 표제와 책임표시사항

3.0 총칙

표제는 자료의 식별요소로서 가장 중요하기 때문에 서지기술에서 제1요소로 기재된다. 아울러 해당 자료의 지적, 예술적 내용의 생성에 주된 역할을 한 책임표시를 기재한다.

1) (기술요목) 기술요목과 순서는 다음과 같다.
 ① 본표제, 별표제
 ② [자료유형]
  단행본에는 적용하지 않는다.
 ③ 대등표제
 ④ 표제관련정보
 ⑤ 권차, 회차, 연차표시
 ⑥ 책임표시
KORMARC 기술형식

```
245    ▼a본표제[반복] ▼h[자료유형] = ▼x대등표제 : ▼b표제관련정보
       [반복]. ▼n권차[반복], ▼p권차표제[반복] / ▼d첫 번째 저자,
       ▼e두 번째 이하 저자 ; ▼e역할이 다른 저자
```

2) (복제본) 기술대상이 복제본인 경우에는 복제본 자체의 표제나 책임표시를 기재한다. 원본의 표제와 복제본의 표제가 다른 경우에는 원본의 표제를 주기사항에 기술한다.

3.1 본표제

1) (범위) 자료의 식별에 필요한 고유한 표제로서, 다음과 같은 경우에 이를 본표제로 삼는다.
  (1) 자료에 기재된 유일한 표제
  (2) 종합표제나 대표표제를 지닌 합집에서 종합표제나 대표표제
  (3) 종합적인 어구나 책임표시(단체명 포함)만으로 구성된 표제
  (4) 식별상 불가분의 관계에 있는 숫자나 문자
  (5) 대역간행물에서 번역된 표제(번역의 대상이 된 표제는 원표제)
  (6) 독립적으로 간행된 속편, 보유, 색인의 표제가 전판, 정편, 본편의 표제와 달리 개제된 표제
  (7) 한국어표제와 외국어표제가 기재되어 있는 경우, 본문 중에 한국어의 기술이 일부 있는 자료에서 한국어 표제
  (8) 언어가 다른 두 가지 외국어 표제를 지니고 있는 경우에는 본문의 언어나 문자와 일치되는 표제

2) (기술방법) 본표제는 해당 자료의 으뜸정보원에 기재된 형식 그대로 기재한다. 다만 표제의 일부분이 '두줄쓰기'로 되어 있는 것은 '한줄쓰기'로 고쳐 쓴다.

> 링컨의 일생
> 臨政特派員36號
>   (표제면에는 '臨政'이 세로쓰기로 되어 있음)
> 放射技士國家考試問題集
> 한글 dBASE III plus 1.1H
> Fourteen hours
> Les misérables
> Library resources & technical services
>   (표제면에는 두줄쓰기로 되어 있음)
> Beethoven's symphonies

(1) 본표제는 축약할 수 없다.
(2) 단일 언어나 문자로 된 표제는 으뜸정보원에 나타난 표제의 활자크기를 1순위, 기재 순서를 2순위로 삼아 본표제를 채택한다(〈그림 2-1〉, 〈그림 2-5〉 참조).
(3) 복수의 언어나 문자로 기재된 두 종 이상의 표제를 지니고 있는 경우에는 본문의 언어나 문자와 일치되는 것을 본표제로 채택하고 그 판별이 어려운 것은 활자의 크기나 기재순차를 고려하여 결정한다. 다만 한국어표제로 한글형과 한자형(국한문형 포함)의 양자가 있을 경우에는 본문의 문자와 일치되는 것을 본표제로 채택하고 그 판별이 어려울 경우에는 한글형을 채택한다.

    雪嶽의 四季
    금방울전
      (표제면에는 金鈴傳이란 표제가 함께 있음)
    Speedball technique charts

(4) 한국어표제와 외국어표제가 기재되어 있는 경우, 원칙적으로 한국어표제를 본표제로 기술한다(〈그림 2-2〉 참조).

    아뜨리에 = Atelier
    ☞ 245 00 ▼a아뜨리에 = ▼xAtelier

다만, 외국어로 된 표제가 한국어표제보다 활자의 크기, 기재순서로 보아 더 분명히 표시된 경우에는 외국어표제를 본표제로 채택한다.

    Gold supply = 골드 서프라이
    I. magazine = 아이. 매거진
    ☞ 245 00 ▼aGold supply = ▼x골드 서프라이

(5) 본표제가 소정의 으뜸정보원에 기재되지 않은 자료에서는 해당 자료의 다른 부분이나 참고자료 등의 다른 정보원에서 이를 찾아내어 각괄호로 묶어 보기한다. 표제가 없는 자료에서는 해당 자료의 주제내용에 합당한 표제를 새로 만들어 각괄호로 묶어 보기한다. 이 경우에는 본표제의 출처가 된 정보원을 주기한다.

    [目錄分類學論攷]
    [Carte de la lune]

[Photograph of Theodore Roosevelt]

☞ 245 00 ▼a[目錄分類學論攷]
　　500 ▭▭ ▼a책등표제임

(6) 본표제 앞이나 위에 기재되어 있는 문구로서 총서표제, 대등표제, 원표제, 저작자, 발행처, 회차, 권호차, 연월차, 판차, 간행빈도 등의 요소에 옮겨 기술하도록 규정된 것을 제외하고는 이를 관제로 취급하며, 그 관제가 본표제에 종속되어 있을 때에는 이를 원괄호로 묶어 본표제 앞에 기술한다. 다만 본표제 앞에 기재되어 있지 않은 관제적 성격의 어구는 표제관련정보로 보아 기술하되, 식별상 중요한 어구가 아닌 경우에는 이를 주기할 수 있다(〈그림 2-5〉, 〈그림 2-6〉 참조).

(컴퓨터로 즐기는) 도스게임 26가지
先物의 世界 : 파생금융상품전문지

☞ 245 00 ▼a先物의 世界 :▼b파생금융상품전문지
　　246 3▭ ▼a파생금융상품전문지

(7) 저작자명이나 판표시, 발행처명 등이 본표제 속에 포함되어 문법적으로나 형태적으로 본표제를 이루는 불가분의 요소인 경우에는 이 전체를 본표제로 기술한다(〈그림 2-7〉 참조).

孫子兵法
李箱의 詩集
增補文獻備考
延世大學校中央圖書館 古書目錄
Marlowe's plays
The sermons of John Donne
Report of the Expert Group on Special Care for Babies

(8) 표제면상에 책임표시가 표제로 화해 버린 고전물이거나 본표제가 인명이나 단체명만으로 구성된 경우에는 이를 본표제로 기술한다.

莊子
Sophocles
Conference on Industrial Development in the Arab Countries
The British Museum

☞ 245 10 ▼a莊子 / ▼d莊子

(9) 종합표제나 대표표제가 기재된 자료에서는 이 종합표제나 대표표제를 본표제로 기재하고, 수록된 각 저작의 표제는 주기한다.

겨울나기 : 李外秀中篇小說
　내용: 겨울나기 -- 훈장 -- 꽃과 사냥꾼 -- 고수 -- 개미귀신 -- 작가의 말

☞ 245 10 ▼a겨울나기 : ▼b李外秀中篇小說 / ▼d李外秀
　505 0b ▼a겨울나기 – 훈장 – 꽃과 사냥꾼 – 고수 — 개미귀신 – 작가의 말
　(출력형식은 ▼a에 의해 "내용: 겨울나기 -- 훈장 … "과 같음)

文學は何ができるか
　내용: 文學の前衛性 / 山村嘉已 著 -- 文學の自律性 / 植松健郎 著 -- 文學の黨派性 / 小川悟 著 -- 文學における負の領域 / 小川雅也 著 -- 文學の前衛性と構造主義 / 渡邊幸博 著

Three notable stories
　Contents: Love and peril / the Marquis of Lorne -- To be or not to be / Mrs. Alexander -- The melancholy hussar / Thomas Hardy

(10) 종합표제나 대표표제 없이 각 저작의 표제와 책임표시만 열기(列記)하고 있는 자료에서는, 개별표제와 그와 관련된 책임표시를 서로 짝지워 으뜸정보원에 표시된 순서대로 기재한다. 이때 각 표제와 책임표시 사이는 온점으로 구분한다. 다만 필요에 따라 단일 저자의 네 저작 이상의 합집은 첫 저작만 기재하고 나머지는 생략하며, 두 저자나 세 저자의 합집은 개개 저자의 한 저작씩만 기재하며, 네 저자 이상의 합집은 열기된 것 중의 첫 저작만 기재하고 나머지는 생략한다. 생략부분은 동양서의 경우 석점줄임표 없이 '외' 또는 '外'를, 서양서의 경우 석점줄임표 다음 'et al.'을 각괄호로 묶어 표시한다. 필요에 따라 주기사항에 개별표제 전체를 기재할 수 있다(〈그림 2-8〉, 〈그림 2-9〉 참조).

감자 ; 배따라기 / 김동인

☞ 245 10 ▼a감자 ; ▼a배따라기 / ▼d김동인

유년시대 [외] / 톨스토이 작 ; 동완 역

내용: 유년시대 -- 소년시대 -- 청년시대 -- 까지끄

☞ 245 10 ▼a유년시대 [외] / ▼d톨스토이 작 ;▼e동완 역
　　505 0b ▼a유년시대 -- 소년시대 -- 청년시대 -- 까지끄

孤獨의 여름 : 安章煥中篇小說 / 安章煥. 여자를 찾습니다 : 金周榮 中篇 小說 / 金周榮

☞ 245 10 ▼a孤獨의 여름 :▼b安章煥中篇小說 / ▼d安章煥.▼a여자를
　　　　　　찾습니다 :▼b金周榮中篇小說 / ▼d金周榮

Don Juan ; Childe Harold [microform] / Lord Byron
General Sherman … [et al.] / by M. Force … [et al.]

(11) 별표제는 본표제의 일부분으로 간주하여 그 말미에 '일명'(一名), 'or' 또는 이의 상등어를 앞세워 적는다. '일명'이나 'or'의 앞뒤에는 쉼표를 하며, 로마자 표제일 경우에는 별표제의 첫 자를 대문자로 적는다. '일명'이나 'or'의 표시를 목록자가 채기하였을 경우에는 각괄호로 묶어 보기 한다(〈그림 2-10〉 참조).

端宗大王實記, 一名, 莊陵血史
Uncle Debunkel, or, The barely believable bear
아라비안나이트, [일명], 千一夜話 [영화]

☞ 245 10 ▼a아라비안나이트, [일명], 千一夜話▼h[영화]
　　246 30 ▼a千一夜話▼h[영화]

(12) 두 권 이상으로 구성된 자료에서 권책에 따라 표제가 다른 것은 같은 것끼리 묶어 독립저록을 한다. 권책에 따라 표제의 변동이 있다는 사실을 주기한다.

조선말큰사전. 1-2 / 조선어학회 지음. -- 서울 : 을유문화사, 1947-1949.
　주기 → 전질 6권 중, 권 3-6은 "큰사전"으로 개제됨

☞ 245 00 ▼a조선말큰사전.▼n1-2 / ▼d조선어학회 지음
　　260 bbb ▼a서울 :▼b을유문화사,▼c1947-1949
　　500 bbb ▼a전질 6권 중, 권 3-6은 "큰사전"으로 개제됨

큰사전. 3-6 / 한글학회 지음. -- 서울 : 을유문화사, 1950-1957.
　주기 → 전질 6권중 권1과 2의 표제와 책임표시: 조선말큰사전 /
　　　　　　조선어학회 지음

(13) 신판이나 별책으로 나온 속편이나 보유, 색인 등의 표제가 전판이나 정편, 본편의 표제와 다를 경우에는 별책의 표제를 본표제로 한다. 이때 정편이나 본편의 표제는 주기한다.

韓國史新論 / 李基白 著. -- 改正版
　　주기 → 초판표제: 國史新論

> ☞　245　10 ▼a韓國史新論 / ▼d李基白 著
> 　　　250　bb ▼a改正版
> 　　　500　bb ▼a초판표제: 國史新論

續 永遠한 韓國의 名作
新圖書館學槪論 / 椎名六郞 著
Supplement to The conquest of Peru and Mexico

(14) 표제에 포함된 숫자나 문자는 그 전체를 본표제로 기술한다.

수학 II
X마스캐롤
IV informe de gobierno
λ-calculus and computer theory

(15) 양서의 표제에 온점 없이 특정 문자나 두문자(initial)가 표제에 포함된 경우, 이들 문자 사이에 빈칸을 두지 않고 연결하여 기술한다.

ALA rules for filing catalog cards

그러나 이들 문자나 두문자 사이를 온점으로 구분한 경우에는 이 온점을 포함해서 기술하되, 온점 다음에 빈칸을 두지 않는다.

T.U.E.I. occasional papers in industrial relations
The most of S.J. Perelman

3.2 자료유형

1) (목적) 기술대상자료의 유형을 제시하여 이용의 편의를 제공하기 위한 것이다.

2) (자료의 유형) 자료유형은 아래와 같이 구분된다.
　　　　단행본(book): 자료유형 표시를 적용하지 않음
　　　　지도자료: 지도자료(map), 지구의(globe)
　　　　고서와 고문서: 자료유형 표시를 적용하지 않음
　　　　악보(music)
　　　　녹음자료(sound recording)
　　　　화상자료(graphic materials)
　　　　영상자료: 영화(motion picture), 비디오녹화자료(videorecording)
　　　　전자자료(electronic resource)
　　　　입체자료(3D)
　　　　마이크로자료(microform)
　　　　연속간행물(serial): 자료유형 표시를 적용하지 않음
　　　　점자자료(braille)

3) (기술방법)
(1) 자료유형은 본표제 다음에 각괄호로 묶어 기재한다. 종합표제 대신 개별저작의 표제를 기술한 경우에는 마지막 표제 다음에 기재한다.

　　　아리랑 [녹음자료]
　　　대한민국전도 [지도자료]
　　　How the poor view their health [electronic resource]
　　　Infancy ; Childhood [videorecording]
　　　The Truman story. They're in the army now [videorecording]

(2) 복제본의 경우, 해당 복제물의 자료유형을 기재한다(예: 지도를 슬라이드로 복제한 경우, 슬라이드로 자료유형을 표시한다).

(3) 두 가지 이상의 자료유형을 기술할 필요가 있을 경우 그 주된 유형을 기재하고, 나

머지를 원괄호로 묶어 부기할 수 있다.

   [악보(점자자료)]

(4) 인쇄자료 중 문자로 쓰여진 자료(단행본, 고서와 고문서, 인쇄형식의 연속간행물 등)는 자료유형표시를 생략할 수 있으며, 단일유형의 목록만을 유지하는 경우에도 이를 생략할 수 있다.

3.3 대등표제

1) (범위) 본표제로 채택된 표제와 다른 언어나 문자로 으뜸정보원에 기재된 표제를 대등표제로 한다.

2) (기술방법) 대등표제는 본표제 다음에 기재하되, 로마자의 대문자법과 구두법을 제외하고는 있는 그대로 기술한다(〈그림 2-2〉 참조).

   틱셔신사 = 太西新史諺譯
   韓美大辭典 = New Korean-English dictionary
   세계를 간다 [비디오녹화자료] = Video world tour guide
   Einführung in die Blutmorphologie = Introduction to the
      morphology of blood
   Bulletin of the Association of African Universities = Bulletin de
      l'Association des universités africaines

   ☞ 245 00 ▼a세계를 간다 ▼h[비디오녹화자료] = ▼xVideo world tour guide
      246 31 ▼aVideo world tour guide ▼h[비디오녹화자료]

(1) 본문이 한글(또는 국한문 혼용)인 간행물에 한글표제와 그에 상응하는 한자표제가 기재되어 있는 경우, 한자표제는 대등표제로 기재하지 않는다. 다만 두 표제가 서로 달리 발음되는 경우에는 한자표제를 대등표제로 본다(〈그림 2-11〉 참조).

   한글갈 = 正音學
   쟈치가
      (**주기** → 한자서명: 雌雉歌)

☞ 245 10 ▼a쟈치가
500 bb ▼a한자서명: 雌雉歌

(2) 대등표제가 둘 이상인 경우에는 활자의 크기나 기재순서에 따라 첫 번째 대등표제만 기재하고, 두 번째 이하의 대등표제는 '대등표제'란 도입어구를 사용하여 주기사항에 기재한다. 로마자로 번자된 대등표제가 있는 경우에는 이를 주기사항에 기재한다.

 거문고산조 [녹음자료] = 玄琴散調
  주기 → 대등표제: Komungo sanjo
 Road map of Switzerland [map] = Strassenkarte der Schweiz
  주기 → Parallel Title: Carte routière de la Suisse

(3) 대등표제가 완전형과 축약형으로 동시에 기재된 경우에는 활자의 크기와 기재순서에 따라 채기한다. 채택되지 않은 대등표제는 주기사항에 '대등표제'란 도입어구를 앞세워 기재한다.

 토익 = TOEIC
  주기 → 대등표제: Test of English for international communication

(4) 대등표제가 길어서 표제와 책임표시사항에 기술하기 부적당한 경우에는 주기사항에 '대등표제'란 도입어구를 앞세워 기재할 수 있다.

3.4 표제관련정보

1) (범위) 본표제를 보완하거나 설명하는 표제를 그 범위로 한다.

2) (기술방법) 표제관련정보는 대등표제 다음에 기재한다. 대등표제가 없는 경우에는 본표제 다음에 기재하며 본표제가 별표제를 수반하고 있는 경우에는 별표제 다음에 기재한다.

 悲劇의 誕生 : 짜라투스트라는 이렇게 말했다
 華麗한 地獄, 一名, 카인의 市場 : 長篇小說
 지오 = Geo : 지구와 인간을 생각하는 잡지
 문화재를 배웁시다 [전자자료] : 중요무형문화재

Edgar Wallace : the man who made his name

(1) 저작의 성격이나 양식, 내용을 표현하는 사항(예: 시집, 수필집, 장편소설, 회고록, 자서전 등)이 저자명에 덧붙여 복합어구(양서의 경우는 표제관련정보와 저자명이 'of'나 'from' 등(또는 이의 외국어 상등어)에 의해서 연결된 어구를 구성하는 경우, 이를 본표제로 채택하지 않은 경우에는 그 전체를 하나로 보아 표제관련정보로 기재한다.

> 정다운 사람들 : 李鳳順에세이
> The devil's dictionary : a selection of the bitter definitions of Ambrose Bierce
> Towards a total housing system : report of the Computer Panel of LAMSAC

(2) 표제관련정보의 기재순서는 으뜸정보원에 기재된 순서나 활자의 크기에 따라 기재하되, 책임표시의 성격을 띤 표제를 맨 나중에 기재한다(〈그림 2-12〉 참조).

> 天國의 階段 : 그리고 다시는 울지 않았다 : 崔仁浩장편소설
> Distribution of the principal kinds of soil : orders, suborders, and great group : National Soil Survey Classification of 1967

☞ 245 10 ▼a天國의 階段 :▼b그리고 다시는 울지 않았다 :▼b崔仁浩장편소설

(3) 너무 긴 표제관련정보는 주기사항에 옮겨 적거나, 적당히 줄여 적을 수 있다. 이때 축약은 본래의 의미를 잃지 않는 범위 내에서 어느 부위이고 간에 줄일 수 있다.

> 스탠드의 명심판 : … 판례식 룰해석

3.5 권차, 회차, 연차표시

1) (범위) 다권본, 총서, 단행본적 성격을 띤 연속간행물의 권차, 회차, 연차와 그 표제를 기술한다.

2) (기술방법)

(1) 권차, 회차, 연차는 식별상 그 표시가 필요할 경우 주기사항에 기술한다. 다만 그것이 단권이거나, 어쩌다 발행되는 자료이거나, 그 도서관에 완질을 갖추지 않을 예정에 있는 자료이거나, 또는 일괄해서 저록으로 작성하지 않고 권책별로 작성하는 경우에는 그 차서를 표제 다음에 온점을 앞세워 기재할 수 있다. 다만 서지적 권차 없이 책차 표시만 있는 경우에는 책차를 권차로 간주하여 기술한다.

  註解 月印千江之曲. 上
  杜詩諺解. 卷之 15-16

(2) 권차가 아라비아숫자 이외의 수를 의미하는 로마숫자(I, II, III …), 한자(一, 二, 三 …), 한글어구(첫째, 둘째, 셋째 …) 등으로 쓰여진 경우에는 그에 상응하는 아라비아숫자로 기술한다.

  禪門拈頌集說話. 冊1-3 / 慧諶(高麗) 集 ; 覺雲(高麗) 撰

(3) 회차와 연차가 모두 표시되어 있는 것은 회차 다음에 연차를 원괄호에 넣어 기재한다.

  李箱文學賞受賞作品集. 제2회(1978)

(4) 다권본으로 구성된 자료에서 종합표제 이외에 각 권의 표제가 표시되어 있는 경우, 권의 표제는 권차와 함께 주기한다. 또한 각 권에 따른 책임표시가 기재되어 있는 경우에는 해당 권의 표제와 책임표시를 짝지워 기술한다(〈그림 2-26〉, 〈그림 3-30〉, 〈그림 3-31〉 참조).

  해신 : 최인호 장편소설 / 최인호 저
   형태사항 → 3책
   주기에 → 내용: 1. 질풍노도 -- 2. 장미전쟁 -- 3. 해신 장보고

(5) 전질(全帙)중 일부가 결권되어 그 소장 권차표시가 번잡한 경우, 이를 주기사항으로 돌려 기재할 수 있다. 이 경우 형태사항의 권책표시는 소장본의 권책수를 기재한 다음 완질본의 총 권책수를 정확히 아는 경우 이를 원괄호로 묶어 부기하고, 주기사항에 소장 권차를 열기한다.

眞西山讀書記乙集上大學衍義 / 眞德秀 撰
형태사항 → 24卷6冊(全43卷12冊)
주기에 → 소장본: 卷1-3(冊1), 卷4-7(冊2), 卷8-11(冊3), 卷20-24(冊6), 卷25-28(冊7), 卷29-32(冊8)

☞ 권차 또는 편차에 대한 KORMARC 형식 통합서지용의 규정
245 필드(표제와 책임표시사항)의 식별기호 ▼n에는 본표제의 편차나 권차를 기술한다. 편차는 하나의 간행물이 공통표제 아래 편, 계, 보유 등으로 나뉘어 간행되고, 그 편, 계, 보유의 순차가 있는 경우 이를 나타내며, 권차는 다권본 또는 단행본적 성격을 띤 연속간행물의 권차, 회차, 연차를 나타낸다. 편차 또는 권차표시는 순서를 나타내는 것이라면 어떤 형식이라도 사용한다. 음악표제에서 일련번호, 작품번호, 주제색인번호 등은 식별기호 ▼n을 기술하지 않는다.

• 예시

```
245 20 ▼a(재미있는) 수학여행 / ▼d김용운, ▼e김용국 지음
300    ▼a4책
```

```
245 20 ▼a(재미있는) 수학여행. ▼n1, ▼p수의 세계 / ▼d김용운, ▼e김용국 지음
245 20 ▼a(재미있는) 수학여행. ▼n2, ▼p논리의 세계 / ▼d김용운, ▼e김용국 지음
```

• 예시: 아래의 예시는 잘못된 것임

```
245 20 ▼a(재미있는) 수학여행. ▼n1-4 / ▼d김용운, ▼e김용국 지음
300    ▼a4책
       [전체 소장권호를 245 필드에는 기술하지 않음]
```

```
245 20 ▼a(재미있는) 수학여행. ▼n1-2 / ▼d김용운, ▼e김용국 지음
300    ▼a2책
       [일부 소장권호도 기술하지 않음]
```

3.6 책임표시

1) (범위) 원칙적으로 본문의 저작자나 원작자를 범위로 한다. 일반적으로 책임표시의 범위에 포함되는 인명이나 단체명에는 그 저작에서의 역할어가 기재되어 있는 것이 보통이다.

(1) 저작자나 편(찬)자, 작곡자, 화가, 역자, 각색자, 연주자
(2) 단체의 종합의지 또는 행정자료 등에서는 해당 단체
(3) 후원자로서의 단체

2) (기술방법)
(1) 책임표시와 저작역할어는 으뜸정보원에 쓰여진 용자와 어순 그대로 표제 다음에 기술하되, 한국어의 관형형으로 된 저작역할어는 명사형으로 고쳐 적는다.

　　세종대왕 / 홍이섭 지음
　　욕망의 응달 : 장편소설 / 박완서 작

　　한글학회50년사 / 엮은이: 한글학회 50돌기념사업회
　　　(표제면에는 저자표시가 없고 판권기에 "엮은이 한글학회 50돌 기념사업회"라 표시되어 있음)

　　Mastercam version 7.2c [전자자료] / 공저: 권동호, 박용민
　　　(레이블에 "공저 권동호 · 박용민"으로 기재되어 있음)

　　Shut up in Paris / by Nathan Sheppard
　　Great Britain : handbook for travellers / by Karl Baedecker

(2) 자료의 으뜸정보원 이외의 다른 부분에서 취한 책임표시는 각괄호 속에 기재한다. 그러나 그 자료 이외의 정보원에서 얻은 책임표시는 주기사항에 기재한다.

　　Obiter dicta / [A. Birrell]

(3) 저작역할어가 적혀 있지 않은 자료에서 저작역할이 지음(저, by, von par, 등)의 뜻이 분명한 경우에는 저작역할어 없이 그대로 기재한다.

　　도레판화성경 / 구스타브 도레
　　All that jazz / Fats Waller
　　Beggars banquet / The Rolling Stones

(4) 부차적 책임표시가 있거나 표제의 문맥상 책임표시에 저작역할어의 표시 없이는 그 관계가 모호하다고 판단될 경우에는 동서는 책임표시 다음에, 양서는 책임표시 앞에 적당한 어구를 각괄호로 묶어 보기한다. 저작역할어의 일부를 보기하는 경우에는 자료에 나타나 있는 저작역할어와 동일한 문자로 한다.

   우리에게 희망은 있는가 / 버트런드 럿셀 [지음] ; 이극찬 옮김
   Morte Arthure / [edited by] John Finlayson
   Palava Parrot / [illustrated by] Tamasin Cole ; story by James Cressey

   ☞ 245 10 ▼a우리에게 희망은 있는가 /▼d버트런드 럿셀 [지음] ;▼e이극찬 옮김

(5) 본표제나 표제관련정보 중에 포함된 저작자명일지라도 이를 책임표시에 다시 기재한다(〈그림 2-5〉, 〈그림 2-12〉 참조).

   엄마와 선생님께 : 어린이교육을 위하여 : 洪雄善敎育에세이 / 洪雄善
   韓非子 / 韓非子
   Works of William Shakespeare / William Shakespeare

(6) 언어가 다른 둘 이상의 외국어 또는 외국문자의 책임표시를 지닌 경우에는 본표제의 언어나 문자와 일치되는 책임표시를 기재하고, 나머지는 주기사항에 기재할 수 있다. 다만 한국어 본문이 있는 자료로서, 그 자료상에 한국어 또는 한국문자의 책임표시가 있는 것은, 비록 표제면에 외국어 또는 외국문자로만 책임표시가 쓰여져 있다 할지라도, 그 한국어 또는 한국문자(한글, 한자 순)로 쓰인 책임표시를 채택하고, 필요에 따라 외국어 또는 외국문자의 책임표시를 주기사항에 기재하거나 그의 기재를 생략할 수 있다.

   韓美大辭典 = New Korean-English dictionary / S.E. 마틴, 李歐河, 張聖彦 編
      주기 → 영어저작자표시: by Samuel E. Martin, Yang Ha Lee, Sung-Un Chang

   National accounts statistics, 1950-1968 = Statistique de comptes
      Nationaux, 1950-1968 / Organization for Economic
      Co-operation and Development
      주기 → 프랑스어저작자표시: Organisations de coopération de développement
         économiques

(7) 으뜸정보원에 기재된 책임표시나 부차적 역할의 책임표시는 그 전부를 기재하는 것을 원칙으로 한다(〈그림 2-14〉 참조).

건축계획각론 / 김정수, 김희춘, 유희준, 윤도근, 이정덕 공저
Challenges in indexing electronic text and images / Edited by Raya Fidel, Trudi B. Hahn, Edie M. Rasmussen, and Philip J. Smith

☞ 245 00▼a건축계획각론 /▼d김정수,▼e김희춘,▼e유희준,▼e윤도근,
  ▼e이정덕 공저

다만, 도서관에 따라 책임표시 중 일부 또는 대표만을 기재하고, 나머지 책임표시의 기재는 생략할 수 있다. 이때 동양서는 석점줄임표 없이 '외' 또는 '外' 자를, 서양서는 석점줄임표 다음 'et al.'을 각괄호로 묶어 표시한다. 생략된 저작자는 필요에 따라 주기사항에 기술할 수 있다.

건축계획각론 / 김정수 [외]저
Challenges in indexing electronic text and images / Edited by Raya Fidel … [et al.]

☞ 245 00▼a건축계획각론 /▼d김정수 [외]저
  500 ▭▭▼a저자: 김희춘, 유희준, 윤도근, 이정덕

(8) 으뜸정보원에 저작의 역할을 달리하는 두 종 이상의 책임표시가 기재되어 있는 경우, 저자를 우선 기술하고 나머지는 그 정보원에 표시되어 있는 순차나 활자의 크기에 따라 구분하여 기재한다. 감수자, 교열자, 해제자(해설자), 원문기고자와 같은 부차적 역할의 책임표시는 책임표시의 맨 나중에 기재하거나 주기사항에 기재한다(〈그림 2-15〉 참조).

방랑시인 아치와 전생이 클레오파트라였던 어느 고양이의 세상이야기 /
  돈마르 키스 글 ; H. 텔리먼 그림 ; 장유친 옮김
사회학에의 접근 : 비판적 사회인식 / 쿨슨 리들 지음 ; 박영신 옮김
The essentials of education / [by] Rudolf Steiner ; [translated by
  Lady Maitland-Heriot ; edited by H. Collison]

☞ 245 10 ▼a사회학에의 접근 :▼b비판적 사회인식 /▼d쿨슨 리들 지음 ;
　　　▼e박영신 옮김

(9) 책임표시의 앞 또는 뒤에 부기되어 있는 학위나 직함 및 이와 유사한 칭호, 경칭과 성과 명을 갖춘 이름으로 그 앞 또는 뒤에 표시된 국명, 본관, 자, 호와, 단체명의 앞이나 뒤에 표시된 법인형태나 업종명을 나타내는 어구는 석점줄임표(…) 없이 그의 기재를 생략한다.

　　오늘의 세계 / 임한영 저
　　　(정보원에는: 임한영 박사 저)
　　麗韓十家文鈔 / 王性淳 輯
　　　(정보원에는: 開城王性淳原初輯)
　　… / by Harry Smith
　　　(정보원에는: by Dr. Harry Smith)
　　… / by T.A. Rennard
　　　(정보원에는: by the late T.A. Rennard)

그러나 다음의 경우는 예외적으로 포함하여 기재한다.
　　가) 문법적으로 칭호나 경칭이 필요한 경우
　　　… prólogo del Excmo. Sr. D. Manuel Fraga Iribarne
　　나) 생략하면 성 또는 명의 한 요소만 남게 되는 경우
　　　… / by Miss Jane
　　　… / by Dr. Johnson
　　다) 칭호나 경칭이 식별에 필요한 경우
　　　… / by Mrs. Charles H. Gibson
　　라) 칭호가 서양인의 작위 또는 이에 준하는 것일 경우
　　　… / by Sir Richard Acland

(10) 종합표제나 대표표제가 없는 합집에서 각 저작의 표제와 책임표시를 열기하고 있는 경우에는 각 저작에 관련된 책임표시를 그 표제와 짝지어 기재한다〈그림 2-8〉 참조).

(11) 양서에서 저작역할어 'by'(또는 이의 외국어 상등어)에 의해서 연결된 책임표시 앞에 놓인 명사형의 어구는 이를 책임표시의 구성요소로 보지 아니하고, 일반적으로 표제관련정보로 간주하여 처리한다.

  Characters from Dickens : dramatized adaptations / by Barry Campbell
  Underwater acoustics : a report / by the National Environment Research
    Council Working Group

그러나 그 어구가 그 저작의 성격이나 내용을 나타내기보다는 책임표시에 적힌 개인이나 단체의 역할을 가리키는 어구일 경우에는 이를 저작역할어로 간주하여 책임표시에 포함시켜 기재한다.

  Roman Britain / research and text by Colin Barham
  Book of bores / drawings by Michael Health

(12) 인명이나 단체명이 아닌 일반어로만 구성된 책임표시도 이를 기술한다.

  Korean phrases / by a group of students with a Korean resource person
  Call of love / translated from the Danish

지식 다다익선. 42

스티브 잡스
세상을 바꾼 상상력과 창의성의 아이콘

2011년 10월 10일 초판인쇄
2011년 10월 15일 초판발행
남경완/ 글
김희건/ 그림
펴낸곳/ 비룡소
서울특별시 강남구 신사동 506번지

ISBN 978-89-49182-48-3 74990
값 10,000원

34페이지 천연색삽화 27.4cm

```
020      ▼a9788949182483 ▼g74990 : ▼c₩10000
090      ▼a998.5 ▼b남14ㅅ
100 1ᵇ   ▼a남경환
245 10   ▼a스티브 잡스 : ▼b세상을 바꾼 상상력과 창의성의 아이콘 / ▼d남경완
         글 ; ▼e김희건 그림
260 ᵇᵇ   ▼a서울 : ▼b비룡소, ▼c2011
300 ᵇᵇ   ▼a34 p. : ▼b천연색삽화 ; ▼c28 cm
490 10   ▼a지식 다다익선 ; ▼v42
600 14   ▼a잡스, 스티브, ▼d1955-2011 ▼x사상
700 1ᵇ   ▼a김희건
830 ᵇ0   ▼a지식 다다익선 ; ▼v42
```

〈그림 2-1〉 활자자체의 크기를 우선 순위로 삼아 본표제 채택

단일 언어나 문자로 되어 있는 표제는 으뜸정보원에 기재된 활자의 크기와 기재순서 등을 고려하여 본표제를 채택한다. 위의 예시는 활자크기의 우선 순위에 따라 '스티브 잡스'가 본표제로 채택된 것이다.

```
                  WESTERN COOKING
                  서양요리

                  2010년 3월 5일 초판 인쇄
                  2010년 3월10일 초판 발행

                  지은이: 이두찬, 이은정, 최정윤, 정수식,
                         최영준
                  발행인: 류제동
                  발행처: (주)교문사
                  경기도 파주시 교하읍 문발리 536-2


                  ISBN 978-89-36310-58-5    값 24,000원

                  242페이지  칼라삽화   25.4cm
```

```
001
020     ▼a9788936310585 ▼g93590 : ▼c₩24000
056     ▼a594.54 ▼25
245 00  ▼a서양요리 = ▼xWestern cooking / ▼d이두찬, ▼e이은정, ▼e최정윤,
        ▼e정수식, ▼e최영준 [공저]
246 33  ▼aWestern cooking
260 ▭▭  ▼a서울 : ▼b교문사, ▼c2010
300 ▭▭  ▼a265 p. : ▼b천연색삽화 ; ▼c26 cm
700 1▭  ▼a이두찬
700 1▭  ▼a이은정
700 1▭  ▼a최정윤
700 1▭  ▼a정수식
700 1▭  ▼a최영준
```

〈그림 2-2〉 외국어표제와 한국어표제가 함께 기재되어 있는 경우

위의 예시와 같이 한국어표제와 외국어표제가 함께 기재되어 있고, 본문 중에 한국어의 기술이 일부 있는 경우에는 한국어표제를 본표제로 기술한다. 다만 외국어로 된 표제가 한국어표제보다 활자의 크기, 기재순서로 보아 더 분명하게 표시된 경우에는 외국어 표제를 본표제로 채택한다.

```
Key Words 7500 Current News

2005년 3월 10일 인쇄
2005년 3월 15일 발행

저 자 : 김기홍
발행처 : 소학사
          서울시 영등포구 여의도 27-7

값 10,000원
ISBN 89-7191-236-7   13740

507페이지   18.3cm
카세트테이프 5개가 딸려있음.
```

```
001
020      ▾a8971912367 ▾g13740 : ▾c₩10000
056      ▾a744 ▾b24
090      ▾a744 ▾b김18ㅋ
100  1ⓑ ▾a김기홍
245 10  ▾aCurrent news key words 7500 / ▾d김기홍 지음
246  1ⓑ ▾i판권기표제: Key words 7500 current news
260  ⓑⓑ ▾a서울 : ▾b소학사, ▾c2005
300  ⓑⓑ ▾a507 p. ; ▾c19 cm + ▾e카세트테이프 5개
500       ▾a감수자: Setton, Mark
650       ▾a영어어휘
```

〈그림 2-3〉 본문은 한글이지만 외국으로만 되어 있는 표제는 그대로 채택

본문이 한글이지만 표제가 영문으로만 나타나 있는 경우, 영문표제를 그대로 본표제로 기술한다. 그리고 위의 예시처럼 표제면과 판권기에 있는 표제가 서로 다를 경우, 표제면을 우선으로 하며, 판권기의 표제는 246 필드에 기술하여 준다.

```
┌─────────────────────────┬─────────────────────────┐
│   世界山岳名著시리즈 ④   │                         │
│                         │   悲劇의 낭가·파르밧    │
│    劇悲의 낭가·파르밧   │                         │
│                         │   1982년 3월 25일 인쇄  │
│    후릿츠 베히톨트 著   │   1982년 3월 30일 발행  │
│                         │                         │
│       安迷亭 譯         │   著者: 후릿츠 베히톨트 │
│                         │   譯者: 安迷亭          │
│                         │   發行: 思賢閣          │
│                         │       서울시 마포구 구수동 1245 │
│                         │                         │
│                         │   정가 2,500원          │
│                         │                         │
│                         │   161페이지  도판 2장  18.3cm │
└─────────────────────────┴─────────────────────────┘
```

```
020        ▼c₩2500
090        ▼a699.1 ▼b베98ㅂ안
100 1ᏏᏏ    ▼a베히톨트, 후릿츠
245 10     ▼a劇悲 [실은 悲劇]의 낭가·파르밧 / ▼d후릿츠 베히톨트 著 ; ▼e安迷亭 譯
246 30     ▼a悲劇의 낭가·파르밧
246 19     ▼aDeutiche am Ranga Barbat
260 ᏏᏏ     ▼a서울 : ▼b思賢閣, ▼c1982
300 ᏏᏏ     ▼a161 p., 도판2장 ; ▼c19 cm
490 10     ▼a世界山岳名著시리즈 ; ▼v4
700 1ᏏᏏ    ▼a안미정
700 1ᏏᏏ    ▼aBechtold, Frih
830 ᏏᏏ0    ▼a世界山岳名著시리즈 ; ▼v4
```

〈그림 2-4〉 본표제에 오자가 있고 그 오자를 확인하여 부가할 경우

위의 예시와 같이 본표제에 오자가 있는 경우 그대로 기재하고 그 다음에 [!] 또는 [sic]를 부기하거나, '실은' 또는 'i.e.'를 관기하여 그의 바른 꼴을 각괄호([ ])로 묶어 부기한다. 246 필드에는 실제의 표제를 다시 기술하여 준다.

```
                        알기쉬운 음악통론

                        공 저/ 조효임, 이동남, 주대창
                        펴낸이/ 우찬규
                        펴낸곳/ 태림출판사
                        인쇄일/ 2002년 3월  5일
                        발행일/ 2002년 3월 10일

                        등록/ 1991년 3월 4일 (제1-1179호)
                        주소 /서울시 종로구 소격동 77
                        값 12,000원
                        ISBN  89-7624-40-0  03670

                        231페이지    삽화    25.1cm
```

001
020   ▼a897624400 ▼g03670 : ▼c₩12000
056   ▼a670 ▼b24
090   ▼a670 ▼b조95o
100 1b   ▼a조효임
245 10   ▼a(알기쉬운) 음악통론 / ▼d조효임, ▼e이동남, ▼e주대창 공저
260 bb   ▼a서울 : ▼b태림출판사, ▼c2002
300 bb   ▼a231 p. : ▼b삽화 ; ▼c26 cm
700 1b   ▼a이동남
700 1b   ▼a주대창

〈그림 2-5〉 관제의 기술

　　본표제 앞이나 위에 붙어 있는 관제가 본표제에 종속되어 있을 경우에는 본표제 앞에 원괄호로 묶어 기술한다. 다만 본표제에 종속되어 있지 않은 관제적 성격의 어구는 표제관련 정보로 기술하되, 식별상 중요한 어구가 아닌 경우에는 이를 주기할 수 있다.

```
예수제자 핸드북·시리즈 / ②
[A Handbook for Followers of Jesus
by Winkie Pratney]

        윙키 프레트니

      예수제자의
    기준과 친교,신앙과 친구

        장상빈 옮김
```

```
기준과 친교, 신앙과 친구
─────────────────
윙키 프레트니/ 지음
장상빈/ 옮김
발행사/ 나침반사
서울 광화문 우체국 사서함 1641

1983년 3월 25일 초판인쇄
1983년 3월 30일 초판발행

[정가 2,500원]

90페이지    20.3cm
```

         나침반사

001
020   ▼c₩2500
056   ▼a235.25 ▼24
090   ▼a235.25 ▼b프294ㄱ장
100 1ᵇ   ▼a프레트니, 윙키
245 20   ▼a(예수 제자의) 기준과 친교, 신앙과 친구 /▼d윙키 프레트니 지음 ;
         ▼e장상빈 옮김
246 09   ▼aHandbook for followers of Jesus
260 ᵇᵇ   ▼a서울 :▼b나침반,▼c1983
300 ᵇᵇ   ▼a90 p. ;▼c21 cm
490 00   ▼a예수제자 핸드북·시리즈 ;▼v2
700 1ᵇ   ▼a장상빈
700 1ᵇ   ▼aPratney, Winkie

〈그림 2-6〉 본표제앞에 기재되어 있는 문구는 각각 해당 사항에 옮겨 기술

위의 예문에서와 같이 본표제앞에 기재되어 있는 총서표제와 원표제, 저자 등은 목록자가 적절하게 판단하여 각각 해당위치에 옮겨 기술하면 된다.

```
001
020      ▼a8970696792 ▼g93590 : ▼c₩17000
056      ▼a526.2 ▼24
245 00 ▼a(국역) 增補山林經濟   / ▼d[[유중림 편] ; ▼e이강자 [외]역
246 30 ▼a산림경제
250 ▭▭ ▼a증보
260 ▭▭ ▼a서울 : ▼b신광출판사, ▼c2003
300 ▭▭ ▼a395 p.  ▼ ▼b삽화 ; ▼c23 cm
500 ▭▭ ▼a이 책은 홍만선의 '山林經濟' 증보판인 '增補山林經濟'를 번역한 것임
700 1▭ ▼a유중림
700 1▭ ▼a이강자
```

〈그림 2-7〉 고전류의 표제: 증보, 신역, 주해 등

저작자명이나 판표시, 발행처명 등의 어구가 본표제 속에 포함되어 문법적으로나 형태적으로 본표제를 이루는 불가분의 요소인 경우에는 이 전체를 본표제로 기술한다. 즉, 위의 예시와 같이 고전류의 표제에서 증보(增補), 신역(新譯), 신증(新增), 주해(註解), 증주(增註) 등의 어구가 여기에 해당된다.

이 때 판을 지칭하는 어구가 표제에 포함되어 있으면, 판표시를 반복하여 기술한다.

```
020      ▼c₩8500
090      ▼a863 ▼b헷54ㅎ장
100 1ᛒ  ▼a헤세, 헤르만
245 10  ▼a한 밤중의 한 時間 / ▼d헤르만 헷세 지음 ; ▼e장남준 옮김. ▼a女人들의 傳說 /
         ▼d안톤 시나크 지음 ; ▼e이경환 옮김. ▼a말테의 手記 / ▼d릴케 지음 ; ▼e박덕환 옮김 ;
         ▼e신경자 解說
260 ᛒᛒ  ▼a서울 : ▼b汎友社, ▼c1989
300 ᛒᛒ  ▼axii, 484 p. ; ▼c19 cm
490 10  ▼a世界名作 다이제스트 ; ▼v8
700 12  ▼a시나크, 안톤. ▼t여인들의 전설
700 12  ▼a릴케, 라이너 마리아. ▼t말테의 수기
700 12  ▼a장남준
700 12  ▼a이경환
700 12  ▼a박덕환
700 12  ▼a신경자
830 ᛒ0  ▼a世界名作 다이제스트 ; ▼v8
```

〈그림 2-8〉 종합본표제가 없는 2인 이상의 합집

종합본표제가 없는 2인 이상의 합집인 경우 245 필드에 "▼a첫 번째 표제 / ▼d저자명 ; ▼e역할이 다른 저자. ▼a두 번째 표제 / ▼d저자명 ; ▼e역할이 다른 저자. ▼a세 번째 표제 / ▼d저자명 ; ▼e역할이 다른 저자"의 형식으로 기술한다. 이때 100 필드에는 처음 표제의 저자를 표목으로 기술하며, 다른 저자명은 모두 700 필드에 부출한다.

```
먼 그대의 손
1999년 3월 20일 인쇄
1999년 3월 25일 발행
저  자: 김준성
발행처: 문이당
        서울시 종로구 종로3가 124-5
ISBN 89-7475-104-2 [값 8,000원]

345페이지    22.4cm
```

```
020      ▾a8974561042 : ▾c₩8000
056      ▾a813.6 ▾24
090      ▾a813.6 ▾b김835ㅁ
100 1ᏏᏏ ▾a김준성
245 10  ▾a먼 그대의 손 / ▾d김준성
260 ᏏᏏᏏᏏ ▾a서울 : ▾b문이당, ▾c1999
300 ᏏᏏᏏᏏ ▾a345 p. ; ▾c23 cm
505 0ᏏᏏ ▾a먼 그대의 손 / 김준성 -- 내가 네 사촌이냐 / 이청준 -- 금의환향 / 김주영 --
         검은 댕기 두루기 / 한승원 -- 세월의 너울 / 김원일 -- 달아난 악령 / 이문열
700 12  ▾a이청준. ▾t내가 네 사촌이냐
700 12  ▾a김주영. ▾t금의환향
700 12  ▾a한승원. ▾t검은 댕기 두루기
700 12  ▾a김원일▾t세월의 너울
700 12ᏏᏏ ▾a이문열▾t달아난 악령
```

〈그림 2-9〉 종합표제가 있는 4개 저작(저자) 이상의 합집

종합표제나 대표표제가 기재된 자료에서는 종합표제나 대표표제를 분표제로 기재하고, 수록된 각 저작의 표제는 주기한다. 위의 저작은 6개 저작이 함께 수록된 합집이며, 첫 번째 저작인 김준성의 「먼 그대의 손」이 대표저작으로 기재되어 있다.

```
020        ▼a8994033125 : ▼c₩3000
056        ▼a813.8 ▼24
090        ▼a813.8 ▼b주894ㅂ
100  1▭   ▼a주평일
245  10   ▼a바위성왕자와 수정공주, 일명, 백조의 날개 / ▼d주평일 지음 ; ▼e박병철 삽화
246  30   ▼a백조의 날개
260  ▭▭   ▼a서울 : ▼b아동극단샛별, ▼c1994
300  ▭▭   ▼a135 p. : ▼b천연색삽화 ; ▼c19 cm
490  10   ▼a아동극단샛별시리즈 ; ▼v5
521  ▭▭   ▼a초등학생용
700  1▭   ▼a박병철
830  ▭0   ▼a아동극단샛별시리즈 ; ▼v5
```

〈그림 2-10〉 별표제가 있는 경우

별표제가 있는 경우 245 필드에 '일명'이라는 어구를 앞세워 본표제의 일부처럼 기술하며, 이때 별표제는 다시 246 필드에 부출표목으로 작성한다.

246 필드에서 제2지시기호는 표제의 유형을 나타내는 것으로, 위의 예시와 같이 제2지시기호가 '0'이면 검색을 위한 부분표제 즉, 저작의 일부를 나타내는 편제나 별표제, 그리고 본표제의 일부분으로서 그 표제에 의해 검색을 할 필요가 있는 경우 등을 의미한다.

주당별곡(酒黨別曲)

1999년 9월 10일 초판인쇄
1999년 9월 15일 초판발행

저 자/ 남태우
펴낸이/ 조정식
펴낸곳/ 도서출판 창조문화
　　　　서울시 성동구 성수2가 284-67

ISBN 89-88826-11-6 03810   정가 8,500원

382페이지   22.2cm
이 책의 전편이라고 할 수 있는「비틀거리는 술잔, 휘청거리는 술꾼 이야기」가 1998년에 출판되었음.

001		
020		▼a8988826116 ▼g03810 : ▼c₩8500
056		▼a817.6 ▼24
090		▼a817.6 ▼b남883ㅈ
100	1b	▼a남태우
245	10	▼a주당별곡 / ▼d남태우 저
260	bb	▼a서울 : ▼b창조문화, ▼c1999
300	bb	▼a382 p. ; ▼c23 cm
500	bb	▼a한자서명: 酒黨別曲
500	bb	▼a전편: 비틀거리는 술잔, 휘청거리는 술꾼 이야기, 1998

〈그림 2-11〉 한글 및 한자표제가 함께 기재되어있는 경우

위의 예시와 같이 본문이 한글인 간행물에 한글표제와 그에 상응하는 한자표제가 기재되어 있는 경우, 한자표제는 대등표제로 기재하지 않고, 주기사항에 기재한다. 다만 두 표제가 서로 달리 발음되는 경우에는 한자표제를 대등표제로 기재한다.

```
                삶으로 가는 길목에 서서              삶으로 가는 길목에 서서

            아내로서 두 남매의 어머니로서            1983年 5月 20日 印刷
                  눈물겨운 鬪病日誌                1983年 5月 25日 發行

                  살아서 말하고 싶다              著  者: 姜亨希
                  강형희 病床手記                發行者: 林種大
                                            發行處: 미래문화사
                                                  서울시 용산구 원효로 1가 54-45

                                            *파본은 교환해 드립니다.

                                            값 4,000원

                      미래문화사                359페이지    21cm
```

001
020   ▼c₩4000
056   ▼a818.6▼24
090   ▼a818.6▼b강94ㅅ
100 1♭ ▼a강형희
245 10 ▼a삶으로 가는 길목에 서서 :▼b살아서 말하고 싶다 :▼b강형희 病床手記 /
       ▼d姜亨希 著
260 ♭♭ ▼a서울 :▼b미래문화사,▼c1983
300 ♭♭ ▼a359 p. ;▼c21 cm
500 ♭♭ ▼a표제관련정보: 아내로서 두 남매의 어머니로서 눈물겨운 鬪病日誌

<그림 2-12> 표제관련 정보의 기술순서

　　표제관련 정보의 기술은 으뜸 정보원에 기재된 순서나 활자의 크기에 따라 기재하되, 책임표시의 성격을 띤 표제를 맨 나중에 기재한다. 즉, 위의 예시에서 책임표시의 성격을 띠고 있는 '강형희 病床手記'는 다른 표제관련정보 보다 기재된 순서가 빠르고, 활자가 더 크더라도 맨 나중에 기재한다.

　　그리고 위의 예시에서와 같이 너무 긴 표제관련정보는 주기사항에 옮겨 적거나, 적당히 줄여 적을 수 있다.

```
                                    The Sacred Cow and the Abominable Pig:
                                    Riddles of Food and Culture
                                         by   Marvin Harris

                                    음식문화의 수수께끼
                                    지은이: 마빈 해리스
                                    옮긴이: 서영진
                                    펴낸이: 김언호
                                    펴낸곳: (주)도서출판 한길사
                                    주  소: 서울특별시 강남구 신사동 506번지

                                    제1판 제1쇄 1992년 12월 25일
                                    제1판 제4쇄 1994년  3월 11일
                                    ISBN 89-356-0022-9 04380

                                    값 7,500원

                                    326페이지      21.2cm
```

020   ▼a8935600229 ▼g04380 : ▼c₩7500
090   ▼a594 ▼b해298ㅇ서
100 1b̸   ▼a해리스, 마빈
245 10   ▼a음식문화의 수수께끼 / ▼d마빈 해리스 지음 ; ▼e서진영 옮김
246 19   ▼aSacred cow and the abominable pig : ▼briddles of food and culture
260 b̸b̸   ▼a서울 : ▼b한길사, ▼c1992
300 b̸b̸   ▼a326 p. ; ▼c22 cm
490 10   ▼a오늘의 사상신서 ; ▼v157
700 1b̸   ▼a서진영
700 1b̸   ▼aHarris, Marvin, ▼d1927-2001
830 b̸0   ▼a오늘의 사상신서 ; ▼v157

〈그림 2-13〉 원표제와 외국문자로 표기된 원저자

 번역도서의 경우, 지금까지 원표제와 외국문자로 표기된 원저자를 507 필드에 기술하여 왔으나 KORMAC 형식 통합서지용에서는 원표제를 246 필드에 기술하도록 규정하고 있다. 그리고 원저자의 경우 관련필드(1XX, 7XX, 8XX, 9XX 등)로 이동하여 기술하도록 하고 있으나, 여기서는 편의상 700 필드에 기술한다.

식 품 학
2002년 3월 12일 초판 인쇄
2002년 3월 20일 초판 발행
2008년 8월 30일 개정증보판 발행
2010년 3월 12일 개정증보판 3쇄 발행
지은이: 조신호 외
발행인: 류제동
발행처: ㈜교문사
　　　　경기도 파주시 교하읍 문발리 536-2

ISBN 978-89-363-0944-2 93590
*잘못된 책은 바꿔드립니다
값 22,000원

xiii, 312 페이지　　24.4cm

```
001
020        ▼a9788936309442▼g93590 : ▼c₩22000
056        ▼a594▼24
245 00 ▼a식품학 =▼xFood  science / ▼d조신호,▼e조경련,▼e강명수,▼e송미란,
           ▼e주난영 [공저]
250 ▷▷ ▼a개정증보판
260 ▷▷ ▼a파주 :▼b교문사,▼c2008
300 ▷▷ ▼axii, 313 p. :▼b삽화 ;▼c25 cm
520 ▷▷ ▼a식품학을 구성하는 영양소인 수분, 탄수화물, 지질, 단백질, 무기질, 비타민의
           특성과 식품의 색, 식품의 냄새, 식품의 맛, 식물의 물성, 식물성 식품, 동물성
           식품, 그 외의 식품으로 구분하여 기술되어 있음
700 1▷ ▼a조신호
700 1▷ ▼a조경련
700 1▷ ▼a강명수
700 1▷ ▼a송미란
700 1▷ ▼a주난영
```

〈그림 2-14〉 저자가 4인 이상인 경우

　으뜸정보원에 기재된 책임표시는 전부 기재하는 것을 원칙으로 하고 있으며, 도서관에 따라 일부 또는 대표만을 기재할 수도 있다. 즉, 위의 예시와 같이 4인 이상의 저자라도 모두 기술하고 부출할 수 있다.

```
고래섬의 숨겨진 비밀을 찾아라

2009년 9월 20일 인쇄
2009년 9월 25일 발행

김선희/ 글
박영미/ 그림
나온교육연구소/ 감수
주니어김영사/ 발행
경기도 파주시 교하읍 문발리 515-1
*파본은 즉시 교환해 드립니다.
ISBN 978-89-934-93-1  33450   값 8,000원

192페이지      삽화      24.1cm
```

001
020   ▼a9788934931 ▼g33450 : ▼c₩8000
056   ▼a470 ▼24
090   ▼a470 ▼b김54ㄱ
100 1ᛔ ▼a김선희
245 10 ▼a고래섬의 숨겨진 비밀을 찾아라 : ▼b생물탐정 / ▼d김선희 글 ; ▼e박영미 그림
260 ᛔᛔ ▼a파주 : ▼b주니어김영사, ▼c1990
300 ᛔᛔ ▼a192 p. : ▼b삽화 ; ▼c25 cm
500 ᛔᛔ ▼a감수: 나온교육연구소
490 00 ▼a탐구능력과 창의력을 키워주는 과학동화
700 1ᛔ ▼a박영미

〈그림 2-15〉 저작의 역할을 달리 하는 2종 이상의 책임표시가 있는 경우

으뜸정보원에 저작의 역할을 달리하는 2종 이상의 책임표시가 기재되어 있는 경우, 저자를 우선 기술하고 나머지는 그 정보원에 표시되어 있는 순차나 활자의 크기에 따라 구분하여 기재한다. 감수자, 교열자, 해제자(해설자), 원문기고자와 같은 부차적 역할의 책임표시는 책임표시의 맨 나중에 기재하거나 주기사항에 기재한다.

4 판사항

4.0 총칙

기술대상자료가 속한 판을 기재한다. 이를 위해 판차와 그 판의 성립에 관련된 책임표시를 포함한다. 표제와 책임표시사항만으로는 식별되지 않는 자료를 판표시를 통해 개별화하기 위한 것이다.

1) (기술요목) 기술요목과 순서는 다음과 같다.
① 판표시
② 특정판의 책임표시
③ 부차적 판표시
④ 부차적 판의 책임표시

KORMARC 기술형식

> 250 ▽▽▼a판표시 / ▼b해당 판의 저자표시

4.1 판표시

1) (기술요목) 기술요목과 순서는 다음과 같다.
① 판표시
② 특정판의 책임표시
③ 부차적 판표시
④ 부차적 판의 책임표시

2) (범위) 일반적으로 서수와 판, 또는 다른 판과의 차이를 표현한 '개정(改訂)'이나 '신(新)' 등과 같은 어구와 '판'이라는 용어를 범위로 한다.

(1) 인쇄원판은 동일하지만 특정판으로 표시된 것은 판표시의 범위에 포함한다.

    축쇄판(縮刷版)   장서판(藏書版)   호화판(豪華版)
    보급판(普及版)   신장판(新裝版)   사가판(私家版)
    School edition   Student edition   Library edition

(2) '판'(版)자가 붙은 어구이되, 다른 판과의 내용적 형태적인 변이를 가리키는 것이 아니고, 주제를 같이하는 다른 자료에 대한 그 저작의 특성을 설명하는 어구일 경우에는, 그 쓰임새(한줄쓰기, 두줄쓰기, 활자의 크기 등)를 참작하여, 표제관련정보 또는 표제의 일부로 처리한다(〈그림 2-17〉참조).

    세계아동화집 : 칼라판
    정보통신용어해설집 : 최신판

(3) 쇄차는 판표시의 범위에서 제외한다(〈그림 2-16〉참조).

3) (기술방법) 판표시는 해당 자료의 으뜸정보원에 표시되어 있는 용자 그대로 기재한다. 다만 한국토박이말의 셈수를 제외한 모든 숫자는 아라비아숫자로 통일하여 기재하며, 서양어의 일반어구는 소정의 표준약어형식으로 고쳐 기재한다.

자료상의 표시	기술상의 표시
개정증보판	개정증보판
제삼판	제3판
再版	再版
둘째판	둘째판
改正三版	改正3版
增補縮刷〈포켓판〉	增補縮刷포켓판
1965年版	1965年版
버전 2.1	버전 2.1
Second Edition	2nd ed.
Edition 18	Ed. 18
Fourth Revised Edition	4th rev. ed.
Sixth Edition Completely Revised	6th ed., completely rev.
Version 6.1	Version 6.1

(1) '판'(版 또는 이의 상등어, 예: edition)자가 기재되지 않은 판표시는 그에 대한 적절한 문자를 각괄호 속에 보기한다.

　　신사임당의 생애와 예술 / 이은상 지음. -- 보유 수정[판]
　　國文學槪論 / 金東旭 著. -- 改正[版]
　　3. [Aufl.]

　　☞　245 10 ▾a신사임당의 생애와 예술 /▾d이은상 지음
　　　　250 b b ▾a보유 수정[판]
　　　　600 18 ▾a신사임당, ▾d1504-1551 ▾x전기

(2) 복제본의 으뜸정보원에 영인판(본) 또는 복사판(본)임을 나타내는 어구가 있을 경우, 이를 판표시로 기술한다.

　　朝鮮語學 / 朴勝彬 著. -- 複寫版
　　朝鮮民族更生의 道 / 崔鉉培 著. -- 飜刻[版]
　　Reprint ed.

(3) '增補', '新增', '影印' 등 판을 지칭하는 어구가 표제에 포함되어 있거나 저작 역할어가 판을 나타낼 때에도 판표시를 반복하여 기술한다(〈그림 2-7〉 참조).

　　增補文獻備考 / 洪俸漢 奉命撰. -- 增補[版]
　　新增東國與地勝覽 / 孟思誠, 申穡 外 奉命撰. -- 新增[版]
　　增注秋水軒尺牘 / 許思湄 著 ; 婁世瑞 注 ; 寄虹軒 輯. -- 石版本(增注)

(4) 판표시가 언어나 문자를 달리해서 두 종 이상 있을 경우에는 본문의 언어나 문자와 일치되는 것을 채택하여 기재하고 나머지의 표시는 그의 기재를 생략한다.

(5) 판표시가 정보원에 표시되지 않은 경우라도 이전 판이나 다른 판과 현저한 차이가 있는 경우에는 판을 나타내는 적절한 어구를 각괄호로 묶어 판표시를 한다.

　　[訂正版]
　　[New ed.]

(6) 쇄차표시는 원칙적으로 기재하지 아니한다. 그러나 쇄차를 밝힐 필요가 있을 경우에는 이를 기재하되, 판표시가 있으면, 그 다음에 이어서 기재한다. 동서에서, 표시되

어 있는 '版'자가 실제로는 '刷'의 뜻을 지니고 있을 경우에는 이를 판표시로 기재한 다음 '실은'이라는 어구를 앞세워 각괄호 속에 보기한다.

    5판 [실은 5쇄]   →   250 ▶▶ ▼a5판 [실은 5쇄]
    增補改正14版 [실은 14刷]
    4th ed., [3rd impr.]   →   250 ▶▶ ▼a4th ed., [3rd impr.]
    제2판, 제5쇄

(7) 종합표제가 없는 합집의 표제면에 열기된 저작중의 하나 이상에 그 저작에 대한 판표시가 있는 것은, 이를 판사항에 기재하지 않고 주기사항에 기재한다.

    Le western / textes rassemblés et présentés par Henri Agel. Evolution et renouveau du western (1967-1968) / par Jean A. Gili
    주기 → Le western의 판은 'Nouv. éd.'임

> ☞   245 11 ▼a(Le) western / ▼dtextes rassemblés et présentés par Henri Agel. ▼aEvolution et renouveau du western (1967-1968) / ▼dpar Jean A. Gili
>   500 ▶▶ ▼aLe western의 판은 'Nouv. éd.'임

(8) 특수한 포맷이나 형태를 표현하는 판표시가 있는 것은 이를 판표시로 기술한다.

축쇄판	대활자판	포켓판
Airmail ed.	Library ed.	Microform ed.

(9) 특정 언어 및 지역에 의한 판표시가 있는 것은 이를 판표시로 기술한다.

중국어판	서울판	북미판
English ed.	Éd. française	Korean version

4.2 특정판의 책임표시

1) (범위) 기술대상자료의 특정 판에 관련된 저작자 등을 그 범위로 한다.

2) (기술방법) 특정 판의 책임표시는 판표시 다음에 기재한다. 기술방법은 2.6에 따른다.

日本十進分類法 / もり きよし 原編. -- 新訂8版 / 日本圖書館協會
　　分類委員會 改訂

Economic history of England : a study in social development / by H.O.
　　Meredith. -- 5th ed. / by C. Eillis

The well-beloved : a sketch of a temperament / Thomas Hardy. -- New
　　Wessex ed. / introduction by J. Hillis Miller ; notes by Edward
　　Mendelson

```
☞  245 10 ▼a日本十進分類法 / ▼dもり きよし 原編
    250 bb ▼a新訂8版 / ▼b日本圖書館協會 分類委員會 改訂
```

특정판(해당판)에 관련된 책임표시가 복수의 언어 또는 문자로 쓰여 있을 경우에는 본문의 언어나 문자와 일치되는 것을 채택하여 기재하고 나머지 책임표시는 그의 기재를 생략한다.

4.3 부차적 판표시

1) (범위) 계층구조를 지닌 판표시(예: 특정 판의 부차적 판)에서 상위판의 한 판이거나 별도의 명칭을 지닌 부차적 판을 개별화하기 위한 것이다. 특정판의 판표시를 유지하면서 또 다른 명칭의 부차적인 종류의 판표시를 범위로 한다.

2) (기술방법) 부차적 판표시는 으뜸정보원에 표시된 형식 그대로 기재한다. 기술방법은 판의 기술방법에 따른다.

　　The pocket Oxford dictionary of current English / compiled by F.G.
　　　　Fowler & H.W. Fowler. -- 4th ed. / revised by H.G. Le Mesurier
　　　　and E. McIntosh, Repr. with corrections
　　4th ed., Roads rev.
　　9th ed., Repr. with summary of the 1961 census and suppl. of additional
　　　　names and amendments

4.4 부차적 판의 책임표시

1) (범위) 부차적 판에 관련된 저작자 등을 그 범위로 한다.
2) (기술방법) 앞절에서 언급한 3.6(책임표시)에 준하여 부차적 판표시 다음에 기재한다.

> The elements of style / by William Strunk, Jr. -- Rev. ed. / with revisions, an introduction, and a chapter on writing by E.B. White, 2nd ed. / with the assistance of Eleanor Gould Packard

☞ 245 11 ▼a(The) elements of style / ▼dby William Strunk, Jr.
  250 ▭▭ ▼aRev. ed. / ▼bwith revisions, an introduction, and a chapter on writing by E.B. White, 2nd ed. / with the assistance of Eleanor Gould Packard

원가관리회계

1977년 3월 15일 초판인쇄
1977년 3월 20일 초판발행
1980년 8월 20일 개정판 발행
1985년 2월 20일 개정판 2쇄 발행
1995년 7월 25일 개정증보판 발행
1997년 2월 20일 개정증보판 2쇄 발행
1999년 8월 20일 개정증보판 3쇄 발행

저 자: 심재설 · 김원기 · 박주원
발행인: 전두표
발행처: 도서출판 두남
　　　　 서울특별시 강동구 성내1동 455-12

값 19,000원
ISBN 978-89-8558-963-5 93590

557페이지　　삽화　　22.4cm

```
001
020     ▼a9788985589635▼g93590 : ▼c₩19000
056     ▼a574▼24
090     ▼a574▼b심73○2
100  1▶ ▼a심재설
245  10 ▼a원가관리회계 / ▼d심재설,▼e김원기,▼e박주원 공저
250  ▶▶ ▼a개정증보판
260  ▶▶ ▼a서울 : ▼b두남,▼c1995
300  ▶▶ ▼a557 p. : ▼b삽화 ; ▼c23 cm
490  00 ▼a회계학 총서
700  1▶ ▼a김원기
700  1▶ ▼a박주원
```

〈그림 2-16〉 판과 쇄의 구분

　쇄차는 판표시의 범위에서 제외하고 있다. 즉, 판과 쇄가 함께 기술되어 있을 경우 일반적으로 판의 연도를 260 필드에 기술하며, 판사항은 250 필드에 기술한다. 위의 예문은 판권기에서 "1995년 7월 25일 개정증보판 발행"이 기술의 근거가 되었다.

컬러판 약초한방대백과

2007년 1월 15일 초판인쇄
2007년 1월 20일 초판발행

편　자: 한국성인병예방연구회
발행처: 아이템북스
　　　　서울특별시 중구 중앙동 45-2

[정가 26,000원]
ISBN 978-89-9056-678-2

635페이지　22.2cm
컬러그림이 많이 수록되어 있음

```
001
020        ▼a9788990566782 : ▼c₩26000
056        ▼a519.8 ▼b24
090        ▼a519.8 ▼b한16ㅇ
245 00 ▼a약초한방대백과 : ▼b컬러판 / ▼d한국성인병예방연구회 편
260  bb ▼a서울 : ▼b아이템북스, ▼c2007
300 bb ▼a635 p. : ▼b천연색삽화 ; ▼c23 cm
710 bb ▼a한국성인병예방연구회
```

〈그림 2-17〉 판표시와 유사한 어구가 있는 경우

　표제 앞에 판(版)자가 붙은 어구이되, 다른 판과의 내용적 형태적인 변이를 가리키는 것이 아니고, 주제를 같이하는 다른 자료에 대한 그 저작의 특성을 설명하는 어구일 때는 표제관련정보 또는 표제의 일부로 간주한다.

5 자료특성사항

5.0 총칙

특정 자료의 간행상의 특성이나 기타 특이한 사항을 기재한다.

5.1 범위

단행본, 고서 및 고문서, 화상 및 영상자료를 제외한 자료에서 다음과 같은 사항을 자료특성사항으로 한다.

- 지도자료　　　　축척 및 좌표에 관한 사항
　　　　　　　　　(KORMARC 형식: 255 필드)
- 악보　　　　　　악보의 종류에 관한 사항
　　　　　　　　　(KORMARC 형식: 254 필드)
- 전자자료　　　　자료내용 및 크기사항
　　　　　　　　　(KORMARC 형식: 256 필드)
- 마이크로자료　　자료유형별 특성
　　　　　　　　　(KORMARC 형식: 자료유형에 따라 다름)
- 연속간행물　　　권호차, 연월차에 관한 사항
　　　　　　　　　(KORMARC 형식: 362 필드)
- 입체자료　　　　축소 및 확대비율에 관한 사항
　　　　　　　　　(KORMARC 형식: 507 필드)

5.2 기술방법

자료의 특성을 기술하는 방법은 해당 자료의 장에서 별도로 규정한다.

5.3 복수의 특성

특정 자료가 복수의 특성을 지닌 경우, 자료유형의 기술에 따라 대응되는 사항을 기술한다.

6 발행사항

6.0 총칙

기술대상자료의 발행이나 출판, 공개, 배포, 발매 등 좁은 의미의 출판과 관련된 사항과, 제작이나 인쇄 등에 관한 사항을 기재한다. 즉 자료로서의 성립배경이나 판의 고유한 식별, 입수가능성, 자료의 제작과 관련된 사항을 포함한다.

1) (기술요목) 기술요목과 순서는 다음과 같다.
① 발행지, 배포지
② 발행처, 배포처
③ 발행년, 배포년
④ 제작사항

KORMARC 기술형식

260 ▭▭ ▾a발행지 : ▾b발행처, ▾c발행년

2) (복제본) 복제본은 해당 자료의 발행사항을 기술하고, 원본의 발행사항은 주기한다 (9.3의 7) 참조.

6.1 발행지, 배포지

1) (범위) 자료에 기재된 발행처의 소재지명을 그 범위로 한다.
2) (기술방법) 자료에 표시된 발행처의 소재지명을 자료에 기재된 형식 그대로 기술한다.
 (1) 발행지명은 그 자료에 쓰여진 문자나 철자나 문법적 격이나 활용형 그대로 기재하고, 식별상 필요한 경우에는 현재 통용되는 다른 이름을 각괄호로 묶어 보기한다.

漢城
京城
황셩[서울]
Köln
Lerpwl [Liverpool]
Christiania [Oslo]
Rio [de Janeiro]

(2) 시의 경우는 행정구역의 단위명칭(예: '시', '광역시', '특별시' 등)을 제외하고, 그 밖의 경우(예: '邑', '郡', '道' 등)는 단위명칭을 포함하여 기술한다.

서울
大邱
論山邑
梁山郡

(3) 이름이 잘 알려져 있지 않은 발행지명은 필요에 따라 시·읍·군 단위 이하의 주소도 적어 준다. 이때 그 주소는 그 쓰여진 말의 어순에 따라 적되 으뜸전거에서 취택된 것일 경우에는 원괄호로, 그 밖의 경우에는 각괄호로 묶어 표시한다.

梁山郡(下北面芝山里)
서울(中區墨井洞 18-27)
London [37 Pond Street, N.W.3]

(4) 동명이지를 구분하거나, 식별상 필요한 경우에는, 그보다 상위단위의 도명이나 국명을 그 지명 다음에 부기한다. 이때 부기되는 지명을 동서는 원괄호로 묶어 기재하고 양서는 쉼표를 앞세워 기재한다.

慶州(中國)
고성군(강원도)
定州郡(平北)
Cambridge, Mass.

(5) 하나의 발행처에 둘 이상의 발행지명이 표시된 경우에는, 중요하게 기재되었거나 맨 처음에 표시된 발행지명을 기재한다. 외국지명이 먼저 기재되어 있고 우리 나라의 지명이 그 다음에 기재된 것은 첫 번째 발행지에 이어 우리 나라의 지명을 병기한

다. 이밖에 복수의 상이한 언어로 기재된 발행지명은 본문의 언어와 일치하는 발행지를 기재한다.

    서울
      (발행지가 서울, 대구의 순으로 열기되어 있는 경우)
    大邱
      (발행지가 大邱, 서울의 순으로 열기되어 있는 경우)
    東京 ; 釜山
      (발행지가 東京, 釜山의 순으로 열기되어 있는 경우)
    Paris
      (발행지가 Paris, New York의 순으로 열기되어 있는 경우)

(6) 발행지불명의 자료에 배포지가 기재된 경우에는 배포지를 발행지 대신 기재할 수 있다. 발행지와 배포지가 모두 표시되어 있는 경우에는 원칙적으로 발행지만 기재한다.

(7) 발행지가 표시되지 않은 경우에는 추정되는 지명을 각괄호로 묶어 보기하고, 그 추정된 발행지가 불확실한 것일 경우에는 그 지명에 물음표(?)를 덧붙여서 이를 각괄호로 묶어 기재한다.

    [大邱]
    [서울?]
    [Amsterdam]
    [Hamburg?]

(8) 발행지명은 확인할 수 없으나, 그보다 상위단위의 도명이나 국명을 추정할 수 있는 경우에는 그 도명이나 국명을 발행지로 기재한다.

    [日本]
    [경기도]
    [Canada]

(9) 도명이나 국명마저도 추정하기 어려운 것은, '발행지불명'이나 '發行地不明' 또는 'S.l.'을 각괄호로 묶어 기재한다.

    [발행지불명]
      (발행처명이나 표제저작사항이 한글표기의 경우)

[發行地不明]
　　(발행처명이나 표제저작사항이 漢字표기의 경우)
[S.l.]
　　(양서의 경우)

(10) 복제본의 발행지는 복제처의 소재지명을 기술한다.

(11) 미간행자료 [필사자료, 원화, 입체자료(실물 포함), 미간행 필름이나 영상자료(영화나 비디오), 미간행 녹음자료, 미간행 전자자료, 미간행 악보, 미간행 마이크로자료 등]에서는 제작사항을 적용한다.

6.2 발행처, 배포처

1) (범위) 기술대상자료의 출판과 배포, 공개, 발행의 책임을 진 개인이나 단체를 그 범위로 한다.

2) (기술방법) 해당 자료에 표시되어 있는 발행처명 그대로 발행지명 다음에 기재한다. 발행처명이 약칭 또는 축약형으로 쓰인 것은 식별상 모호성이 없는 한 그대로 기재한다.

　　대전 : 한국자원연구소
　　서울 : 中央地圖文化社
　　Washington, D.C. : National Geographic Society
　　[London] : Royal Geographical Society ; Lympne Castle, Kent : H. Margary

(1) 발행처명의 앞이나 뒤에 있는 다음과 같은 어구는 식별상 모호성이 없는 한 빼고 기재한다.

① 발행처명의 앞에 붙어 있는 법인형태 또는 업종명 등을 가리키는 말

　　한국도서관협회
　　　(자료에는: 사단법인 한국도서관협회)
　　學園社
　　　(자료에는: 株式會社 學園社)

青藍
　　(자료에는: 도서출판 青藍)

② 서양어로 발행처명의 뒷부분의 어구 중 'Incorporated', 'Limited' 등의 법인형태를 가리키는 말과, 'and Company', 'and Son' 등의 어구는 그 기재를 생략한다.

(2) 복수의 발행처가 기재된 경우에는 중요하게 표시되었거나 맨 처음 기재된 발행처명을 기재함을 원칙으로 한다. 둘 이상의 언어로 표시된 발행처명은 본문의 언어와 일치하는 발행처명을 기재한다(〈그림 2-18〉 참조).

　　London : W.H. Allen
　　　(자료에는: W.H. Allen과 Macmillan의 두 발행처명이 표시되어 있음)
　　London : Benn
　　　(자료에는: London의 Benn사와 Chicago의 Rand McNally사의 순서대로 표시되어 있음)

(3) 발행처명이 표제와 책임표시사항에 포함된 경우에도 발행처명을 반복해서 기재한다 (〈그림 2-19〉 참조).

　　연세대학교대학원요람 / 연세대학교 대학원 편집. -- 서울 : 연세대학교 대학원, 1982

　　　☞　245 10 ▼a연세대학교대학원요람 / ▼d연세대학교 대학원 편집
　　　　　260 bb ▼a서울 : ▼b연세대학교 대학원, ▼c1982

　　尙雲姜周鎭博士華甲紀念論文集 / 尙雲姜周鎭博士華甲紀念論文集刊行委員會.
　　　-- 서울 : 尙雲姜周鎭博士華甲紀念論文集刊行委員會, 1980

　　The wonder of new life / Cleveland Health Museum. -- Cleveland : Cleveland Health Museum, 1971

　　Health today / issued by the World Health Organisation. -- Geneva ; London : World Health Organisation, 1970

　　Even the waitresses were poets / Daisy Warren. -- Iowa City : D. Warren, 1971

(4) 발행처의 하위 지회나 연구회에서 발행된 자료에서는 그 하위지회나 연구회를 발행처로 기재한다.

　　한국교육학회 교육철학연구회
　　한글학회 부산지회

(5) 배포지와 배포처, 보급지와 보급처, 인쇄지와 인쇄처는 원칙적으로 기재하지 아니한다. 그러나 발행지와 발행처를 대체하거나 중요하다고 인정되는 경우에는 이를 기재하고, 그 역할어인 '배포', '보급', '인쇄' 등을 부기한다. 발행처의 역할어 중 '발행', '출판', '간행', '인쇄' 'published by' 등의 어구는 '배포', '보급', '인쇄' 등 그의 기능을 달리하는 것과 짝을 이룰 때만 기재하고 그 밖의 경우는 그의 기재를 생략한다.

    : 靑丘文化社
      (자료에는: 靑丘文化社刊行)
    : 正音社
      (자료에는: 正音社版)
    : 국사편찬위원회 발행 : 탐구당 번각반포
    釜山 : 東亞大學校 出版部 발행 ; 서울 : 太學社 [普及]
    Geneva : WHO ; London : distributed by H.M.S.O.
    London : Macmillan : Educational Service [distributor]

(6) 양서에서 발행처의 표시가 준문장 형식으로 표현되어 있을 경우에는, "Published by"로 시작되는 것만 제외하고, 있는 그대로 기술한다.

    : published for the Royal Asiatic society Korea Branch by Seoul Computer Press
    : distributed by New York Graphic Society
    : printed for the CLA by the Morris Print. Co.
    : Allen & Unwin
      (해당 자료에는: Published by Allen & Unwin)

(7) 발행처명이 불명인 경우 '발행처불명' 또는 '發行處不明'이나 's.n.'을 각괄호([ ])로 묶어 기재한다.

    서울 : [발행처불명]
    Paris : [s.n.]
    [발행지불명 : 발행처불명]
    [S.l. : s.n.]

(8) 발행지나 발행처를 배포지나 배포처로 대체하여 기술하는 경우, [배포]와 같은 역할어를 보기한다. 이러한 어구가 배포처명과 결합되어 있는 경우에는 기재된 형식 그

대로 기술하고, 기재되어 있지 않은 경우에는 간결한 어구를 보기한다.

    London : Constable [distributor]

(9) 복제본에서는 복제처를 발행처로 기술한다.

(10) 미간행자료[필사자료, 원화, 입체자료(실물 포함), 미간행 필름이나 영상자료(영화나 비디오), 미간행 녹음자료, 미간행 전자자료, 미간행 악보, 미간행 마이크로자료 등]에서는 제작사항을 적용한다.

6.3 발행년, 배포년

1) (범위) 기술대상자료의 발행년(인쇄년 포함)이나 배포년을 범위로 한다.

2) (기술방법) 발행년은 기술대상자료에 기재된 최신 기년을 연단위로 하여 아라비아 숫자로 기재하되, 그 기재순서는 발행년(인쇄년), 배포년순으로 한다. 그 밖의 연도는 필요에 따라 부기할 수 있다. 이때 서력기년이 아닌 기년도 그대로 기재하고 이 기년을 서력으로 환산한 햇수를 발행년 다음의 각괄호 속에 기재하되, '年'이란 날짜의 단위어와 서기의 연호는 그의 기재를 생략하고 그 밖의 연호는 있는 그대로 기재한다.

    , 1962
       (자료에는: 西紀 一九六二年十一月十一發行)
    , 1915 (대정4)
       (자료에는: 구쥬강싱 '일천구빅십오년류월'과 '대정ᄉ년류월'이 나란히 병기되어 있음)
    , 檀紀4289 [1956]
       (자료에는: 檀紀四二八九年二月二八日發行)
    , 英祖 43 [1767]
    , 4290 [1957]
       (자료에는: 4290年 6月 10日 初版發行)
    , 5730 [1969 or 1970]
    , anno 18 [1939]
       (자료에는: anno XVIII)
    , 1990 (1994쇄)

(1) 자료에 표시된 발행년이 분명히 잘못 표시된 경우에는 그것을 있는 그대로 옮겨 적고 그의 옳은 것을 각괄호로 묶어 그 다음에 부기한다.

, 1892 [실은 1982]
, 1697 [i.e. 1967]

(2) 발행년이 배포년과 다를 경우에는 필요에 따라 그 배포년을 발행년 다음에 부기한다.

서울 : KBS영상사업단, 1994, 1995 [배포]
London : Macmillan, 1971 [distributed 1973]

(3) 발행년과 배포년이 다르고 발행처와 배포처도 서로 다를 경우에는 그 햇수를 각각 발행처와 배포처에 짝지워 기재한다.

London : Educational Records, 1973 ; New York : Edcorp [distributor], 1975
Toronto : Royal Ontario Museum, 1971 ; Beckenham [Kent] : Edward Patterson [distributor]

(4) 발행처와 배포처는 다른데 발행년과 배포년이 같을 경우에는 그 햇수를 발행처와 배포처를 다 기재한 다음 기재한다.

New York : American Broadcasting Co. [production company] : Released by Xerox Films, 1973

(5) 복수의 기년이 병기되어 있는 것으로 그 중에 서기를 포함하고 있는 것은 서력기년을 채기하고 나머지 것은 필요에 따라 원괄호로 묶어 부기하며, 양자 또는 모두 중에 서기를 포함하고 있지 않은 것은 그 자료에 쓰여진 최초의 것만 채기하고, 나머지 것은 그의 기재를 생략한다.

, 1970 (昭和45)
, 단기4290 [1957]

(6) 다권본에서 권책에 따라 발행년이 다른 것은 그 발행기간의 햇수 사이를 짧은 붙임표(-)로 연결하여 기재한다.

, 단기4290 [1957]-4294 [1961]
, 1947-1957

(7) 판권년을 기술할 경우에는 그 햇수 앞에 'c'자를 관기하여 기재하며, 발행년과 판권

년이 다른 경우에는 발행년을 먼저 적고, 그 다음에 판권년을 기재한다.

, c1981
, 1987, c1986

(8) 발행년이 2년 이상 걸치는 경우에는 최초 발행년과 최종 발행년을 짧은 붙임표(-)로 연결하여 기재하고, 간행 중인 자료는 최초 발행년만을 기재하고 짧은 붙임표를 친 다음 숫자 넉자를 채울 공간을 비워둔다.

, 1981-
, 昭和56 [1981]-

(9) 발행년(인쇄년) 또는 판권년의 표시가 없는 것은 서문·발문·후기 등에 표시된 날짜(년)를 기재하되, 동서는 날짜 뒤에 '序', '跋', '後記' 등이라 부기하고, 양서는 날짜 앞에 이의 상등어구(예: pref., introd., 등)를 관기한다.

, 1980 序
, 1981 跋
, pref. 1980
, introd. 1981

(10) 발행년(인쇄년)과 판권년, 서·발·후기 등의 날짜 표시도 없는 것은 본문 또는 참고문헌에서 추정되는 발행년을 각괄호로 묶어 기재한다.

기 술	추정의 상황
, [1981]	그 해가 확실하다고 볼 때
, [1980 혹은 1981]	그 해나 그 다음 해가 확실하다고 볼 때
, [1980 or 1981]	그 해나 그 다음 해가 확실하다고 볼 때(양서)
, [1979?]	추정되는 해
, [1965-1972사이]	그 년간의 해라고 볼 때
, [between 1965 and 1972]	그 년간의 해라고 볼 때(양서)
, [1979경]	대강 짐작되는 해
, [ca. 1979]	대강 짐작되는 해(양서)
, [197-]	그 십년대의 어느해가 확실하다고 볼 때
, [197-?]	그 십년대의 어느 해로 추정할 때
, [18--]	그 세기의 어느 해가 확실하다고 볼 때
, [18--?]	그 세기의 어느 해로 추정할 때

(11) 복제본에서는 복제년도를 발행년으로 기술한다.

(12) 미간행자료[필사자료, 원화, 입체자료(실물 포함), 미간행 필름이나 영상자료(영화나 비디오), 미간행 녹음자료, 미간행 전자자료, 미간행 악보, 미간행 마이크로자료 등]에서는 제작사항을 적용한다.

6.4 제작사항

1) (범위) 기술대상자료가 미간행자료이거나 발행사항이 불명인 자료, 그리고 제작에 관한 정보가 중요하다고 판단되는 자료에 적용하며, 제작사항에는 제작지와 제작처, 제작년(녹화일자나 녹음일자)을 포함한다.

2) (기술방법)
(1) 미간행자료의 경우에는 제작지와 제작처, 제작년의 순으로 기재하되, 제작처 다음에 '제작'이라는 어구를 각괄호로 묶어 부기한다.

(2) 발행년불명인 경우 제작년을 기재하고, '제작'이라는 어구를 부기한 다음, 필요할 경우 제작지, 제작처를 원괄호로 묶어 기술할 수 있다.

, 1963 製作 (東京 : 鹿島硏究所出版會)

(3) 제작사항이 발행사항과 서로 다르고 서지 기술상 중요한 요소로 판단될 경우에는 이를 발행사항 다음 원괄호로 묶어 기술할 수 있다.

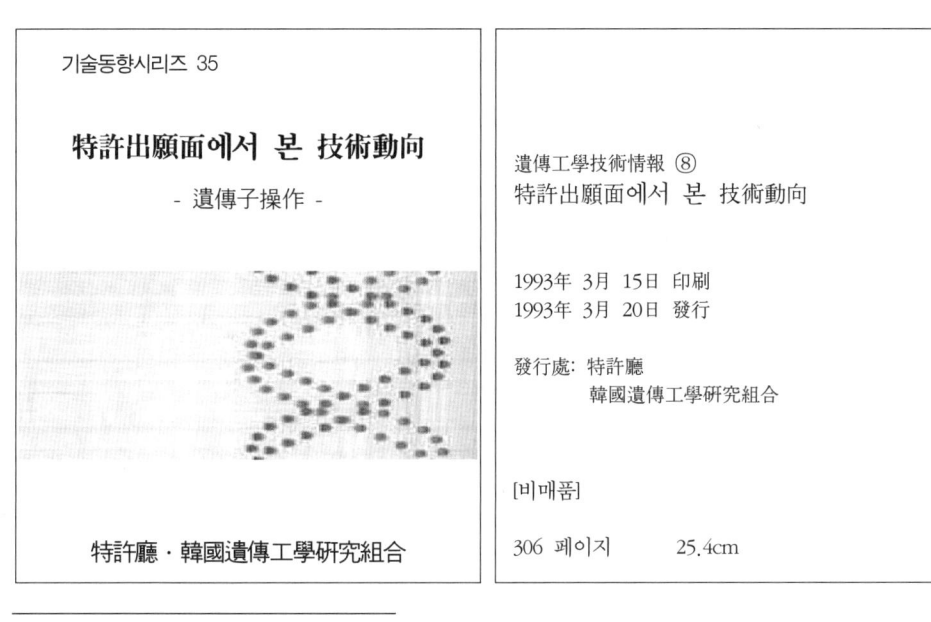

```
001
020        ▼c비매품
056        ▼a476.1▼24
090        ▼a476.1▼b특94ㅌ
110  ㅂㅂ  ▼a특허청
245  10   ▼a特許出願面에서 본 技術動向 :▼b遺傳子操作 /▼d特許廳,▼e韓國遺傳工學硏究組合
          [공저]
260  ㅂㅂ  ▼a서울 :▼b特許廳,▼c1983
300  ㅂㅂ  ▼a306 p. ;▼c26 cm
490  10   ▼a遺傳工學技術情報 ;▼v8
490  10   ▼a기술동향시리즈 ;▼v35
710  ㅂㅂ  ▼a한국유전자공학연구조합
830  ㅂ0  ▼a遺傳工學技術情報 ;▼v8
830  ㅂ0  ▼a기술동향시리즈 ;▼v35
```

〈그림 2-18〉 발행처가 2곳 이상인 경우

위의 예시와 같이 발행처가 2곳 이상 기재되어 있는 경우에는 중요하게 표시되었거나 맨 처음 기재된 발행처명을 기재함을 원칙으로 한다. 그리고 하나의 발행처에 2개 이상의 발행지명이 표시된 경우, 중요하게 기재되었거나 맨 처음에 표시된 발행지명을 기재한다.

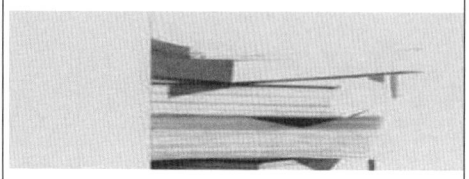

```
001
020         ▼c비매품
049         ▼f기
056         ▼a020.4 ▼24
090         ▼a020.4 ▼b여64
245 00  ▼a如然 金孝貞博士 華甲紀念論文集 /▼d如然金孝貞博士華甲紀念論文集編纂委員會 [편]
260 bb  ▼a서울 :▼b如然金孝貞博士華甲紀念論文集編纂委員會,▼c1997
300 bb  ▼a도판 4장, xvi, 608 p. ;▼c23 cm
600 14  ▼a김효정▼x기념논문집
```

〈그림 2-19〉 발행처명이 표제와 책임표시사항에 포함된 경우

발행처명이 표제와 책임표시사항에 포함된 경우에도 발행처명을 반복해서 기재한다. 즉, 위의 예시와 같이 발행처명이 책임표시와 동일하면서 다소 길더라도 반복해서 기재한다.

개인기념논집의 경우는 표제기본표목으로 목록레코드를 작성하며, 피기념자는 600 필드에 주제부출표목으로 작성한다.

7 형태사항

7.0 총칙

자료 자체를 보지 않고도 해당 자료의 형태와 딸림자료의 수량을 파악할 수 있고, 이밖에 자료관리와 보존에 필요한 사항을 제시하기 위한 것이다.

1) (기술요목) 기술요목과 순서는 다음과 같다.
① 특정자료종별과 자료의 수량
② 삽화표시
③ 크기
④ 딸림자료

KORMARC 기술형식

300 ▭▭ ▼a특정자료종별과 자료의 수량 : ▼b삽화표시 ; ▼c크기 + ▼e딸림자료

7.1 특정자료종별과 자료의 수량

1) (범위) 단행본에 대해서는 특정자료종별표시를 하지 않는다. 한 책으로 완결된 단권본에서는 쪽수나 장수를 기재하고, 두 책 이상으로 이루어진 다권본에서는 권책수를 기재함을 원칙으로 한다.

2) (기술방법)
(1) 단권본
쪽수나 장수는 그 도서의 마지막 쪽수나 장수를 아라비아 숫자로 통일하여 기재한다. 다만 구별을 위해서 쓰여진 로마숫자는 그대로 기재한다.

155 p.
xvi, 139 p.

(a) 쪽수나 장수 매김의 단위명칭은 다음과 같이 표시한다.

① 각 장의 양쪽 면에 순차가 매겨져 있는 도서는 그 순차의 명칭을 'p.'로 표시한다. 다만 동서의 경우는 'p.' 대신 '쪽'이나 '면'으로 표시할 수 있다. 만약 한쪽 면에만 인쇄된 도서인 경우에는 이 사실을 주기사항에 적어준다.

280 p.
    주기 → 단면인쇄임
    주기 → Versos of leaves blank

② 각 장의 한쪽 면 또는 접음매 부분에만 순차가 매겨져 있는 도서는 '장' 또는 'leaves'로 표시한다.

419장
450 leaves

③ 한 면이 두 단(column) 이상으로 되어 있고 그 순차가 면 대신 단으로 매겨져 있는 도서는 '단' 또는 'columns'로 기재하고 해당 쪽수를 각괄호로 묶어 부기한다.

765단[255 p.]
640 columns[320 p.]

④ 쪽(면), 장 또는 단을 단위로 기재한 도서의 지면이 동장본과 같이 겹장으로 되어 있을 경우에는 필요에 따라 '겹장' 또는 'double leaves'란 말을 원괄호로 묶어 쪽수나 장수 다음에 부기한다.

250장(겹장)
175 p. (겹장)

⑤ 첩장본, 폴더(folder) 또는 선풍엽본은 그 면이나 장을 단위로 기재하고, 그 뒤에 '첩장본' 또는 '선풍엽본'이란 말을 부기한다.

24 p. (첩장본)
45장(선풍엽본)
6 p. (folder)

⑥ 권자본은 '권'을 단위로 기재하되 '권'자 다음에 '권자본'이란 말을 원괄호로 묶어 부기하며, 축이 있는 권자본은 '권' 대신 '축'을 단위로 기재한다. 양서의 경우는 어느 경우이고 'roll(s)'로 기재한다.

    1권(권자본)
    1 roll

⑦ 낱장물은 '매'(枚)를 단위로 기재하고 '낱장물'이란 말을 원괄호로 묶어 부기하며, 양서는 'sheet'란 말을 단위로 기재한다.

    1매(낱장물)
    1 sheet

⑧ 그 밖의 형태의 자료는 그 형태의 명칭을 그대로 단위로 삼아 기재한다.

    1 broadside
    1 portfolio
    cf. broadside: 한 면만 인쇄한 대판지(大版紙). 'broadsheet'라고도 함.
        portfolio: 화집 또는 화첩.

⑨ 제본되지 않은 케이스나 질갑 또는 봉투들이의 도서는 쪽수나 장수 다음에 '케이스들이', '질갑들이' 또는 '봉투들이'란 말을 원괄호로 묶어 부기한다.

    120장(케이스들이)
    250 p. (봉투들이)

(b) 매겨진 쪽수나 장수의 마지막 순차가 오기된 것은 있는 그대로 기재하고 바로잡은 쪽수나 장수를 각괄호로 묶어 부기한다.

    504 p. [실은 540 p.]
    504 p. [i.e. 540 p.]

(c) 쪽수나 장수 매김이 둘 내지 셋으로 구분되어 있는 것은 그 놓여진 순서에 따라 각 덩어리의 쪽수나 장수를 쉼표로 구분하여 기재하되, 4종 이상으로 쪽수나 장수 매김이 복잡한 도서는 모든 쪽수와 장수를 합산하여 그 합계를 기재하고, '쪽수복잡' 또는 'various pagings'란 말을 원괄호로 묶어 부기한다(〈그림 2-20〉 참조).

lx, 164 p.
　　　116, 1852, 128 p.
　　　14장, 350 p.
　　　15 leaves, 329 p.
　　　329 p. 52 columns[26 p.]
　　　1000 p. (쪽수복잡)
　　　1000 p. (various pagings)

다만 그 중의 주된 쪽수나 장수 매김이 분명할 경우에는 놓여진 순서와 관계없이 그 덩어리의 것을 먼저 적고 나머지 쪽수나 장수의 합계를 각괄호로 묶어 뒤에 적는다.

　　　400, [98] p.

네 덩어리 이상의 복잡한 쪽수나 장수를 '1책(쪽수복잡)' 또는 '1 v. (various pagings)' 식으로 기재할 수 있다.

(d) 가제식도서는 그의 책수를 기재하고, '가제식' 또는 'loose-leaf'란 말을 원괄호로 묶어 부기한다.

　　　1책(가제식)
　　　1 v. (loose-leaf)
　　　2책(가제식)
　　　2 v. (loose-leaf)

(e) 쪽수나 장수 매김이 로마 숫자와 아라비아 숫자로 구분되어 있는 것으로, 아라비아 숫자의 쪽수나 장수 속에 로마숫자의 것이 이미 가산되어 있을 경우에는 로마숫자의 쪽수는 기재하지 아니한다.

　　　176 p.
　　　(실제의 쪽수매김은: i-xii, 13-176)

(f) 어떤 도서의 일부분(다권본 중의 한 책, 또는 별쇄 등)임을 가리키는 쪽수나 장수 매김은 그 맨 처음과 맨 끝의 쪽수나 장수를 붙임표로 연결하여 기재한다. 이때 '쪽', '장' 등의 단위어는 숫자 앞에 기재한다.

p. 518-598
장 71-157
leaves 81-149

(g) 도서 자체의 쪽수나 장수 매김과 더불어 그보다 포괄적인 저작의 통면장수(通面張數)의 매김도 있을 경우에는 독립된 쪽수나 장수를 기재하고 통면장수 매김은 주기사항에 기재한다.

58 p.
주기 → 통면장수매김은: 133-190
81 p.
주기 → Pages also numbered 321-401

(h) 좌우 양면에 동일한 쪽수 매김이 중복해서 매겨진 것은, 이를 두 종의 쪽수 매김으로 간주하여 양쪽의 쪽수 매김을 각각 기재하고, 주기사항에 이 사실을 설명해 준다.

xv, 54, 54 p.
주기 → 좌우양면이 동일 쪽수 매김임
xii, 35, 35 p.
주기 → Opposite pages bear duplicate numbering

☞ 300 ▶▶▼axv, 54, 54 p.
500 ▶▶▼a좌우양면이 동일 쪽수 매김임

(i) 반대되는 방향에서 중간으로 향해 서로 쪽수나 장수 매김이 되어 있는 것은 기술의 정보원으로 선택된 표제면의 방향을 기준으로 잡아, 놓여진 순서로 각 덩어리의 쪽수나 장수를 기재한다.

ix, 155, 127, x p.

(j) 일부 지면만 쪽수나 장수 매김이 없는 도서로 그 부분이 해당 도서의 체제상 중요한 부분이 아닐 경우에는 이를 무시하고, 중요하다고 인정되는 것일 경우에는 그 쪽수나 장수를 세어서 그것을 각괄호로 묶어 기재한다. 세기에 너무 많다고 여겨지는 것은 대충 헤아린 쪽수나 장수를 '약' 또는 'ca.'를 앞세워 기재한다.

　　　　55, [45]장
　　　　33, [31] leaves
　　　　[81], 155 p.
　　　　10, 약 400, 50 p.
　　　　9, ca. 500, 70 p.

(k) 쪽수나 장수 매김이 전혀 없는 도서는 전체의 쪽수나 장수를 세어서 그 총계를 각괄호로 묶어 기재한다. 세기에 너무 많다고 여겨지는 것은 대충 헤아린 쪽수나 장수를 '약' 또는 'ca.'를 앞세워 기재한다.

　　　　[97] p.
　　　　[85]장
　　　　[55] leaves
　　　　약 500 p.
　　　　ca. 400 leaves

(l) 낙장본은 완전본과 똑같이 취급하여 쪽수나 장수를 기재하고, 완전본의 쪽수나 장수 매김이 불명할 때에는 '254 + p.'식으로 기재한다. 어느 경우이든 주기사항에 낙장 사실을 설명한다.

　　　　254 + p.
　　　주기 → 소장본은 p. 254 이후 낙장

　　☞　300 ▶▶ ▼a254 + p.
　　　　500 ▶▶ ▼a소장본은 p. 254 이후 낙장

(m) 본문 쪽수나 장수의 일련번호 매김 속에 포함되어 있지 않은 도판의 쪽수나 장수는 본문의 쪽수나 장수를 다 기재한 다음에, '도판'이란 말을 앞세워 그의 쪽수나 장수를 기재하거나 도판의 쪽수나 장수를 기재한 뒤에 'of plates'란 말을 덧붙인다.

　　　　246 p., 도판 32 p.
　　　　246 p., 32 p. of plates
　　　　xvi, 249 p., 도판 12장
　　　　xvi, 249 p., 12 leaves of plates
　　　　[16] p., 도판 40장

[16] p., 40 leaves of plates
xii, 24 p., 도판 212, [43]장
xii, 24 p., 212, [43] leaves of plates

☞ 300 ▶▶▼axii, 24 p., 도판 212, [43]장
　 300 ▶▶▼axii, 24 p., 212, [43] leaves of plates

(n) 접은 지면이 있는 도서는, 쪽수나 장수를 기재한 다음 '접지'란 말을 원괄호로 묶어 부기하거나, 쪽수나 장수의 숫자 다음에 'folded leaves' 등 적절한 어귀를 덧붙여 기재한다.

　122장(접지)
　122 folded leaves
　230 p., 도판 25장(일부접지)
　230 p., 25 leaves of plates(some folded)
　도판 25장(접지)
　25 folded leaves of plates

　　cf. 도판(圖版, plates): 책(텍스트) 전체나 주요 부분의 면차수(面次數)의 부분을 이루지 않는 삽화물로서, 대개는 본문의 종이와 다른 종이에 인쇄되어 있다.

(2) 다권본

물리적으로 두 책 이상으로 이루어진 다권본은 쪽수나 장수 대신, 그의 권책수를 다음에 규정한 형태의 단위어를 덧붙여 아라비아 숫자로 기재한다.

　2책
　2 v.

① 서지적 권수가 물리적 책수와 다를 경우에는 '권'은 서지단위로, '책'은 물리단위로 각각 보고 이들을 연기(連記)하거나 '[서지적] v. in [물리적 수량]', '[서지적] parts in [물리적 수량]' 식으로 기재한다.

　8권 5책
　8 v. in 5
　10 parts in 3

서로 다른 단위의 형태적 차이를 나타낼 필요가 있는 것도 위와 같은 요령으로 이들을

연기(連記)한다.

    15책 5함
    15 v. in 5 cases

② 둘째 권책 이하의 면장수 매김이 앞 권책의 것을 이은 통면장수 매김일 경우에는 이 통면장수를 원괄호로 묶어 권책수 다음에 부기한다. 이때 첫째 권책을 제외한 나머지 권책의 머리지면의 면장수 매김은 기재하지 아니한다.

    2책(13, 3048 p.)
    2 v. (xxxxi, 999 p.)
    3 v. (xx, 800 p.)

③ 별법으로, 각 권책마다 개별적 면장수 매김이 되어 있는 다권본은 필요하다고 인정할 경우 각권책의 면장수를 권책수 다음에 부기해 줄 수 있다.

    2책(x, 210 ; v, 310 p.)
    2 v. (xii, 329 ; xx, 412 p.)
    5 v. ([168] p.)

    ☞ 300 ▼a2책(x, 210 ; v, 310 p.)

④ 발행도중에 있는 다권본은 그 권책의 단위어만 그 앞에 숫자 석자 들어갈 공간을 남기고, 기재한다.

    ○○○책
    ○○○v.

⑤ 간행이 중단된 다권본으로서 기 간행된 자료가 단행권이면 면장수를 기재하고, 다권본으로 간행된 경우에는 권책수를 기재한 다음, 간행이 중단되었음을 주기한다. 이때 낙권본의 경우는 '전ㅇ권ㅇ책본중 제ㅇ권결', 영본의 경우는 '전ㅇ권ㅇ본중의 영본임', 발행중단의 경우는 '전ㅇ권으로 발행예정이었으나 제ㅇ권 이하 발행 안됨', 또는 '제ㅇ권 이하는 발행 안됨', '하권은 발행 안됨', 'No more published'식으로 적절한 표현을 사용해서 그 사실을 주기한다.

7.2 삽화류표시

1) (범위) 기술대상자료의 삽화류를 그 범위로 한다.

2) (기술방법) 도서의 삽화류는, 다음 조항들에서 특별히 규정한 것을 제외하고, '삽화' 또는 'ill.'란 말로 이를 대표하여 기재한다. 이 경우 본문 내의 표(tables)는 본문의 일부로 간주하여 삽화로 취급하지 않으며, 표지나 표제면상의 삽화, 장의 첫머리나 말미의 커트(vignette) 등과 같은 미미한 삽화류는 기재하지 아니한다.

　　194 p. : 삽화
　　194 p. : ill.

(1) 견본(samples), 계보(genealogical tables), 도표(charts), 문장(紋章 : coats of arms), 사진(photographs), 설계도(plans), 악보(music), 양식(forms), 영인도판(facsimile), 지도(maps), 초상(portraits), 해도(charts)를 수록하고 있는 도서로서 이들 이외의 삽화가 함께 수록되어 있을 경우에는 '삽화' 또는 'ill.'란 말을 우선 기재한 다음 이들을 자모순으로 기재한다. 다만 이들 이외의 중요한 삽화 없이 위의 종류의 것만 있을 경우에는 '삽화', 'ill.'이라는 용어를 기재하지 않고 이들을 자모순으로 기재할 수 있다.

　　389 p. : 삽화, 지도
　　389 p. : ill., maps
　　xxiii, 895 p. : 지도, 초상
　　xxiii, 895 p. : maps, ports.

(2) 천연색 삽화류는 '천연색' 또는 'col.'이란 말을 그 종류명의 앞뒤에 적절히 덧붙여서 기재한다.

　　: 천연색삽화
　　: col. ill.
　　: 삽화, 천연색지도, 초상(일부천연색)
　　: ill., col. maps, ports. (some col.)
　　: 삽화(일부천연색), 설계도, 지도
　　: ill. (some col.), maps, plans

(3) 삽화류의 수가 번호 매김이 되어 있거나, 삽화류의 목차가 마련되어 있어 쉽게 수를 확인할 수 있는 경우에는, 아라비아 숫자로 그 숫자를 기재할 수 있다.

    : 삽화 31
    : 31 ill.
    : 삽화, 지도 12
    : ill., 12 maps
    : 삽화, 천연색지도 31
    : ill., 31 col. maps

(4) 면지에 삽화류가 수록되어 있는 것은, 그것이 아주 중요한 것이거나 그 도서의 유일한 삽화류의 경우에 한하여 기재하고, 수록사정을 주기사항에 기술해 준다.

    삽화, 지도
      주기 → 지도는 면지에 수록되어 있음

(5) 삽화류가 면지의 포켓 속에 들어 있는 것도 이를 기재하고, 그 삽화류의 수량과 놓인 위치를 주기사항에 부기한다.

    : 삽화, 천연색지도
      주기 → 2절지도 4매가 포켓 속에 들어 있음

(6) 도서의 전부 또는 대부분이 삽화류로 구성되어 있는 것은, '전부삽화' 또는 'all ill.', '주로삽화' 또는 'chiefly ill.'와 같이 적절한 말로 표시한다. 특수한 종류의 삽화류일 경우에는 '전부[삽화류의 종류명]', 또는 'all [name of type]', '주로[삽화류의 종류명]' 또는 'chiefly [name of type]'과 같이 표시한다.

    : 전부삽화
    : all ill.
    : 주로삽화
    : chiefly ill.

7.3 크기

1) (범위) 기술대상 자료의 크기(높이, 폭, 직경, 등)을 그 범위로 한다.

2) (기술방법) 도서의 크기는 표지의 높이(즉 세로)를 센티미터 단위(센티미터 미만의 끝투리는 위로 올려서)로 기재한다. 높이가 10센티미터 미만의 것은 밀리미터 단위로 기재한다. 센티미터는 'cm', 밀리미터 단위는 'mm'로 표시함을 원칙으로 한다.

  21 cm   80 mm

(1) 도서의 폭(가로)이 높이(세로)의 절반 이하이거나 높이와 같거나 클 경우에는, 높이 다음에 폭의 길이를 곱셈표로 연결하여 기재한다.

  25 × 11 cm 20 × 32 cm 25 × 25 cm

(2) 다권본으로 권책에 따라 크기가 다른 것은 그 차이가 2센티미터 미만의 경우는 최대의 것만 기재하고, 2센치미터 이상인 경우는, 최소의 것과 최대의 것을 붙임표로 연결하여 기재한다.

  21-26 cm
  18-21 cm

(3) 서로 크기가 다른 여러 자료를 합쳐서 제본한 것은 그 제본의 크기를 기재한다.

(4) 낱장물은 높이와 폭을 곱셈표(x)로 연결하여 기재한다. 만약 그것이 접은 형태로 발행된 것은 '접으면' 또는 'folded to'란 어귀를 앞세워 접은 크기를 부기한다.

  48 × 30 cm, 접으면 24 × 15 cm
  48 × 30 cm, folded to 24 × 15 cm

(5) 낱장물로서 접은 형태로만 사용되게 만들어진 것(일종의 첩장물)은, 그의 면장수를 기재하고 '1첩(첩장)'이라 부기하거나, '1 folded sheet'로 기재하고 그의 면장수를 원괄호로 묶어 부기한다.

  10 p. 1첩(첩장) ; 21 cm
  1 folded sheet (10 p.) ; 21 cm

(6) 권자본과 족자 등의 권축물은 그 전체의 크기를 세로 × 가로로 기재한다.

    25 × 237 cm

7.4 딸림자료

1) (범위) 모체물과 함께 사용되도록 간행된 자료로서 예컨대 교과서의 해답서나 지도책, 인쇄물에 첨부된 전자자료 등이 해당된다.

2) (기술방법) 형태사항 말미에 딸림자료의 유형과 수량 등을 기재한다(〈그림 2-21〉 참조).

    384 p. : 삽화 ; 20 cm + 디스크 2매
    137 p. : ill. : 21 cm + 20 slides
    악보 1매 (32 p.) ; 26 cm + 녹음 카세트 3개
    지도 5매 : 천연색 ; 40 × 50 cm + 설명서 1책 (xvii, 28 p. ; 25 cm)
    3 maps : col. ; 90 × 50 cm + 1 pamphlet (30 p. : ill. ; 22 cm)
    1 electronic disc ; 5 1/4 in. + 1 demonstration disk + 1 set of user's note

(1) 딸림자료의 형태사항을 자세히 기술할 필요가 있는 것은 자료의 유형 다음에 원괄호로 묶어 기재한다.

    271 p. : 삽화 ; 21 cm + 지도책 1책 (37 p., 19장 : 천연색 지도 ; 37 cm)
    271 p. : ill. ; 21 cm + 1 atlas (37 p., 19 leaves : col. maps ; 37 cm)
    필름스트립 1개 (70프레임) : 천연색 ; 35 mm + 1 v. (39 p. ; 22 cm)

☞ 300 ▶▶ ▼a271 p. : ▼b삽화 ; ▼c21 cm + ▼e지도책 1책 (37 p., 19장 : 천연색 지도 ; 37 cm)

(2) 딸림자료의 기술내용이 길 경우에 간략히 기술하고, 상세한 내용을 주기할 수 있다.

    340 p. ; 23 cm + 지침서 1책 (24 p. : 삽화 ; 19 cm)
    주기 → 딸림자료는 고등학교 3학년 수학교사를 위한 지침서임

☞ 300 ▶▶ ▼a340 p. ; ▼c23 cm + ▼e지침서 1책 (24 p. : 삽화 ; 19 cm)
    500 ▶▶ ▼a딸림자료는 고등학교 3학년 수학교사를 위한 지침서임

350 p. : ill. ; 25 cm + 1 atlas

주기 → Accompanied by: A Demographic atlas of north-west Ireland. 39 p. : col. maps ; 36 cm. Previously published separately in 1956

(3) 딸림자료가 그 모체물의 표지안쪽 포켓 등에 들어 있는 것은 주기사항에 그 소재위치를 기술한다.

슬라이드가 포켓에 들어 있음
Slides in pocket

(4) 부록이나 별책, 특별호와 같은 딸림자료가 독립된 개별표제를 갖고 있으며, 내용상 독립성이 있는 경우는 부록 등의 개별표제를 본표제로 채택하여 독립된 저록으로 작성할 수 있다.

```
                         bfc 6.0 버전
   bfc 6.0 버전
                         BlblioFile 목록법
   BiblioFile 목록법
                         1995년 8월 25일 인쇄
        이경호 역           1995년 8월 30일 발행
                         편  자: The Library Corporation
                         역  자: 이경호
                         발행처: 도서출판 정각당
                                 대구시 중구 봉산동 136-22
                                 TAE. 053)425-3435
                                 FAX. 053)423-9868
                         정가 10,000원
                         ISBN 89-3661-524-7

                         페이지 매김이 iv, 1-32, 2-24, 3-80, 4-80, 5-18,
                         A-47 등으로 다양하게 나타나 있음.
     도서출판 정 각 당        삽화        23cm
```

001
020   ▼a8936615247 : ▼c₩10000
056   ▼a024.34 ▼24
090   ▼a024.34 ▼b비47ㅈ이
245 00 ▼aBiblioFile 목록법 / ▼dThe Library Corporation 편 ; ▼e이경호 역
246 19 ▼aBiblioFile cataloging user guide
250 ▷▷ ▼abfc 6.0 버전
260 ▷▷ ▼a대구 : ▼b정각당, ▼c1995
300 ▷▷ ▼a285 p. (쪽수복잡) : ▼b삽화 ; ▼c23 cm
700 1▷ ▼a이경호
710 ▷▷ ▼aThe Library Corporation
940 ▷▷ ▼a비블리오파일 목록법

〈그림 2-20〉 쪽수 매김이 4개 이상의 부분으로 나뉘어져 있는 경우

쪽수 매김이 4개 이상의 부분으로 복잡하게 나뉘어져 경우 300 필드(형태사항)에 "▼a 전체 쪽수 합계 (쪽수복잡)" 혹은 "▼a1책 (쪽수복잡)", "1 v. (various pagings)"와 같이 기술한다.

```
Haus voll Musik
by Margret Rettich, Rolf Rettich

음악이 가득한 집
2009년 3월 10일 인쇄
2009년 3월 15일 발행

원저: 마르그레트 레티히
그림: 롤프 레티히
번역: 이용숙
발행: 밝은미래
      서울특별시 종로구 연건동 6가 18-84

[값 9,000원]
ISBN 978-89-92693-84-4

33페이지   컬러삽화   28.1cm
부록으로 CD 1매가 딸려있음
```

001
020   ▾a9788992693844 : ▾c₩9000
090   ▾a853 ▾b레888ㅇ이
100 1b ▾a레티히, 마르그레트
245 10 ▾a음악이 가득한 집 / ▾d마그레트 레티히 원저 ; ▾e롤프 레티히 그림 ;
       ▾e이용숙 번역
246 19 ▾aHans voll musik
260 bb ▾a서울 : ▾b밝은미래, ▾c2009
300 bb ▾a33 p. : ▾b천연색삽화 ; ▾c29 cm + ▾eCD 1매
700 1b ▾a레티히, 롤프
700 1b ▾a이용숙
700 1b ▾aRettich, Margret
700 1b ▾aRettich, Rolf

〈그림 2-21〉 딸림자료가 있는 경우

딸림자료란 모체물과 함께 사용되도록 간행된 자료로서 예컨대, 교과서의 해답서나 지도책, 인쇄물에 첨부된 전자자료 등과 같이 부록으로 첨부되어 있지만 물리적으로 모체물과 분리되어 있는 것이다. 형태사항 말미에 딸림자료의 유형과 수량 등을 기재한다.

8 총서사항

8.0 총칙

상이한 서지수준에 동시에 속하는 자료(총서에 속한 단행본을 기술대상으로 하는 경우와 같이)를 기술하는 경우는 대상자료를 식별하고, 아울러 복수의 서지수준에서 검색할 수 있기 위해 상위 서지수준에 있는 서지사항을 총서사항으로 기재한다.

1) (기술요목) 기술요목과 순서는 다음과 같다.
① 총서의 본표제　　② 총서의 대등표제
③ 총서의 표제관련정보　　④ 총서의 책임표시
⑤ 총서의 ISSN　　⑥ 총서의 권호　　⑦ 하위총서

한국목록규칙 제4판

> (총서 본표제 = 총서 대등표제 : 총서 표제관련정보 / 총서의 책임표시,
> 총서 ISSN ; 총서 권호. 하위총서 편번호, 하위총서 ; 하위총서 권호)

KORMARC 형식

> 490　　▼a총서사항[반복], ▼xISSN[반복] ; ▼v총서번호[반복]
> 490　　▼a총서 본표제 = ▼a총서 대등표제 : 총서 표제관련정보 / 총서 책임표시,
> 　　　　▼xISSN ; ▼v총서번호. ▼a하위총서사항

2) (둘 이상의 총서표시) 기술대상자료에 둘 이상의 독립된 총서표제가 기재된 경우에는 개개의 총서사항을 각각 원괄호로 묶어 기재한다(〈그림 2-22〉 참조).

(英美詩叢書) (探究新書 ; 152)
(Norwegian monographs on medical science) (Scandinavian university books)
(East Asian and Pacific series ; 199) (Department of State pub. ; 8583)

☞   490 10 ▼a英美詩叢書
         490 10 ▼a探究新書 ; ▼v152

8.1 총서의 본표제

1) (범위) 동일 편자나 발행처에 의해 공통의 종합표제 아래 일정기간에 걸쳐 동일한 체제로 계속 간행된 다수의 독립된(자체 표제가 있는) 저작물로서, 정보원에 표시되어 있는 총서의 표제를 그 범위로 한다. 일반적으로 상위수준의 본표제를 총서의 본표제로 한다.

     (韓國名著大全集)
     (Acta Universitatis Stockholmiensis)
     (Climatological studies ; no. 8)

2) (기술방법) 총서의 본표제는 기술대상자료에 기재된 형식 그대로 원괄호로 묶어 본표제의 기술방식에 따라 기재한다.

     ((원색세밀생태도감)세계의 동물 ; 5)
     ((초등학교 1·2·3학년을 위한) 우리창작동화 ; 1)

8.2 총서의 대등표제

1) (범위) 총서의 본표제와 다른 언어나 문자로 된 표제를 범위로 한다.

2) (기술방법) 총서의 대등표제는 3.3(본표제의 대등표제)에 준하여 총서의 본표제 다음에 기재한다(〈그림 2-23〉 참조).

     (College English library = 大學英語文庫)
     (Quellenwerke der Schweiz = Statistiques de la Suisse)

☞   490 10 ▼aCollege English library = ▼a大學英語文庫

8.3 총서의 표제관련정보

총서의 표제관련정보는 총서의 본표제와 불가분의 부분이 아닌 한, 그의 기재를 원칙적으로 생략하고 필요에 따라 이를 주기사항에 기술한다.

1) (범위) 총서의 본표제와 관련된 표제를 그 범위로 한다. 아울러 총서와 관련된 판표시도 포함한다.

2) (기술방법) 총서의 식별상 필요한 경우에는 자료에 표시된 형식을 3.4(본표제의 표제관련정보)에 따라 기술한다.

  (世界의 文學大全集 : 칼라版)
  (English linguistics, 1500-1700 : a collection of facsimile reprints)
  (Words : their origin, use, and spelling)

> ☞ 490 10 ▼a世界의 文學大全集 : 칼라판

8.4 총서의 책임표시

1) (범위) 총서의 간행과 관련하여 책임을 진 인물이나 단체를 그 범위로 한다.

2) (기술방법) 원칙적으로 총서와 관련된 책임표시는 기재하지 않는다. 다만 그 총서표제가 고유성이 약하거나 식별상 필요할 경우에는 책임표시를 기재한다.

  (研究叢書 / 韓國敎會硏究所)
  (文科紀要 / 東北大學敎養部, ISSN 0495-7210 ; 第10集)
  (Sämtliche Werke / Thomas Mann)
  (Research monographs / Institute of Economic Affairs)

  cf. KORMARC 형식에서 총서의 책임표시는 490 필드에서 식별기호 ▼a에 총서표제와 함께 기재하며, 필요한 경우 8XX-830 필드에 총서부출표목을 작성한다.

```
☞  490 10 ▼a文科紀要 / 東北大學敎養部, ▼x0495-7210 ; ▼v第10集
   810 b\b ▼a東北大學敎養部. ▼t文科紀要, ▼x0495-7210 ; ▼v第10集
   490 10 ▼aSämtliche Werke / Thomas Mann
   800 1b ▼aMann, Thomas. ▼tSämtliche Werke
```

8.5 총서의 ISSN

1) (범위) 해당 총서에 부여된 ISSN을 그 범위로 한다.

2) (기술방법) 대상자료에 총서의 국제표준연속간행물번호(ISSN)가 표시되어 있는 것은 이를 총서의 책임표시 다음에 표준번호의 기술방법에 규정한 방식에 따라 기재한다.

(Western Canada series report, ISSN 0317-3127)

8.6 총서의 권호

1) (범위) 총서 내에서 기술대상자료가 지닌 번호를 그 범위로 한다. 번호의 앞이나 뒤에 기재된 수식어구를 포함할 수도 있다.

2) (기술방법) 총서권호가 매겨져 있는 것은 이상의 제요소 다음에 기재한다. 그때 총서의 권차를 표현한 단위어는 그 자료에 표시된 문자와 용어 그대로 기재하되, 가급적 약어화하며, 숫자는 문자로 표기된 것까지 포함해서 식별상 혼란이 없는 한 아라비아숫자로 통일해서 기재한다.

(圖書館學講義 ; 第3輯)
(中國圖書館學叢刊 ; 第2種)
(Works / Charles Dickens ; v. 12)
(Graeco-Roman memoirs, ISSN 0306-9222 ; no. 62)
(S266 ; block 6)
(Russian titles for the specialist, ISSN 0305-3741 ; no. 78)

(1) 총서 중에서 수 개를 차지하는 저작으로 그 권호가 연속된 번호일 경우에는 그 최초의 번호와 최후의 번호를 '빈칸 붙임표 빈칸'으로 연결하여 기재하고, 띄엄번호일 경우에는 해당번호를 일일이 다 열기한다.

  (博英文庫 ; 142 - 145)
  (新釋漢字大系 ; 9, 10, 16)

(2) 권호표시로 숫자 이외의 것이 쓰였을 경우에는 그 자료에 표시되어 있는 그대로 기재한다.

  ; v. A
  ; 1971

(3) 간행중인 간행물의 총서의 권차는 최초 권차를 기재하고 짧은 붙임표로 연결하여 미완형식으로 기술한다.

8.7 하위총서

1) (범위) 본총서 표제의 하위 서지수준 총서표제로 자료에 본총서 표제와 함께 표시되어 있는 것을 그 범위로 한다.

2) (기술방법) 한 총서가 수 개의 하위총서로 나뉘어져 있는 것은, 먼저 그 본총서(상위총서)에 관한 제요소를 적고, 그 다음에 하위총서에 관한 사항을 기재한다.

  (國文學大系. 詩歌經典篇)
  (國文學大系. 古典小說篇)
  (Biblioteca del lavoro. Serie professionale)
  (Geological survey professional paper ; 683-D. Contributions to palaeontology)

  ☞ 490 10 ▼a國文學大系. 詩歌經典篇
    490 10 ▼aGeological survey professional paper. Contributions to palaeontology ; ▼v683-D

(1) 하위총서의 대등표제, 표제관련정보, 책임표시에 대해서는 그의 기재를 원칙적으로 생략하되, 식별상 필요한 경우에는 본총서의 기술방법에 준하여 기술한다.

(World films. Francd today = La France d'aujourd'hui)
(Papers and documents of the I.C.I. Series C, Bibliographies ; no. 8 = Travaux et documents de l'I.C.I. Série C, Bibliographies ; no. 8)

(2) 하위총서의 ISSN이 표시되어 있는 것은 하위총서의 권호 앞에 기재한다.

(Janua linguarum. Series major, ISSN 0075-3114)
(West Virginia University bulletin. Engineering Experiment Station bulletin, ISSN 0083-8640)
(Der Landkreis. Ausgabe Hessen, ISSN 0340-3246 ; H.15)

(3) 하위총서에 권호표시가 있는 것은 본총서의 권호 기재방식에 준하여 기재한다.

(한국문학연구총서. 현대문학편 ; 2)
(한국문학연구총서. 고전문학편 ; 7)
(Sciences. Physics ; TSP 1)
(Biblioteca de arte hispánico ; 8. Artes aplicadas ; 1)

☞ 490 10 ▼a한국문학연구총서. 현대문학편 ; ▼v2
　 490 10 ▼a한국문학연구총서. 고전문학편 ; ▼v7
　 490 10 ▼aSciences. Physics ; ▼vTSP 1
　 490 10 ▼aBiblioteca de arte hispánico ; ▼v8. ▼aArtes aplicadas ; ▼v1

(4) 하위총서가 편, 계, 보유 성격의 차서를 포함하고 있는 것은 하위총서표제 앞에 이를 기재한다(〈그림 2-24〉 참조).

(한국의 명산. 제1편, 경상북도 ; 제1권)
(歷代韓國文法大系. 第1部 ; 第36冊)
(Viewmaster science series. 4, Physics)
(Music for today. Series 2 ; no. 8)

☞ 490 10 ▼a한국의 명산. 제1편, 경상북도 ; ▼v제1권
　 490 10 ▼a歷代韓國文法大系. 第1部 ; ▼v第36冊
　 490 10 ▼a世界思想敎養全集. 前期 ; ▼v10
　 490 10 ▼aViewmaster science series. 4, Physics)
　 490 10 ▼aMusic for today. Series 2 ; ▼vno. 8

```
(조선사회사총서 ③) (가람역사 35)

조선시대 조선사람들
 - 신분으로 읽는 조선사람이야기 -

1998년 3월 20일 인쇄
1998년 3월 25일 발행

지은이: 이영화
발행처: 가람기획
발행인: 이강욱
주  소: 서울시 중랑구 목동 154-49

[값 9,000원]
ISBN 89-8646-602-X    03900

363 페이지    삽화    22.4cm
```

001		
020		▼a898646602X ▼g03900 : ▼c₩9000
056		▼a911.05 ▼24
090		▼a911.05 ▼b이64ㅈ
100	1b	▼a이영화
245	10	▼a조선시대 조선사람들 : ▼b신분으로 읽는 조선사람 이야기 / ▼d이영화 지음
260	bb	▼a서울 : ▼b가람기획, ▼c1998
300	bb	▼a363 p. : ▼b삽화 ; ▼c23 cm
490	10	▼a조선사회사총서 ; ▼v3
490	10	▼a가람역사 ; ▼v35
830	b0	▼a조선사회사총서 ; ▼v3
830	b0	▼a가람역사 ; ▼v35

〈그림 2-22〉 총서표제가 2개 이상 나타나 있는 경우

독립된 총서표제가 2개 이상 나타나 있는 경우, 개개의 총서사항을 각각 원괄호로 묶어 기술한다. KORMARC 형식에서는 위의 예시와 같이 490 필드를 반복해서 기술하면 된다. 그리고 총서번호가 한글이나 로마숫자로 나타나 있으면 아라비아숫자로 통일해서 기술한다.

```
은하수 멀리엔 별이 있다

2008년 3월 20일 인쇄
2008년 3월 25일 발행

지은이: 정문택
발행인: 선정애
발행처: 한국문학세상
        경기도 수원시 권선구 탑동 885-2

ISBN 978-89-9250-7578-5 03810
ISSN 1425-3467
값 7,000원


125페이지    삽화    20cm
```

001
020   ▾a97889925075785 ▾g03810 : ▾c₩7000
056   ▾a811.6 ▾24
090   ▾a811.6 ▾b정36ㅇ
100 1♭   ▾a정문택
245 10   ▾a은하수 멀리엔 별이 있다 : ▾b정문택 시집 / ▾d정문택 지음
260 ♭♭   ▾a수원 : ▾b한국문학세상, ▾c2008
300 ♭♭   ▾a125 p. : ▾b삽화 ; ▾c20 cm
490 10   ▾a생활문학시리즈, ▾x1425-3467 ; ▾v63
650 ♭♭   ▾a한국현대시
830 ♭0   ▾a생활문학시리즈, ▾x1425-3467 ; ▾v63

〈그림 2-23〉 총서사항: 총서번호와 ISSN이 있는 경우

총서사항에 총서표제, 총서번호, ISSN 등이 있을 경우 KORMARC 형식에서는 490 필드 (총서사항)에 식별기호와 함께 다음과 같이 순서대로 기술한다.

490   ▾a총서표제, ▾xISSN ; ▾v총서번호

한국문학연구총서: 현대문학편 ① 新文學과 時代意識 金烈圭·申東旭 共編 金光鏞 解說  새문사	新文學과 時代意識 1981년 11월 16일 인쇄 1981년 11월 20일 발행 편 자: 김열규·신동욱 발행인: 성진경 발행처: 새문사 주 소: 서울특별시 鐘路區 通義洞 12 　　　등록 8-7-(1977.9.19) [값 4,500원] 1책(쪽수복잡)　　20.4cm

```
001
020        ▼c₩4500
056        ▼a810.906 ▼24
090        ▼a810.906 ▼b신36
245 00  ▼a新文學과 時代意識 / ▼d金烈圭, ▼e申東旭 共編 ; ▼e金光鏞 解說
260 ▭▭ ▼a서울 : ▼b새문사, ▼c1981
300 ▭▭ ▼a1책(쪽수복잡) ; ▼c21 cm
490 10  ▼a한국문학연구총서. 현대문학편 ; ▼v1
700 1▭ ▼a김열규
700 1▭ ▼a신동욱
700 1▭ ▼a김강용
830 ▭0 ▼a한국문학연구총서. ▼p현대문학편 ; ▼v1
```

〈그림 2-24〉 총서표제와 총서의 권차표제로 나뉘어져 있는 경우

490 필드에 기술되는 총서사항은 "▼a총서표제. 권차표제, ▼xISSN ; ▼v총서번호"의 형식으로 기술한다. 부출표목을 위해서는 830 필드에 "▼a총서표제. ▼p권차표제, ▼xISSN ; ▼v총서번호"와 같이 기술한다.

　예) (한국의 명산. 강원도편 ; 제1권)

9 주기사항

9.0 총칙

표제와 책임표시사항부터 총서사항까지의 정형적 기술부에 기술할 수 없었으나 중요하다고 생각되는 사항을 제시함으로써 정형적 기술부를 설명하거나 보완, 한정하는 기능을 지닌다.

9.1 주기의 범위

자료의 성격이나 언어, 표제와 책임표시사항, 판차, 서지적 내력, 자료의 특성에 관한 사항, 발행사항, 총서, 내용, 제본, 입수가능성 등에 관한 정보를 비롯하여 정형적 기술부의 일목 요연성을 위해 기술을 유보한 정보로서 중요하다고 생각되는 것이거나, 기술에 대한 설명이나 보완적인 정보 등을 그 범위로 한다.

9.2 기술방법

주기는 문법에 어긋나지 않고 명료성을 잃지 않는 범위 내에서 아래 9.3에서 규정하고 있는 사항과 순서로 가급적 간결하게 표현한다.

1) 둘 이상의 주기가 있을 때에는 각기 관련된 서지사항의 기재순서에 따라 기재한다. 다만 특정한 서지사항에 속하지 않는 주기는 맨 앞에 기재한다.

2) 주기는 가급적 통일된 표준형식의 도입어구나 공통 어구를 정해진 형식으로 기재한다. 표준형식이 여의치 못할 경우에는 비정형의 형식을 취할 수 있다.

3) 해당 자료에서나 다른 정보원으로부터 인용한 어구는 주기에서 이를 겹따옴표로 묶어 기재하고 그의 출처를 붙임표를 앞세워 부기한다. 다만 으뜸정보원에서 인용한 어구에 대해서는 그의 출처표시를 생략한다.

4) 기술대상자료나 다른 정보원에 표시되어 있는 문구가 목록자의 판단한 바를 뒷받침해 주는 것이거나, 제시하고자 하는 정보가 손쉽게 얻을 수 있는 다른 정보원에 자세히 적혀 있을 경우에는 반복 기술을 피하고 그 출처와 연결시켜주는 간략한 참조기술만 한다.

5) 기술대상 자료와 관련된 다른 자료에 관한 언급과 동일 저작의 다른 양식에 의한 표현물(다른 판이 아님)에 관한 언급이 필요할 경우에는 표제와 책임표시를 가급적 함께 기술한다. 필요에 따라 언급되는 판 또는 발행년도 부기할 수 있다.

9.3 주기의 종류와 기재순서

주기는 다음과 같은 순서로 기술하되, 중요한 사항을 먼저 기술할 수 있다. 만약 두 종류의 주기를 통합하여 기술하는 것이 보다 간결하고 논리적인 것이 될 경우에는 이를 통합하여 기술한다.

1) (자료의 성격이나 범위 또는 예술적 표현양식에 관한 주기)

   음악관계 논설집임
   영어학습독본임
   Comedy in two acts
   Based on 1981 statistics

   ☞ 500 ▭▭▼a음악관계 논설집임
   　 500 ▭▭▼a영어학습독본임

2) (본문이나 초록의 언어, 번역이나 개작, 번안 등에 관한 주기)

   본문언어는 한국어임
   지명은 이탈리아어임
   Commentary in English
   Adaptation of: Germinie Lacerteux / Edmond et Jules de Goncourt
   Revision of: 3rd ed. London : Macmillan, 1953
   Shows all of western Europe and some of eastern Europe
   　(표제는 독일어임)

3) (정보원에 관한 주기) 으뜸정보원 이외에서 채기하였을 경우에는 그의 출처에 대해 주기한다.

> 책등표제임
> 본표제 정보원: 난외표제
> 기술의 정보원: Vol. 3 no. 3(May/June 1975)
> Spine title
> Running title
> Title from container

4) (상이한 표제에 관한 주기) 본표제와 다른 형식의 표제가 있는 경우 그 출처와 표제를 주기한다(〈그림 2-3〉, 〈그림 2-25〉, 〈그림 3-21〉 참조).

> 표지표제: Giovanni da Firenze
> Cover title: The fair American
> Also known as: NICEM index to educational slides
> Title on container: The four seasons

5) (대등표제와 표제관련정보에 관한 주기) 표제와 책임표시사항에 기재되지 않은 대등표제와 표제관련정보는 필요에 따라 주기한다(〈그림 3-17〉 참조).

> 대등표제: Korean machine readable cataloguing for monographs
> 관제: 現代敎養人을 위한 音樂의 오솔길
> Title on added t. p.: Les rats
> Subtitle: An inquiry into the present state of medicine including several recommendations as to how it may be improved and a discussion of the merits of the proposals of other persons

☞ 246 31 ▼aKorean machine readable cataloguing for monographs

cf. 대등표제의 경우 246 필드에서 제1지시기호에 의해 주기와 표제부출을 제어하며, 제2지시기호가 '1'이면 '대등표제: '와 같은 표출어를 생성하게 된다.

(1) 표제와 책임표시사항에서 생략된 긴 표제관련정보는 축약형으로 주기할 수 있다. 연속간행물의 축약표제는 국제연속간행물데이터시스템(ISDS) 또는 한국문헌번호센터에 등록된 것에 한하여 기술한다.

(2) 번역서의 원표제나 대역간행물인 경우, 원본의 표제를 '원표제'(Original title)라는 도입어구를 앞세워 기술한다(〈그림 3-18〉 참조).

>   Original title: L'éducation sentimentale
>   원표제: Chemical study

☞ 246 19 ▼aChemical study

> cf. 원표제의 경우 246 필드에서 제1지시기호에 의해 주기와 표제 부출을 제어하며, 제2지시기호가 '9'이면 '원표제: '와 같은 표출어를 생성하게 된다.

6) (책임표시에 관한 주기) 표제와 책임표시사항에 기재되지 않은 저작자나 원저자는 주기한다.

>   春園은 李光洙의 호임
>   감수자: 남광우, 이응백, 이을한
>   원저자명: Shaw, Irwin
>   Full name of author: Mignon Good Eberhart
>   Attributed to Thomas Dekker
>   Based on the novel by Thomas Hardy
>   At head of title: International Federation of Library Association
>   Formerly compiled by Norbert Adolph Lange
>   Index by John Herry Smith

7) (판표시와 서지적 내력에 관한 주기) 특정 자료와 그 자료의 다른 판 또는 다른 저작과의 관계를 설명할 필요가 있을 경우에는 이를 주기한다.

>   전판발행: 서울 : 博文書館, 1946
>   속편: 현대 경제의 5대 도전
>   "제로섬사회의 後續篇"임-표제
>   '新東亞' 1979년 1月號 별책부록 '韓國의 古典百選'의 개제단행본임
>   Previous ed.: Harmondsworth : Penguin, 1950
>   Sequel to: Of time and of seasons
>   Rev. ed. of: The portable Dorothy Parker

(1) 자료가 다른 표제를 지니고 있거나, 전에 다른 표제로 발행된 적이 있으면 그에 대

해 주기한다(〈그림 3-33〉 참조).

표준조선말사전의 개제서임
초판표제: 朝鮮十進分類表
First ed. published in Leningrad, 1953, under the title : Den'i noch'
Previously published as: Enter Psmith

500 bb ▼a초판표제: 朝鮮十進分類表
500 bb ▼aFirst ed. published in Leningrad, 1953, under the title : Den'i noch'
500 bb ▼aPreviously published as: Enter Psmith

(2) 영인본이나 복제본, 점자자료를 기술의 대상으로 한 경우에는 그 대본이 된 원본의 서지정보를 주기한다(〈그림 3-28〉 참조).

축소영인본임. 대본의 刊記: 崇禎五年壬申[1631]九月 日京畿朔水淸山龍腹[寺]開板 "中宗壬申[1512]刊本(世稱 正德本)을 縮小影印하여 校勘한 것"-범례여영인본임. 대본의 발행사항: 京城 : 朝鮮語學研究會, 昭和10 [1935]
Facsim. of: 2nd ed., rev. London : Routledge, 1877
Reproduction of: Endymion / by the Author of Lothair. London : Longmans, Green, 1880. 3 v. ; 20 cm

(3) 발췌, 별쇄본은 그 원본의 서지정보를 주기한다.
수록처: 延世論叢, 第11輯 (1974)
白性郁博士頌壽紀念 佛敎學論文集(서울 : 東國大學校, 1959)의 拔萃

8) (자료의 특성에 관한 주기) 각각의 자료에 관한 장에서 규정한다.

원본축척: 약 1 : 50,000
Scale of original: ca. 1 : 6,000
File size varies
Numbering begins each year with no. 1

9) (발행과 배포에 관한 주기) 발행사항에 기재되지 않은 발행(인쇄), 배포, 보급 등에 관계된 정보로 중요한 것은 이를 주기한다(〈그림 3-20〉 참조).

자비출판
總販: 光文社
Distributed in the U.K. by EAV Ltd.
Imprint under label reads: Humanitas-Verlag Zürich
Published simultaneously in Canada
"Privately printed"
Originally published: London : Gray, 1871

10) (형태사항에 관한 주기) 형태사항에 기재되지 않은 정보로서 중요한 것은 이를 주기한다. 단행본을 제외한 기타 자료는 각각의 자료에 관한 장에서 규정한다.

면수가 321-401로도 매겨져 있음
좌우양면의 면수가 같은 번호로 매겨져 있음
단면인쇄임
권호가 1, 2A, 2B, 2C, 3으로 매겨져 있음
Pages also numbered 321-401
Opposite pages hear duplicate numbering
Versos of leaves blank
Volumes numbered: 1, 2A, 2B, 2C, 3

11) (딸림자료에 관한 주기) 딸림자료에 관한 정보를 주기한다.

슬라이드가 포켓에 들어 있음
Slides in pocket
"Tables I, II, and III omitted by error from report" published as
    supplement (5 p.) and inserted at end
Accompanied by atlas "A demographic atlas of North-west Ireland" (39p. : col.
    maps ; 36 cm), previously published separately in 1956
Slides with every 7th issue

12) (총서사항에 관한 주기) 총서사항에 기재되지 않은 총서관련정보는 이를 주기한다.

총서관제: 목마른 現實에 한잔의 智慧
총서의 대등표제: World great books
총서 편자: 李家源 主編

Series title romanized: Min hady al-Islām
Also issued without series statement
Originally issued in series: English life in English literature

13) (학위논문주기) 학위논문은 다음과 같은 형식으로 주기한다.

"학위논문(학위구분) - 학위수여대학, 전공학과명, 학위수여연도"

서양서의 경우는 'Thesis'란 말 다음에 'M.A.' 또는 'Ph.D.' 등의 학위명의 약칭(만약 이들 약칭이 부적합할 경우에는 'doctoral' 또는 'master' 등의 완전철자)을 원괄호로 묶어 부기한다(〈그림 3-26〉 참조).

학위논문(박사) - 서울대학교 대학원, 원자핵공학과, 1988
학위논문(석사) - 한양대학교 교육대학원, 사서교육전공, 1997
Thesis(Ph.D.) - University of Michigan, Dept. of Computer Science, 1960
Thesis(M.A.) - Columbia University, School of Library Science, 1964

☞ 502 1b ▼a학위논문(박사) - ▼b서울대학교 대학원, ▼c원자핵공학과, ▼d1988

만약 그 자료가 학위논문 제출시에 취하는 학위논문의 체재를 갖추지 않은 다른 판본일 경우에는 그의 서지적 내력을 주기한다.

박사학위논문(성균관대학교)의 公刊版임. 원제는: 世宗朝集賢殿의 機能에 관한 硏究
Originally presented as the author's thesis (Ph.D.--University of Michigan) under title: Anatomy of book collector

14) (이용에 관한 주기)

(1) 자료의 이용계층이나 자료의 지적수준을 가리키는 어구가 그 자료에 명시되어 있을 경우에는 이를 주기한다(〈그림 2-10〉 참조).

4-6세의 幼稚園用
"어머니와 어린이가 함께 배우는 시청각교재"
사내교육용
이용대상자: 건축, 미술관련 전공자
For children aged 7-9

Undergraduate text
Intended audience: Clinical students and postgraduate house officers

☞ 521 bb ▼a4-6세의 幼稚園用

cf KORMARC 형식의 521 필드에서 제1지시기호는 이용대상자를 제어하며, 이때 제1지시기호가 'b'이면 "이용대상자: "라는 표출어를 생성하게 하게 된다.

(2) 자료의 이용이나 접근을 제한하는 어구가 기재된 경우에는 이를 주기한다. 여기에는 이용자나 이용기관의 제한, 복제 범위의 제한, 비밀자료 등이 포함된다.

비영리 기관에서만 복제가능
대외비자료임
학술연구용으로 제한
Available only to researchers with written permission from the copyright holder
Restricted: Copying allowed only for non-profit organization

☞ 506 bb ▼a학술연구용으로 제한

15) (상이한 형태의 자료에 관한 주기) 기술대상자료의 내용과 동일한 내용을 가진 자료가 다른 형태로 발행되었거나 제작된 경우 이를 주기한다. 이때 다른 형태의 자료가 독립적인 저록으로 기술된 경우에는 형태를 나타내는 어구 다음에 표제와 표제관련정보, 표준번호 등을 함께 기술하고, 독립적으로 저록되지 않은 경우에는 다른 형태의 자료가 있다는 사실만을 기술한다.

마이크로피시로도 간행
16 mm 마이크로필름으로도 간행되었음
Issued also an computer file
Issued also on 16 mm. microfilm

☞ 530 bb ▼a마이크로피시로도 간행
530 bb ▼a16 mm 마이크로필름으로도 간행되었음

16) (요약이나 , 해제, 초록주기) 자료에 요약이나 해제, 초록이 포함되어 있으면 이를 주기한다.

영문요약수록

해제수록

Summary: Pictures the highlights of the play Julius Caesar using photographs of an actual production

Summary: Lists the serial holdings of 27 college libraries in Iowa as of 1981

☞ 520 ▶▶▼a영문요약수록

17) (참고서목, 연보, 연표, 색인 주기) 자료에 참고서목이나 연보, 연표, 색인 등이 포함되어 있는 경우, 이를 주기한다.

참고문헌: p. 699-702

저작자의 주요논저수록: p. 70-76

권말에 원문(한문)수록

영인대본의 刊記: 辛丑[1781]六月 日藝閣鑄字重印

Bibliography: p. 859-910

Includes index

Statistical tables cover periods between 1849 and 1960

Include the text of the Gaming Act 1913

☞ 504 ▶▶▼a참고문헌: p. 699-702
　　504 ▶▶▼a저작자의 주요논저수록: p. 70-76

18) (내용주기)

(1) 종합표제나 대표표제 아래 수록된 저작의 전체 또는 중요한 것 또는 선발된 부분의 내역을, 전체에 대한 것은 '내용' 또는 'Contents', 중요한 것에 대한 것은 '불완전내용' 또는 'Incomplete contents', 선별된 부분에 대한 것은 '부분내용' 또는 'Partial contents'란 도입어구를 앞세워 주기한다.

종합표제나 대표표제가 기재되지 않은 저작에서 첫 저작 또는 첫 저작자의 저작만 기술하고 나머지는 '외' 또는 '外' 또는 'et al.' 자로 대신하여 생략한 것에 대한 내용주기도 위의 규정에 준한다. 이때 기술되는 각 저작의 표제와 책임표시는 해당 저작의 표제면 등에서 취하며, 내용 전체를 한 문단으로 기술할 경우에는 동일 저작자의 복수의 저작들은 각 표제 사이를 쌍반점으로 구분하고, 두 저작자 이상의 저작들은 표제와 책임표시의 순으로 그 사이를 빗금으로 짝지워 기술하고, 각 표제와 책임표시의 단위사이는 이중붙임표로 구분하여 기재한다(〈그림 2-26〉 참조).

해신 : 최인호 장편소설 / 최인호 저
　　내용: 1. 질풍노도 -- 2. 장미전쟁 -- 3. 해신 장보고

戲曲五人選集
　　내용: 고래 ; 꽃잎을 먹고사는 機關車 / 任熙宰 -- 歸鄕 ; 空想 / 車凡錫 -- 어느 날의 幻想 ; 灰色의 크리스머스 / 河有祥 -- 帽子 ; 家族 / 李容燦 -- 聖夜의 曲 ; 寒風地帶 / 朱萍

韓國現代文化史大系 / 高麗大學校 民族文化硏究所 編
　　내용: 1. 文學·藝術史 -- 2-3. 學術·思想·宗敎史(上, 下) -- 4-5. 科學·技術史(上, 下) -- 6. 政治·經濟史 -- 7-8. 文化運動·民族抗爭史(上, 下)

世界文學全集
　　내용: 1. 젊은 獅子들 / 어어윈 쇼 作 ; 金聲翰 譯 -- 2. 忿怒는 葡萄 처럼 / 죤 쉬타인벡 作 ; 康鳳植 譯 … 100. 獨逸民族說話集 / 그림형제 편 ; 金昌浩 譯

國學硏究論巧 / 梁柱東 著
　　부분내용: 新羅歌謠의 文學的 優秀性 -- 古歌今釋2篇 -- 鄕歌의 解讀 특히 '願往生歌'에 就하여 -- 古歌箋箚疑 -- 國史古語彙考 -- 古語硏究抄 -- 鄕歌硏究의 回憶

Contents: How these records were discovered -- A short sketch of the Talmuds -- Constantine's letter

Contents: v. 1. Plain tales from the hills -- v. 2-3. Soldiers three and military tales -- v. 4. In black and white -- v. 5. The phantom 'rickshaw and other stories -- v. 6. Under the deodars

Partial contents: Recent economic growth in historical perspective / by K. Ohkwaa and H. Rosovsky -- The place of Japan … in world trade / by P.H. Tresize

(확장형)

☞　505 00 ▼n1. ▼t겨울의 幻 / ▼d김채원 -- ▼n2. ▼t그리운 거인들 / ▼d김만옥 -- ▼n3. ▼t얼음벽의 풀 / ▼d김향숙 -- ▼n4. ▼t어느무 정부자의 하루 / ▼t최수철 -- ▼n5. ▼t멀고먼 해후 / ▼d김영현 -- ▼n6. ▼t비둘기는 집으로 돌아온다 / ▼d고원정 -- ▼n7. ▼t복원되지 못한 것들을 위하여 / ▼d박완서

(기본형)

> ☞ 505 0b ▼a1. 겨울의 幻 / 김채원 -- 2. 그리운 거인들 / 김만옥 -- 3. 얼음벽의 풀 / 김향숙 -- 4. 어느 무정부자의 하루 / 최수철 -- 5. 멀고먼 해후 / 김영현 -- 6. 비둘기는 집으로 돌아온다 / 고원정 -- 7. 복원되지 못한 것들을 위하여 / 박완서

cf. 내용주기를 KORMAC 형식의 505 필드에 기술할 경우, 기본형과 확장형의 두 가지 기술방법이 있으며, 제2지시기호에 의해 이것이 결정된다. 즉, 제2지시기호가 '0'이면 확장형, 'b'이면 기본형이다. 기본형의 경우에는 740 필드에 다시 기술하여야 부출표목이 되며, 확장형의 경우에는 505 필드에서 요소마다 이미 식별기호를 부여하여 입력함으로써 740 필드는 자동으로 생성되게 한다.

(2) 두 권 이상으로 이루어진 다권본은 각 권책마다 권차, 표제, 책임표시를 그 순서대로 기재하며, 필요에 따라 각 권책 단위로 줄을 달리해서 적을 수 있다. 권차의 단위명칭과 그 표현은, 숫자를 아라비아 숫자로 통일해서 적는 것 외에는 그 자료의 용자 그대로 따른다. 편장의 제목에 대한 목차를 주기할 필요가 있을 경우에도 위의 규정에 준한다.

19) (표준번호 이외의 번호에 관한 주기) 표준번호(ISBN이나 ISSN 등) 이외의 번호는 주기한다.

보고서번호: KRISS-91-154
Publisher's no.: LB 3721-9
DOI 10.1000/186

20) (합철물에 관한 주기) 독립된 표제면을 지닌 자료가 다른 자료에 합철되어 있고, 이들 저작을 포괄하는 종합표제가 없는 경우에는, 주기술부에 기술되지 않은 자료를 '합철', '合綴', '합각', '合刻', '합인', '合印' 또는 'With'란 도입어구를 관기하여 주기한다.

합철: 韓國音樂小史 / 咸和鎭 著. 124 p.
(새로운 표제면과 해제가 붙은 梁德壽 著 '梁琴新譜' 축소영인본의 합철물)
With: Of the sister arts / H. Jacob. New York : [s.n.], 1970
With (on verso): Motor road map of south-east England
With: Atlas de France. Paris : Desnos, 1775

☞ 501 ▷▷ ▼a합철: ▼c韓國音樂小史 / ▼d咸和鎭 著. -- ▼q124 p.
　501 ▷8 ▼aWith: ▼c(The) reformed school / ▼dJohn Dury. --
　　　▼pLondon : Printed for R. Wasnothe, [1850]

21) (부록에 관한 주기) 기술대상 자료에 부록이 있을 경우 '권말부록' 또는 '별책부록'이란 도입어구를 앞세워 주기한다.

　淵泉集
　　卷末附錄: 尾山先生年譜 / 李庸信 編. p. 287-321
　국토개발종합고서
　　별책부록: 국토개발 참여기업 명감

☞ 245 00 ▼a국토개발종합고서
　770 00 ▼i별책부록: ▼t국토개발 참여기업 명감, ▼z8941407234

22) (기금정보에 관한 주기) 특정 개인이나 단체의 후원(또는 재정지원)을 받아 간행된 경우에는 그 후원단체나 재정지원에 대한 내용을 주기한다. 특정호나 일정기간에 지원을 받아 간행된 경우에는 해당 권호차·연월차와 함께 기술한다.

　학술진흥재단 연구기금에 의해 출판
　1991년도 교육부 학술연구조성비 및 1992년도 한국과학기술단체총연 합회의 재정
　　지원에 의하여 출판

☞ 536 ▷▷ ▼a학술진흥재단 연구기금에 의해 출판

23) (수상[受賞]에 관한 주기) 기술대상 자료가 특정 단체나 기관, 개인 등이 제정한 상을 수상한 경우에는 '수상'이라는 도입어구를 앞세워 수상내용과 함께 기술한다.

　수상: 노벨문학상, 2001
　수상: 한국잡지대상, 1990-1991
　수상: 제1회 공보처선정 우수잡지, 1992

☞ 586 ▷▷ ▼a노벨문학상, 2001
　586 ▷▷ ▼a한국잡지대상, 1990-1991

24) (소장에 관한 주기) 소장자료와 관련된 특이한 점이나 불완전한 점이 있으면 이를 주기한다. 두 책 이상으로 이루어진 자료로 그 도서관이 전질을 다 갖추지 못하고 있을 경우에는 소장하고 있는 권책 또는 결권을 밝히는 주기를 한다.

소장본은 179쪽 이후 낙장
전50권 30책 중 제5권 결
소장: 제1, 3-5, 7권
Library's copy imperfect: all after p. 179 wanting
Library's copy lacks Appendices, p. 245 - 260
Library's set lacks sheets 9 - 13 and sheet 27

☞ 590 ▭▭ ▼a소장본은 179쪽 이후 낙장
590 ▭▭ ▼aLibrary's copy imperfect: all after p. 179 wanting

```
001
020      ▼a8985615653 ▼g03690 : ▼c₩13000
056      ▼a235.7 ▼24
090      ▼a235.7 ▼b황54ㄱ
100 1ƀ  ▼a박상현
245 10 ▼a필드 레크리에이션 & 가스펠 매직 =▼xField recreation & gospel
         magic :▼b실제 진행 멘트 가이드 /▼d박상현 레크리에이션 ;▼e장성철
         가스펠 매직 ;▼e김민욱 일러스트
246 1ƀ  ▼i판권기표제: ▼a즐거운 레크리에이션
260 ƀƀ  ▼a서울 :▼b에벤에셀,▼c2005
300 ƀƀ  ▼a191 p. :▼b천연색삽화 ;▼c23 cm +▼e전자 광디스크 1매
650 ƀ8  ▼a교회교육
700 1ƀ  ▼a장성설
700 1ƀ  ▼a김민욱
```

〈그림 2-25〉 상이한 표제에 관한 주기

본표제와 다른 형식의 표제가 있는 경우, 그 출처와 표제를 주기한다. 즉, 위의 예문에서와 같이 표제면의 표제는 "필드 레크리에이션 & 가스펠 매직", 판권기의 표제는 "즐거운 레크리에이션"으로 서로 다르게 나타날 경우 표제면의 표제를 본표제로 기술하고, 판권기의 표제는 246 필드에 기술한다.

```
제1권 의협의 나날 / 제2권 활을 든 사림
제3권 폭풍전야 / 제4권 조선의 칼, 조선의 방패
제5권 아, 한산대첩 / 제6권 삼도수군통제사
제7권 백의종군 / 제8권 불멸의 길

불멸의 이순신

2004년 6월 25일 인쇄
2004년 6월 30일 발행

지은이: 김탁환
펴낸이: 박근섭
발행처: (주)황금가지
주  소: 서울특별시 강남구 신사동 506
값 6,000원
ISBN 89-8273-682-4 (세트)

8책    22.4 cm
```

020　　　▼a8982736824 : ▼c₩68000 (세트)
056　　　▼a813.6 ▼24
090　　　▼a813.6 ▼b김882ㅂ
100　1ㅂ　▼a김탁환
245　10　▼a불멸의 이순신 : ▼b김탁환 장편소설 / ▼d김탁환 지음
260　ㅂㅂ　▼a서울 : ▼b황금가지, ▼c2004
300　ㅂㅂ　▼a8책 ; ▼c23 cm
505　0ㅂ　▼a제1권. 의협의 나날 -- 제2권. 활을 든 사림 -- 제3권. 폭풍전야 -- 제4권. 조선의 칼, 조선의 방패 -- 제5권. 아, 한산대첩 -- 제6권. 삼도수군통제사 -- 제7권. 백의종군 -- 제8권. 불멸의 길
600　18　▼a이순신, ▼d1545-1598 ▼v소설
651　ㅂ8　▼a한국 ▼x문학 ▼v소설
740　ㅂ0　▼a의협의 나날. ▼n제1권
　…
740　ㅂ0　▼a불멸의 길. ▼n제8권

〈그림 2-26〉 내용주기

　전집류의 경우 대표저자명이나 단체명이 있으면 이를 기본표목으로 레코드를 작성한다. 그리고 종합본표제를 245 필드(표제와 책임표시)에 기술하였을 경우 권차표제는 505 필드(내용주기)에 기술을 하고, 분출할 필요가 있으면 이 내용을 다시 740 필드(부출표목/분출표제)에 기술한다.

10 표준번호 및 입수조건사항

10.0 총칙

단행본의 검색용으로 ISBN이나 ISSN 등의 국제표준번호나 이와 대등한 번호를 기재한다.

1) (기술요목) 기술요목과 순서는 다음과 같다. 다만 단행본의 경우에는 등록표제를 기술하지 않는다.
① 표준번호
② 등록표제
③ 입수조건표시

10.1 표준번호

1) (범위) 국제표준번호(ISBN, ISSN, ISMN, CODEN, ISRN 등), 국가표준번호 등의 표준번호를 그 범위로 한다.

2) (기술방법) 'ISBN', 'ISSN', 'ISMN', 'CODEN', 'ISRN' 등 번호의 내용을 나타내는 어구를 기재한 다음 해당 자료에 표시된 표준번호를 기재한다. 특정 국가의 고유한 국가표준번호가 표시되어 있는 것은 적절한 도입어구를 앞세워 이를 기술할 수 있다.

  ISBN 89-86685-05-1
  ISSN 0002-9769
  ISMN M571100511
  CODEN: KINHEK
  프랑스도서번호: 67-910 (vol. 1)

(1) 기술대상자료에 복수의 표준번호가 표시되어 있는 경우 그 자료에 해당되는 표준번호만을 기술한다. 다만 두 번째 이하의 표준번호를 나타낼 필요가 있는 경우에는 '온점 빈칸 붙임표 빈칸'을 앞세워 기술한다. 표준번호의 식별을 위하여 장정형태나

권차 등의 정보를 해당 표준번호 다음 원괄호 속에 부기할 수 있다.

>　ISBN 0-85453-322-1 (pbk)
>　ISBN 0-435-91660-2 (cased)
>　ISBN 89-364-3590-6 (세트) : ₩30000. -- ISBN 89-364-3336-9 (1). --
>　　ISBN 89-364-3337-7 (2)

☞　020 ▭▭ ▼a8936435906(세트) : ▼c₩30000
　　020 ▭▭ ▼a8936433369(1)
　　020 ▭▭ ▼a8936433377(2)

> cf. KORMARC 형식에서는 ISBN이 2개 이상 기재되어 있을 경우, 위의 예시와 같이 020 필드를 반복해서 기술한다.

(2) 표준번호에 잘못 인쇄된 숫자가 있음이 확인되었을 경우에는 이를 정정해서 기재하고, 그 다음에 '고침', 또는 'corrected'이란 어구를 원괄호로 묶어 부기한다.

>　ISBN 962-07-48003-4 (고침)
>　ISBN 0-8352-0875-3 (corrected)

10.2 등록표제

연속간행물을 개별화하기 위해 ISDS에서 부여한 표제로서, 단행본에서는 적용하지 않는다.

10.3 입수조건표시

1) (범위) 기술대상자료에 표시되어 있는 정가 또는 입수와 관련된 어구나 숫자를 그 범위로 한다.

2) (기술방법)
가격, 비매품, 회원배포, 관내자료 등의 정보가 기재되어 있는 경우 ISBN이나 ISSN(혹은 등록표제) 다음에 이를 기술한다.

>　ISSN 1011-2073 = Dosegwan : 비매품

(1) 가격은 자료에 표시된 정가를 기재하며, 정가와 특가가 아울러 표시되어 있는 것은 특가를 원괄호로 묶어 정가 다음에 부기한다.

ISBN 0-684-14257-0 (pbk) : £10.00

☞ 020 ▭▭ ▾a106841425709(pbk) : ▾c£10.00

ISSN 1225-1615 = Munhak kwa eon eo : ₩60000(회원가 ₩50000)

☞ 022 ▭▭ ▾a1225-1615
　037 ▭▭ ▾c₩60000(회원가 ₩50000)
　222 ▭0 ▾aMunhak kwa eon eo

cf. ISBN은 020 필드에 기술하며, ISSN은 022 필드에 기술한다. 이때 구독조건은 연속적으로 발행되는 자료가 아닌 경우에는 020 필드(ISBN)나 024 필드(기타 표준부호)의 ▾c(입수조건)에 기술한다. 연속간행물일 경우에는 037 필드(입수처)의 ▾c(입수조건)에 현행 연간구독료를 기술한다. 그리고 연속간행물의 등록표제는 222 필드에 기술한다.

(2) 가격의 화폐단위명칭은 공식적인 표준부호를 사용하여 가격 앞에 기재한다. 그 밖에 입수에 참고 되는 사항은 간결한 어구로 기재한다.

: ₩12000
: ₩8000 (회원가 ₩5000)
: TW$20
: CNY15
: $15.50
: £10.00
: Free to students of the college

제3장

KORMARC 형식

1. KORMARC 형식의 개요
2. KORMARC 형식의 필드별 데이터 입력
3. KORMARC 형식 개정판의 특성
4. MARC 데이터베이스의 이해

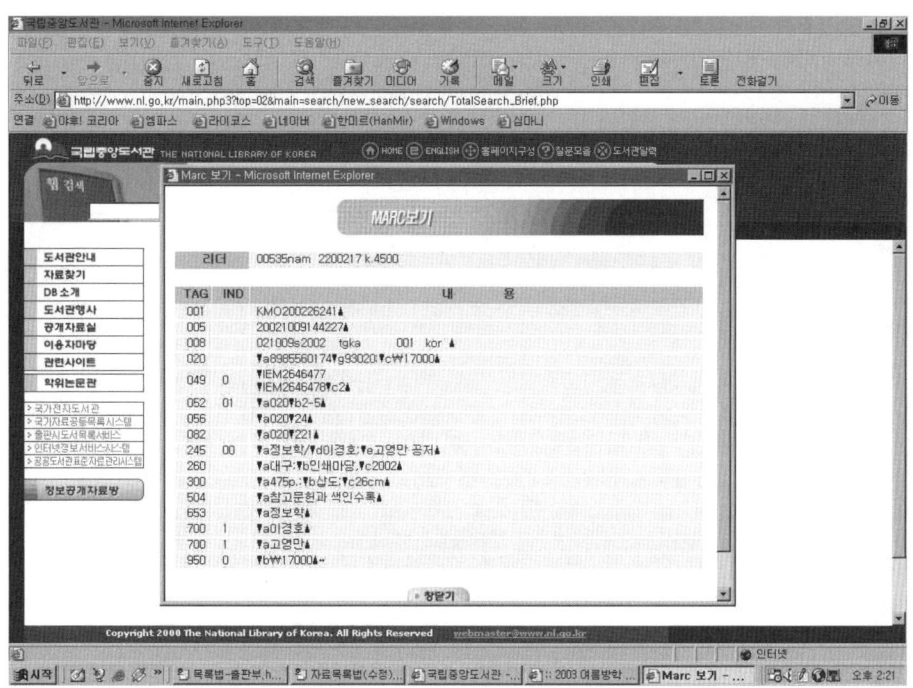

KORMARC 형식
2023년 개정판

1 KORMARC 형식의 개요

1.1 형식의 범위

KORMARC 형식 통합서지용[4]은 인쇄 또는 필사된 도서, 계속자료, 전자자료, 지도자료, 녹음자료, 시청각자료, 고서, 복합자료의 서지정보를 담을 수 있도록 설계되었다. 서지데이터에는 공통으로 자료의 표제, 저자명, 판사항, 발행사항, 형태사항, 주제, 주기에 대한 정보를 포함하고 있다. 자료의 형태에 따른 적용 서지형식은 아래와 같다.

- 도서(BK): 단행자료의 특성을 가진 인쇄물, 필사본, 마이크로자료가 해당됨.
- 계속자료(CR): 종간을 예정하지 않고 시간적 간격을 두고 발행되는 서지적 자료를 말하며, 연속간행물과 계속갱신자료가 포함된다. 연속간행물에는 연보, 계속 발간된 명감, 전자저널, 학술지, 잡지, 단행자료의 시리즈물, 신문 등이 해당되며, 계속갱신자료에는 갱신되는 가제식자료와 갱신되는 웹사이트가 해당됨.
- 전자자료(ER): 컴퓨터 소프트웨어, 수치데이터, 컴퓨터 의존형 멀티미디어, 온라인시스템 또는 온라인서비스 등 부호화된 전자 정보원이 해당됨.
- 지도자료(MP): 인쇄, 필사 또는 마이크로자료 등 모든 형태의 지도로서 책자지도, 낱장지도, 구체 등이 포함됨.
- 음악/녹음자료(MU): 인쇄, 필사 또는 마이크로자료 등 모든 형태의 음악자료와 음악 이외의 녹음자료가 포함됨.
- 시청각자료(VM): 평면영사자료, 평면비영사자료, 입체자료 및 실물자료와 키트가 포함됨.

---

4) 국립중앙도서관. 한국문헌자동화목록형식 : 통합서지용 KS X 6006-0, 2023년 개정판(국립중앙도서관, 2023). ⟨https://librarian.nl.go.kr/⟩

- 평면영사자료: 비디오 녹화자료, DVD, CD-I, LD, 영화필름, 슬라이드, OHP 자료, 필름루프, 필름스트립, 트랜스페어런시.
- 평면비영사자료: 그림, 도면, 복제화, 사진, 사진인쇄, 엽서, 음화사진, 차트, 콜라주, 컴퓨터 그래픽 출력자료, 포스트.
- 입체자료: 게임(모의실험), 모형, 조각품 등과 이들의 복제품.
- 실물: 특정한 목적으로 수집된 표본.
- 키트: 서로 상이한 매체에 수록된 자료들이 하나의 세트를 이룬 것으로 주로 교육용 시청각자료.

• 고서(RB): 대한제국(1910) 이전에 간인, 필사된 동장본을 말함.
• 복합자료(MX): 주로 여러 형태가 혼합되어 수집된 문서나 필사자료에 적용함.

1.2 레코드의 구성요소

KORMARC 서지레코드의 구조는 〈그림 3-1〉과 같이 리더(leader), 디렉토리(directory), 가변길이 필드(variable fields) 등 3개의 주요 구성요소로 되어 있다.

리더	디렉토리	가변길이 필드							
		제어필드 1 FT	2	3	…	nFT	데이터필드 1 FT	2	3	…	nFT RT

* FT: 필드 종단기호, RT: 레코드 종단기호

〈그림 3-1〉 KORMARC 서지레코드의 구조

1) 리더

리더는 레코드 처리를 위한 정보를 제공하는 데이터요소이다. 이 데이터요소는 숫자 또는 부호값을 나타내며 관련 자리수에 의해 구분된다. 리더는 〈그림 3-2〉와 같이 24개의 자리로 고정되어 있으며, 레코드의 첫 번째 필드이다.

레코드 길이	레코드 상태	레코드 유형	서지 수준	제어 유형	문자 부호화 체계	지시기호 자리수	식별기호 자리수	데이터 기본번지	입력 수준	목록기 술형식	다권본 자원의 레코드수준	엔트리 맵
00-04	05	06	07	08	09	10	11	12-16	17	18	19	20-23

〈그림 3-2〉 KORMARC 서지레코드의 리더 구조

2) 디렉토리

디렉토리는 〈그림 3-3〉과 같이 한 레코드에서 각 가변길이 필드의 표시기호(3자), 필드 길이(4자), 필드시작위치(5자)를 나타내는 12자의 고정길이 필드로 구성되며, 해당 레코드의 25번째 자수위치부터 시작된다. 디렉토리부 전체는 가변길이이며, 마지막 디렉토리 항목은 필드종단기호로 끝난다.

디렉토리 항목 1			디렉토리 항목 2			…			필드종단기호 (FT)
표시 기호	필드 길이	필드 시작위치	표시 기호	필드 길이	필드 시작위치	…	…	…	
00-02	03-06	07-11							

〈그림 3-3〉 KORMARC 서지레코드의 디렉토리 구조

한 예로서 입력데이터가 표목인 "100 1♭ ▼aKatz, William A., ▼d1924- "의 데이터를 입력하면 컴퓨터에서는 이 데이터를 입력받아 지시기호부터 입력데이터의 자리수(29자)를 계산하여 100002900207과 같이 디렉토리를 생성함과 동시에 데이터 필드에 이 데이터를 축적하게 된다. 데이터의 시작번지는 앞 데이터의 디렉토리에서 데이터의 길이와 시작번지를 합산하여 자동적으로 계산한다. 이러한 방식으로 모든 입력데이터의 디렉토리와 함께 데이터베이스가 구축된다.

3) 가변길이 필드

가변길이 필드는 제어필드와 데이터 필드로 구성되며 각각의 필드를 유형별 또는 기능별로 표시하는 표시기호가 부여된다.

① 가변길이 제어필드

가변길이 제어필드는 00X 표시기호가 부여되며, 지시기호와 식별기호 없이 데이터와 필드종단기호만으로 구성된다. 이 필드에서 가장 많이 사용되는 표시기호는 001(제어번호)과 008(부호화 정보필드)이다.

② 가변길이 데이터 필드

가변길이 데이터 필드는 00X 이외의 표시기호가 부여되며, 〈그림 3-4〉와 같이 지시기호와 식별기호, 데이터 및 필드종단기호로 구성된다.

지시기호		식별기호 1		데이터 내용 1	...	식별기호 n		데이터 내용 n	필드종단기호 (FT)
제1지시기호	제2지시기호	구분 기호	데이터 식별기호			구분 기호	데이터 식별기호		

〈그림 3-4〉 KORMARC 서지레코드의 가변길이 데이터 필드 구조

　가변길이 데이터 필드는 가변장 필드라고도 하며, 여기에 나타나는 대부분의 내용은 〈그림 3-5〉에서와 같이 목록카드상에 나타나는 정보들이다. 따라서 이러한 정보의 대부분은 소급자료의 변환에 있어 기존의 목록카드나 표제면 등에서 얻을 수 있는 정보이며, 새로 구입한 자료의 경우에는 CIP(Cataloging in Publication)정보에서 얻을 수 있는 것들이다.

　MARC 레코드의 특징은 다른 정보처리상의 레코드와는 달리 레코드의 구조가 가변장의 구조를 가진다는 점이다. 이러한 가변장의 구조를 가진 레코드는 각 레코드마다 데이터의 길이가 길고 짧음에 따라 레코드의 길이가 일정하지 않게 된다. 따라서 이러한 가변장의 레코드는 정보처리상의 접근과 처리의 어려움이 수반되기 때문에 입력상에 있어 고정장과는 다른 방법을 사용하고 있다.

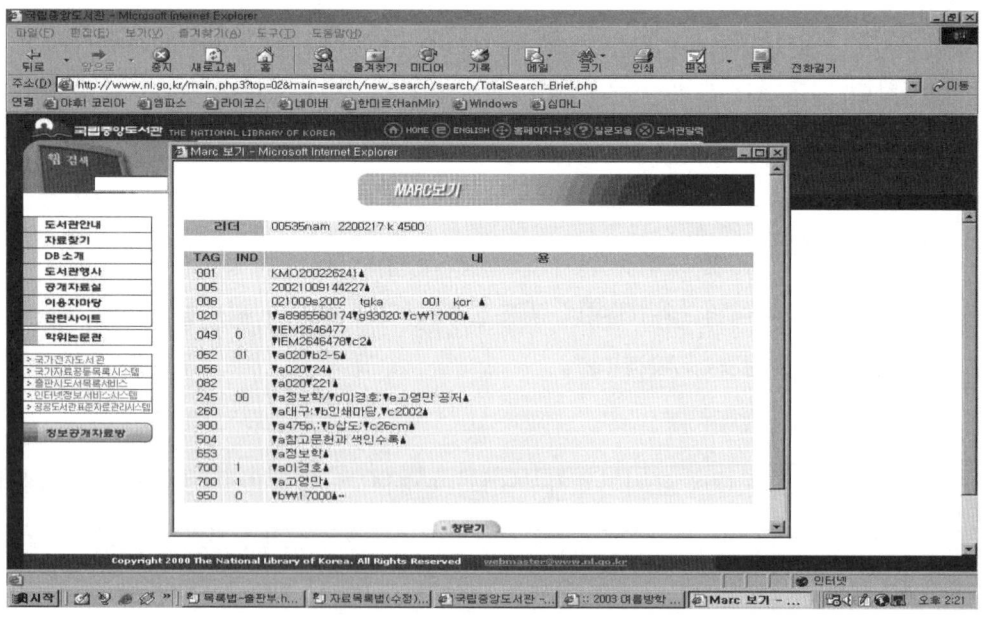

〈그림 3-5〉 KORMARC 서지레코드의 출력 예시

　가변장 데이터의 입력은 데이터의 입력에 앞서 해당 가변길이 데이터의 이름을 알려주는 고유번호인 표시기호를 사용한다. 표시기호를 사용하여 입력함으로써 프로그램에 의해

입력한 데이터의 길이와 상대적인 위치를 파악하여 디렉토리를 생성시킴으로써 목록카드의 작성을 가능하게 한다. 가변길이 데이터 필드에 대한 자세한 내용은 KORMARC 형식의 필드별 데이터입력에서 설명하기로 한다.

4) 목록 데이터 입력 방법

목록 데이터의 입력은 미리 정의하여 둔 데이터 유형별로 서로 다른 표시기호(또는 필드기호)를 앞세워 아래 예시와 같이 표시기호(tag), 지시기호(indicator positions), 식별기호(subfield codes)의 순으로 기술한다.

[예시]

여기에서 표시기호는 입력정보의 유형을 정의하며, 지시기호는 표시기호가 나타내는 정보 이외의 정보를 추가하여 나타내고자 사용하는 기호로서 그 필드의 첫 번째 2자리에 위치한다. 식별기호((▼a, ▼b, ▼c 등)는 가변길이 필드 내의 각 데이터 요소를 식별하기 위해 사용되는 부호로서 각 데이터 요소에 대해 2자리로 나타낸다. 식별기호의 순서는 일반적으로 목록규칙과 같은 순서를 따른다.

KORMARC 형식에 의한 서지데이터의 레코드와 입력화면 예시는 〈그림 3-6〉 및 〈그림 3-7〉와 같다

00585namÞÞ2200253ÞkÞ4500001001000000005001300010008004100023012001900064049
001000083052001700093056001100110082001200121090001100133100001100144245004
00015525000080020026003600208300003200244500001800276653001100294700001800305
9500010003239650011003335TUL234567%940720133412%920930s1992ÞÞÞtgkaÞÞÞÞÞ
ÞÞSCÞ001ÞÞÞkorÞÞ%ÞÞ ▼aKMO199205457ÞÞ%0Þ ▼aTULMC%01 ▼a020 ▼b이475ㅈÞ%
ÞÞ ▼a020 ▼23%ÞÞ ▼a020 ▼219%ÞÞ ▼a020 ▼23%1Þ ▼a이영자%10 ▼a정보학개론/ ▼d이
영자, ▼e이경호공저%ÞÞ ▼a4판%ÞÞ ▼a大邱: ▼b경북대학교출판부, ▼c1992%ÞÞ ▼axi,Þ3
78ÞÞp.Þ: ▼b삽화Þ; ▼c23Þcm%ÞÞ ▼a참고문헌Þ수록%ÞÞ ▼a정보학%1Þ ▼a이경호, ▼e공저%
ÞÞ ▼b₩7000%ÞÞ ▼a정보학&

〈그림 3-6〉 KORMARC 서지레코드 예시

```
001     TUL234567%
005     940720133412%
008     920930s1992b̸b̸b̸b̸tgkab̸b̸b̸b̸b̸b̸b̸SCb̸001b̸b̸b̸korb̸b̸%
012 b̸b̸ ▾aKMO199205457    %
049 0b̸ ▾aTULMC%
052 01 ▾a020▾b이475ㅈ%
056 b̸b̸ ▾a020▾23%
082 b̸b̸ ▾a020▾219%
090 b̸b̸ ▾a020▾23%
100 1b̸ ▾a이영자%
245 10 ▾a정보학개론b̸/▾d이영자,▾e이경호b̸공저%
250 b̸b̸ ▾a4판%
260 b̸b̸ ▾a대구b̸:▾b경북대학교출판부,▾c1992%
300 b̸b̸ ▾axi,b̸378b̸p.b̸:▾b삽화b̸;▾c23b̸cm%
500 b̸b̸ ▾a참고문헌b̸수록%
653 b̸b̸ ▾a정보학%
700 1b̸ ▾a이경호,▾e공저%
950 b̸b̸ ▾b₩7000%
965 b̸b̸ ▾a정보학&
```

〈그림 3-7〉 KORMARC 서지레코드의 입력화면 예시

1.3 설계원칙

KORMARC 형식은 각종 자료에 대한 서지정보의 교환을 목적으로 도서관시스템들 간의 레코드 교환에 필요한 명세를 제공한다.

1) 가변길이 필드 및 표시기호

가변길이 필드는 표시기호의 첫 번째 숫자에 따라 0-9까지의 블록으로 나누어진다. 각 블록은 레코드 내에서 데이터의 성격을 나타내며, 그 의미는 다음과 같다.

0XX 제어정보, 식별정보, 분류기호 등
1XX 기본표목
2XX 표제와 책임표시사항(표제, 책임표시, 판사항, 발행사항)
3XX 형태사항

4XX 총서사항
5XX 주기사항
6XX 주제명부출표목
7XX 주제명이나 총서명 이외의 부출표목, 연관저록필드
8XX 총서명부출표목, 소장정보 등
9XX 로컬필드

상기 1XX, 4XX, 6XX, 7XX, 8XX 블록 내에서 표시기호의 뒷부분 2자리의 숫자에는 일반적으로 다음과 같은 의미가 있다.

X00 개인명   X40 표제명
X10 단체명   X50 주제명
X11 회의명   X51 지명
X30 통일표제

2) 표시기호 및 식별기호 반복사용

표시기호의 반복사용 가능여부는 해당 표시기호에 한번 이상 반복 가능한 경우에는 '반복', 그렇지 않은 경우에는 '반복불가'라고 표시하였다. 식별기호의 반복사용 가능여부는 한번 이상 반복 가능할 경우에만 해당 식별기호에 '반복'이라 표시하였다.

3) 표시기호 적용수준

해당 표시기호의 적용수준은 '필수', '해당시필수', '재량'으로 표시하였다.
- 필수 - 해당되는 내용의 유무에 관계없이 반드시 적용해야 하는 표시기호
- 해당시필수 - 해당되는 내용이 있는 경우 반드시 적용해야 하는 표시기호
- 재량 - 해당되는 내용이 있는 경우에도 적용여부를 재량으로 정할 수 있는 표시기호

4) 자관필드

일부 표시기호는 자관에서의 사용을 위해 유보한다. 일반적으로 문자 '9'를 포함하는 표시기호는 블록의 의미내에서 자관이 필요로 하는 정보를 처리할 수 있는 자관필드로 사용한다. 도서관시스템간 자관필드의 통신은 통신되는 필드에 관한 모든 사항에 대하여 상호합의를 바탕으로 한다.

1.4 리더

리더는 레코드의 첫 번째 필드로서 24자(00-23)로 편성된 고정길이 필드이며, 숫자나 레코드의 처리에 필요한 매개변수를 정의하는 부호값으로 구성된다. 부호값은 숫자와 영문 소문자를 사용한다. 리더는 표시기호, 지시기호, 식별기호를 갖지 않으며, 각자의 위치에 의해 성격이 결정된다.[5]

자수위치	데이터 내용
00-04	레코드 길이
05	레코드 상태
06	레코드 유형
07	서지수준
08	제어유형
09	문자부호화체계
10	지시기호 자리수
11	식별기호 자리수
12-16	데이터 기본번지
17	입력수준
18	목록기술형식
19	다권본 자원의 레코드 수준
20-23	앤트리 맵

/00 - 04 레코드 길이: 5자리 숫자로 표시되며, 레코드 종단기호까지를 포함한 레코드 전체 길이를 나타낸다.

　예시　　00543

/05 레코드 상태: 1자리 문자기호로 표시되며, 파일유지와 갱신을 위하여 해당 레코드의 처리 및 기존 레코드와의 관계를 나타낸다.

　　a - 기존 레코드의 입력수준(리더 17=1, 2, 3, 4, 5, 7)을 완전수준으로 올린 레코드
　　c - 수정된 레코드　　　　d - 삭제 레코드
　　n - 신규레코드　　　　　p - CIP 레코드를 완전수준으로 올린 레코드

/06 레코드 유형: 콘텐츠나 자료의 다양한 형태에 따라 생성되는 MARC 레코드를 구분하

---

[5] 리더의 00-04, 10, 11, 12-16, 20-23번째 자리는 컴퓨터로 자동 생성된다.

는 것으로 1자리 영문자로 표시되며 자료의 형태를 나타낸다. 아래의 레코드 유형가운데 복합유형의 자료는 키트(o)와 복합자료(p)이며, 나머지는 단일유형의 자료에 해당된다.

a - 문자자료　　　c - 필사악보 이외의 악보　d - 필사악보　　e - 지도자료(구체 포함)
f - 필사지도　　　g - 평면영사자료　　　　　i - 녹음자료(음악이외)
j - 녹음자료(음악)　k - 평면비영사자료　　　　m - 전자자료　　o - 키트
p - 복합자료　　　r - 입체자료(실물)　　　　 t - 필사문자자료　w - 고서

/07 서지수준: 1자리 영문자로 표시되며, 사용되는 부호는 다음과 같다.
　　a - 모본에서 분리된 단행자료 성격의 구성요소
　　b - 모본에서 분리된 연속간행자료 성격의 구성요소　c - 집서　d - 집서의 하위단위
　　m - 단행자료/단일자료　　　s - 연속간행물　　i - 갱신자료(통합자료)

/08 제어유형
　　b - 특정 유형이 아님　　　a - 문서

/09 문자부호화체계: 레코드에서 사용한 문자부호화체계를 나타낸다.
　　b - KS X 1001　　　　　　a - UCS/Unicode
　　z - KS X 1001이나 UCS/Unicode 이외 문자부호

/10 지시기호 자리수: 1자리 숫자로 표시하며, 가변길이 데이터필드에서 사용되는 지시기호의 자리수를 나타낸다. 가변길이 데이터필드는 2자리의 지시기호를 가지므로 지시기호의 자리값은 항상 2가 된다.

/11 식별기호 자리수: 1자리 숫자로 표시하며, 가변길이 데이터필드에서 사용되는 식별기호의 자리수를 나타낸다. 식별기호는 1자리 구분기호(▼)와 1자리 데이터요소 식별기호를 가지므로 자리값은 항상 2가 된다.

/12 - 16 데이터 기본번지: 이는 제어필드의 시작위치(표시기호 001)를 5자리로 나타낸다. 기본번지는 리더, 디렉토리 항목에 소요된 자수, 필드종단기호를 합한 숫자가 된다.

[예시]

리더	24 자
디렉토리(디렉토리 항목이 15개인 경우)	180 자
필드종단기호	1 자
기본번지	00205자

/17 입력수준: 1자리로 문자기호로 표시하며 레코드의 서지정보 또는 서지레코드 내에 있는 내용의 완전성 여부를 나타낸다.

    ƀ - 완전수준: 실물을 직접 보면서 작성한 완벽한 KORMARC 레코드일 때 사용
    1 - 완전수준이나 기존 목록을 근거로 입력한 경우: 완전수준에 버금가는 수준의 레코드. 현존하는 기술부분을 기초하여 정보를 입력하나 실물자료는 다시 조사하지 않은 것임을 나타낸다. 주로 레코드의 소급변환에 적용
    2 - 중간수준(완전수준의 아래 수준으로 자료를 직접보고 작성하지 않은 경우)
    3 - 간략수준: 국가차원의 최소수준을 만족시키지 못하는 간단한 레코드.
    4 - 핵심수준: 종합목록과 같은 특별한 사업에서 정하는 수준을 만족시키는 경우에 적용
    5 - 예비수준: 작성 중에 있는 레코드
    7 - 최소수준: 국가차원의 서지레코드 명세를 충족시키는 레코드
    8 - 발행전수준: CIP 프로그램에 의해 작성된 레코드일 때 적용
    u - 미상   z - 적용불가

/18 목록기술형식: 목록기술형식은 1자리로 표시하며 입력된 레코드가 어떤 목록기술규칙에 의하여 작성된 것인지를 나타낸다.

    ƀ - ISBD 형식이 아닌 것   a - AACR2   c - KCR3판 이상
    i - ISBD   k - KORMARC 기술규칙   u - 미상
    n - ISBD 형식이 아니며 구두점 생략

/19 다권본 자원의 레코드 수준: 자료가 적용되는 레코드 수준 및 레코드 종속성을 나타낸다. 서로 다른 상황의 레코드 처리를 용이하게 하는 정보이다.

    ƀ - 세분하지 않거나 해당되지 않음   a - 세트   b - 독립표제를 지닌 부분
    c - 종속표제를 가진 부분

/20 - 23 엔트리 맵: 4자리로 표시하며 디렉토리의 필드길이, 필드시작위치의 자리수와 실행위치의 자리수, 미지정 엔트리 맵의 자리수를 나타낸다.

/20 필드길이의 자리수: 1자리 숫자로 표시하며, 디렉토리에서 필드길이를 나타내는 자리수로 항상 4가 된다.

/21 필드시작위치의 자리수: 1자리 숫자로 표시하며, 디렉토리에서 필드 시작위치를 나타내는 자리수로 항상 5가 된다.

/22 실행위치의 자리수: 1자리 숫자로 표시하며, KORMARC에서는 정의되지 않았으므로 항상 0이 된다.

/23 미지정 엔트리 맵의 자리수: 1자리 숫자로 표시하며, KORMARC에서는 정의되지 않았으므로 항상 0이 된다.

앞서 살펴본 바와 같이 리더에서 가장 먼저 나오는 부분은 레코드의 길이(00-04)이다. 이것은 프로그램적인 처리로 자동적으로 수행되는 만큼 사용자와는 직접적인 관계가 없다. 대부분의 이용자들은 레코드의 길이에 이어 나오는 3개의 데이터 요소에 관심을 가진다. 이들은 레코드 상태(05), 레코드 유형(06), 서지수준(07)이다.

레코드 상태(05)에는 보통 n이나 d를 입력한다. n은 신규레코드를 의미하고, d는 데이터베이스에서 삭제하고자 하는 레코드를 의미한다. 레코드 유형(06)에서는 목록하고자 하는 레코드의 매체를 입력한다. 도서나 연속간행물과 같이 언어로 기록된 자료는 a를 입력하고, 원고나 고문서는 b를 입력한다. 서지 수준(07)에서는 단행본은 m, 연속간행물은 s 등과 자료의 유형을 입력한다. 대부분의 단행본 도서는 nam이 되고, 연속간행물은 nas이다.

1.5 디렉토리

디렉토리는 리더 뒤에 나오는 것으로 어떤 필드가 어느 위치에 있으며 길이가 얼마인가를 지시해주는 데이터가 기재된다. 각 표시기호에 대해서 한 개씩의 디렉토리 항목이 만들어지며, 이 디렉토리 항목은 표시기호, 필드길이, 필드시작위치 세 부분으로 편성된다. 디렉토리 항목은 12자를 한 단위로 하며, 한 레코드에서 디렉토리 항목의 수는 입력된 표시기호 수와 동일하다. 디렉토리는 시스템이 자동 생성하며, 자신의 표시기호, 지시기호, 식별기호를 갖지 않고 끝에는 필드종단기호를 갖는다. 〈그림 3-8〉은 디렉토리 항목의 표시기호, 필드길이, 시작위치를 예시한 것이다.

/00-02 표시기호: 3자리 숫자로 표시하며, 각 가변길이필드를 식별하기 위함

/03-06 필드길이: 4자리 숫자로 표시하며, 해당 가변길이필드의 길이를 나타낸다. 필드길이에는 해당 필드의 지시기호, 식별기호, 데이터 및 필드 종단기호가 포함됨

07-11 필드시작위치: 5자리 숫자로 표시하며, 해당 필드가 데이터 기본번지(리더 12-16)로부터 시작하는 위치를 나타냄

디렉토리 항목	표시기호	필드길이	시작위치
항목1	001	0012	00000
항목2	003	0004	00012
항목3	005	0027	00016
항목4	008	0041	00043
항목5	010	0016	00084
항목6	040	0013	00100
항목7	050	0015	00113
항목8	245	0037	00128

nam	001001200000	003000400012	005002700016
리더(24)	디렉토리1(12)	디렉토리2(12)	디렉토리3(12)

008004100043	010001600084	040001300100	050001500113	245003700128
디렉토리4(12)	디렉토리5(12)	디렉토리6(12)	디렉토리7(12)	디렉토리8(12)

➤ 008은 표시기호

➤ 0041은 부호화 정보필드(008)의 데이터 길이

➤ 00043은 008 필드의 데이터가 시작되는 위치

〈그림 3-8〉 KORMARC 서지레코드의 디렉토리 예

2 KORMARC 형식의 필드별 데이터입력

2.1 제어필드(00X)

001	제어번호	003	제어번호 식별기호
005	최종처리일시	006	부호화정보필드-부가적 자료특성
007	형태기술필드	008	부호화정보필드

001 필드에서 009 필드까지를 제어필드라고 하며, 제어번호, 기계가독형 서지레코드의 처리에 사용되는 제어용정보와 부호화정보를 포함하고 있다. 제어필드에서는 지시기호와 식별기호는 사용되지 않는다.

1) 001 제어번호(Control Number)　　　　　　　　　　　　[반복불가, 필수]

이 필드에는 레코드를 작성, 사용 또는 배포하는 기관에 의해 부여된 제어번호를 기술한다. 교환을 목적으로 할 때는 교환을 주도하는 기관에서 제어번호의 구조와 입력규칙에 관한 설명서를 상대기관에 제공해야 한다.

001 필드에 나타나는 시스템 제어번호가 어느 기관의 것인지 구별하기 위해 003 필드(제어번호 식별기호)에 해당 부호를 기술한다. 레코드를 받는 기관은 001 필드에 기록된 제어번호(003 필드의 제어번호 확인부호와 함께)를 012(국립중앙도서관 제어번호), 010 필드(미국의회도서관 제어번호), 035 필드(협력기관 제어번호) 중 해당필드로 옮기고 자관의 제어번호를 이 필드에 입력할 수 있다. 제어번호는 그 레코드에 대한 으뜸키로서의 역할을 한다. 이 필드에서는 지시기호나 식별기호를 사용하지 않는다.

> [예시]　001　　KMO199200234▶▶
> 　　　　003　　011001
>
> 　　　　001　　DM199154245100
> 　　　　003　　101113
> 　　　　012　　KDM199154245▶▶

2) 003 제어번호 식별기호(Control Number Identifier)　　[반복불가, 필수]

이 필드는 001 필드에서 제시된 시스템 제어번호를 부여한 기관의 부호를 기술한다. 국내도서관의 경우 부록 7(한국도서관부호표)의 해당 부호를 기술하고 외국의 도서관)인 경우에는 그 기관명을 MARC Code List fot Organizations에 의거하여 기술한다. 이 필드에는 지시기호나 식별기호를 사용하지 않는다. 003 필드는 일반적으로 시스템에서 생성된다.

> [예시]　001　　KMO199200234▶▶
> 　　　　003　　011001
>
> 　　　　001　　14919759
> 　　　　003　　OCoLC

3) 005 최종처리일시 [반복불가, 필수]

이 필드에는 가장 최근에 발생한 레코드내의 데이터 변경일시를 14자리로 기술한다. 첫 8자리는 yyyymmdd(4자리-년도, 2자리-월, 2자리-일)로 표시하고 다음 6자리는 hhmmss(2자리-시간, 2자리-분, 2자리-초)로 표시한다. 시간은 24시간 방식(00-23)을 사용한다. 최초로 레코드가 입력된 날짜는 008/00-05 필드에 수록되며 수정되지 않는다. 이 필드에서는 지시기호나 식별기호를 사용하지 않는다. 005 필드는 레코드 상에서 자동 생성한다.

예시 00519911120182630 (1991년 11월 20일 오후 6시 26분 30초)
　　　00519920302150408 (1992년 3월 2일 오후 3시 4분 8초)

4) 006 부호화정보필드-부가적 자료 특성 [반복불가, 재량]

이 필드는 14자리(00-13)로 구성되며, 입력 대상자료에 다른 형태의 자료가 포함되어 있거나 딸림자료가 있는 경우, 이에 관한 정보를 나타내기 위해 사용된다. 첫 번째 자리(00)에는 형태가 다른 자료나 딸림자료의 자료형태를 표시하고, 01-13 자리에는 008 필드의 18-25, 29-31, 33-34 자리의 내용을 표시한다. 이 필드에서는 지시기호나 식별기호를 사용하지 않는다.

5) 007 형태기술필드(Physical Description Fixed Field) [반복, 재량]

형태기술필드는 자료의 형태사항에 관한 상세한 정보를 부호로써 알려주기 위한 필드이다. 이 필드는 자료형태에 따라 02자리부터 23자리까지의 각기 다른 고정길이 필드로 구성되며, 그 길이는 007 필드의 첫 번째 자리(자료범주표시)에 의해 정해진다. 자료별 데이터의 요소와 자릿수는 아래와 같다.

〈문자자료〉
/00 자료범주표시: 자료범주표시는 한자리로 나타낸다. 사용되는 부호는 다음과 같다.
　　　　t - 문자자료(text)

/01 특정자료종별: 특정자료종별은 한자리로 나타낸다. 사용되는 부호는 다음과 같다.
　　　　a - 일반 인쇄자료　　　b - 큰 활자 인쇄자료
　　　　c - 점자자료　　　　　d - 가제식 자료
　　　　u - 자료를 특정화하지 않음　z - 기타　　｜- 부호화하지 않음

〈전자자료〉

/00 자료범주표시: 자료범주표시는 한자리로 나타낸다. 사용되는 부호는 다음과 같다.

  c - 전자자료

/01 특정자료종별: 특정자료종별은 한자리로 나타낸다. 사용되는 부호는 다음과 같다.

  a - 테이프 카트리지   b - 칩 카트리지
  c - 컴퓨터 광디스크 카트리지 f - 테이프 카세트
  h - 테이프 릴 j - 마그네틱 디스크 k - 컴퓨터 카드
  m - 광자기 디스크 o - 광디스크 r - 원격(remote)
  s - 독립 실행형 장치 u - 자료를 특정화하지 않음
  z - 기타 | - 부호화하지 않음

/02 미정의

/03 색채: 색채의 특성을 한자리로 표시하며, 사용되는 부호는 다음과 같다.

  a - 단색 b - 흑백색 c - 천연색
  g - 회색조 m - 혼합   n - 적용불가
  u - 미상 z - 기타 | - 부호화하지 않음

/04 규격: 가장 일반적인 크기 하나만을 한자리로 표시하며 사용되는 부호는 다음과 같다.

  a - 3 1/2 in. e - 12 in. g - 4 3/4 in. 또는 12 cm
  i - 1 1/8 × 2 3/8 in.   j - 3 7/8 × 2 1/2 in.
  n - 적용불가 o - 5 1/4 in. u - 미상
  v - 8 in. z - 기타 | - 부호화하지 않음

/05 음향: 음향의 수록여부를 한자리 부호로 나타낸다.

  ♭ - 무성 a - 유성 u - 기타 | - 부호화하지 않음

/06~08 이미지의 비트 깊이: 전자자료에 포함된 이미지의 비트 깊이를 세 자리의 숫자 또는 문자로 나타낸다.

  001-999 - 정밀 비트 깊이 mmm - 복합 nnn - 적용불가
  --- - 미상 | | | - 부호화하지 않음

/09 파일형식의 종수: 전자자료에 포함된 동일포맷이나 디지털형태로 재포맷된 자료의 파일형식을 한자리 부호로 나타낸다.

  a - 동일한 종류의 파일 m - 여러 종류의 파일
  u - 미상 | - 부호화하지 않음

/10 품질보증지표: 전자자료를 재포맷하거나 생성할 때 품질보증지표가 적절하게 포함되어 있는지의 여부를 한자리 부호로 나타낸다.

   a - 없음   n - 적용불가   p - 있음
   u - 미상 | - 부호화하지 않음

/11 원시자료의 정보원: 디지털방식으로 재포맷된 자료의 생성과 이용, 관리상 중요한 디지털파일의 선행자료 또는 원정보원을 한자리 부호로 나타낸다.

   a - 원시자료로부터 재생산된 파일
   b - 마이크로자료로부터 재생산된 파일
   c - 전자자료로부터 재생산된 자료
   d - 중간매개자료(마이크로자료 제외)로부터 재생산된 자료
   m - 혼합   n - 적용불가   u - 미상 | - 부호화하지 않음

/12 압축수준: 압축종류를 한자리 부호로 나타낸다.

   a - 압축하지 않음   b - 무손실 압축   d - 유손실 압축
   m - 혼합압축   u - 미상 | - 부호화하지 않음

/13 재포맷의 품질: 재포맷 품질에 관하여 한자리 부호로 나타낸다.

   a - 접근   b - 적용불가   p - 보존
   r - 대체물   u - 미상 | - 부호화하지 않음

[예 시]   007 cjbcab

    (입력대상자료가 3 1/2 in. 크기의 디스켓에 들어 있는 전자자료로 천연색의 비디오 인터페이스가 가능한 무성자료임)

   007 cobcga

    (입력대상자료가 4 3/4 in. 크기의 CD-ROM에 들어 있는 쌍방향 소프트웨어와 데이터로, 음향이 들어 있고 천연색으로 볼 수 있는 자료임)

〈지도자료〉
/00 (자료범주표시: a)
/01 (특정자료종별)
/02 (미정의)
/03 (색채)
/04 (물리적 매체)
/05 (복제유형)
/06 (제작/복제내용)
/07 (감광상태)

〈평면영사자료〉
/00 (자료범주표시: g)
/01 (특정자료종별)
/02 (미정의)
/03 (색채)
/04 (감광유제)
/05 (음향유무)
/06 (음향수록 매체)
/07 (필름의 폭)
/08 (틀의 재질)

〈녹음자료〉
/00 (자료범주표시: s)
/01 (특정자료종별)
/02 (미정의)
/03 (속도)
/04 (녹음재생형태)
/05 (음구의 폭/높이)
/06 (크기)
/07 (테이프 폭)
/08 (테이프 트랙의 수)
/09 (음반, 실린더, 테이프의 종류)
/10 (재질)
/11 (음구의 깎임 종류)
/12 (특수재생장치 특성)
/13 (녹음/저장 기법)

〈비디오녹화자료〉
/00 (자료범주표시: v)
/01 (특정자료종별)   /02 (미정의)
/03 (색채)
/04 (비디오 녹화형식)
/05 (음향유무)
/06 (음향수록 매체)
/07 (필름의 폭)
/08 (음향의 재생상태)

〈구체〉
/00 (자료범주표시: d)
/01 (특정자료종별)   /02 (미정의)
/03 (색채)
/04 (물리적 매체)
/05 (복제유형)

〈평면비영사자료〉
/00 (자료범주표시: k)
/01 (특정자료종별)
/02 (미정의)
/03 (색채)
/04 (기본재료)
/05 (틀의 재질)

〈마이크로자료〉
/00 (자료범주표시: h)
/01 (특정자료종별)
/02 (미정의)
/03 (감광상태)
/04 (규격)
/05 (축소비율의 범위)
/06-08 (축소비율)
/09 (색채)
/10 (감광유제)
/11 (복제단계)
/12 (필름의 기본재료)

〈영화〉
/00 (자료범주표시: m)
/01 (특정자료종별)
/02 (미정의)
/03 (색채)
/04 (스크린 형태)
/05 (음향유무)
/06 (음향수록 매체)
/07 (필름의 폭)
/08 (음향의 재생상태)
/09 (제작요소)
/10 (감광상태)
/11 (복제단계)
/12 (필름의 기본재료)
/13 (색채의 범주)
/14 (다채색 인화유형)
/15 (변질상태)
/16 (필름의 완전성)
/17-22 (필름검사일자)

〈원격탐사도〉
/00 (자료범주표시: r)
/01 (특정자료종별)
/02 (미정의)
/03 (탐사기 고도)
/04 (탐사기 각도)
/05 (구름 비율)
/06 (탑재기 유형)
/07 (탑재기 이용범주)
/08 (탐사기 유형)
/09-10 (데이터 유형)

〈촉감자료〉
/00 (자료범주표시: f)
/01 (특정자료종별)   /02 (미정의)
/03-04 (점자표기의 유형)
/05 (축약수준)
/06-08 (점자악보 형식)
/09 (형태적 특징)

〈키트(y), 악보(q), 고서(o), 형태를 구분할 수 없는 자료(z) 등〉
/00 (자료범주표시)
/01 (특정자료종별)

6) 008 부호화 정보필드(Fixed-Length Data Elements) [반복불가, 필수]

부호화 정보필드는 40자리의 고정된 필드로써 레코드 전반 및 서지적인 특성에 대한 정보를 데이터 관리 및 검색에 편리하도록 부호화 하여 나타낸다. 지시기호와 식별기호는 사용하지 않으며, 입력되는 정보는 아래와 같다. 〈그림 3-9〉는 모든 형태의 자료에 동일하게 적용되는 공통요소이며, 나머지 요소는 각 자료의 특성에 따라 상이하게 적용된다.

자수위치	데이터 요소	자수
00-05	입력일자	6
06	발행년유형	1
07-10	발행년 1	4
11-14	발행년 2	4
15-17	발행국명	3
26-27	한국대학부호(고서는 미정의)	2
28	수정레코드	1
32	목록정보원	1
35-37	언어	3
38-39	한국정부기관부호(고서는 미정의)	2

〈그림 3-9〉 부호화 정보필드의 입력요소: 공통

〈008 필드 - 공통〉

/00 - 05 (입력일자): 해당 자료가 최초로 입력되는 일자를 6자리로 표시하며, 처음 2자리는 연도를 나타내고 나머지 4자리는 월과 일을 각각 2자리씩 나누어 나타낸다. 이는 컴퓨터로 자동 생성되며, 데이터수정이 있더라도 변경되지 않는다. 데이터수정이 있거나 데이터에 변경이 생길 때는 005 필드(최종처리일시)에 표시된다.

/06 (발행년 유형): 발행년 유형부호는 알파벳 1자리로 표시하며 뒤이어 기술되는 발행년 1(07-10), 발행년 2(11-14)에 따라 결정된다. 연속하여 발행되는 자료에 대해서는 008/06의 발행년 유형 자리에 표시한다. 대부분의 레코드 발행년도는 260 필드 또는 362 필드, 주기사항 필드로부터 얻는다. 발행년 유형과 발행년 1, 발행년 2에 입력되는 연도와의 관계는 다음과 같다.

b - 기원전연도(BC) | - 부호화하지 않음

- 단일연도
  - e - 상세발행일
  - s - 단일연도
- 복수연도
  - i - 수집된 자료의 전체 포괄연도
  - k - 수집된 자료 중 대다수 자료의 포괄연도
  - m - 복수연도
  - p - 배포연도/제작연도
  - r - 복제연도/원본연도
  - t - 발행연도/판권연도
- 연도를 알 수 없는 경우
  - n - 발행년불명
  - q - 추정년도
- 연속간행물
  - c - 계속 간행되고 있는 간행물
  - d - 종간된 간행물
  - u - 간행상태를 알 수 없음

예시 발행연도/판권연도

발행년	유형부호	발행년 1	발행년 2
1979, c1976	t	1979	1976

예시 복수연도

발행년	유형부호	발행년1	발행년2
1966-1990	m	1966	1990
1978-	m	1978	9999
-1985	m	▨▨▨▨	1985

예시 발행연도 불명

발행년	유형부호	발행년 1	발행년 2
[n.d.]	n	▨▨▨▨	▨▨▨▨
[발행년불명]	n	▨▨▨▨	▨▨▨▨

예시 추정연도

발행년	유형부호	발행년 1	발행년 2
1968-1978	q	1968	1978
196 -	q	1960	1969
19 -	q	1900	1999

예시 단일연도

발행년	유형부호	발행년 1	발행년 2
1979	s	1979	▶▶▶▶
c1976	s	1976	▶▶▶▶
1978(확인 1979)	s	1979	▶▶▶▶
1978(?)	s	1978	▶▶▶▶

/07 - 10 (발행년 1): 발행년 1은 4자리로 표시하며, 발행년 유형에서 정의된 내용에 따라 나타낸다.

/11 - 14 (발행년 2): 발행년 2는 4자리로 표시하며, 발행년 유형에서 정의된 내용에 따라 나타낸다.

/15 - 17 (발행국명): 발행국명은 3자리로 표시하며 해당 자료가 발행된 국가의 부호를 기술한다. 한국은 3자리의 부호로 나타내며, 기타 각국은 2자리의 부호를 좌측으로 맞추고 1자리는 빈칸으로 채운다.

예시 008/15-17 ulk
260▶▶ ▼a서울 : ▼b문화출판사, ▼c1990

008/15-17 us▶
260▶▶ ▼a[New York] : ▼bGardner & Co., ▼cc1899

/18 - 25 (특정자료종별): 각 자료유형별로 정의되어 있다.

/26 - 27 (한국대학부호): 한국대학부호는 2자리로 표시하며, 대학에서 간행한 자료에 대하여 기술한다. 학위논문도 대학간행물로 간주하여 포함하며, 해당사항이 없을 경우 빈칸으로 나타낸다. 고서는 '미정의'.

/28 (수정레코드): 수정레코드는 1자리로 표시하며, 레코드 생성시 서지정보의 일부분이 단축되었거나, 입력이 불가능한 특수문자·수학기호·부호 등이 생략된 경우 서지정보의 일부 또는 전부를 기계적 제한으로 인하여 한글로 풀어서 입력하는 등 데이터의 단축 또는 변형이 발생하였을 때 그 유형을 나타낸다. 사용되는 부호는 다음과 같다.

▶ - 변형없음　　　　　　　b - 문자를 빈칸으로 입력한 경우
h - 한자를 한글로 입력한 경우　r - 로마자 이외의 문자를 로마자로 입력한 경우
s - 레코드의 단축
x - 한자 이외의 문자를 한글로 변형 입력한 경우

/32 (목록전거): 목록전거는 1자리로 표시하며, 입력된 데이터가 어떤 목록에 따라 편성된 것인지를 나타낸다. 사용되는 부호는 다음과 같다.

　　　　ƀ - 국가서지작성기관　　　　a - 자관
　　　　c - 협력기관　　　　　　　　d - 기타 기관
　　　　u - 미상　　　　　　　　　　| - 부호화하지 않음

/35 - 37 (언어): 해당 자료에 사용된 언어는 3자리로 표시하며, 국립중앙도서관이 관리하는 언어구분부호표에 의거하여 부여된다. 부호의 선택은 해당 자료에서 우위를 차지하는 언어에 기초하여 부여한다. 번역물은 원본의 언어가 아니라 번역물의 언어를 기술하며, 원본의 언어는 041 필드의 ▼h에 기술한다. 보다 특수한 경우에는 다음의 부호들이 사용된다.

　　　　ƀƀƀ - 해당 정보 없음　　　　　　mul - 복수 언어
　　　　sgn - 수화(手話)
　　　　und - 미상(해당 자료의 언어를 결정할 수 없는 자료)
　　　　zxx - 언어콘텐츠 없음　　　　　||| - 부호화하지 않음

/38 - 39 (한국정부기관부호): 한국정부기관부호는 두 자리로 표시하며, 한국 정부기관에서 간행한 자료에 대하여 기술한다. 해당사항이 없으면 빈칸으로 나타낸다. 고서는 '미정의'.

〈도서〉

/18 - 21 (삽화표시): 삽화표시는 4자리로 표시하며, 1자리로 정해진 부호에 의해 4종류까지 나타낼 수 있다. 만일 삽화표시 부호가 4자리에 미치지 못한 경우에는 좌측으로 맞추고 나머지는 빈칸으로 채운다. 삽화표시 부호가 4개 이상일 경우에는 중요한 삽화표시 부호 4개만을 선정하여 알파벳순에 의해 기술한다. 사용되는 부호는 다음과 같다.

　　　　ƀ - 해당 없음　　　　　a - 삽화　　　　　　　　b - 지도
　　　　c - 초상화(또는 인물사진)　d - 도표　　　　　　　e - 설계도
　　　　f - 도관　　　　　　　　g - 악보　　　　　　　　h - 영인물
　　　　i - 문장(紋章)　　　　　j - 계보　　　　　　　　k - 서식 및 양식
　　　　l - 견본　　　　　　　　m - 녹음자료　　　　　　l - 견본
　　　　m - 녹음자료　　　　　　o - 사진　　　　　　　　p - 채색장식
　　　　|||| - 부호화하지 않음

/22 (이용대상자 수준): 이용대상자 수준은 1자리로 표시하며, 자료를 이용할 주 대상자를 나타낸다.

    ᄔ - 일반이용자용   a - 취학전 아동   b - 초등학생
    c - 중학생   d - 고등학생   e - 성인용
    f - 특수계층   j - 아동용   z - 미상 또는 세분하지 않음
    | - 부호화하지 않음

/23 (개별자료 형태): 해당 자료의 형태를 1자리로 표시하며, 사용되는 부호는 다음과 같다.

    ᄔ - 기타   a - 마이크로필름   b - 마이크로피시
    c - 마이크로오패크   d - 큰 활자인쇄자료   f - 점자자료
    o - 온라인   q - 직접접근 전자자료   s - 전자자료
    r - 인쇄물 형태의 복제자료 | - 부호화하지 않음

/24 - 25 (내용형식): 내용형식은 2자리로 표시하며, 자료의 전체 또는 주요부분이 정의된 내용형식 부호에 해당하는 경우에 한하여 나타낸다. 만일 내용형식부호가 2자리에 미치지 못할 경우 좌측으로 맞추고 나머지는 빈칸으로 채운다. 내용형식부호가 2개 이상일 경우에는 중요한 내용형식부호 2 개만을 선정하여 알파벳순에 의해 기술한다. 사용되는 부호는 다음과 같다.

    ᄔ - 해당 없음   a - 초록   b - 서지
    c - 목록   d - 사전   e - 백과사전
    f - 편람   g - 법률논문   i - 색인
    j - 족보   k - 음반목록   l - 법령집
    m - 학위논문   n - 조사보고   o - 평론
    p - 프로그램화된 텍스트   q - 영화작품목록   r - 명감
    s - 통계자료   t - 기술보고서   u - 표준/표준해설자료
    v - 판례집 및 판례평석   w - 판결문 및 판결요약
    y - 연감   z - 조약, 협정문   2 - 별쇄본
    5 - 역서(calendars)   6 - 만화/그래픽 노블 || - 부호화하지 않음

/29 (회의간행물): 회의간행물은 1자리로 표시하며, 해당 자료가 어떤 회의의 회의록, 보고서, 요약문집인지를 나타낸다. 사용되는 부호는 다음과 같다.

    0 - 회의간행물이 아님   1 - 회의간행물임 | - 부호화하지 않음

/30 (기념논문집): 기념논문집은 1자리로 표시하며, 해당 자료가 기념논문지인지 여부를 나타낸다. 사용되는 부호는 다음과 같다.

    0 - 기념논문집이 아님   1 - 기념논문집임 | - 부호화하지 않음

/31 (색인): 색인은 1자리로 표시하며, 해당 자료가 색인을 포함하고 있는 여부를 나타낸다. 사용되는 부호는 다음과 같다.

    0 - 색인이 없음   1 - 색인이 있음 | - 부호화하지 않음

/33 (문학형식): 문학형식은 1자리로 표시하며, 해당 자료가 문학작품인 경우에 그 형식을 나타낸다. 사용되는 부호는 다음과 같다.

    ƀ - 해당 없음   d - 희곡 및 시나리오   e - 수필
    f - 소설   h - 풍자문학(만화 제외)
    i - 서간문학(자서전 성격의 저작은 008/34의 전기를 적용)
    j - 단편소설(꽁트 포함)   k - 추리소설
    l - 논픽션(르뽀, 다큐멘터리 소설 포함)
    m - 기행문, 일기문, 수기 등   p - 시
    s - 연설문, 웅변관계 저작 포함   t - 논설문
    u - 평론   v - 문집   w - 향가, 시조, 가사, 구비문학
    | - 부호화하지 않음

/34 (전기): 전기는 1자리로 표시하며, 해당 자료가 전기물인 경우에 그 전기적 특성을 나타낸다. 사용되는 부호는 다음과 같다.

    ƀ - 해당 없음   a - 자서전
    b - 개인전기서   c - 전기물의 합저서
    d - 전기적 정보가 포함된 자료 | - 부호화하지 않음

〈전자자료〉
/18-21, /24, /29-31, /33-34 (미정의)
/22 (이용대상자 수준)
/23 (개별자료 형태)
/25 (전자자료의 유형)

〈복합자료〉
/18-22, /24-25, /29-31, /33-34 (미정의)
/23 (자료의 형태)

〈지도자료〉
/24, /30 (미정의)
/18-21 (모형도)
/22-23 (도법)
/25 (지도자료의 유형)
/29 (개별자료 형태)
/31 (색인)
/33-34 (형태상의 특징)

〈음악/녹음자료〉
/29, /34 (미정의)
/18-19 (작곡형식)
/20 (악보형식)
/21 (악보 파트보)
/22 (이용대상자 수준)
/23 (개별자료 형태)
/24-25 (딸림자료)
/30-31 (녹음자료의 내용)
/33 (조 옮김 및 편곡)

〈시청각자료〉
/21, /23-25, /30-31 (미정의)
/18-20 (영화나 비디오 녹화자료의
       상영시간)
/22 (이용대상자 수준)
/29 (개별자료 형태)
/33 (시청각자료의 유형)
/34 (기술수준)

〈계속자료〉
/20, /30-31 (미정의)
/18 (간행빈도)
/19 (정규성)
/21 (계속자료의 유형)
/22 (원자료의 발간형식)
/23 (개별자료 형태)
/24-25 (내용형식)
/29 (회의간행물)
/33 (표제의 언어)
/34 (표제·기본표목 변경 시 레코드
     생성 방식)

〈고서〉
/26-27, /38-39 (미정의
/18 (삽화표시)
/19 (광곽)
/20 (사경 및 사본의 계선)
/21 (판구)
/22 (어미)
/23 (개별자료 형태)
/24-25 (내용형식)
/29-31 (판종)
/33 (문학형식)
/34 (전기)

2.2 숫자와 부호필드(01X~09X)

이 필드에는 각종 숫자와 부호로 구성되는 정보를 나타내며, 지시기호와 식별기호를 사용한다.

1) 010 미국의회도서관 제어번호   [반복불가, 해당시필수]

LC에서 서지레코드에 부여한 으뜸키인 레코드의 제어번호를 기술한다. 지시기호는 ▶▶(미정의)이며, 식별기호6)의 사용법은 다음과 같다.

010 ▶▶ ▼aLC제어번호 ▼z취소/사용하지 않는 LC제어번호[반복]

[예시] 010 ▶▶ ▼a▶▶85153773▶
　　　　010 ▶▶ ▼anuc76039265▶
　　　　010 ▶▶ ▼a▶▶76647633▶ ▼zsc▶76000587▶

2) 012 국립중앙도서관 제어번호   [반복불가, 해당시필수]

국립중앙도서관에서 서지레코드에 부여한 으뜸키인 KORMARC 레코드의 제어번호를 기술한다. 국립중앙도서관으로부터 배포된 레코드는 표시기호 001의 제어번호를 표시기호 012로 옮기고, 표시기호 001에는 해당기관의 제어번호를 기술한다. 지시기호는 ▶▶이며, 식별기호 사용법은 다음과 같다.

012 ▶▶ ▼a국립중앙도서관 제어번호
　　　 ▼z취소/ 사용하지 않는 국립중앙도서관 제어번호 [반복]
　　　 ▼8필드링크와 일련번호

〈국립중앙도서관 제어번호 구조〉

제어번호는 4부분으로 구성되어 편성된다. 총 자릿수는 14자리이며, 그 내역은 아래와 같다.

자수위치	데이터요소	자수
00-02	자료구분부호	3
03-06	연도	4
07-11	일련번호	5
12-13	빈칸	2

---

6) 지금부터의 모든 표시기호 내에서 식별기호의 반복사용 여부에 대해서는 반복사용이 가능한 부분은 [반복]이란 표시를 하며, [반복]이란 표시가 없는 부분은 모두 반복사용이 허용되지 않는 부분이다.

|예시| 012 ▯▯ ▼aKMO198000155▯▯ (한국자료 - 도서)
　　　 012 ▯▯ ▼aKDM199000155▯▯ (한국자료 - 학위논문)
　　　 012 ▯▯ ▼aWMO198800155▯▯ (서양자료 - 도서)
　　　 012 ▯▯ ▼aEVM199100155▯▯ (일본자료 - 시청각자료)

3) 013 특허제어정보 [반복, 재량]

특허자료를 제어하기 위해 사용된다. 지시기호는 ▯▯이며, 식별기호의 사용법은 다음과 같다.

013 ▯▯ ▼a번호 ▼b국가 ▼c번호의 유형 ▼d일자[반복] ▼e상태[반복] ▼f관계기관[반복]

|예시| 013 ▯▯ ▼a67-Sc41534 ▼bgw ▼cC1 ▼d19671108

4) 015 국가서지번호(National Bibliography Number) [반복, 재량]

목록의 전거가 외국의 국가서지로부터 채택된 경우 국가부호와 그 서지에 나타나 있는 번호를 이 필드에 기술한다. 한 종의 자료가 둘 이상의 국가서지번호를 부여받은 경우 이를 모두 기술한다. 지시기호는 ▯▯이며, 식별기호의 사용법은 다음과 같다.

015 ▯▯ ▼a국가서지번호[반복] ▼q부가적 식별정보[반복] ▼z취소/사용하지 않는 국가서지번호[반복] ▼2정보원 ▼6대체문자 연결 ▼8필드 링크와 일련번호[반복]

|예시| 015 ▯▯ ▼a84-3117 ▼2nf
　　　　　 (프랑스국립도서관의 국가서지 부호)

5) 017 저작권 등록번호 [반복, 재량]

자료의 저작권 등록번호 또는 법정 납본번호를 기술한다. 지시기호는 ▯▯이며, 식별기호의 사용법은 다음과 같다.

017 ▯▯ ▼a저작권 등록번호[반복] ▼b번호부여기관 ▼d일자 ▼i설명어구 표시

|예시| 017 ▯▯ ▼aEU781596 ▼bU.S. Copyright Office
　　　 017 ▯▯ ▼aF31401 ▼aF31405 ▼bU.S. Copyright Office

6) 020 국제표준도서번호(ISBN) [반복, 해당시필수]

ISBN, 입수조건, 그리고 부가기호 및 취소/사용하지 않는 ISBN 등을 기술한다. 한 저작의 각기 다른 판(edition)에 대하여 각각의 ISBN이 부여되었거나, 다권본 또는 총서의 각 권과 전체에 대하여 각각의 ISBN이 부여된 경우 이 필드를 반복하여 사용한다. 지시기호와 식별기호의 사용법은 다음과 같다(〈그림 3-10〉 참조).

  제1지시기호   제2지시기호
   b - 낱권번호   b - 미정의
   1 - 세트번호

  020 bb ▼a국제표준도서번호 ▼q부가적 식별정보[반복] ▼g부가기호
    : ▼c입수조건 ▼z취소/사용하지 않는 국제표준도서번호[반복]

[예 시]
  020 bb ▼a890000056X ▼g03180 : ▼c₩3800
  020 bb ▼a8932303487 ▼g03810 (1권) : ▼c₩4000
  020 1b ▼a8932403460 (세트)
  020 bb ▼a0701004819 : ▼c£6.30

[출력형식]
  ISBN 89-00-00056-X 03180 : ₩3800
  ISBN 89-323-0348-7 03810 (1권) : ₩4000
  ISBN 89-324-0346-0 (세트)
  ISBN 0-701-00481-9 : £6.30

7) 022 국제표준연속간행물번호(ISSN) [반복, 해당시필수]

ISSN을 기술하며, 한 저작에 ISBN과 ISSN이 함께 부여되어 있는 경우 020과 022 필드에 각각 기술한다. 지시기호와 식별기호의 사용법은 다음과 같다.

  제1지시기호   제2지시기호
   b - 세분하지 않음   b - 미정의
   0 - 국제수준의 계속자료
   1 - 국제수준의 계속자료가 아님

  022 bb ▼a국제표준연속간행물번호 ▼lISSN-L ▼y부정확한 국제표준연속간행물
    번호[반복] ▼z취소된 국제표준연속간행물번호[반복]

예시 022 ▿▿ ▾a0375-4583
      022 ▿▿ ▾a0046-225X ▾y0046-2254
      022 ▿▿ ▾a0018-5817 ▾z0018-5811

출력형식 ISSN 0376-4583
         ISSN 0046-225X ISSN(부정확) 0046-2254
         ISSN 0018-5817 ISSN(취소) 0018-5811

8) 023   출판예정 도서목록 제어번호   [반복불가, 해당시필수]
         (CIP system control number)

국립중앙도서관에서 부여한 출판예정 도서목록(CIP) 레코드의 제어번호를 기술한다. 국립중앙도서관으로부터 배포된 CIP 레코드는 001 필드의 제어번호를 023 필드로 옮기고, 001 필드에는 해당 기관의 제어번호를 기술한다. 지시기호는 ▿▿이며, 식별기호의 사용법은 다음과 같다.

   023 ▿▿ ▾aCIP 제어번호 ▾z취소/사용하지 않는 CIP 제어번호[반복]

예시 023 ▿▿ ▾aCIP2002123456

9) 024   기타 표준부호(Other Stand Identifier)   [반복, 해당시필수]

자료 발행 시에 부여된 표준부호 중 020, 022, 027 필드에 기술되는 것 이외의 표준부호를 기술한다. 지시기호와 식별기호의 사용법은 다음과 같다.

   제1지시기호 - 표준부호의 유형
      0 - 국제표준녹음자료부호(ISRC)   1 - 세계상품부호(UPC)
      2 - 국제표준악보번호(ISMN)
      3 - International Artical Number(IAN코드)
      4 - Serial Item and Contribution Identifier(SICI)
      7 - ▾2에 부호의 정보원을 직접 입력하는 경우
      8 - 형태를 알 수 없는 표준부호
   제2지시기호 - 기호/번호의 일치여부
      ▿ - 해당 정보 없음
      0 - 인쇄된 것과 기계적으로 인식한 것이 차이가 없음
      1 - 인쇄된 것과 기계적으로 인식한 것이 차이가 있음

024 ▼a표준부호▼c입수조건▼d표준부호의 부가기호▼2부호의 정보원
　　　▼z취소/사용하지 않는 부호[반복]

[예시]　024 2b ▼aM571100511
　　　　024 0b ▼aFRZ039700212

[출력형식]　ISMN M571100511
　　　　　ISRC FR-Z03-97-00212

10) 027 표준기술보고서번호(STRN) [반복, 해당시필수]

기술보고서에 부여된 표준기술보고서번호를 기술한다. 지시기호는 bb이며, 식별기호의 사용법은 다음과 같다.

　　　027 bb ▼aSTRN ▼b취소/사용하지 않는 STRN[반복]

[예시]　027 bb ▼aKRISS-91-154　　　　027 bb ▼aMIZ-387

11) 030 코덴부호(CODEN Designation) [반복, 재량]

과학과 기술분야의 특정 연속간행물을 식별할 수 있도록 6자리의 문자로 부여되는 CODEN 부호를 기술한다. 지시기호는 bb이며, 식별기호의 사용법은 다음과 같다.

　　　030 bb ▼aCODEN부호 ▼z취소/사용하지 않는 CODEN부호[반복]

[예시]　030 bb ▼aJACSAT　　　　030 bb ▼aASIRAF ▼zASITAF

12) 035 협력기관 제어번호(System Control Number) [반복, 재량]

특정 기관이 입력한 데이터를 타 기관이 받아 사용하는 경우, 입력한 기관의 도서관 부호와 제어번호(001 필드)를 이 필드로 옮겨 기술한다. 도서관부호는 원괄호로 묶어 제어번호 앞에 기술한다. 지시기호는 bb이며, 식별기호의 사용법은 다음과 같다.

　　　035 bb ▼a도서관부호와 제어번호 ▼z취소/사용하지 않는 도서관부호와
　　　　　　제어번호[반복]

| 예 시 | 035 ▭▭ ▼a(011001)KM0199200325
035 ▭▭ ▼a(DNLM)S30545600(s)
035 ▭▭ ▼a(OCoLC)814782 ▼z(OCoLC)7374506

13) 040 목록작성기관(Cataloging Source) [반복불가, 필수]

최초로 목록을 작성하였거나 또는 기존의 레코드를 수정한 기관의 부호를 기술한다.[7) 여러 기관에서 수정한 경우 식별기호를 반복하여 사용한다. 다만, 동일기관에 의해 연속적으로 수정된 경우에는 한번만 기술한다. 또한 리더의 18번째 자리에서 명확히 언급되지 않은 목록기술규칙을 사용했을 경우 그 규칙의 명칭을 식별기호 ▼e에 기술한다. 지시기호는 ▭▭이며, 식별기호의 사용법은 다음과 같다.

040 ▭▭ ▼a최초 목록작성기관▼b목록언어▼c입력기관▼d수정기관(반복)▼e기술규칙

| 예 시 | 리더/05 c   [수정된 레코드]
008/32 ▭   [목록전거: 국가서지작성기관]
040 ▭▭ ▼a011001 ▼c011001 ▼d247020

14) 041 언어부호(Language Code) [반복, 해당시 필수]

이 필드에는 다수언어로 된 자료나 번역물의 경우에 008/35-37(언어) 필드의 언어부호가 완전한 정보를 제공하지 못할 때 사용하는 3자리 문자부호이다. 다수 언어가 사용된 경우 가장 중요한 언어부터 기재하며, 단 그 순위를 정할 수 없을 경우에는 언어부호의 알파벳순으로 기술함을 원칙으로 한다. 언어부호는 KORMARC의 '언어구분부호표'를 적용하며, 언어의 문장형 표현은 546(언어주기) 필드에 기술한다. 지시기호와 식별기호의 사용법은 다음과 같다.

    제1지시기호 - 번역물 표시
      0 번역물이 아니거나 번역물을 포함하고 있지 않은 경우
      1 번역물이거나 번역물이 포함된 경우
    제2지시기호
      ▭ - 언어구분부호표 사용   7 - 식별기호 ▼2에 명시된 정보원

---

7) 국내 도서관인 경우에는 KORMARC에서 제시한 '한국도서관부호표'의 해당 부호를 기술하고, 외국의 도서관인 경우에는 MARC21에서 제시한 기관명 코드를 기술한다.

041 1b ▼a본문언어/사운드트렉 언어[반복] ▼b요약문/초록 언어[반복]
　　　▼d노래나 말로 된 본문 언어[반복] ▼e가사의 언어[반복] ▼f내용목차 언어[반복] ▼g가사 이외의 딸림자료 언어[반복] ▼h원저작 언어[반복]
　　　▼j자막 언어[반복] ▼k중역 언어[반복] ▼2부호의 정보원[반복]

[예시]　　008/35-37　　　　　　　　kor
　　　　　041 1b ▼akor ▼heng
　　　　　　　(영어로 된 원저작을 한국어로 번역)

15) 043 지역부호(Geographic Area Code)　　　　[반복불가, 해당시필수]

입력되는 자료가 특정 지역과 관계되는 경우나 지역명이 주제명으로 사용될 때 지역부호를 기술한다. 지역부호는 KORMARC에서 제시한 '한국지역구분부호표'와 '외국지역구분부호표'를 적용한다. 지역부호는 7자리로 구성되며, 대지역명에서 소지역명순으로 기술한다. 7자리 중 사용되지 않는 자리는 짧은 붙임표(-)를 삽입한다. 지역부호는 다음과 같이 구성된다.

○ 한국지역구분부호

특별시·광역시·도	시군	여백 (붙임표)
1 - 2	3 - 5	6 - 7

○ 외국지역구분부호

대륙·대양	국제적 지역	국가	여백 (붙임표)
1	2	3 - 4	5 - 7

○ 외국으로 데이터 전송시 한국지역구분부호

대륙·대양	국제적 지역	국가	지역·도	시군
1	2	3 - 4	5	6 - 7

지시기호는 bb이며, 식별기호의 사용법은 다음과 같다.

　　　043 bb ▼a지역구분부호[반복]

[예시]　043 bb ▼an-us-- ▼ae-fr-- ▼aa-ja---
　　　　　(미국, 프랑스, 일본에 관계되는 논제의 자료)
　　　043 bb ▼a11000--　(한국 서울특별시)
　　　043 bb ▼a44850--　(한국 충남 천안군에 관계되는 논제의 자료)

〈외국으로 데이터 전송시〉
043 ▭▭ ▼an-us--- ▼ae-fr--- ▼aa-ja---
    (미국, 프랑스, 일본에 관계되는 논제의 자료)
043 ▭▭ ▼aa-kow-- (한국 서울특별시)
043 ▭▭ ▼aa-kodgv (한국 충남 천안군에 관계되는 논제의 자료)

16) 045 연대부호(Time Period of Content)   [반복불가, 재량]

내용이 특정 연대에 한정되어 기술된 자료의 연대범위를 나타낸다. 연대범위는 발행년도와는 관계없이 그 자료가 지니고 있는 연대의 범주를 의미한다.

제1지시기호 - 식별기호 ▼b 또는 ▼c의 연대유형
  ▭ - 식별기호 ▼b 또는 ▼c가 없는 경우
  0 - 단일연도   1 - 복수의 단일연도   2 - 범위연도
제2지시기호   ▭ - 미정의
045 ▭ ▼a연대부호[반복] ▼b기원전 9999년부터 서기까지의 형식화된 연대부호[반복]
    ▼c기원전 9999년까지의 형식화된 연대부호[반복]

100년대 기호는 서력기원 전후로 나누어 아래와 같이 사용한다. 10년대의 숫자기호는 해당되는 연도의 숫자(예: 1956이면 10년대 자리인 5)를 기술한다. 만일 10년대 기호가 미정인 경우에는 붙임표를 부가한다. 단일년도만 표시하고자 할 때에는 최초년도와 최종년도의 부호를 동일하게 입력한다.

[예시] 651 ▭8 ▼a한국전쟁[韓國戰爭]
    045 ▭▭ ▼ax5x5

    650 ▭0 ▼aCivilization, Modern ▼y20th century
    045 ▭▭ ▼ax-x-

*서력기원후 부호표(AD)
  2000 -   y
  1900 - 1999 x
  1800 - 1899 w
    …
  (0에서부터 9까지 10년대 숫자기호로 부가한다)

17) 049   소장사항(Local holdings)   [반복불가, 재량]

해당 자료를 소장하고 있는 도서관의 도서관부호와 소장자료의 등록번호, 권책기호, 복본기호, 별치기호 등을 기술한다. 지시기호와 식별기호의 사용법은 다음과 같다.

  제1지시기호 - 배가위치
   0 - 해당자료 전체가 동일한 곳에 배가(별치)되는 경우
   1 - 해당자료 전체가 동일한 곳에 배가(별치)되지 않은 경우
  제2지시기호   ♭ - 미정의

  049 0♭ ▾a소장기관 부호[8] ▾l등록번호[반복] ▾v권·연차기호[반복] ▾c복본기호[반복]
   ▾f별치기호[반복]

 [예시] 049 1♭ ▾1EM0000243546 ▾v1991 ▾1EM0000243547 ▾v1991 ▾c2 ▾fRF
    049 0♭ ▾1WM0000053547 ▾1WM0000053548 ▾c2 ▾fDM
    049 0♭ ▾10000343542 ▾v1 ▾10000343543 ▾v1 ▾c2

18) 052   국립중앙도서관 청구기호   [반복, 해당시필수]

국립중앙도서관 청구기호를 기술한다. 국립중앙도서관 이외의 기관이 부여한 자관의 청구기호는 090(자관 청구기호) 필드에 기술한다. 지시기호와 식별기호의 사용법은 다음과 같다(〈그림 3-10〉 참조).

  제1지시기호 - 국립중앙도서관 소장여부 제2지시기호 - 적용분류표
   0 - 국립중앙도서관 소장자료   0 - KDCP로 분류된 자료
   1 - 국립중앙도서관 미소장자료   1 - KDC로 분류된 자료
   2 - 국립중앙도서관 분관 소장자료 2 - DDC로 분류된 자료
   3 - 국립중앙도서관 매체변환자료(CD-ROM) 3 - 조선총독부 신서부분류표
   4 - 국립중앙도서관 매체변환자료(마이크로) 4 - 조선총독부 양서부분류표
                5 - 조선총독부 고서부분류표

  052   ▾a분류기호 ▾b도서기호 ▾c권·연차기호

 [예시] 052 00 ▾a6744.4 ▾b72
    052 00 ▾a2707 ▾b113 ▾c1-8[9]   (한국의 여행 1~8권을 함께 입력)

---

8) ▾a는 입력한 데이터가 타도서관으로 전송될 때 자동 생성한다.
9) 권차가 연속된 총서, 전집 및 다권본을 함께 입력하는 경우, 권차기호(▾c)는 처음 권차와 마지막 권차를 붙

052 00 ▼a3914 ▼b56 ▼c2, 5, 7   (톨스토이전집 중 2, 5, 7권만 입력)
052 01 ▼a020.9 ▼b정496ㄷ

19) 056   한국십진분류기호(KDC)   [반복, 해당시필수]

한국십진분류기호를 기술한다. 지시기호는 ㅂㅂ이며, 식별기호의 사용법은 다음과 같다(〈그림 3-10〉 참조).

056 ㅂㅂ ▼a한국십진분류기호[반복] ▼b도서기호 ▼2판표시 ▼m표준규정 또는 임의규정 표시

[예시]   056 ㅂㅂ ▼a437.041
056 ㅂㅂ ▼a810.099 ▼a998.81 ▼25

20) 074   정부간행물번호(GPRN/GPO Item Number)   [반복, 재량]

이 필드에는 국가기관이나 지방자치단체에서 발간하는 간행물중 10쪽 미만의 단순홍보용 간행물에 해당되지 않는 간행물로서 국가기록원에서 부여하는 한국정부간행물 발간등록번호(GPRN)를 기술한다. 미국 정부간행물(GPO)에 대해서는 GPO 자료번호를 기술한다. 지시기호는 ㅂㅂ이며, 식별기호의 사용법은 다음과 같다.

074 ㅂㅂ ▼aGPO번호 ▼kGPRN ▼z취소/사용하지 않는 GPRN/GPO자료번호[반복]

[예시]   074 ㅂㅂ ▼a277-A-2(MF)
074 ㅂㅂ ▼k11-1310091-000043-01

21) 080   국제십진분류기호(UDC)   [반복, 재량]

국제십진분류기호를 기술한다. 지시기호는 ㅂㅂ이며, 식별기호의 사용법은 다음과 같다.

080 ㅂㅂ ▼a국제십진분류기호 ▼b도서기호 ▼x공통보조구분[반복] ▼2판표시

[예시]   080 ㅂㅂ ▼a971.1/.2
080 ㅂㅂ ▼a631.321:631.411.3

쉼표로 연결한다. 단, 입력되는 권차가 연속적이지 않는 경우에는 각권의 권차는 쉼표로 연결하여 기술한다.

22) 082   듀이십진분류기호(DDC)   [반복, 재량]

듀이십진분류기호를 기술한다. 지시기호와 식별기호의 사용법은 다음과 같다(〈그림 3-10〉 참조).

　　제1지시기호　　　　　　제2지시기호 - 분류기호 부여 정보원
　　　0 - 완전판　　　　　　♭ - 해당 정보 없음
　　　1 - 요약판　　　　　　0 - LC에서 부여
　　　　　　　　　　　　　　1 - 국립중앙도서관에서 부여
　　　　　　　　　　　　　　4 - LC 및 국립중앙도서관 이외의 기관에서 부여

082 0♭ ▼a듀이십진분류기호[반복] ▼b도서기호 ▼2판표시 ▼m표준규정 또는 임의규정 표시

[예시]　082 0♭ ▼a355.021 ▼221
　　　　082 00 ▼a975.5/4252/00222 ▼220

23) 085   기타 분류기호(Other Classification Number)   [반복, 해당시필수]

다른 필드에서 별도로 정의되지 않은 분류기호를 기술한다. 지시기호와 식별기호의 사용법은 다음과 같다.

　　제1지시기호 - 적용 분류표
　　　♭ - 그 외의 분류표　　　0 - KDCP　　1 - NDC
　　　2 - 조선총독부 신서부분류표　　　3 - 조선총독부 양서부분류표
　　　4 - 조선총독부 고서부분류표　　　5 - 사부분류
　　제2지시기호　　♭ - 미정의

085 ♭♭ ▼a분류기호[반복]] ▼b도서기호 ▼2분류기호의 정보원

[예시]　085 0♭ ▼a3541 ▼2KDCP
　　　　085 ♭♭ ▼aWM270 ▼2NLM

24) 086   정부문서분류기호   [반복, 해당시필수]

자료에 나타나 있는 해당국의 정부간행물 문서분류번호를 기술한다. 지시기호와 식별기호의 사용법은 다음과 같다.

제1지시기호 - 정부문서분류기호의 정보원　　　　제2지시기호
　　b - 식별기호 ▼2에 정보원이 있는 경우　　　　b - 미정의
　　0 - SuDOC(미국정부간행물청의 문서분류기호)
　　1 - 한국정부문서분류기호

086 bb ▼a정부문서분류기호 ▼z취소/사용하지 않는 정부문서분류기호[반복]
　　　▼2정부기관부호 또는 기관명

[예시]　086 1b ▼a정부 81323-240 ▼2011001
　　　　085 bb ▼aHEU/G74.3C49 ▼2ordocs

25) 088 보고서번호(Report Number) [반복, 해당시필수]

표준기술보고서번호(027 필드에 기재)이외의 보고서번호가 있을 때 기술한다. 지시기호는 bb이며, 식별기호의 사용법은 다음과 같다.

088 bb ▼a보고서번호 ▼z취소/사용하지 않는 정부문서분류기호[반복]

[예시]　088 bb ▼aSTRATLAB-71-98
　　　　088 bb ▼aEPA-6001/2-76-224

26) 090 자관 청구기호(Local Call Number) [반복, 해당시필수]

국립중앙도서관(052 필드)과 LC(050 필드)를 제외한 각 도서관의 자관 청구기호를 기술한다. 지시기호는 bb이며, 식별기호의 사용법은 다음과 같다.

090 bb ▼a분류기호 ▼b도서기호 ▼c권·연차기호

[예시]　090 bb ▼a613.78 ▼b기933ㄷ
　　　　090 bb ▼a320.014 ▼b함853ㅅ

☞ 자관청구기호는 분류기호와 저자기호, 표제 첫 자음, 권(호)차, 복본정보 등으로 구성된다. 분류기호에 이어 저자기호는 대부분 기본표목의 정보를 근거로 이미 개발된 저자기호표를 사용하여 기호를 부여하며, 표제의 첫 자음은 245 필드의 데이터에서 첫 자음을 근거로 만든다. 그리고 권(호)차 정보와 복본정보는 090 필드에서 직접 입력하지 않고 정보를 출력할 때 049 필드의 자관정보를 근거로 출력한다.

```
001
020      ▼a8991643159(v. 1) : ▼c₩9500
020      ▼a8991643167(v. 2) : ▼c₩9500
052 01   ▼a813.6 ▼b이74ㅃ
056      ▼a813.6 ▼24
082 0    ▼a895.733 ▼220
100 1▶   ▼a이정명
245 10   ▼a뿌리깊은 나무 : ▼b이정명 장편소설 / ▼d이정명 지음
260 ▶▶   ▼a서울 : ▼b밀리언하우스, ▼c2006
300 ▶▶   ▼a2책 : ▼b삽화 ; ▼c22 cm
500 ▶▶   ▼a권말부록으로 '세종대왕 연보'와 '훈민정흠 해례' 수록
651 ▶8   ▼a한국 ▼x문학 ▼v소설
```

〈그림 3-10〉 국립중앙도서관 청구기호 및 KDC, DDC, ISBN의 표시 예

국립중앙도서관의 청구기호는 052, 한국십진분류기호는 056, 듀이십진분류기호 082, ISBN은 020 필드에 각각 기술한다.

2.3 기본표목(1XX)

기본표목으로 채택된 개인명, 단체명, 회의명, 통일표제를 기술한다. 1XX(기본표목), 6XX(주제명부출표목), 7XX(부출표목), 8XX(총서명부출표목) 필드의 데이터요소 정의는 서로 조기성을 갖고 있다.

1XX 기본표목은 저자주기입 방식의 목록규칙(KCR2, AACR2, RDA)에서 사용하되 표제주기입 방식의 목록규칙(ISBD, KCR3, KCR4, KORMARC 기술규칙)에서는 원칙적으로 사용하지 않는다. 다만 저작 개체를 식별하기 위해서 필요하다면 서명주기입 방식을 사용하는 목록규칙에서도 1XX 기본표목을 적용할 수 있다.

서지기술에서 기본표목은 큰 의미를 가지지 못하지만, MARC DB에서 기본표목은 중요한 의미를 가진다. 이의 가장 좋은 예가 이 정보를 가지고 저자기호를 생성하는 것이다.

1) 100 기본표목 - 개인명(Main Entry-Personal Name) [반복불가, 해당시필수]

개인명이 기본표목으로 채택된 경우에 사용한다. 지시기호와 식별기호의 사용법은 다음과 같다(〈그림 3-9〉 참조).

　　　　제1지시기호 - 개인명의 유형　　　　　　제2지시기호
　　　　　0 - 성으로 시작하지 않는 이름(forename)　　ß - 미정의
　　　　　1 - 성으로 시작하는 이름(surname)
　　　　　3 - 가계명(family name)

100　▾a개인명▾b이름에 포함되어 세계(世系)를 칭하는 숫자,▾c이름 관련 정보(직위, 칭호 및 기타 명칭, 역조, 국명, 한국 및 중국의 세계)[반복],　▾d생몰년,▾e역할어[반복].▾t저작의 표제.▾n권차/편차[반복],▾p권제/편제.▾l저작의 언어.▾f저작년도

☞ 식별기호 ▾a, ▾b 앞에는 부호가 없으며, ▾t, ▾n, ▾l, ▾f앞에는 온점, 나머지 식별기호는 쉼표를 앞세워 기술한다.

[예시]
100　1ß ▾a김병익　　　　　　　　　100　0ß ▾a유정,▾d1520-1604
100　1ß ▾a허균,▾d1563-1589　　　　100　1ß ▾a삼포능자
100　1ß ▾a미우라 아야꼬　　　　　　100　1ß ▾a보봐르, 시몬느 드

```
100 1▮ ▼a오르데가 이 가세트, 호세
100 0▮ ▼a나폴레온 ▼bIII, ▼c프랑스왕, ▼d1808-1873
100 0▮ ▼a고종, ▼c고려 제23대왕, ▼d1192-1259
100 1▮ ▼aKames, Henry Home, ▼cLord, ▼d1696-1782
100 1▮ ▼aBrown-Saundes, James, ▼cSir
100 0▮ ▼aFrancesco d'Assisi, ▼cSaint
100 0▮ ▼aEdward ▼bVII, ▼cKing of Great Britain
100 3▮ ▼aHerbert family
```

2) 110 기본표목 - 단체명(ME-Corporate Name)　　　[반복불가, 해당시필수]

단체명이 기본표목으로 채택될 경우에 사용한다. 단체명 아래 오는 회의명은 111(기본표목-회의명) 필드가 아닌 110 필드에 기술한다. 지시기호는 ▮▮이며, 식별기호의 사용법은 다음과 같다(〈그림 3-10〉 참조).

```
110 ▮▮ ▼a단체명 또는 관할구역명. ▼b하위기관[반복]. ▼c회의장소, ▼d회의일자나 조약체
       결일자[반복]. ▼e역할어[반복]. ▼g기타정보, ▼k형식부표목[반복]. ▼l저작의 언어. ▼t
       저작의 표제. ▼n권차/편차/회차[반복], ▼p권제/편제[반복]. ▼f저작 년도
```

☞ 식별기호 ▼a를 제외하고 ▼d와 ▼p는 쉼표를, 나머지는 대체로 온점을 앞세워 기술한다. 단체명 아래에서 사용된 회의의 분과 및 부회와 국가원수나 대통령의 경우는 대체로 아래와 같이 기술한다.

```
110 ▮▮ ▼a단체명. ▼b회의명 ▼n(회차 : ▼d회의일자 : ▼c회의장소)
110 ▮▮ ▼a국가명. ▼b관직명(재임기간 : 개인명)
```

[예시]
```
110 ▮▮ ▼a김상옥열사기념사업회
110 ▮▮ ▼a고려대학교. ▼b아세아문제연구소
110 ▮▮ ▼a한국. ▼k헌법, ▼d1963
110 ▮▮ ▼a한국. ▼b내무부. ▼k부령
110 ▮▮ ▼a러시아. ▼k조약집. ▼g일본, ▼d1905. 9. 5.
110 ▮▮ ▼a한국. ▼b대통령(1963-1979 : 박정희)
110 ▮▮ ▼a한국도서관협회. ▼b총회 ▼n(제50차 : ▼d1999 : ▼c국립중앙도서관)
110 ▮▮ ▼aNational Assembly Library.
110 ▮▮ ▼aU. S. ▼kLaws, statutes, etc.
```

110 bb ▾aU. S. ▾bDepartment of Energy.
110 bb ▾aEmpire State Building(New York, N. Y.)
110 bb ▾aUnited States. ▾bCongress▾n(97th, 2nd session : ▾d1982)

3) 111 기본표목 – 회의명(ME-Meeting Name)   [반복불가, 해당시필수]

회의명이 기본표목으로 채택될 경우에 사용한다. 지시기호는 bb이며, 식별기호의 사용법은 다음과 같다(〈그림 3-13〉 참조).

111 bb ▾a회의명▾n(회차 : ▾d회의일자 : ▾c회의장소). ▾e하위단위[반복]

☞ 회의명 정보는 ▾a회의명▾n(회차 : ▾d회의일자 : ▾c개회의장소)형태로 기술한다.

[예 시]
111 bb ▾a아시아문화학술대회
111 bb ▾a국제동방학자회의 ▾d(1965 : ▾c서울)
111 bb ▾a전국대학원심포지움 ▾n(제5회 : ▾d1974 : ▾c연세대학교)
111 bb ▾a전국도서관대회 ▾n(제41회 : ▾d2003 : ▾c제주도). ▾e공공도서관분과
111 bb ▾aParis Peace Conference ▾d(1965)
111 bb ▾aInternational Symposium on Quality Control ▾n(3rd : ▾d1978 : ▾cTokyo, Japan)

4) 130 기본표목 – 통일표제(Main Entry-Uniform Title)   [반복불가, 해당시필수]

서지레코드에서 기본표목으로 사용된 통일표제이다. 저작이 표제로 바로 기입되고 저작이 여러 다양한 표제를 갖는 경우 저작을 대표하는 특정 표제를 선택할 필요가 있다면 기본표목으로 통일표제를 사용한다. 또한 저작이 표제로 바로 기입되지만 본표제에 추가나 삭제가 필요한 경우에도 목록규칙에 따라 이 필드를 사용한다. 후자의 경우에는 표제가 실제로 판이나 자료마다 다르지 않을 수 있다. 목록대상 자료에 기재된 표제는 245 필드에 기술한다.

130 필드가 기술되면 100, 110, 111 필드는 기술될 수 없다. 지시기호[10]와 식별기호의

---

10) 통일표제가 알파벳 문자의 관사(예: The, A, An, La, Der 등)로 시작되는 경우에 적용한다. 입력시에는 정관사나 부정관사를 원괄호로 묶어 입력하고, 카드목록에 인쇄될 때에는 원괄호를 제외하고 인쇄하며, 색인파일 작성시에는 원괄호로 묶어 전체를 제외하고 작성한다.
예) 입   력 : 245 11 ▾a(The) plays of Oscar Wilde
    카드목록 : The plays of Oscar Wilde
    색   인 : Plays of Oscar Wilde

사용법은 다음과 같다(〈그림 3-14〉 참조).

　　　　제1지시기호　　　　　　　　　제2지시기호 - 표제 배열
　　　　　b - 미정의　　　　　　　　　0 - 그대로 배열
　　　　　　　　　　　　　　　　　　　1 - 원괄호를 제외하고 배열

　　　　130　▼a통일표제▼h[자료유형표시]. ▼g기타정보. ▼k형식부표목[반복]. ▼l저작의 언어. ▼n권차/편차[반복]. ▼p권제/편제[반복]. ▼s판. ▼f저작 연도

☞ ▼h[자료유형표시]는 구두점 없이 바로 입력한다. ▼p의 권제/편제를 제외한 나머지 식별기호는 온점을 앞세워 기술한다.

　　MARC 21에서는 $h를 $a, $n, $p 다음에, $b, $c 보다는 먼저 기술한다. 권차/편차없이 권제/편제가 오는 경우에는 온점을 앞세워 권제/편제를 기술한다.

[예시]　130　b0 ▼a춘향전
　　　　245　10 ▼a이도령과 성춘향

　　　　130　b0 ▼a불경. ▼p능엄경
　　　　130　b0 ▼a성경. ▼p신약
　　　　130　b0 ▼a성경. ▼p마태복음
　　　　130　b0 ▼a성경. ▼p창세기. ▼s개정표준판. ▼f1980
　　　　130　b0 ▼a족보. ▼p진주강씨. ▼p사직공파
　　　　130　b0 ▼aArabian nights. ▼lEnglish
　　　　130　b0 ▼aBible. ▼pPhilippion. ▼lEnglish. ▼sRevised standard. ▼f1980
　　　　130　b0 ▼aGone with the wind (Motion picture) ▼h[Sound recording]

```
001
020     ▾a9788975987861 ▾g93010 : ▾c₩20000
056     ▾a024.9 ▾25
090     ▾a024.9 ▾b김73ㅂ
100 1b  ▾a김정현
245 10  ▾a비도서자료의 이해 =▾xIntroduction to nonbook materials / ▾d김정현,
        ▾e문지현, ▾e김효숙 공저
246 31  ▾aIntroduction to nonbook materials
260 bb  ▾a광주 :▾b전남대학교출판부, ▾c2010
300 bb  ▾a385 p. :▾b삽화 ;▾c26 cm
653 bb  ▾a비도서자료
653 bb  ▾aKORMARC
653 bb  ▾aMARC 21
700 1b  ▾a문지현
700 1b  ▾a김효숙
```

〈그림 3-11〉 기본표목: 개인명

개인명이 기본표목이 될 경우 100 필드에는 식별기호 ▾a와 함께 한글로 기술한다.

```
001
020      ▼a8976781007(세트) : ▼c145000
056      ▼a024.34 ▼24
090      ▼a024.34 ▼b국298ㅎ
110 bb ▼a국립중앙도서관
245 10 ▼a한국문헌자동화목록형식 :▼b통합서지용 = ▼xKorean machine readable
         cataloging format : integrated format for bibliographic data / ▼d국립중앙
         도서관 편저
260 bb ▼a서울 :▼b한국도서관협회,▼c2006
300 bb ▼a2책(9977 p.) ;▼c32 cm
505 1b ▼a1. 설계원칙~09X 숫자와 부호필드, 부속서·부록 -- 2. X00표목
         필드~9XX 로컬에서 정의한 필드
```

〈그림 3-12〉 기본표목: 단체명

단체가 저작한 자료는 단체명이 기본표목이 되며, 110 필드에 기술한다.

제25회 전국영양사 실무자세미나

학교급식과 위생관리

기간: 1993년 2월 12 -13일
장소: 효성여자대학교 식품과학연구소

주최: 전국영양사협의회
주관: 효성여자대학교 식품과학 연구소

제25회
전국영양사 실무자세미나
- 학교급식과 위생관리 -

[비매품]

124페이지   삽화   24.3cm

```
001
020      ▼c비매품
056      ▼a594.571 ▼24
090      ▼a594.571 ▼b전16ㅎ
111 bb  ▼a전국영양사 실무자세미나▼n(제25회 : ▼d1993 : ▼c효성여자대학교 식품과학연구소)
245 10  ▼a학교급식과 위생관리 : ▼b제25회 전국영양사 실무자세미나, 1993년 2월 12 - 13일 /
         ▼d전국영양사협의회 주최 ; ▼e효성여자대학교 식품과학연구소 주관
260 bb  ▼a[대구] : ▼b효성여자대학교 식품과학연구소, ▼c1993
300 bb  ▼a124 p. : ▼b삽화 ; ▼c25 cm
710 bb  ▼a전국영양사협의회
710 bb  ▼a효성여자대학교.▼b식품과학연구소
```

〈그림 3-13〉 기본표목: 회의명

회의명이 기본표목이 될 때는 111 필드에 회의명 형식에 맞춰 입력을 한다. 이때 245 필드(표제저자사항)에서 회의기간, 회차, 회의명, 회의장소 등은 표제관련정보로 취급하여 ▼c 다음에 기술하며, 회의주최나 주관, 후원자 등의 단체명은 책임표시사항에 필요한 식별기호와 함께 기술한다.

```
001
020      ▼c₩7000
056      ▼a233.5087 ▼24
090      ▼a233.5087 ▼b성14ㅅ
130 b0   ▼a성경. ▼p신약. ▼l한국어
245 20   ▼a(엠마오주석) 신약성경전서 / ▼d신성종 편저
260 bb   ▼a서울 : ▼b정음출판사, ▼c1983
300 bb   ▼avii, 447 p. : ▼b지도 ; ▼c22 cm
700 1b   ▼a신성종
```

〈그림 3-14〉 기본표목: 통일표제

종교경전은 130 필드에 통일표제로 표목을 기술한다.
예를 들면 聖經은 "▼a성경", "▼a성경. ▼p구약", "▼a성경. ▼p창세기", 佛經은 "▼a불경. ▼p경전명"과 같은 형식으로 입력한다.

2.4 표제와 표제관련필드(20X-24X)

1) 240 통일표제(Uniform Title) [반복불가, 해당시필수]

통일표제는 한 저작이 다양한 표제로 나타나는 경우 저작을 집중하고 식별하기 위해 하나의 표제를 선택하여 기술하는 것이다. 통일표제의 적용은 목록규칙이나 지침에서 정하며 통일표제에 추가 또는 삭제할 부분이 있는 경우에도 목록규칙에 따라 정한다. 이 필드는 100, 110, 111 필드를 가지는 저자주기입 방식의 목록규칙에서 사용하되 서명주기입 방식의 목록규칙에서는 원칙적으로 사용하지 않는다. 다만 저작 개체를 식별하기 위해서 필요하다면 서명주기입 방식을 사용하는 목록규칙에서도 적용할 수 있다. 무저자명 저작의 통일표제는 130 필드 또는 730 필드를 적용한다. 한 레코드 내에서는 필드 130과 240을 중복 사용하지 않는다. 지시기호와 식별기호의 사용법은 다음과 같다.

제1지시기호 - 표제 출력
  0 - 표제를 출력하지 않음
  1 - 표제를 출력함

제2지시기호 - 표제 배열
  0 - 그대로 배열
  1 - 원괄호를 제외하고 배열

240 ▼a통일표제▼h[자료유형표시].▼f저작연도.▼g기타정보.▼k형식부표목[반복].
  ▼l저작의 언어.▼n권차/편차[반복],▼p권제/편제[반복]].▼s판

[예시]
100 1♭▼a김만중,▼d1637-1692
240 ♭0▼a사씨남정기
245 10▼a南征記 / ▼d金萬重 著

100 1♭▼aShakespeare, William,▼d1564-1616
240 10▼aMacbeth
245 11▼a(The) tragedy of Macbeth / ▼dby William Shakespeare

[출력형식]
김만중, 1637-1692
[사씨남정기]
南征記 / 金萬重 著

Shakespeare, William, 1564-1616

[Macbeth]

The tragedy of Macbeth / by William Shakespeare

☞ 번역도서의 목록 레코드를 작성할 경우, MARC 21에서는 원표제를 통일표제로 간주하여 240 필드에 기술하는 반면, KORMARC 형식 통합서지용에서는 원표제를 본표제와 관련된 여러 형태의 표제 가운데 하나로 취급하여 246 필드에 기술한다.

2) 243 종합통일표제(Collective Uniform Title) [반복불가, 재량]

다작 저자의 저작을 집중하기 위해 사용되는 종합통일표제를 기술한다. 이 표제는 목록자가 동일 저자의 다수 저작을 모으고자 할 때 적용한다. 종합통일표제의 적용은 목록규칙이나 지침을 따른다. 이 필드는 100, 110, 111 필드를 가지는 저자주기입 방식의 목록규칙에서 사용하되 서명주기입 방식의 목록규칙에서는 원칙적으로 사용하지 않는다. 다만 저작 개체를 식별하기 위해서 필요하다면 서명주기입 방식을 사용하는 목록규칙에서도 적용할 수 있다. 한 레코드 내에서 240 필드와 243 필드는 함께 사용하지 않는다.

　　제1지시기호 - 표제 출력　　　제2지시기호 - 표제 배열
　　　0 - 표제를 출력하지 않음　　　0 - 그대로 배열
　　　1 - 표제를 출력함　　　　　　 1 - 원괄호를 제외하고 배열

243　▼a통일표제▼h[자료유형표시].▼f저작연도.▼g기타정보.▼k형식부표목[반복].
　　 ▼l저작의 언어.▼n권차/편차[반복],▼p권제/편제[반복]].▼s판

[예시]　100 1　▼a이광수,▼d1892-1905
　　　　243 10▼a소설집.▼f1917
　　　　245 10▼a이광수 소설전집 /▼d이광수 저

　　　　100 1　▼aStrauss, Johann,▼d1804-1849
　　　　243 10▼aOrchestra music.▼kSelections
　　　　245 10▼aRosen aus süden

3) 245 표제와 책임표시사항(Title Statement) [반복불가, 필수]

이 필드에는 표제와 책임표시사항을 기술한다. 본표제, 자료유형표시, 대등표제, 표제관련정보, 권차표시, 책임표시 등으로 구성된다. 지시기호와 식별기호의 사용법은 다음과 같

다(〈그림 3-15〉참조).

```
제1지시기호 - 표제 부출           제2지시기호 - 표제 배열
  0 - 표제를 부출하지 않음           0 - 그대로 배열
  1 - 표제를 부출함                 1 - 원괄호를 제외하고 배열
  2 - 관제를 포함해서 부출함
```

245 ▼a본표제[반복]▼h[자료유형표시] = ▼x대등표제[반복] : ▼b표제관련정보[반복].
▼k형식[반복]. ▼n권차/편차[반복], ▼p권제/편제[반복]. ▼s판 / ▼d첫 번째 책임
표시[반복], ▼e두 번째 이하 책임표시[반복] ; ▼e역할이 다른 책임 표시[반복]

☞ = ▼x, : ▼b, / ▼d 및 역할이 다른 저자 앞에는 빈칸을 앞세워 기술한다. ▼n과
▼p는 앞부분과 붙여 입력한다. ▼h는 ▼a, ▼n, ▼p다음에, ▼b, ▼d, ▼x 앞
에 기술한다.

한편 KORMARC 형식에서는 종합표제 대신 개별저작의 표제를 기술할 경우
에는 첫 번째 표제다음에 ▼h를 기재하며, ▼a가 반복될 경우에는 첫 번째 식
별기호 ▼a 다음에 기재한다. 그런데 KCR4(조항 1.2.2.2)에서는 종합표제 대
신 개별저작의 표제를 기술한 경우에는 마지막 표제 다음에 기재한다고 규정
하고 있다.

예시
245 10 ▼a바이엘지도법 : ▼b레슨 33가지 / ▼d田丸信明 저 ; ▼e한원섭 역
245 20 ▼a(재미있는) 수학여행. ▼n1, ▼p수의 세계 / ▼d김용운, ▼e김용국 지음
245 10 ▼a건설자재총람 = ▼xConstruction equipment catalogue : ▼b건축자재.
▼n1, ▼p건축자재편 / ▼d대한건설협회 [편]
245 20 ▼a매시야▼h[악보] : ▼b오라토리오 / ▼d헨델 곡, ▼e박태준 번역
245 00 ▼a나주의 샛골나이▼h[비디오녹화자료] ; ▼a곡성의 돌실나이 ;
▼a채석장 / ▼d국립문화재연구소 제작
245 00 ▼a화려한 지옥, 일명, 카인의 시장 : ▼b장편소설 / ▼d김말봉
245 10 ▼a사람의 아들 ; ▼a塞下曲 / ▼d李文烈
245 10 ▼a고독의 여름 : ▼b안장환 중편소설 / ▼d안장환. ▼a여자를 찾습니다 :
▼b김주영 중편소설 / ▼d김주영[11])
245 10 ▼a擇里志 / ▼d李重煥 [著] ; ▼e盧道陽 譯. ▼a北學議 / ▼d朴齊家[著] ;

---

11) 245 필드에서 ▼a를 반복 사용한 경우에 ▼a는 본표제이기 때문에 자동으로 접근이 된다. 따라서 이 경
우는 740 필드에 다시 부출하지 않아야 한다. 만약 반복 사용한 ▼a의 내용으로 검색하여 검색되지 않는
다면, 시스템을 수정하여야 한다.

▼e李錫浩 譯
245 11 ▼a(The) plays of Oscar Wilde / ▼dAlan Bird
245 10 ▼aDon Juan ; ▼aChilde Harold ▼h[microform] / ▼dLord Byron
245 10 ▼aGeneral Sherman … [et al.] / ▼dby M. Force … [et al.]
245 10 ▼a幼年時代 [外] / ▼d톨스토이 作 ; ▼e薫玩 譯
505 0b ▼a幼年時代 -- 少年時代 -- 靑年時代 -- 까지끄
245 10 ▼a東國歲時記 / ▼d洪錫謨 [著] ; ▼e李錫浩 譯. [外]
505 0b ▼a東國歲時記 / 洪錫謨 [著] -- 洌陽歲時記 / 金邁淳 [著] -- 京都雜誌 / 柳得恭 [著] -- 東京雜記 / 閔周冕 [著]

KCR 4판의 표제와 책임표시사항을 KORMARC 형식의 식별기호와 함께 기술순서대로 나타내면 다음과 같다.

　　　　▼a　　　본표제, 별표제 [반복]
　　　　▼h　　　[자료유형표시]
　＝　▼x　　　대등표제[반복]
　：　▼b　　　표제관련정보[반복]
　．　▼n　　　권차나 회차나 연차[반복]
　，　▼p　　　권차나 회차나 연차표제[반복]
　／　▼d　　　첫 번째 책임표시[반복]
　，　▼e　　　동일 역할의 두 번째 이하 책임표시[반복]
　；　▼e　　　역할이 다른 책임표시[반복]

☞ KCR4를 대부분 그대로 수용하여 KORMARC 형식 통합서지용을 만들었다고 알려져 있지만, 245 필드에서 논란의 여지가 있는 부분을 MARC 21과 비교하여 살펴보면 아래와 같다.

1) KCR4에서는 표제와 책임표시사항의 서지기술순서를 상기와 같이 규정하고 있으나 KORMARC에서는 기술순서에 대한 규정이 되어 있지 않다. 즉, 대등표제의 경우 표제관련 정보 앞에 기술되어야 하지만, KORMARC에서는 이에 대한 규정이 없다. 참고로 MARC 21에서 대등표제는 $b의 기타표제 부분에서 등호(=)를 사용하여 "=$b대등표제"의 형식으로 기술하고 있다.
2) 245 필드에서 ▼a는 본표제를 기술하며, 반복 사용할 수 있다.
3) 4인 이상의 저자인 경우, KCR3까지는 245 필드에서 첫 번째 저자만을 기술하였으나,

개정된 KCR4에서는 전부 기술할 수 있도록 하고 있다. 여기에서 모든 저자를 전부 기술할 수 있다는 의미는 바로 모든 저자를 접근점으로 부출할 수 있다는 의미이며, 또한 저자가 1인이든, 4인이든 구분을 두지 않는다는 뜻으로 해석되어 자동화목록의 취지를 살린 조치라고 할 수 있다. 따라서 저자가 4인 이상이라도 도서관에 따라서는 첫 번째 저자를 기본표목으로 정의하여 사용할 수도 있다. 기본표목은 자관의 재량으로 사용할 수 있는 필드이므로 자관의 목록정책에 따라 사용하면 된다.

MARC 21의 예

245 14$aThe printer's manual$h[microform] /$cby Caleb Stower ; with a new introduction by John Bidwell. The printer's companion / by Edward Grattan ; with a new introduction by Clinton Sisson.

245 00$aHamlet ;$bRomeo and Juliette ; Othello…

245 00$aOklahoma$h[sound recording] ;$bCarousel ; South Pacific…

245 10$aHow to play chess /$cKevin Wicker ; with a foreword by David Pritchard ; illustrated by Karel Feuerstein.

245 10$aProject directory /$cTDC = Repertoire des projets / CDT.

245 14$aThe analysis of the law /$cSir Matthew Hale. The students companion / Giles Jacob.

245 03$aLa mer$h[sound recording] ;$bKhamma ; Rhapsody for clarinet and orchestra /$cClaude Debussy.

4) 246 여러 형태의 표제(Varying Form of Title) [반복, 해당시필수]

이 필드에는 개별자료와 관련된 표제를 기술하는 것으로 관련 표제는 개별자료 상에 나타나 있을 수도 있고, 나타나 있지 않을 수도 있다. 이들 다양한 표제는 245 필드의 표제와 다른 경우와, 개별자료를 식별하는데 도움이 되는 경우에만 246 필드에 기술된다. 그리고 이는 주기에 출력될 때 일반적으로 표출어를 앞세우되, 제2지시기호에 의해 생성된다(〈그림 3-16〉, 〈그림 3-17〉 참조).

종합표제 없이 여러 저작으로 이루어진 자료의 경우, 246 필드는 본표제로서 채택된 표제와 관련된 표제, 대개 정보의 으뜸정보원에서 이름을 딴 첫 번째 저작들에 대해서만 적용된다. 기타 저작과 관련된 표제는 740 필드나 7XX 필드중 하나에 기술된다.

한편 246 필드의 첫머리에 알파벳문자의 관사가 오는 경우에는 이를 생략하고 기술한다.

제1지시기호 - 주기제어/표제부출
   0 - 주기함, 표제를 부출하지 않음   1 - 주기함, 표제를 부출함
   2 - 주기하지 않음, 표제를 부출하지 않음   3 - 주기하지 않음, 표제를 부출함

제2지시기호 - 표출어제어/표제유형
   ♭ - 표출어를 생성하지 않음   0 - 검색을 위한 부분표제
   1 - 대등표제   2 - 식별표제   3 - 기타표제
   4 - 표지표제   5 - 부표제지표제   6 - 권두표제
   7 - 난외표제   8 - 책등표제   9 - 원표제

246 ▼i설명어구 표시: ▼a본표제 ▼h[자료유형표시] : ▼b표제관련정보. ▼n권차/편차[반복], ▼p권제/편제[반복]

[예시]
245 10 ▼a건설자재총람 = ▼xConstruction equipment catalogue : ▼b건축자재 / ▼d대한건설협회 편
246 31 ▼aConstruction equipment catalogue
246 3♭ ▼a건축자재

245 10 ▼a파브르의 昆蟲記 / ▼d앙리 파브르 지음 ; ▼e이평호 옮김 ; ▼e박정훈 그림
246 19 ▼aSouvenirs entomologigues

245 10 ▼a천일야화, 일명, 아라비안나이트
246 30 ▼a아라비안나이트

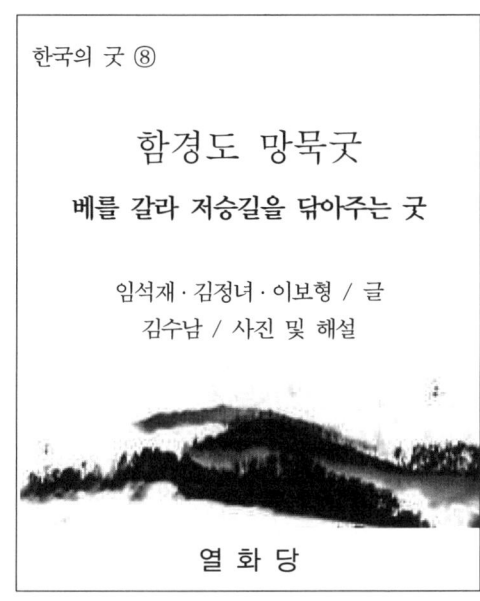

```
001
020        ▼c₩3000
056        ▼a388.2▼24
090        ▼a388.2▼b임54ㅎ
100 1b     ▼a임석재
245 10     ▼a함경도 망묵굿 :▼b베를 갈라 저승길을 닦아주는 굿 /▼d임석재,▼e김정녀,
           ▼e이보형 글 ;▼e김수남 사진 및 해설
260 bb     ▼a서울 :▼b열화당,▼c1985
300 bb     ▼a107 p. :▼b삽화 ;▼c23 cm
490 00     ▼a한국의 굿 ;▼v8
700 1b     ▼a김정녀
700 1b     ▼a이보형
700 1b     ▼a김수남
```

〈그림 3-15〉 표제와 책임표시사항: 표제관련정보 및 기능이 다른 저자들의 표시

표제와 책임표시사항은 245 필드에 "▼a본표제 :▼b표제관련정보 /▼d첫 번째 저자,▼e 두 번째 이하의 저자 ;▼e성격이 다른 저자"의 형식으로 기술한다. 이때 표목으로 채택되지 않은 기타 저자는 필요한 경우 700 필드에 부출표목으로 다시 입력한다.

```
001
020    ▼a9788984989603 ▼g13320 : ▼c₩12000
056    ▼a181.53 ▼24
090    ▼a18153 ▼b이64ㅅ
100 1b ▼a이어령
245 10 ▼a생각 = ▼xCreative thinking academy : ▼b이어령 창조학교 / ▼d이어령 지음
246 31 ▼aCreative thinking academy
260 bb ▼a서울 : ▼b생각의 나무, ▼c2009
300 bb ▼a279 p. : ▼b천연색삽화 ; ▼c22 cm
650 b8 ▼a창조성
```

〈그림 3-16〉 여러 형태의 표제: 대등표제, 표제관련정보

　본표제와 관련된 여러 형태의 표제 즉, 검색을 위한 부분표제(필드 내 저작의 일부를 나타내는 표제나 별표제), 대등표제, 식별표제, 기타표제(발행인명란 표제, 약표제, 제본자표제, 출판 이전의 도치된 형태의 표지표제 등), 표지표제, 부표제지표제, 권두표제, 난외표제, 책등표제, 원표제 등은 246 필드에 기술함으로써 부출표목이 되게 한다.
　KORMARC 형식 통합이전에는 본표제와 다르게 부출되는 표제(표제관련정보, 대등표제, 별표제 등)는 대부분 740 필드에 부출표목으로 기술하였다.

```
020 bb  ▼c₩6000
090 bb  ▼a020 ▼b진82ㅈ사
100 1b  ▼a진챠트, 클레어
245 10  ▼a정보관리론 / ▼d클레어 진챠트, ▼e미셸 메노 공저 ; ▼e사공철, ▼e김태수 공역
246 19  ▼aGeneral introduction to the techniques of information and documentation work
260 bb  ▼a서울 : ▼b구미무역출판부, ▼c1989
300 bb  ▼axvi, 452 p. : ▼b삽화 ; ▼c23 cm
490 10  ▼a현대정보관리학 총서 ; ▼v5
700 1b  ▼a메노, 미셸
700 1b  ▼a사공철
700 1b  ▼a김태수
700 1b  ▼aGuinchart, C.
740 1b  ▼aMenou, M.
830 b0  ▼a현대정보관리학 총서 ; ▼v5
```

〈그림 3-17〉 여러 형태의 표제: 원표제

원표제는 246 필드에 기술한다.

```
100
020 bb$c₩6000
082 00$a020$220
100 1b$aGuinchart, C.
240 10$aGeneral introduction to the techniques of information and documentation work.
245 10$a정보관리론 /$c클레어 진챠트, 미셸 메노 공저 ; 사공철, 김태수 공역.
260 bb$a서울 :$b구미무역출판부,$c1989.
300 bb$axvi ,452 p. :$b삽화 ;$c23 cm.
490 1b$a현대정보관리학 총서 ;$v5
500 bb$a"General introduction to the techniques of information and documentation work"
       의 번역서임.
700 1b$aMenou, M.
700 1b$a사공철.
700 1b$a김태수.
700 1b▼a진챠트, 클레어
700 1b▼a메노, 미셸
830 b0$a현대정보관리학 총서 ;$v5
```

〈그림 3-18〉 MARC 21의 번역도서 목록 예

MARC 21의 경우, 원표제를 240 필드에서 통일표제로 기술하며, 500 필드에 주기하여 준다. 그리고 번역자는 700 필드에 부출표목으로 기술한다.

2.5 판차, 발행 등 필드(250-28X)

1) 250 판사항(Edition Statement) [반복불가, 해당시필수]

이 필드에는 판사항을 기술한다. 판사항은 판표시와 당해판에 관련된 저자 표시로 구분하여 기술한다. 지시기호는 ʋʋ이며, 식별기호의 사용법은 다음과 같다(〈그림 2-16〉, 〈그림 3-19〉 참조).

> 250 ʋʋ ▼a판표시 / ▼b해당 판의 책임표시 등

예시
> 250 ʋʋ ▼a개정판
> 250 ʋʋ ▼a제3판 개정증보 / ▼b김성남
> 250 ʋʋ ▼a3rd ed.
> 250 ʋʋ ▼a3rd draft / ▼bedited by Paul Watson

KCR 4판의 250(판사항) 기술순서를 보면 다음과 같다.

판사항의 목록기술 규칙
. -- 판표시
/ 특정 판의 첫 번째 책임표시
, 동일 역할의 두 번째 이하 책임표시
; 특정 판의 역할이 다른 책임표시

2) 260 발행, 배포, 간사사항(Publication, Distribution, etc.) [반복, 해당시필수]

이 필드에는 발행지, 발행자, 발행년 등 발행사항과 관련된 내용을 기술한다.[12] 최근의 전자환경을 고려하여 KORMARC 형식 통합서지용에서는 MARC 21과 마찬가지로 반복 기술할 수 있도록 하고 있다. 지시기호와 식별기호의 사용법은 다음과 같다(〈그림 3-20〉 참조).

제1지시기호 - 발행사항의 순차   제2지시기호 ʋ - 미정의
  ʋ - 적용불가/제공되는 정보 없음/최초 발행지
  2 - 중간발행처   3 - 현행/최근 발행처

---

[12] 발행과 구별하기 위하여 배포지, 배포처, 배포년 뒤에는 '[배포]'라는 용어를 덧붙여 기술한다.

260　　▼a발행지, 배포지[반복] : ▼b발행처, 배포처[반복], ▼c발행년, 배포년[반복]
　　　　▼e(제작지 : ▼f제작처, ▼g제작년)

[예시]　260 ₪₪ ▼a서울 : ▼b기린원, ▼c1991
　　　　260 ₪₪ ▼a서울 : ▼b을유문화사 : ▼b문화공보부[배포], ▼c 1987
　　　　260 ₪₪ ▼a[발행지불명] : ▼b[발행처불명], ▼c1997 ▼e(서울 : ▼f대광인쇄소)
　　　　260 ₪₪ ▼a[서울] : ▼b特許廳 : ▼b韓國遺傳工學硏究組合, ▼c1983
　　　　260 ₪₪ ▼aWashington, D.C. : ▼bLibrary of Congress, ▼c1990
　　　　260 ₪₪ ▼aNew York ; ▼aBerlin : ▼bSpringer Verlag, ▼c1977

KCR 4판의 260(발행사항) 기술순서를 보면 다음과 같다.

　　발행사항의 목록기술 규칙
　　　. -- 첫 번째 발행지
　　　; 두 번째 이하의 발행지
　　　: 발행처
　　　, 발행년
　　　(제작사항)

　　☞ S.l.(Sine loco): 발행지불명
　　　s.n.(sine nomine): 발행처불명

3) 263　발행예정일자(Projected Publication Data)　　　　[반복불가, 재량]

이 필드에는 자료의 발행예정일자를 기술한다. 자료가 발행되기 전에 CIP 프로그램의 일부로서 목록이 작성된 경우에 사용된다. 지시기호는 ₪₪이며, 식별기호의 사용법은 다음과 같다.

　　263 ₪₪ ▼a발행예정일자(yyyymm)

[예시]　263 ₪₪ ▼a199202
　　　　263 ₪₪ ▼a200012

　　☞ 이 필드는 해당 자료가 발행·입수되어 완전한 서지데이터가 입력되는 시점에서 삭제되며, 레코드상태(리더의 5번째 자리)코드는 'n'에서 'p'로 수정되고, 입력수준(리더의 17번째 자리)코드는 '3'에서 '₪'로 수정된다.

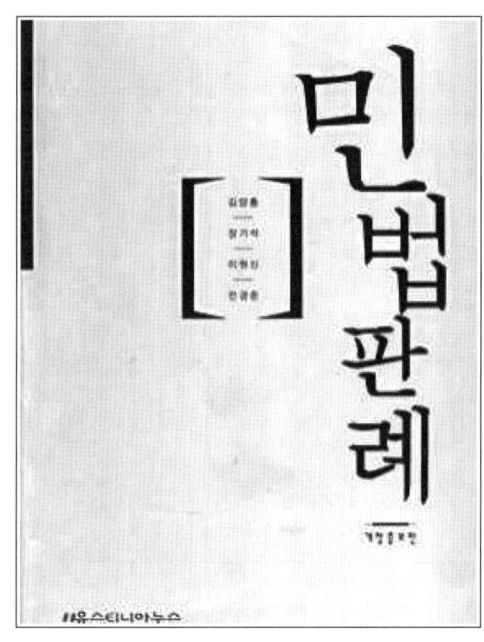

민법판례

1997년 3월 15일 초판 발행
1999년 3월 15일 개정판 발행
2000년 3월 10일 개정증보판 발행
2002년 3월 10일 개정증보판 2쇄 발행

 저 자: 김양홍, 장기석, 이원신, 전경준
발행자: 이영식
발행처: 뉴스티니아누스
    서울시 종로구 종로3가 345-6

[값 25,000원]
ISBN 89-872-45-12-8 13360

1125페이지 24.3cm

```
001
020       ▾a8987245128 ▾g13360 : ▾c₩25000
056       ▾a365 ▾24
090       ▾a365 ▾b김63ㅁ3
245 00 ▾a민법판례 / ▾d김양홍, ▾e장기석, ▾e이원신, ▾e전경준
250 ▭▭ ▾a개정증보판
260 ▭▭ ▾a서울 : ▾b뉴스티니아누스, ▾c2000
300 ▭▭ ▾a1125 p. ; ▾c25 cm
700 1▭ ▾a김양홍
700 1▭ ▾a장기석
700 1▭ ▾a이원신
700 1▭ ▾a전경준
```

〈그림 3-19〉 판사항의 표시

판사항은 250 필드에 기술한다. 이때 판과 쇄의 연도표시가 함께 되어 있으면 쇄는 무시하고 판의 연도만을 기준으로 한다.

元 曉 寺

Report on the excavation of
Weon Hyo Sa temple site

國立光州博物館
元 曉 寺
1983

Report of the research of antiquities of the National Museum of Gwangju. Vol. 1

元曉寺 發掘調査 報告書
1983年 3月 5日 印刷
1983年 3月 20日 發行

발행: 國立光州博物館 · 元曉寺
인쇄: 三和出版社

[비매품] 1,000部 限定版

180페이지 삽화 26.4cm

001
020 ▾c비매품
056 ▾a911.03▾24
090 ▾a911.03▾b원95
245 00 ▾a元曉寺 =▾xReport on the excavation of Weon Hyo Sa temple site /
▾d國立光州博物館,▾e元曉寺 [共編]
246 1ƀ ▾i판권기표제:▾a元曉寺 發掘調査 報告書
260 ƀƀ ▾a[光州] :▾b國立光州博物館,▾c1983
300 ƀƀ ▾a180 p. :▾b삽화 ;▾c27 cm
490 00 ▾aReport of the research of antiquities of the National Museum of Gwangju ;▾vv. 1
500 ƀƀ ▾a1,000部 限定版
710 ƀƀ ▾a국립광주박물관
710 ƀƀ ▾a원효사

〈그림 3-20〉 발행처가 두 곳인 경우

위의 예시와 같이 발행처가 두 곳 이상 기재되어 있는 경우에는 중요하게 표시되었거나 맨 처음 기재된 발행처명을 기재함을 원칙으로 한다. 그리고 하나의 발행처에 둘 이상의 발행지명이 표시된 경우, 중요하게 기재되었거나 맨 처음에 표시된 발행지명을 기재한다. 한편 위의 예시와 같이 표제면과 판권기의 표제가 다를 경우, 판권기표제는 246 필드에 기술한다.

2.6 형태사항 등(3XX)

1) 300 형태사항(Physical Description) [반복, 필수]

해당 자료의 수량과 특정자료종별, 물리적 특성, 크기 및 기타 형태적인 상세정보와 딸림자료 등을 기술한다. 복합매체와 같이 구성하는 자료가 물리적으로 서로 다른 특성을 지닌 경우 이 필드를 반복하여 사용할 수 있다. 단행본에서는 쪽수나 장수, 권책수, 삽화, 크기, 그리고 딸림자료 등을 기술한다. 지시기호는 ЬЬ이며, 식별기호의 사용법은 다음과 같다 (〈그림 3-21〉 참조).

　　　300 ЬЬ ▼a특정자료종별과 수량[반복] : ▼b기타 물리적 특성 ; ▼c크기[반복] +
　　　　　▼e딸림자료 + 딸림자료

[예 시]　300 ЬЬ ▼axiv, 343 p. : ▼b삽화, 초상화 ; ▼c26 cm
　　　　　300 ЬЬ ▼a271 p. ; ▼c26 cm + ▼e음반 (2면 : 33 1/3회전 ;30 cm)
　　　　　300 ЬЬ ▼a2책(x, 210; v, 310 p.) ; ▼c26 cm
　　　　　300 ЬЬ ▼a271 p. : ▼b삽화 ; ▼c21 cm + ▼e지도책 1책 (37 p., 19장 : 천연색)
　　　　　300 ЬЬ ▼axvi, 249 p., 도판 12장 : ▼b삽화 ; ▼c25 cm
　　　　　300 ЬЬ ▼axvi, 249 p., 12 leaves of plates : ▼bill. ; ▼c25 cm
　　　　　300 ЬЬ ▼a128 p. : ▼b도표 ; ▼c10×27 cm
　　　　　300 ЬЬ ▼a376 p. ; ▼c26 cm + ▼e지도책 1책 + 비디오카세트 2개

2) 310 현재 간행빈도(Current Publication Frequency) [반복불가, 해당시필수]

해당 자료의 현재 간행빈도를 기술한다. 지시기호는 ЬЬ이며, 식별기호의 사용법은 다음과 같다.

　　　310 ЬЬ ▼a현재 간행빈도[반복불가], ▼b현재 간행빈도 시작 연·월[반복불가]

[예 시]　310 ЬЬ ▼a계간
　　　　　310 ЬЬ ▼a월간, ▼b1980년 여름 (1980년 6월)-
　　　　　310 ЬЬ ▼aMonthly

3) 321 이전 간행빈도(Former Publication Frequency) [반복, 재량]

해당 자료의 이전 간행빈도를 기술한다. 310 필드에 현재 간행빈도가 기술되어 있는 경

우에만 적용한다. 지시기호는 ▶▶이며, 식별기호의 사용법은 다음과 같다.

321 ▶▶ ▼a이전 간행빈도[반복불가], ▼b이전 간행빈도 시작 연·월[반복불가]

[예시] 310 ▶▶ ▼a연간, ▼b1983-
321 ▶▶ ▼a월간, ▼b1972.3-1980.12
321 ▶▶ ▼a반년간, ▼b1981-1982

4) 336 내용유형(Content Type)   [반복, 재량]

해당 저작이 표현된 내용의 형식을 나타낸다. 지시기호는 ▶▶이며, 식별기호의 사용법은 다음과 같다.

336 ▶▶ ▼a내용유형 용어[반복] ▼b내용유형 부호[반복] ▼2정보원

[예시] 336 ▶▶ ▼aperformed music ▼2rdacontent
336 ▶▶ ▼atwo-dimensional moving image ▼btdi ▼2rdacontent

5) 337 매체유형(Media Type)   [반복, 재량]

자원의 내용을 보거나 재생, 작동하는 등에 필요한 매개 장치의 일반적 유형을 나타낸다. 지시기호는 ▶▶이며, 식별기호의 사용법은 다음과 같다.

337 ▶▶ ▼a매체유형 용어[반복] ▼b매체유형 부호[반복] ▼2정보원

[예시] 337 ▶▶ ▼aaudio ▼2rdamedia
337 ▶▶ ▼avideo ▼bv ▼2rdamedia

6) 338 수록매체유형(Carrier Type)   [반복, 재량]

337 필드와 결합하여 저장매체의 형식과 수록매체의 보관용기를 나타낸다. 지시기호는 ▶▶이며, 식별기호의 사용법은 다음과 같다.

338 ▶▶ ▼a수록매체유형 용어[반복] ▼b수록매체유형 부호[반복] ▼2정보원

[예시] 338 ▶▶ ▼aaudio disc ▼2rdacarrier
338 ▶▶ ▼avideodisc ▼bvd ▼2rdacarrier

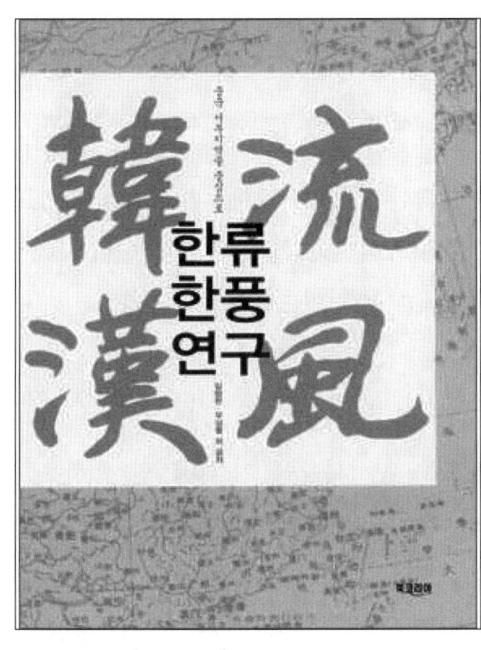

한류한풍연구
- 중국서부지역을 중심으로 -

저 자 /임향란, 우상렬 외 공저
발행인 /이종민
발행처 /북코리아
주 소 /서울시 종로구 동숭동 25-3

초판 인쇄 /2009년 5월 5일
초판 발행 /2009년 5월 10일

ISBN 978-89-63240-19-0 [값 20,000원]

403페이지 24.8cm
본문에 각종 칼라사진들이 수록되어 있으며, 부록으로 CD-ROM 1매가 딸려있음

```
001
020        ▼a9788963240190 ▼g9300 : ▼c₩20000
056        ▼a331.5 ▼24
090        ▼a331.5 ▼b임93ㅎ
100 0b     ▼a임향란
245 10  ▼a한류한풍연구 : ▼b중국서부지역을 중심으로 / ▼d임향란, ▼e우상렬 외 공저
260 bb  ▼a서울 : ▼b북코리아, ▼c2009
300 bb  ▼a403 p. : ▼b천연색사진 ; ▼c25 cm + ▼eCD-ROM 1매
500        ▼a분문은 한국어와 중국어가 혼합 수록됨
650        ▼a한류문화
700 1b     ▼a우상렬
```

〈그림 3-21〉 형태사항: 페이지, 사진, 크기, 딸림자료

형태사항은 300필드에 "▼a쪽수 : ▼b삽화 ; ▼c크기 + ▼e딸림자료"의 형식으로 입력을 한다.

2.7 총서사항(4XX)

4XX 필드에는 자료에 나타나 있는 총서사항을 기술한다. 한 자료에 여러 개의 총서표제가 있는 경우, 각 총서표제를 독립된 총서표제로 간주하여 필드를 반복 기술한다. 2014년 통합서지용 개정판에서는 440 필드는 사용이 중지되고 490 필드만 남아 있다.

1) 490 총서사항(Series Statement) [반복, 해당시 필수]

총서표제를 위한 총사사항을 기술한다. 490 필드는 총서사항을 기술하지만 총서부출표목의 역할을 하지 않는다. 총서부출표목이 필요할 경우, 제1지시기호 1(총서를 부출함)을 적용한 후 총서사항(490 필드)과 대응되는 총서부출표목필드(800-830 필드)를 같이 기술해준다. 지시기호와 식별기호의 사용법은 아래와 같다(〈그림 3-22〉, 〈그림 3-23〉 참조).

제1지시기호 - 총서의 부출 제2지시기호 - 표제 배열
  0 - 총서를 부출하지 않음   0 - 그대로 배열
  1 - 총서를 부출함   1 - 원괄호를 제외하고 배열

490 ▼a총서사항[반복], ▼xISSN[반복] ; ▼v총서번호[반복]

[예시]
490 00 ▼a경영학강의
490 00 ▼aLife series, ▼x0023-6721

490 10 ▼a한국문학대전집 ; ▼v5
830 ̲0 ▼a한국문학대전집 ; ▼v5

490 10 ▼a연구보고서 ; ▼vv. 5
830 ̲0 ▼a연구보고서 (한국원자력연구소) ; ▼vv. 5

☞ 식별기호 ▼a(총서사항)에는 총서의 표제뿐만 아니라 총서표제 책임표시사항 및 다른 형태의 표제정보를 기술할 수도 있다. 하위총서가 식별기호 ▼v(총서번호)나 ▼x(ISSN)로 상위총서와 별개로 취급되는 경우, 또는 대등총서표제가 있을 경우 ▼a를 반복하여 기술할 수 있다.

[예시] 490 10 ▾a실용생활백과 ; ▾v제9권. ▾a명리총서 ; ▾v제2편
　　　 830 ㅂ0 ▾a실용생활백과 ; ▾v제9권
　　　 830 ㅂ0 ▾a실용생활백과. ▾p명리총서 ; ▾v제2편

그런데 실제로는 하위총서와 총서의 권차표제(편제)를 구분하는 것이 명확하지 않으며, 따라서 위의 예시를 아래와 같이 기술할 수도 있다.

[예시] 490 10 ▾a실용생활백과. 제2편, 명리총서 ; ▾v제9권
　　　 830 ㅂ0 ▾a실용생활백과 ; ▾v제9권
　　　 830 ㅂ0 ▾a실용생활백과. ▾p명리총서 ; ▾v제2편
　　　 830 ㅂ0 ▾a실용생활백과. ▾n제2편, ▾p명리총서 ; ▾v제9권

☞ 일반적으로 단행본에 ISBN과 ISSN이 동시에 기재되어 있는 경우, ISSN은 대부분이 총서에 주어진 번호이다. 이때 ISSN은 022 필드가 아니라 490 필드에 기재한다. 원칙적으로 총서와 관련된 책임표시는 기재하지 않지만 그 총서표제가 고유성이 약하거나 식별상 필요한 경우에는 책임표시를 기재한다(KCR4 조항 1.6.4.2).

[예시] 490 10 ▾a연구총서 / 한국사회연구소 ; ▾v제7집
　　　 810 ㅂㅂ ▾a사회과학연구소. ▾t연구총서 ; ▾v제7집

```
001
020        ▾a8991437222 ▾g03600 : ▾c₩10000
056        ▾a607 ▾24
090        ▾a607 ▾b강52ㄴ
245 10  ▾a나는 작품을 만지러 미술관에 간다 / ▾d강상중 외 지음
260 bb  ▾a서울 : ▾b다빈치기프트, ▾c2004
300 bb  ▾a144 p. : ▾b천연색삽화 ; ▾c23 cm
490 10  ▾a다빈치 예술 교육 시리즈, ▾x2335-3625 ; ▾v1
500 bb  ▾a이 책은 2004년 수원미술전시관의 5월 기획전 "나는 작품을 만지러 미술관에
           간다"의 결과물임
500 bb  ▾a공저자: 김성호, 정유진, 주종수, 김선현, 김영린, 이형복
530 bb  ▾a같은 내용으로 eBook도 있음
700 1b  ▾a강상중
776 1b  ▾t나는 작품을 만지러 미술관에 간다. ▾d서울 : 다빈치기프트, 2006
830 b0  ▾a다빈치 예술 교육 시리즈, ▾x2335-3625 ; ▾v1
```

〈그림 3-22〉 총서사항: 총서번호와 ISSN이 있는 경우

총서사항은 490 필드에 "▾a총서사항, ▾xISSN ; ▾v총서번호"의 형식으로 입력한다. 일반적으로 위의 예문에서와 같이 판권기에 ISBN과 ISSN이 동시에 나타나는 경우 ISSN은 대부분 총서표제의 ISSN이다.

```
001
020        ▼c비매품
056        ▼a379.29 ▼24
090        ▼a379.29 ▼b한16ㅇ
110        ▼a한국교육개발원
245 10  ▼a영재교육을 위한 특수학교 설치문제 / ▼d한국교육개발원
260 ▶▶ ▼a서울 : ▼b한국교육개발원, ▼c1990
300 ▶▶ ▼a110 p. ; ▼c25 cm + ▼e디스켓 1매
490 10  ▼a연구보고서 ; ▼v117
830 ▶0  ▼a연구보고서 (한국교육개발원) ; ▼v117
```

〈그림 3-23〉 총서사항: 다르게 부출되는 총서표제

일반적으로 총서사항은 490 필드에 기술하지만 위의 예문에서와 같이 부출표목을 다르게 하고 싶을 때는 490 필드에 원래의 총서표제를 기술하고, 830 필드에는 목록자가 임의로 다르게 작성한 총서부출표목을 기술한다.

2.8 주기사항(5XX)

이 필드에는 서지적 주기를 기술한다. 5XX 필드는 각각 독립되어 있다. 특정한 주기는 해당 주기필드(501-59X 필드)에 기술하며, 이에 해당하는 적절한 필드가 없는 경우 500 필드(일반주기)에 기술한다. 한국어 표출어는 대부분 식별기호에 의해 자동 생성되며, 영문 표출어는 표출어를 직접 입력하게 되어 있다.

목록레코드를 출력하거나 단말기에 디스플레이 하면, 주기사항에 나타나는 정보는 항상 5XX 필드에서 기술된 것만 나타나는 것이 아니다. 즉, 246(여러 형태의 표제), 247(변경전 표제나 표제변동), 310(현재 간행빈도), 321(이전 간행빈도), 362(권·연차사항에서 제1지시기호가 1인 경우), 76X-78X(연관저록필드) 필드 등에서 기술한 내용은 비록 주기필드인 5XX에 기술되지 않은 내용이지만 출력이나 디스플레이 할 때 5XX 필드의 주기내용과 함께 주기사항에 나타난다.

1) 500 일반주기(General Note) [반복, 재량]

501부터 59X 필드까지의 주기사항에 해당되지 않는 일반정보를 기술하며, 501부터 59X에 관련 주기필드가 있는 경우에는 해당 주기필드에 우선 기술한다. 지시기호는 ㅂㅂ이다.

주기사항에 기술되는 내용은 이 필드에서 직접 부출되지 않는다. 그리고 이 필드를 반복 사용하는 경우, 기술부에 해당하는 245~4XX 필드의 순서에 따라 입력한다. 500 필드는 약어로 끝나는 것을 제외하고는 필드 끝에 구두점을 사용하지 않는다(〈그림 2-25〉, 〈그림 3-24〉 참조).

500 ㅂㅂ ▼a일반주기

[예시]
500 ㅂㅂ ▼a영한대역본임
500 ㅂㅂ ▼a관제: 공개채용시험의 길잡이
500 ㅂㅂ ▼a책등표제: The fair American
500 ㅂㅂ ▼a초판은 1970년에 출판되었음
500 ㅂㅂ ▼a이문열 저 "우리들의 일그러진 영웅"을 희곡으로 각색한 것임
500 ㅂㅂ ▼a1,000부 한정판
500 ㅂㅂ ▼a감수자: 남광우, 이응백, 이을한
500 ㅂㅂ ▼a總販: 光文社

2) 501 합철주기(With Note) [반복, 재량]

자료가 출판, 공표, 발행, 제작될 때, 하나 이상의 저작이 물리적으로 함께 묶여져 있다는 것을 알리기 위해 기술한다. 해당 자료에 수록된 이들 저작은 대체로 구별되는 표제를 가지고 있으나, 자료 전체를 포괄하는 종합표제는 없다. 이 필드에 기술되는 자료는 독립된 레코드를 생성하여 레코드간에 링크로 연결할 수 있다.

소장처에서 임의로 묶어 제본한 경우에는 이 필드에 기술하지 않고 590 필드(소장본 주기)에 기술한다. 지시기호는 ♭♭이며, 식별기호는 아래와 같다.

501 ♭♭ ▼a합철주기: ▼c표제[반복] / ▼d첫 번째 책임표시[반복], ▼e두 번째 이하 책임표시[반복]. -- ▼n판사항[반복]. -- ▼p발행사항[반복]. -- ▼q형태사항[반복]

[예시]　501 ♭♭ ▼a합철: ▼c인간의 마음 / ▼d이문희 저. -- ▼p서울, 1966
　　　　501 ♭♭ ▼a합철: ▼c韓國音樂小史 / ▼d咸和鎭 著. -- ▼q124 p.
　　　　501 ♭8 ▼aWith: ▼cThe reformed school / ▼dJohn Drury

3) 502 학위논문주기(Dissertation Note) [반복, 재량]

자료가 학위논문인 경우 학위수여 대학명, 전공학과명, 학위수여년도 등을 기술한다. 학위논문을 저작으로 발간하였거나 이에 기초한 저작의 경우, 이 자료와 학위논문과의 관계를 나타내는 주기는 502 필드 대신 500 필드를 사용한다. 그리고 학위논문의 재편집과 관련된 주기도 500 필드에 기술한다. 지시기호와 식별기호의 사용법은 다음과 같다(〈그림 3-25 참조〉).

제1지시기호 - 학위논문의 종류　　제2지시기호
　0 - 석사학위논문　　　　　　　　♭ - 미정의
　1 - 박사학위논문

502　▼a학위논문의 - ▼b학위수여기관, ▼c학과 및 전공, ▼d학위년도

[예시]　502 1♭ ▼a학위(박사) - ▼b중앙대학교 대학원, ▼c문헌정보학과, ▼d1990
　　　　502 0♭ ▼a학위논문(석사) - ▼b서울대학교 대학원, ▼c원자핵공학과, ▼d1988
　　　　502 0♭ ▼aThesis(M.A.) - ▼bUnivsity College, London, ▼d1969
　　　　502 1♭ ▼aThesis(Ph.D.) - ▼bUniversity of Michigan, ▼cDept. of Computer Science, ▼d1981

MARC 21의 예

502 ▮▮$aInaug.--Diss.--Heidelberg, 1972.
502 ▮▮$aThesis (M.A.)--University College, London, 1969.
502 ▮▮$aMemoire de stage (3e cycle)--Universite de Nantes, 1981.

☞ MARC 21에서는 KORMARC과 달리 식별기호 $a다음에 "학위명-수여기관, 학위수여 연도"를 모두 기술한다.

4) 504 서지주기(Bibliography Note) [반복, 재량]

자료에 참고문헌이나 인용자료 목록이 수록되어 있는 경우, 그 사항을 기술한다. 지시기호는 빈칸이며, 식별기호의 용법은 다음과 같다. 표출어는 자동 생성하지 않는다.

504 ▮▮ ▼a서지주기. ▼b참고문헌의 수

예시
504 ▮▮ ▼a참고문헌: p. 230-239. ▼b30
504 ▮▮ ▼a서지와 색인이 포함되어 있음
504 ▮▮ ▼aBibliography: p. 351-358. ▼b19
504 ▮▮ ▼aIncludes bibliographical references

5) 505 내용주기(Formatted Contents Note) [반복, 재량]

종합표제 또는 대표표제 아래 2개 이상의 저작이 수록된 경우, 그 저작들의 내용을 기술한다. 지시기호와 식별기호의 사용법은 다음과 같다(〈그림 2-26〉, 〈그림 3-26〉 참조).

제1지시기호 - 표출어 제어   제2지시기호 - 내용표시의 수준
　0 - 완전한 내용주기   ▮ - 기본형
　1 - 불완전한 내용주기   0 - 확장형
　2 -　부분 내용주기
　8 - 표출어를 생성하지 않음

(기본형)　505 0▮ ▼a형식화된 내용주기 ▼uURI[반복]
(확장형)　505 00 ▼n권차[반복]. ▼t표제[반복] / ▼d첫 번째 책임표시[반복], ▼e두 번째 이하 책임표시[반복] ▼g기타 정보 ▼uURI[반복]

완전한 내용주기는 전집이나 총서가 완질로 입력된 경우이며, 불완전한 내용주기는 전집이나 총서중 일부분이 입력되는 경우이고, 부분 내용주기는 전집이나 총서가 완질로 있음에도 필요에 의해 일부분만 입력되는 경우를 말한다.

그리고 제2지시기호가 '0'이면 확장형, 'b'이면 기본형이다. 기본형의 경우에는 7XX 필드에 다시 기술하여야 부출표목이 되며, 확장형의 경우에는 505 필드에서 요소마다 이미 식별기호를 부여하여 입력함으로써 7XX 필드를 직접 생성되게 할 수 있다.

그런데 확장형에서 저작자(▼d, ▼e)의 경우에는 외국인명과 같이 도치파일을 생성해야 하는 수도 있으므로 부출파일을 일괄적으로 자동 생성하는 것은 오류의 가능성이 높다. 이는 245 필드의 ▼d나 ▼e와 마찬가지로 편의상 부출파일을 만들 수 있도록 하였을 뿐 디스플레이기능만 가진다고 볼 수 있다. 즉, 245 필드에서 표제(▼t)는 자동부출이 가능하지만 책임표시(▼d, ▼e)의 경우에는 700 필드에 다시 기술하는 것과 마찬가지로 505 필드의 확장형도 이와 같이 적용된다고 볼 수 있다.

따라서 아래의 예시에서와 같이 기본형의 경우에는 부출파일을 생성하고자 할 경우 7XX 필드에 표제와 저작자가 모두 기술되어야 하며, 확장형의 경우에는 표제를 다시 기술할 필요가 없고 저작자만 기술하면 된다.

[예 시] (기본형)
　　　505 8b ▼aContents: pt. 1. Carbon -- pt. 2. Nitrogen -- pt. 3. Sulphur ― pt. 4. Metals
　　　505 1b ▼a1. 사랑 / 이광수 저 – 2. 운현궁의 봄 / 김동인 저 – 3. 삼대 / 염상섭 저
　　　700 12 ▼a이광수. ▼t사랑. ▼n1[13]
　　　700 12 ▼a김동인. ▼t운형궁의 봄. ▼n2
　　　700 12 ▼a염상섭. ▼t삼대. ▼n3

　　　(확장형)
　　　505 00 ▼n1. ▼t겨울의 幻 / ▼d김채원 -- ▼n2. ▼t그리운 거인들 / ▼d김채원 -- ▼n3. ▼t얼음벽의 풀 / ▼d김향숙 -- ▼n4. ▼t어느 무정부자의 하루 / ▼d최수철 -- ▼n5. ▼t멀고먼 해후 / ▼d김영현 -- ▼n6. ▼t비둘기는 집으로

---

[13] 시스템에 따라서는 "700 12 ▼a이광수. ▼t사랑. ▼n1"과 같은 형식으로 목록하면 표제가 검색되지 않는 경우도 있을 수 있겠으나 이것은 시스템의 프로그램이 잘못된 경우이며, 수정하여야 함. 도서관에 따라서는 "700 12 ▼a이광수", "740 b2 ▼a사랑" 으로 목록할 수도 있으나 바람직한 것은 아님.

　　　　　　돌아온다 / ▾d고원정 -- ▾n7. ▾t복원되지 못한 것들을 위하여 / ▾d박완서

　　　　700 12 ▾a김채원
　　　　700 12 ▾a김만옥
　　　　700 12 ▾a김향숙
　　　　700 12 ▾a최수철
　　　　700 12 ▾a김영현
　　　　700 12 ▾a고원정
　　　　700 12 ▾a박완서

☞ 위의 예시와 같이 제1지시기호에 의해 한글 표출어는 자동 생성되며, 영문 표출어는 자동 생성되지 않으므로 제1지시기호에서 '8'을 선택한 다음, 필요한 표출어를 직접 입력해야 한다.

6) 506 이용제한주기(Restrictions on Access Note) [반복, 재량]

자료를 이용하는데 제한이 있는 경우, 그 접근제한에 관한 내용을 기술한다. 자료에 접근한 후 그 자료를 이용하거나 복제하는데 따른 제한이 있는 경우에는 그 정보를 540 필드(이용과 복제제한에 관한 주기)에 기술한다. 연속간행물의 경우에는 모든 호수에 대해 제한이 적용되는 경우에 사용한다. 지시기호는 ▸▸이며, 식별기호 및 사용 예는 다음과 같다.

　　506 ▸▸ ▾a이용제한 사항; ▾b법적제한[반복]; ▾c물리적 접근에 필요한 규정[반복]; ▾d이용권한이 있는 이용자; ▾e근거[반복] ▾uURI[반복]

　[예 시]　506 ▸▸ ▾a대외비
　　　　　506 ▸▸ ▾a국가안전을 위해 이용 제한; ▾b국가정보원; ▾e국가보안법 제40조
　　　　　506 ▸▸ ▾aFor official use only
　　　　　506 ▸▸ ▾3비디오테이프를 제외한 모든 자료 ▾a이용불가

☞ 506 필드에서 식별기호 ▾3은 기술부분이 ▾3에 기술된 자료에만 해당되는 것임을 나타낸다.

7) 507 시각자료의 비율 주기(Scale Note for Visual Material)　　[반복불가, 재량]

시각자료의 축소 및 확대비율을 기술한다. 시각자료에는 정지 이미지, 입체자료가 해당한다. 지도제작의 수치데이터에 대해서는 255 필드에 기술한다. 지시기호는 ㅌㅌ이며, 식별기호 및 사용 예는 다음과 같다.

　　　507 ㅌㅌ ▼a대표적 비율 주기; ▼b기타 비율 주기

[예시]　507 ㅌㅌ ▼a확대율 1:2
　　　507 ㅌㅌ ▼aScale 1:10 of the original
　　　507 ㅌㅌ ▼aScale 1:500,000; ▼b1 in. equals 8 miles

☞ KORMARC 형식 통합서지용 이전에는 507 필드에 원저자와 원표제에 관한 주기를 하였으나, 통합서지용에서는 MARC 21과 마찬가지로 그래픽자료의 축척주기를 기술하도록 개정되었음.

8) 508 제작진 주기(Creation/Production Credits Note)　　[반복, 해당시필수]

영화와 비디오 녹화자료 등의 작품제작에 참여한 배우 이외의 개인이나 단체를 기술한다. 나레이터는 508 필드나 511 필드(연주자와 배역진 주기)에 기술할 수 있다. 일반적으로 스크린에 나오는 나레이터는 511 필드에 기술하고, 목소리만 나오는 나레이터는 508 필드에 기술한다. 지시기호는 ㅌㅌ이며, 식별기호는 다음과 같다.

　　　508 ㅌㅌ ▼a제작진주기

[예시]　508 ㅌㅌ ▼a제작진: 각본: 심산, 이성수 ; 촬영: 장명호, 고장성 ; 녹음구성: 유강진
　　　508 ㅌㅌ ▼a제작진: Music: Michael Fishbein ; camera: George Leskay

9) 510 인용/참고주기(Citation/References Note)　　[반복, 재량]

자료의 서평 및 발행된 서지기술에 대한 인용사항이나 참고문헌 주기를 기술하며, 자료가 어디에서 인용되고, 서평기사를 수록하고 있는지를 상술하는데 적용된다. 인용사항이나 참고문헌은 간략한 형태 즉, 일반적으로 인식할 수 있는 약어 등으로 기술된다. 지시기호와 식별기호는 아래와 같으며, 제1지시기호에 의해 표출어가 생성된다.

제1지시기호 - 수록범위/위치 (표출어)　　　　　제2지시기호
　0 - 수록범위를 알 수 없는 자료 (색인/초록 수록지:)　♭ - 미정의
　1 - 완전하게 수록된 자료 (색인/초록 수록지:)
　2 - 선택적으로 수록된 자료 (색인/초록 수록지:)
　3 - 정보원의 위치가 표시되지 않음 (참고문헌:)
　4 - 정보원의 위치가 표시됨 (참고문헌:)　　　8 - 표출어를 생성하지 않음

　510 ▼a해제지, 색인지, 초록지 등의 정보원명, ▼b정보원의 수록기간, ▼c정보원 내의 위치, ▼xISSN

[예시]　510 1♭ ▼a한국석·박사학위논문총목록 (1989)
　　　　510 1♭ ▼a정기간행물기사색인, ▼b1976-
　　　　510 1♭ ▼aChemical abstracts, ▼x0009-2258

10) 511 연주자와 배역진 주기(Participant or Performer Note) [반복, 해당시필수]

녹음자료나 시청각자료에서 연주자, 해설자, 배역진, 채록자, 구술자, 낭독자 등 그 저작에 참여한 사람에 관한 사항을 기술한다. 지시기호와 식별기호는 다음과 같다.

제1지시기호 - 표출어 제어　　　　　　　　　제2지시기호
　1 - 배역　　　　　　　　　　　　　　　　♭ - 미정의
　8 - 표출어를 생성하지 않음

　511 1♭ ▼a연주자와 배역진 주기

[예시]　511 8♭ ▼a노래: 서태지와 아이들
　　　　511 1♭ ▼a정경화, 바이얼린 ; 정명화, 첼로
　　　　511 8♭ ▼aNarrator: Burl Ives
　　　　511 8♭ ▼aComedy skits performed by Second City

11) 520 요약 등 주기(Summary, etc. Note) [반복, 재량]

해당 자료의 요약, 해제, 초록 등을 기술한다. 지시기호와 식별기호의 사용법은 다음과 같다(〈그림 2-14〉 참조).

제1지시기호 - 표출어 제어 　　　　　　　　　　　　　　　　　　제2지시기호
　b̸ - 요약 　　　　　0 - 주제 　　　　　　　　　　　b̸ - 미정의
　1 - 평론 　　　　　2 - 범위와 내용
　3 - 초록 　　　　　4 - 해제 　　　　　8 - 표출어를 생성하지 않음

520 ▾a요약 등 주기▾b추가요약정보▾c출처. ▾uURI[반복]

예 시 520 b̸b̸▾a조선일보사 주최의 '아, 고구려'전에 전시되었던 고분벽화들이 역사, 정치, 문화 등 고구려 전반에 관한 설명과 함께 구성된 CD-ROM

12) 521 이용대상자 주기(Target Audience Note) [반복, 재량]

자료가 특수한 이용자층을 고려하여 발간된 경우, 그 이용대상자를 기술한다. 지시기호와 식별기호의 사용법은 다음과 같다. 제1지시기호에 의해 한글 표출어는 자동 생된다(〈그림 3-26〉 참조).

제1지시기호 - 표출어 제어 　　　　　　　　　　　　　　　　　　제2지시기호
　b̸ - 이용대상자 　　　0 - 독서수준 　　　　　　　　b̸ - 미정의
　1 - 대상 연령 　　　2 - 대상 학년
　3 - 특수 이용대상 　4 - 동기유발 수준
　8 - 표출어를 생성하지 않음

521 ▾a이용대상자[반복]▾b정보원

예 시 521 2b̸▾a초등학생용
521 3b̸▾a건축·미술 관련 전공자
521 4b̸▾a동기유발성이 높음▾b한국교육학회
521 8b̸▾aInterest age level: 9-12

13) 530 이용 가능한 다른 형태자료 주기 (Additional Physical Form Available Note) [반복, 재량]

해당 자료가 이용 가능한 다른 물리적 형태의 자료로도 간행되고 있는 경우, 이에 관한 사항을 기술한다. 물리적 형태가 다른 자료가 별도의 별도로 목록작성 되어 데이터베이스 제어번호를 갖고 있는 경우에는 표제와 제어번호를 776 필드(기타형태저록)에 입력하되, 530 필드에는 이를 알기 쉽게 풀이하여 나타낼 수 있다. 지시기호는 b̸b̸이며, 식별기호의

사용법은 다음과 같다.

이와 같이 530 필드에는 물리적인 형식이 다를 경우에 한하여 기술하며, 다른 판형(초기판, 간략판, 축쇄판, 다른 언어판 등)에 관한 정보는 일반주기인 500 필드에 기술한다.

530 ▒▒ ▾3자료범위지정 ▾a이용 가능한 다른 형태; ▾b입수가능 정보원; ▾c입수 조건; ▾d주문번호 ▾uURI[반복]

[예 시]   530 ▒▒ ▾aCD-ROM으로도 간행
530 ▒▒ ▾aAvailable on microfilm
530 ▒▒ ▾aOnline version available via The New Bartleby Library
▾uhttp://bartley.com/99/index.html

500 ▒▒ ▾aIssued in 1978 in larger version (51 min)
500 ▒▒ ▾a축쇄판으로도 간행됨

☞ 위의 예시와 같이 다른 판형에 관한 정보는 500 필드에 기술한다.

14) 533 복제본 주기(Reproduction Note)　　　　[반복, 해당시필수]

해당 자료가 영인, 복사, 마이크로형태 등에 의한 복제물이고, 그 원본을 중심으로 서지정보를 기술한 경우, 복제에 관한 사항을 기술한다. 지시기호는 ▒▒이며, 식별기호의 사용법은 다음과 같다.

533 ▒▒ ▾a복제형식. ▾b복제장소[반복] : ▾c복제기관[반복], ▾d복제일자. ▾e복제형태사항. ▾f복제 총서사항[반복]. ▾m복제한 원본의 기간[반복]. ▾n복제에 관한 주기[반복] ▾7복제물의 고정길이 데이터요소

[예 시]   533 ▒▒ ▾a마이크로필름. ▾b서울 : ▾c동아출판사, ▾d1990. ▾e마이크로필름 릴 1개
533 ▒▒ ▾a영인본. ▾b서울 : ▾c아세아문화사, ▾d1989. ▾e350 p. ; 23 cm
533 ▒▒ ▾aMicrofiche. ▾bWashington : ▾cU.S.G.P.O., ▾d1990. ▾e27 microfiches : negative ; 11×15 cm

☞ KCR4에 의하면(KCR4 1.0.2) 복제물의 경우 그 대본인 원자료가 아니라 복제물 자체를 기술의 대상으로 하고 있으므로 원본을 중심으로 서지정보를 기술할 경우는 거의 없다.

15) 534 원본주기(Original Version Note) [반복, 해당시필수]

이 필드에는 해당 자료가 영인, 복사, 마이크로형태 등에 의한 복제물이고, 복제물을 중심으로 서지정보를 기술한 경우, 그 원본에 관한 사항을 기술한다. 지시기호는 ▶▶이며, 식별기호의 사용법은 다음과 같다(〈그림3-28〉 참조).

534 ▶▶ ▼p원본관련 설명적 문구: ▼a원본의 기본표목. ▼t원본표제. ▼b원본판사항. ▼c원본 출판사항. ▼e원본형태사항. ▼f원본총서사항[반복]. ▼n원본관련 주기[반복] ▼l원본소장처. ▼m원본의 특수한 정보표시: ▼k원본 등록표제. ▼z원본 ISBN[반복]. ▼x원본 ISSN[반복]

[예 시]
500 ▶▶ ▼a축소영인본임
534 ▶▶ ▼p원본의 발행사항: ▼c京城 : 朝鮮語學研究會, 昭和10 [1935]

534 ▶▶ ▼p原本刊寫事項京城 : 朝鮮總督府, 昭和6 [1931]
534 ▶▶ ▼p원본: ▼t겨레. ▼c서울 : 신태양사, 1925. ▼e65 p. ; 26 cm
534 ▶▶ ▼pOriginally published in English: ▼tAnchor atlas of world history. ▼cGarden City, N. Y. : Anchor books, 1974. ▼z0385061781
534 ▶▶ ▼pOriginally published: ▼cBerlin : Eulenspiegel, 1978

(16) 536 기금정보주기(Funding Information Note) [반복, 재량]

이 필드에는 자료가 단체의 후원으로 또는 연구비를 받아 발간된 경우, 그 후원단체나 연구비에 대한 사항을 기술한다. 지시기호는 ▶▶이며, 식별기호의 사용법은 다음과 같다.

536 ▶▶ ▼a기금정보주기 ▼b계약번호[반복] ▼c교부금번호[반복] ▼d고정번호[반복] ▼e프로그램요소번호 ▼f프로젝트번호[반복] ▼g과제번호[반복] ▼h업무단위 부서 번호[반복]

[예 시]
536 ▶▶ ▼a학술진흥재단 연구기금에 의해 출판됨
536 ▶▶ ▼aSponsored by the World Health Organization

17) 538 시스템 사항에 관한 주기(System Details Note) [반복, 재량]

해당 자료에 관한 시스템정보를 기술한다. 즉, 컴퓨터파일의 특정 코드의 존재유무나 전자자료의 물리적 특성(기록밀도, 패리티, 블로킹 팩터)이 포함된다. 소프트웨어 자료의 경우에는 프로그램언어와 컴퓨터사양(제작처, 모델명, 운영체제, 기억용량), 주변장치(보조기억장치의 수, 단말기의 수, 그 외 주변장치, 지원소프트웨어, 관련기기)등에 관한 사항을 기술한다. 사운드나 비디오 녹화자료의 경우에는 상표명, 녹화방법(VHS, Beta)이나 해상도 등을 기술한다. 지시기호는 ▷▷이며, 식별기호의 사용법은 다음과 같다.

538 ▷▷ ▼a시스템에 관한사항 ▼uURI

예시 538 ▷▷ ▼a시스템사양: 팬티엄급 이상의 IBM 호환 PC; 8MB 이상의 MM; 한글 윈도우즈 98 이상; 4배속 CD-ROM 드라이버; 256 색상 SVGA 보드
538 ▷▷ ▼aSystem requirements: IBM 360 and 370; 9K bytes of internal memory; OS SVS and OSMVS
538 ▷▷ ▼aU-Matic

(18) 540 이용과 복제 제한에 관한 주기 [반복, 재량]
(Terms Governing Use and Reproduction Note)

이 필드에는 자료에 접근한 후에 그 자료를 이용하거나 복제하는데 따른 제한이 있는 경우 이에 관한 정보를 기술한다. 이 필드에는 복제, 전시, 각색, 인용 등을 제한하는 것을 포함하지만 저작권, 영화제작권, 매매(거래)권 등에 한정하지 않고 포괄적으로 적용한다. 해당 자료의 접근에 관한 제한사항은 506 필드에 기술한다. 지시기호는 ▷▷이며, 식별기호의 사용법은 다음과 같다.

540 ▷▷ ▼a이용과 복제에 관한 주기; ▼b소관부서; ▼c근거; ▼d이용 권한이 있는 이용자 ▼uURI[반복]

예시 540 ▷▷ ▼a도서관 내부에서만 이용가능
540 ▷▷ ▼a비영리 목적으로만 복제할 수 있음

19) 580 연관저록 설명 주기(Linking Entry Complexity Note) [반복, 해당시필수]

다른 레코드와의 복합적인 관계를 자유스런 서술형식으로 표현하는 주기로서, 연관저록 필드(765-787)의 표출어로 생성할 수 없는 복잡한 관계를 표현하기 위해 사용된다. 따라서 연관저록필드에 기술된 필드가 있는 경우에만 기술된다. 지시기호는 ▷▷이며, 식별기호의 사용법은 다음과 같다.

580 ▷▷ ▼a연관저록 설명주기

> [예시] 580 ▷▷ ▼aContinued in 1982 by: U.S. exports. Schedule E commodity groupings by world area and country
> 785 10 ▼tU.S. exports. Schedule E commodity groupings by world area and country ▼w(DLC)▷▷▷84641135

20) 585 전시 주기(Exhibitions Note) [반복, 재량]

해당 자료가 전시와 관련하여 만들어진 자료인 경우, 그 전시에 관한 내용을 기술한다. 지시기호는 ▷▷이며, 식별기호의 사용법은 다음과 같다. 아래의 예시는 표출어가 자동생성 되지 않을 경우의 예이다.

585 ▷▷ ▼a전시 주기

> [예시] 585 ▷▷ ▼a전시: "아, 고구려", 과천, 국립현대미술관, 1993.11.17.-1994.1.15
> 585 ▷▷ ▼aExhibited: "Le Brun a Versailles", sponsored by the Cabinet des dessins, Musee du Louvre, 1985-1986

21) 586 수상 주기(Awards Note) [반복, 재량]

해당 자료와 관련해서 수상(受賞)한 내용을 기술한다. 수상한 내용이 여럿일 경우에는 필드를 반복하여 기술한다. 지시기호와 식별기호의 사용법은 다음과 같다.

제1지시기호 - 표출어 제어   제2지시기호
  ▷ - 수상   ▷ - 미정의
  8 - 표출어를 생성하지 않음
586   ▼a수상 주기

예시 586 bb ▾a퓰리처상, 1981
      586 8b ▾aAwards: National Book Award, 1983

22) 590 소장본 주기(Holding Item Note) [반복, 재량]

해당 기관 소장본의 낙장, 열람용 복제본 여부, 소장원본의 청국기호 등 소장본 관련 로 컬정보를 기술하며, 지시기호는 bb이며, 식별기호의 사용법은 다음과 같다.

590 bb ▾a낙장이나 파손 등 주기 ▾w소장 원본, 복사본의 청구기호

예시 590 bb ▾a소장본은 저자 서명(署名) 기증본임
      590 bb ▾aLibrary has v. 1, 3-5, and 7 only

Patriot Games / by Tom Clancy

애국자 전쟁

1993년 9월 20일 인쇄
1993년 9월 25일 발행

저 자: 톰 클랜시
역 자: 박대상·이길영
발행처: 은광사
　　　　서울시 종로구 경운동 101-1

낙장 및 파본은 즉시 교환해 드립니다.
값 6,000원
ISBN 89-8524-703-4　33890

330페이지　　22.4cm
이 책은 영화 "패트리어트"의 원작소설이다.

020　　　▼a8985247034▼g33890 : ▼c₩6000
056　　　▼a843▼23
090　　　▼a843▼b클293ㅇ박
100　1b　▼a클랜시, 톰
245　10　▼a애국자 전쟁 / ▼d톰 클랜시 지음 ; ▼e박대상,▼e이길영 옮김
246　19　▼aPatriot games
246　3b　▼a패트리어트
260　bb　▼a서울 : ▼b은광사,▼c1993
300　bb　▼a330 p. ; ▼c23 cm
500　bb　▼a영화 "패트리어트"의 원작소설임
700　1b　▼a박대상
700　1b　▼a이길영
700　1b　▼aClancy, Tom

〈그림 3-24〉 일반주기

전편, 후편, 속편, 개정판, 요약, 각색 등과 같은 서지내력에 관한 사항은 일반주기(500 필드)에 기술하며, 이때 원작의 제목과 같이 부출표목이 필요한 경우에는 246 필드(또는 성격에 따라 7XX 필드)에 다시 기술한다.

```
博士學位 請求論文
指導敎授 權 起 遠

콜론분류법에 바탕한 자동분류
시스템의 개발에 관한 연구
- 농학 및 의학 전문도서관을 사례로 -
Developing an Automatic Classification System
based on Colon Classification


1992年 4月    日
成均館大學校大學院
文獻情報學科
情報學專攻

李 慶 浩
```

001
049 0 ▼f박
056   ▼a024.4 ▼24
090   ▼a024.4 ▼b이14ㅋ
100 1ᑲ ▼a이경호
245 10 ▼a콜론분류법에 바탕한 자동분류 시스템의 개발에 관한 연구 =▼xDeveloping an automatic classification system based on Colon classification :▼b농학 및 의학전문도서관을 사례로 /▼d李慶浩
260 ᑲᑲ ▼a서울 :▼b成均館大學校,▼c1992
300 ᑲᑲ ▼aiii, 158 p. :▼b삽화 ;▼c26 cm
502 1ᑲ ▼a학위논문(박사) -▼b成均館大學校 大學院,▼c文獻情報學科 情報學專攻,▼d1992

〈그림 3-25〉 주기사항: 학위논문주기

학위논문주기는 502 필드에 "▼a학위논문(박사) -▼b○○대학교 대학원,▼c학과 및 전공,▼d학위년도"의 형식으로 입력한다.

020	▼a891500633(세트) : ▼c₩30000(각 ₩60,000)
056	▼a490.82▼24
090	▼a490.82▼b동36
245 00	▼a동물가족의 신비백과 / ▼d정해문, ▼e변상식, ▼e최기철, ▼e최승일, ▼e김충언 [공저]
260 bb	▼a서울 : ▼b삼성출판사, ▼c1996
300 bb	▼a5책 : ▼b천연색삽화 ; ▼c21×25 cm
505 0b	▼a1. 동물의 가족생활 / 정해문 -- 2. 동물의 먹이 찾기 / 변상식 -- 3. 동물의 집짓기 / 최기철 -- 4. 겨울잠을 자는 동물 / 최승일 -- 5. 밤에 활동하는 동물 / 김충언
521 bb	▼a초등학생용
700 12	▼a정해문.▼t동물의 가족생활.▼n1
700 12	▼a변상식.▼t동물의 먹이 찾기.▼n2
700 12	▼a최기철.▼t동물의 집짓기.▼n3
700 12	▼a최승일.▼t겨울잠을 자는 동물.▼n4
700 12	▼a김충언.▼t밤에 활동하는 동물.▼n5

〈그림 3-26〉 내용주기: 종합표제는 표제에, 개별표제는 내용주기에 기술

위의 예시는 '동물가족의 신비백과'라는 종합표제로 전체 5권이 발간된 전집 중에서 제2권인 '동물의 먹이 찾기(변상식 지음)'라는 자료를 대상으로 목록레코드를 작성하는 것이다.

그런데 전집이나 총서의 경우에는 일반적으로 종합기술방식과 분할기술방식의 2가지 기술방식이 있다.

먼저, 종합표제가 있는 경우 개별표제는 505 필드(내용주기)에 기술하며, 이러한 기술방식을 종합기술방식이라 한다. 즉, 〈그림 3-26〉은 '동물가족의 신비백과'라는 종합표제아래 전체 5권을 하나의 레코드로 작성한 것이다. 이와 같이 종합표제가 있는 경우 개별표제와 개별 책임표시는 모두 505 필드에 기술하며, 분출할 필요가 있으면 700 또는 740 필드에서 다시 기술한다.

반면에 전집이나 총서가 각각 독립된 개별표제와 저자가 있는 경우, 낱권으로 목록을 할 수도 있는데 이러한 방식을 분할기술방식이라 한다. 즉, 〈그림 3-27〉은 '동물가족의 신비백과'라는 종합표제를 총서표제로 기술하며, 개별표제의 하나인 제2권 '동물의 먹이 찾기'를 본표제, 제2권의 저자인 '변상식'을 기본표목으로 하여 레코드를 작성한 것이다. 이 경우에는 나머지 제1권, 제3권, 제4권, 제5권도 제2권과 마찬가지로 각각 레코드를 작성해야 한다.

종합기술방식이든 분할기술방식이든 검색의 측면에서는 전혀 문제가 없으며, 단지 레코드의 관리방식에 차이가 있을 뿐이다.

```
001
020      ▼a8915006429 : ▼c₩6000
020      ▼a8915006313(세트) : ▼c₩30000
056      ▼a490.82 ▼24
090      ▼a490.82 ▼b변52ㄷ
100 1b   ▼a변상식
245 10   ▼a동물의 먹이 찾기 / ▼d변상식 지음
260 bb   ▼a서울 : ▼b삼성출판사, ▼c1996
300 bb   ▼a130 p. : ▼b천연색삽화 ; ▼c21×25 cm
490 10   ▼a동물가족의 신비백과 ; ▼v2
521 bb   ▼a초등학생용
830 b0   ▼a동물가족의 신비백과 ; ▼v2
```

〈그림 3-27〉 종합표제를 총서표제, 개별표제를 본표제로 하여 낱권으로 목록

朝鮮部落調査報告

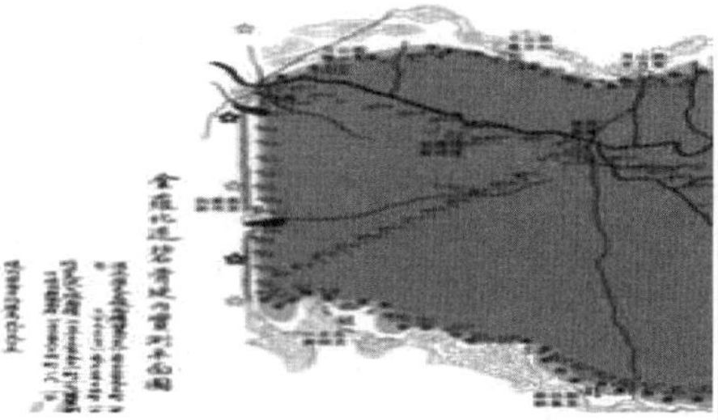

民俗苑

朝鮮部落調査報告

1992년 10월 10일 인쇄
1992년 10월 15일 발행

發行者: 朴容宇
發行處: 民俗苑
서울특별시 강남구 반포 2동 1831

[값 10,000원]

254페이지 삽화 26cm

이 책은 원래 朝鮮總督府에서 大正13(1924)年에 발행한 것을 최근에 영인본으로 출판한 것이다.

001
020 ▼c₩10000
056 ▼a981.1▼23
090 ▼a981.1▼b조54ㅈ
110 ƀƀ ▼a조선총독부
245 10 ▼a朝鮮部落調査報告 /▼d[朝鮮總督府]
250 ƀƀ ▼a[影印版]
260 ƀƀ ▼a서울 :▼b民俗苑,▼c1992
300 ƀƀ ▼a254p. :▼b삽화 ;▼c26 cm
534 ƀƀ ▼p원본출판사항:▼c[京城] : 朝鮮總督府, 大正13[1924]

〈그림 3-28〉 주기사항: 원본출판사항

원본출판사항에 대한 주기는 534 필드에 기술하며, 원본관련 설명적 문구는 ▼p다음에, 원본출판사항은 ▼c다음에 기술한다. 위의 예시는 朝鮮總督府에서 大正13年(1924년)에 발행한 것을 최근에 영인본으로 출판한 것이다.

2.9 주제명부출표목(6XX)

6XX 필드에는 주제명접근표목과 접근어를 기술한다. 6XX 대부분의 필드는 제2지시기호(주제명표/시소러스) 또는 식별기호 ▼2(주제명표/시소러스)에서 식별된 리스트와 전거파일에 기초한 주제명부출표목 및 접근어를 기술한다.

(1) 600 주제명부출표목 - 개인명 [반복, 해당시필수]
(Subject Added Entry Personal Name)

주제명부출표목으로 사용된 개인명을 기술하며, 확립된 주제명목록 작성원칙과 지침에 다라서 접근을 제공하기 위해 서지레코드에 부여된다. 지시기호와 식별기호의 사용법은 다음과 같다(〈그림 3-29〉참조).

제1지시기호 - 개인명 유형
　0 - 성으로 시작하지 않는 이름　　1 - 성으로 시작하는 개인명
　3 - 가계명
제2지시기호 - 주제명표목표/시소러스
　0 - 미국의회도서관 주제명표목표(LCSH)　　1 - LC 아동문학용 주제명표목표
　2 - 미국의학주제명표목표(MeSH)　3 - 미국국립농학도서관 주제명전거파일
　4 - 특정 정보원이 아닌 경우　　8 - 국립중앙도서관 주제명표목표(NLSH)
　7 - 식별기호 ▼2에 정보원을 직접 입력하는 경우

600　▼a개인명▼b이름에 포함되어 세계(世系)를 칭하는 숫자, ▼c이름과 관련된 정보(직위, 칭호 및 기타 명칭, 역조, 국명, 한국 및 중국의 세계)[반복], ▼d생몰년, ▼e역할어[반복]. ▼v형식세목[반복] ▼x일반세목[반복] ▼y연대세목[반복] ▼z지리세목[반복] ▼2표목 또는 용어의 정보원

예시
600 18 ▼a허균, ▼d1563-1598 ▼v전기
600 18 ▼a안중근 ▼x기념관 ▼z한국
600 08 ▼a고종, ▼c고려 제23대왕, ▼d1214-1259 ▼x정치[14]
600 10 ▼aHardy, Thomas ▼xFriends and Associates

---

14) 일반세목　▼x는 붙임표 없이 입력하지만, 출력할 때는 '빈칸 붙임표 빈칸'을 앞세워 출력한다. 식별기호 ▼v(형식세목), ▼y(연대세목), ▼z(지리세목)도 이와 같다.

출력형식 허균 - 1563-1589 - 전기
안중근 - 기념관 - 한국
고종, 고려 제23대왕, 1214-1259 - 정치
Hardy, Thomas - Friends and Associates

2) 610 주제명부출표목 – 단체명   [반복, 해당시필수]
   (Subject Added Entry Corporate Name)

주제명부출표목으로 사용된 단체명을 기술한다. 단체명에 종속되지 않은 회의명은 611 필드에 기술한다. 지시기호와 식별기호의 사용법은 다음과 같다.

　제1지시기호   ♭ - 미정의
　제2지시기호 - 주제명표목표/시소러스
　　0 - 미국의회도서관 주제명표목표(LCSH)　　1 - LC 아동문학용 주제명표목표
　　2 - 미국의학주제명표목표(MeSH) 3 - 미국국립농학도서관 주제명전거파일
　　4 - 특정 정보원이 아닌 경우   8 - 국립중앙도서관 주제명표목표(NLSH)
　　7 - 식별기호 ▼2에 정보원을 직접 입력하는 경우

　610　▼a단체명 또는 관할구역명.▼b하위기관[반복].▼c회의개최지,▼d회의일자나 조약체결일자[반복].▼v형식세목[반복]▼x일반세목[반복]▼y연대세목[반복]▼z지리세목[반복]▼2표목 또는 용어의 정보원

예시　610 ♭8 ▼a국립중앙박물관 ▼x역사
　　610 ♭8 ▼a조선.▼b법무아문.▼b회계국
　　610 ♭0 ▼aGreat Britain.▼bHouse of Commons ▼xScottish regiments
　　610 ♭0 ▼aCatholic Church ▼zGermany ▼xHistory ▼y1933-1945

출력형식 국립중앙박물관 - 역사
조선. 법무아문. 회계국
Great Britain. House of Commons - Scottish regiments
Catholic Church - Germany - History - 1933-1945

3) 611 주제명부출표목 – 회의명   [반복, 해당시필수]
   (Subject Added Entry – Meeting Name)

주제명부출표목으로 사용된 회의명을 기술한다. 단체명에 종속되는 집회명이나 회의명

에 대한 주제명부출표목은 610 필드에 기술된다. 지시기호와 식별기호의 사용법은 다음과 같다.

제1지시기호 ▶ - 미정의
제2지시기호 - 주제명표목표/시소러스
　0 - 미국의회도서관 주제명표목표(LCSH)　　1 - LC 아동문학용 주제명표목표
　2 - 미국의학주제명표목표(MeSH)　3 - 미국국립농학도서관 주제명전거파일
　4 - 특정 정보원이 아닌 경우　　　8 - 국립중앙도서관 주제명표목표(NLSH)
　7 - 식별기호 ▼2에 정보원을 직접 입력하는 경우

611　▼a회의명 ▼n(회차 : ▼d회의일자 : ▼c회의장소). ▼e하위단위[반복] ▼v형식세목[반복] ▼x일반세목[반복] ▼y연대세목[반복] ▼z지리세목[반복] ▼2표목 또는 용어의 정보원

[예 시]　611 ▶4 ▼a대한예수교장로회 총회 ▼d(1983 : ▼c서울) ▼x보고서
　　　　611 ▶4 ▼a한국호텔경영자회의 ▼n(제5차 : ▼d1999 : ▼c제주) ▼x회의록
　　　　611 ▶0 ▼aConference on Physics. ▼eMetals division ▼d(1977 : ▼cLondon) ▼xProceedings

[출력형식]　대한예수교장로회 총회(1983 : 서울) - 보고서
　　　　　한국호텔경영자회의(제5차 : 1999 : 제주) - 회의록
　　　　　Conference on Physics. Metals division(1977 : London) - Proceedings

4) 630 주제명부출표목 - 통일표제　　　　　　　　　　　[반복, 해당시필수]
　　 (Subject Added Entry - Uniform Title)

주제명부출표목으로 사용된 통일표제를 기술한다. 지시기호와 식별기호의 사용법은 다음과 같다.

제1지시기호- 표제 배열
　0 - 그대로 배열
　1 - 원괄호를 제외하고 배열
제2지시기호- 주제명표목표/시소러스
　0 - 미국의회도서관 주제명표목표(LCSH)　　1 - LC 아동문학용 주제명표목표
　2 - 미국의학주제명표목표(MeSH)　3 - 미국국립농학도서관 주제명전거파일
　4 - 특정 정보원이 아닌 경우　　　8 - 국립중앙도서관 주제명표목표(NLSH)

7 - 식별기호 ▾2에 정보원을 직접 입력하는 경우

630 ▾a통일표제▾h[자료유형표시].▾l저작의 언어.▾p권제/편제[반복].▾s판.▾f저작연도.▾v형식세목[반복]▾x일반세목[반복]▾y연대세목[반복]▾z지리세목[반복]▾2표목 또는 용어의 정보원

[예시]
630 08 ▾a성경.▾p창세기
630 08 ▾a불경.▾p화엄경▾x해석
630 00 ▾aBible.▾pRomans▾xGeography▾vMaps
630 00 ▾aBeowulf▾xLanguage▾vGlossaries, etc.

[출력형식]
성경. 창세기
불경. 화엄경 - 해석
Bible. Romans - Geography - Maps
Beowulf - Language - Glossaries, etc.

5) 650 주제명부출표목 – 일반주제명 [반복, 해당시필수]
(Subject Added Entry Topical Term)

주제명부출표목으로 사용된 일반주제명을 기술한다. 일반주제명부출표목은 사건명이나 대상명을 포함한 일반주제어로 구성될 수 있으며, 시소러스나 주제명표의 작성 원칙에 따라 부여한다. 지시기호와 식별기호의 사용법은 다음과 같다.

제1지시기호 - 주제의 수준
  ♭ - 해당 정보 없음   0 - 수준 없음
  1 - 1차 수준   2 - 2차 수준
제2지시기호 - 주제명표목표/시소러스
  0 - 미국의회도서관 주제명표목표(LCSH)   1 - LC 아동문학용 주제명표목표
  2 - 미국의학주제명표목표(MeSH) 3 - 미국국립농학도서관 주제명전거파일
  4 - 특정 정보원이 아닌 경우   8 - 국립중앙도서관 주제명표목표(NLSH)
  7 - 식별기호 ▾2에 정보원을 직접 입력하는 경우

650 ▾a일반주제명▾v형식세목[반복]▾x일반세목[반복]▾y연대세목[반복]▾z지리세목[반복]▾2표목 또는 용어의 정보원

|예시| 650 b8 ▾a영어 ▾x교육
650 b8 ▾a음악 ▾x대중가요 ▾y1900-1930 ▾z한국
650 b0 ▾aGerman language ▾xGrammar ▾y1950

|출력형식| 영어 - 교육
음악 - 대중가요 - 1900-1930 - 한국
German language - Grammar - 1950

6) 651 주제명부출표목 - 지명(地名) [반복, 해당시필수]
   (Subject Added Entry - Geographic Name)

주제명부출표목으로 사용된 지명을 기술한다. 즉, 관할구역명만 있거나 관할구역명 다음에 주제세목이 오는 경우 651 필드에 기술한다. 교구를 나타내는 관할구역명은 610 필드에 기술한다. 지시기호와 식별기호의 사용법은 다음과 같다(〈그림 3-29〉 참조).

　　제1지시기호　　 b - 미정의
　　제2지시기호- 주제명표목표/시소러스
　　　　0 - 미국의회도서관 주제명표목표(LCSH)　　1 - LC 아동문학용 주제명표목표
　　　　2 - 미국의학주제명표목표(MeSH)　3 - 미국국립농학도서관 주제명전거파일
　　　　4 - 특정 정보원이 아닌 경우　　8 - 국립중앙도서관 주제명표목표(NLSH)
　　　　7 - 식별기호 ▾2에 정보원을 직접 입력하는 경우

　　651　▾a지명 ▾v형식세목[단체] ▾x일반세목[반복] ▾y연대세목[반복] ▾z지리세목[반복] ▾2표목 또는 용어의 정보원

|예시| 651 b8 ▾a아마존강 ▾x생태계
651 b0 ▾aTok Island (Korea) ▾xHistory

|출력형식| 아마존강 - 생태계
Tok Island (Korea) - History

다음의 표는 LCSH에 수록된 '독도(Tok Island)' 주제명을 발췌한 것이며, 위의 예시 가운데 하나는 이를 바탕으로 '독도'에 대한 주제명을 작성한 것이다.

※ LCSH (44th edition)의 '독도' 주제명 (2022년 5월 현재)

Tok Island (Korea)		
	UF	Dok-do (Korea)
		Dokdo (Korea)
		Hornet Islands (Korea)
		Kaji-do (Korea)
		Kaji Island (Korea)
		Kajido (Korea)
		Liancourt Rocks (Korea)
		Sambong-do (Korea)
		Sambong Island (Korea)
		Sambongdo (Korea)
		Take-shima (Korea)
		Takeshima (Korea)
		Tok-do (Korea)
		Tok Islands (Korea)
		Tok-to (Korea)
		Tokdo Islands (Korea)
		Tokto (Korea)
	BT	Islands--Korea (South)

7) 653 비통제 색인어(Index Term - Uncontrolled) [반복, 해당시필수]

통제된 주제명표목표/시소러스에 나타나 있지 않은 색인어를 기술한다. 지시기호와 식별기호는 아래와 같다.

　　　　제1지시기호 - 색인어의 수준　　　　　　　제2지시기호
　　　　ᄡ - 해당 정보 없음　　0 - 수준 없음　　　ᄡ - 미정의
　　　　1 - 1차 수준　　　　　2 - 2차 수준

　　653　　▾a비통제 색인어[반복]

예시　653 ᄡᄡ ▾a지역문화 ▾a육성방안 ▾a공공도서관
　　　653 ᄡᄡ ▾a신세대 ▾a문화종속
　　　653 ᄡᄡ ▾aMan ▾aEyes ▾aDiseases

출력형식　지역문화 - 육성방안 - 공공도서관
　　　　신세대 - 문화종속
　　　　Man - Eyes - Diseases

```
                The Philosophy of Kant and Hegel :
                Dialogues with an Era

                칸트와 헤겔의 철학

                2010년 8월 15일 초판인쇄
                2010년 8월 25일 초판발행
                   지은이: 백종현
                   발행인: 이천우
                   발행처: 아카넷
                   주   소: 서울시 종로구 종로2가 146-35

                값 38,000원
                ISBN: 978-89-5733-185-9   94160
                ISSN 1225-5523

                583페이지     23.3cm
```

```
020       ▼a9788957331859▼g94160 : ▼c₩38000
090       ▼a165.21▼b백75ㅋ
100 1b    ▼a백종현
245 10    ▼a칸트와 헤겔의 철학 :▼b시대와의 대화=▼x(The) philosophy of Kant and Hegel :
          dialogue with an era /▼d백종현 지음
260 bb    ▼a서울 :▼b아카넷,▼c2010
300 bb    ▼a583 p. ;▼c243 cm
490 10    ▼a대우학술총서,▼x1225-5523 ;▼v599
600 18    ▼a칸트, 이마누엘,▼d1724-1804▼v해설
600 18    ▼a헤겔, 게오르크 빌헬름 프리드리히,
          ▼d1770-1831▼v해설
651 b8    ▼a독일▼x철학▼v해설
830 b0    ▼a대우학술총서,▼x1225-5523 ;▼v599
```

〈그림 3-29〉 주제명부출표목

주제명부출표목으로서 사용된 개인명은 600 필드에 기술하며, 지명은 651 필드에 기술한다. 이 때 형식세목을 나타내는 식별기호 ▼v는 주제명표목을 한정하기 위하여 사용되는데, 600 필드에서 개인명이나 가계명 다음에 부가되며, 651 필드에서는 지명 다음에 부가된다.

2.10 부출표목(70X-75X)

- 700 부출표목 - 개인명
- 710 부출표목 - 단체명
- 711 부출표목 - 회의명
- 730 부출표목 - 통일표제
- 740 부출표목 - 비통제 연관/분출표제
- 752 부출표목 - 계층적 장소명
- 753 컴퓨터파일로 접근하는 시스템 세목
- 754 부출표목 - 분류학명칭 판정

저작과 다양한 관계를 갖는 이름과 표제, 이름, 표제를 통해 서지레코드에 대해 추가적인 접근점을 제공하는 부출표목을 기술한다.

1) 700 부출표목 - 개인명(Added Entry-Personal Name) [반복, 해당시필수]

부출표목에서 표목이 개인명이다. 지시기호와 식별기호의 사용법은 다음과 같다(〈그림 3-30〉 참조).

제1지시기호 - 개인명의 유형
  0 - 성으로 시작하지 않는 이름
  1 - 성으로 시작하는 이름
  3 - 가계명

제2지시기호 - 부출표목 유형
  b - 해당 정보 없음
  2 - 분출표목

700 ▾a개인명▾b이름에 포함되어 세계(世系)를 칭하는 숫자, ▾c이름과 관련된 정보(직위, 칭호 및 기타 명칭, 역조, 국명, 한국 및 중국의 세계)[반복], ▾d생몰년, ▾e역할어[반복]. ▾t저작의 표제, ▾n권차/편차[반복], ▾p권제/편제[반복]. ▾f저작의 언어. ▾f저작 년도

예시
```
700 1b ▾a김철수
700 1b ▾a케이츠, 빌
700 1b ▾aJefferson, Thomas, ▾d1743-1826

500 bb ▾aRev. ed. of: Wild in the streets / by Ira Gershkoff
700 1b ▾aGershkoff, Ira. ▾tWild in the streets
```

2) 710 부출표목 - 단체명(Added Entry-Corporate Name) [반복, 해당시필수]

부출표목에서 표목이 단체명이다. 지시기호와 식별기호의 사용법은 다음과 같다.

제1지시기호
ｂ - 미정의

제2지시기호 - 부출표목의 유형
ｂ - 해당 정보 없음
2 - 분출표목

710 ▾a단체명 또는 관할구역명.▾b하위기관[반복].▾c회의장소,▾d회의일자나 조약체결일자[반복].▾e역할어[반복].▾l저작의 언어.▾t저작의 표제,▾n권차/편차/회차[반복],▾p권제/편제[반복].▾f저작 년도

예시
710 ｂｂ▾a국립중앙도서관
710 ｂｂ▾a서울대학교.▾b유전공학연구소
710 ｂｂ▾aUNESCO.▾bKorea branch office
710 ｂｂ▾aUnited Stated.▾bArmy Map Service
710 ｂｂ▾aCanada.▾kTreaties, etc.

3) 711 부출표목 - 회의명(Added Entry-Meeting Name) [반복, 해당시필수]

부출표목에서 표목이 회의명이다. 지시기호와 식별기호의 사용법은 다음과 같다.

제1지시기호
ｂ - 미정의

제2지시기호 - 부출표목의 유형
ｂ - 해당 정보 없음
2 - 분출표목

711 ▾a회의명▾n(회차 :▾d회의일자 :▾c회의장소).▾e하위단위[반복].▾t저작의 표제

예시
711 ｂｂ▾a국제한국학술회의▾d(1973 :▾c서울)
711 ｂｂ▾a아시안게임▾n(제10차 :▾d1986 :▾c서울)
711 ｂｂ▾aOlympic Games▾n(24th :▾d1988 :▾cSeoul, Korea)

4) 730 부출표목 - 통일표제(Added Entry-Uniform Title) [반복, 해당시필수]

부출표목에서 표목이 통일표제이다. 지시기호와 식별기호의 사용법은 다음과 같다.

제1지시기호 표제 배열   제2지시기호 부출표목 유형

0 - 그대로 배열   ▶ - 해당 정보 없음
1 - 원괄호를 제외하고 배열   2 - 분출표목

730   ▼a통일표제 ▼h[자료유형표시]. ▼k형식부호표[반복]. ▼l저작의 언어. ▼n권차/편차[반복], ▼p권제/편제[반복]]. ▼s판. ▼f저작 연도.

[예시] 730 ▶0 ▼a춘향전
        730 ▶0 ▼a성경.p창세기. ▼l한국어
        730 ▶0 ▼a불경. ▼p대장경. ▼l한국어
        730 ▶0 ▼a족보. ▼p진주강씨. ▼p사직공파
        730 ▶0 ▼aBible. ▼pLuke. ▼lGreek

5) 740 부출표목 - 비통제 관련/분출표제   [반복, 해당시필수]

전거파일이나 전거리스트에서 제어되지 않는 관련 표제나 분출표제에 대한 부출표목을 기술한다. 관련 표제나 분출표제가 전거파일에서 제어되는 경우에는 730 필드에 기술한다. 목록의 표목형식에서 이름/표제 표목으로 기입되는 관련 저작의 표제부분을 기술한다.

딸림자료의 표제와 종합표제가 없는 합집에서 두 번째 이후의 표제에 대한 부출표목을 740 필드에 기술한다. 246 필드에는 245 필드에 기록된 본표제의 여러 형식과 종합표제가 없는 합집의 경우 첫 번째 표제의 다양한 형식(이형)을 기술한다(〈그림 3-30〉 참조). 지시기호와 식별기호의 사용법은 다음과 같다.

제1지시기호 표제 배열   제2지시기호 부출표목 유형
    0 - 그대로 배열   ▶ - 해당 정보 없음
    1 - 원괄호를 제외하고 배열   2 - 분출표목

740   ▼a비통제관련/분출표제 ▼h[자료유형표시]. ▼n권차/편차[반복], ▼p권제/편제[반복]

[예시] 245 10 ▼a관리자훈련시리즈 / ▼d한국공업표준협회
        505 0▶ ▼a1. 새 시대의 관리자 -- 2. 사무개선 의지 -- 3. 직장의 카운슬링 — 4. 내일의 기업을 구축한다.
        740 ▶2 ▼a새 시대의 관리자
        740 ▶2 ▼a사무개선 의지
        740 ▶2 ▼a직장의 카운슬링

740 02▼a내일의 기업을 구축한다

MARC 21의 예

245 14$aThe cherry orchard ;$bUncle Vanya ; People speak / $cAnton Chekhov.
740 02$aUncle Vanya.
740 02$aPeople speak.

☞ 종합표제가 없는 합집류 레코드의 245 필드에서 두 번째 이하의 표제에 대한 부출표제는 505 필드(확장형)의 표제와 마찬가지로 740 필드에 자동 생성되는 부출표제이다. 따라서 이러한 경우 위의 MARC 21예시와는 달리 KORMARC에서는 740 필드에 다시 기술할 필요가 없다.

```
1. 원시사회부터 통일 신라와 발해까지
2. 후삼국 시대부터 고려 시대까지
3. 조선 건국부터 조선 후기까지
4. 조선 후기부터 대한제국 성립까지
5. 대한제국부터 남북화해시대까지

한국사 편지
펴낸날    | 2002년 11월 10일 초판인쇄
         | 2002년 11월 20일 초판발행
글쓴이    | 박은봉
그린이    | 류동필. 이원우. 장선환
펴낸이    | 김준희
펴낸곳    | (주)웅진닷컴
주  소   | 서울시 종로구 인의동 112-2
           웅진빌딩

ISBN 89-01-03801-3(세트)   값 43,000원

5책      24.1×18.5cm
```

001
020   ▼a8901038013(세트) : ▼c₩43000
056   ▼a911 ▼24
090   ▼a911 ▼b박67ㅎ
100 1b ▼a박은봉
245 10 ▼a한국사 편지 / ▼d박은봉 글 ; ▼e류동필, ▼e이원우, ▼e장선환 그림
260 bb ▼a서울 : ▼b웅진닷컴, ▼c2002
300 bb ▼a5책 : ▼b천연색삽화 ; ▼c25 cm
505 0b ▼a1. 원시사회부터 통일 신라와 발해까지 -- 2. 후삼국 시대부터 고려 시대까지 ― 3. 조선 건국부터 조선 후기까지 -- 4. 조선 후기부터 대한제국 성립까지 -- 5. 대한제국부터 남북화해시대까지
700 1b ▼a류동필
700 1b ▼a이원우
700 1b ▼a장선환
740 b2 ▼a원시 사회부터 통일 신라와 발해까지
740 b2 ▼a후삼국 시대부터 고려 시대까지
740 b2 ▼a조선 건국부터 조선 후기까지
740 b2 ▼a조선 후기부터 대한제국 성립까지
740 b2 ▼a대한제국부터 남북화해시대까지

〈그림 3-30〉 분출표목이 있는 경우

2.11 연관저록(76X-78X)

760	상위총서저록	762	하위총서저록
765	원저저록	767	번역저록
770	보유판 및 특별호 저록	772	모체레코드저록
773	기본자료저록	774	구성단위저록
775	이판저록	776	기타형태저록
777	동시발간저록	780	선행저록
785	후속저록	786	데이터의 정보원 저록
787	비특정적 관계저록		

연관저록필드는 다른 서지자료를 식별할 수 있는 정보를 기술한다. 각 연관저록필드는 해당 자료와 관련자료 사이의 각각 다른 서지적 관계를 보여주며, 세 가지 유형으로 구분해 볼 수 있다.

① 이용자가 탐색을 더 할 수 있도록 도와줄 수 있지만, 해당 자료를 얻는데 형태적으로 필요하지 않은 관련 자료(연속간행물의 경우 선행저록, 해당 자료의 번역본)

② 해당 자료를 얻기 위해 형태적으로 필요한 관련 자료(구성요소의 경우 기본자료: 논문이 실린 저널의 호)

③ 전체를 구성하는 단위인 관련 자료(시청각자료집에 포함된 개별 사진)

한편 연관저록필드에는 주기를 생성할 것인가에 대한 정보가 포함된다. 또한 연관저록필드는 관련 자료가 개별레코드로 존재할 때 해당 자료의 서지레코드와 관련 자료의 서지레코드간을 기계적으로 연결시켜주기 위해 사용된다.

연관필드에서 사용되는 표제에 대한 부출표목이 필요할 때, 700-730 필드에 부출표목을 기술한다. 연관필드는 부출표목을 대신하지 않는다. 마찬가지로 부출표목이 주기를 생성하거나 레코드 링크를 가져오지 않기 때문에 700-730 필드의 부출표목이 연관필드를 대신할 수 없다.

여기서 해당 자료의 표제는 245 필드에 기술되며, 관련자료는 해당 자료와 선후관계, 파생(수평적)관계, 계층(수직적)관계 등을 가지면서 연관저록필드를 생성하게 하는 자료이다.

- 선후관계: 시간순서에 따른 서지자료간의 관계 즉, 지명이 변경된 연속간행물의 선후관계 등이 여기에 해당된다(777, 780, 785 필드).
- 파생관계: 다른 언어, 형식, 매체 등과 같이 하나의 서지자료에서 파생된 상이한 판

(version)간의 관계가 여기에 해당된다(765, 767, 775, 776 필드).
- 계층관계: 부분에 대한 전체와 전체에 대한 부분의 계층관계 즉, 저널의 논문과 논문이 수록되어 있는 저널, 회의자료집의 종합표제와 그것을 구성하는 개별표제, 상위총서와 하위총서 등이 여기에 해당된다(760, 762, 770, 772, 773, 774 필드).

한편 연관저록에서 설정된 링크들은 관련된 서지레코드 상호간에 연결된다. 즉, 파일내에 관련 자료가 레코드로 존재할 경우, 연관저록필드는 관련 자료에 연결된다. 어떤 경우에 연관저록은 상호간에 같은 필드 표시기호를 사용하지만 또 다른 경우에는 대응하는 필드 표시기호를 가질 수도 있다. 여기서 서로 대응하는 필드 표시기호는 아래와 같다.

760 필드 (상위총서저록)	↔	762 필드 (하위총서저록)
765 필드 (원저저록)	↔	767 필드 (번역저록)
770 필드 (보유판 및 특별호저록)	↔	772 필드 (모체레코드저록)
773 필드 (기본자료저록)	↔	774 필드 (구성단위저록)
775 필드 (이판저록)	↔	775 필드 (이판저록)
776 필드 (기타형태저록)	↔	776 필드 (기타형태저록)
777 필드 (동시발간저록)	↔	777 필드 (동시발간저록)
780 필드 (선행저록)	↔	785 필드 (후속저록)
787 필드 (비특정적 관계저록)	↔	787 필드 (비특정적 관계저록)

또한 상호관계에 있는 780 필드와 785 필드기호들의 제2지시기호 값들도 다음과 같이 상호관계를 가지고 있다.

780 필드의 제2지시기호		785 필드의 제2지시기호
0 ○○○을(를) 개제	↔	0 ○○○으로(로) 개제
1 ○○○을(를) 일부 개제	↔	1 ○○○으로(로) 일부 개제
2 ○○○의 대체	↔	2 ○○○으로(로) 대체
3 ○○○의 일부 대체	↔	3 ○○○으로(로) 일부 대체
4 ○○○과 ○○○을(를) 합병	↔	4 ○○○으로(로) 흡수
5 ○○○을(를) 흡수	↔	5 ○○○으로(로) 부분 흡수
6 ○○○을(를) 일부 흡수	↔	6 ○○○과 ○○○으로(로) 분리
7 ○○○으로(로)부터 분리	↔	7 ○○○에 합병
		8 ○○○으로(로) 소급변경

1) 760 상위총서저록(Main Series Entry) [반복, 재량]

이 필드는 해당 자료가 하위총서일 때(수직적 관계), 상위총서저록에 관한 정보를 기록한다. 지시기호와 식별기호의 사용법은 다음과 같다.

　　　제1지시기호 - 주기 제어　　　제2지시기호 - 표출어 제어
　　　　0 - 주기함　　　　　　　　b̸ - 상위총서
　　　　1 - 주기하지 않음　　　　　8 - 표출어를 생성하지 않음

　　　760　▾a기본표목. ▾t표제, ▾b판차. ▾c부가적 식별정보. ▾d발행지 : 발행처, 발행년,
　　　　　▾g관련 부분[반복] ▾xISSN ▾w레코드제어번호

[예시]　110 1b̸ ▾aUnited States. ▾bGeological Survey
　　　　245 10 ▾aQuality of surface waters of the United States
　　　　760 0b̸ ▾aUnited States. Geological Survey. ▾tWater supply papers

2) 762 하위총서저록(Sub Series Entry) [반복, 재량]

이 필드는 해당 자료가 상위총서일 때(수직적 관계), 하위총서저록에 관한 정보를 기록한다. 지시기호와 식별기호의 사용법은 다음과 같다.

　　　제1지시기호 - 주기 제어　　　제2지시기호 - 표출어 제어
　　　　0 - 주기함　　　　　　　　b̸ - 하위총서
　　　　1 - 주기하지 않음　　　　　8 - 표출어를 생성하지 않음

　　　762　▾a기본표목. ▾t표제, ▾b판차. ▾c부가적 식별정보. ▾d발행지 : 발행처, 발행년
　　　　　▾g관련 부분[반복], ▾xISSN ▾zISBN[반복] ▾w레코드제어번호

[예시]　110 1b̸ ▾aUnited States. ▾bGeological Survey
　　　　245 10 ▾aWater supply paper
　　　　762 0b̸ ▾tQuality of surface waters of the United States
　　　　762 0b̸ ▾tEvaporation control research

3) 765 원저저록(Original Language Entry) [반복, 해당시필수]

이 필드는 해당 자료가 번역본일 때(수평적 관계), 원저에 관한 내용을 기술한다. MARC 21의 경우는 번역본은 240에 통일표제를 사용하고(5XX의 주기부문에서 별도의 설명적 내용을 기술하지 않음), 이 필드에 원저에 관한 사항을 기술하도록 하고 있다.

그러나 KORMARC의 경우는 246 필드에서 원저의 표제에 관한 내용을 주기하고 있어 이 필드에 다시 기술할 필요는 없다. 다시 말해 246 필드에서 원표제를 주기하지 않은 경우에 765 필드를 사용하며, 이 필드에 기술한 내용은 접근이 되지 않고 다만 주기로 기술하여 보여줄 뿐이다. 지시기호와 식별기호의 사용법은 다음과 같다.

```
제1지시기호 - 주기 제어         제2지시기호 - 표출어 제어
   0 - 주기함                    ♭ - 원저자료
   1 - 주기하지 않음              8 - 표출어를 생성하지 않음

   765   ▼a기본표목. ▼t표제, ▼b판차. ▼c부가적 식별정보. ▼d발행지 : 발행처, 발행년
         ▼g관련 부분[반복], ▼xISSN ▼zISBN[반복] ▼w레코드제어번호
```

[예 시]   245 10 ▼a인간의 굴레 / ▼d서머셋 모음.
         765 0♭ ▼aMaugham, William Somerset. ▼tOf human bondage,
              ▼z0877790105

4) 767 번역저록(Translation Entry) [반복, 재량]

이 필드에는 해당 자료가 원저로 다른 언어의 번역본이 있는 경우(수평적 관계), 번역본의 사항을 기술하며, 지시기호와 식별기호의 사용법은 다음과 같다(〈그림 3-31〉참조).

```
제1지시기호 - 주기 제어         제2지시기호 - 표출어 제어
   0 - 주기함                    ♭ - 번역자료
   1 - 주기하지 않음              8 - 표출어를 생성하지 않음

   767   ▼a기본표목. ▼t표제, ▼b판차. ▼c부가적 식별정보. ▼d발행지 : 발행처, 발행년
         ▼g관련 부분[반복], ▼xISSN ▼zISBN[반복] ▼w레코드제어번호
```

[예 시]   245 10 ▼a소련의 동아시아 정책에 있어서 한국의 위치 / ▼d김학준
         767 0♭ ▼aKim, Hak Joon. ▼tKorea in Soviet East Asian Policy

5) 770 보유판 및 특별호 저록(Supplement/Special Issue Entry) [반복, 재량]

이 필드에는 해당 자료에 별도의 레코드로 작성되는 보유판이나 특별호가 있는 경우(수직적 관계), 그 사항을 기술한다. 지시기호와 식별기호의 사용법은 다음과 같다.

```
제1지시기호 - 주기 제어         제2지시기호 - 표출어 제어
   0 - 주기함                    ♭ - 부록/보유자료
```

```
                1 - 주기하지 않음              8 - 표출어를 생성하지 않음
            770   ▼i출력문장: ▼a기본표목. ▼t표제, ▼b판차. ▼c부가적 식별정보. ▼d발행지 :
                  발행처, 발행년 ▼g관련 부분[반복], ▼xISSN ▼zISBN[반복] ▼w레코드제어번호
```

[예시] 245 10 ▼a국토개발종합계획보고서
      770 0▼ ▼t국토개발 참여기업 명감, ▼z8941407234

      245 00 ▼aJournal of cellular biochemistry
      770 0▼ ▼tJournal of cellular biochemistry. Supplement ▼x0733-1959

6) 772 모체레코드 저록(Parent Record Entry) [반복, 해당시필수]

이 필드에는 해당 자료가 모체레코드의 보유판, 별책부록, 특별호일 경우(수직적 관계), 관련된 모체자료에 관한 사항을 기술하며, 지시 및 식별기호 사용법은 다음과 같다(〈그림 3-32〉 참조).

```
        제1지시기호 - 주기 제어          제2지시기호 - 표출어 제어
          0 - 주기함                      ▼ - 본편      0 - 모체자료
          1 - 주기하지 않음                8 - 표출어를 생성하지 않음

        772   ▼a기본표목. ▼t표제, ▼b판차. ▼c부가적 식별정보. ▼d발행지 : 발행처, 발
              행년 ▼g관련 부분[반복], ▼xISSN ▼zISBN[반복] ▼w레코드제어번호
```

[예시] 245 10 ▼a현대한국의 명저 100권 / ▼d동아일보사 편
      772 0▼ ▼t신동아, ▼g1985년 1월호

7) 773 기본자료 저록(Host Item Entry) [반복, 해당시필수]

이 필드에는 해당 자료가 한 자료의 구성단위일 때(수직적 관계), 기본자료에 관한 사항을 기술한다. 이렇게 함으로써 이용자에게 구성요소나 하위단위가 포함된 물리적인 자료의 소재를 파악할 수 있도록 한다. 지시기호와 식별기호의 사용법은 다음과 같다.

```
        제1지시기호 - 주기 제어          제2지시기호 - 표출어 제어
          0 - 주기함                      ▼ - 수록자료
          1 - 주기하지 않음                8 - 표출어를 생성하지 않음
```

773 ▼a기본표목. ▼t표제, ▼b판차. ▼c부가적 식별정보. ▼d발행지 : 발행처, 발행년 ▼g관련 부분[반복], ▼xISSN ▼zISBN[반복] ▼w레코드제어번호

[예시] 245 10 ▼a잔인한 都市 / ▼d이청준
773 0ⓑ ▼t제2회 이상문학상수상작품집. ▼d서울 : 문학사상사, 1978,
▼gp. 235-384

773 1ⓑ ▼aSpray, Irene Mary. ▼tPapers of the Palliser expedition.
▼dToronto : Champlain Society, 1988

8) 774 구성단위저록(Constituent Unit Entry) [반복, 재량]

이 필드에는 더 큰 서지단위와 구성단위에 관한 정보를 기술한다. 구성단위는 한 권의 서지자료의 일부분 또는 여러 부분으로 이루어진 자료나 전집의 일부분일 수 있다. 구성단위 자료는 별도의 서지레코드로 기술되어 있고, 기술되어 있지 않을 수도 있다. 지시 및 식별기호 사용법은 다음과 같다.

제1지시기호 - 주기 제어   제2지시기호 - 표출어 제어
  0 - 주기함   ⓑ - 구성단위
  1 - 주기하지 않음   8 - 표출어를 생성하지 않음

774 ▼a기본표목. ▼t표제, ▼b판차. ▼c부가적 식별정보. ▼d발행지 : 발행처, 발행년
▼g관련 부분[반복], ▼xISSN ▼zISBN[반복] ▼w레코드제어번호

[예시] 245 00 ▼a[136th Street, Southeastern Section of the Bronx] ▼h[graphic material]
774 0ⓑ ▼tMap of area with highlighted street
774 0ⓑ ▼tView of Mill Brook Houses on rooftop on Cypress Ave.
774 0ⓑ ▼tView N from 135th St. roof top of area between Bruckner

9) 775 이판저록(Other Edition Entry) [반복, 해당시필수]

이 필드에는 이용 가능한 다른 판본이 있는 경우(수평적 관계), 이에 관한 사항을 기술한다. 이용 가능한 판본에는 다음과 같은 유형이 있다.

• 언어가 다른 판: 연속간행물이 하나 이상의 언어로 동시에 간행될 때를 말한다. 번역본이 다른 발행자에 의해 발행되는데 비해, 대체로 동일한 발행자에 의해 간행되는 경

우를 말한다.
- 재판(일반인쇄): 이미 목록이 작성된 연속간행물이 일반도서와 같이 인쇄된 재판일 경우, 원저록에 775 필드를 사용한다.
- 이판(異版): 해당 자료의 이판. 일반적으로 이판은 해당 자료와 같은 표제를 가지고 있지만 해당 자료와 구별되는 판정보를 가지고 있다.

   제1지시기호 - 주기 제어   제2지시기호 - 표출어 제어
    0 - 주기함   b - 이용 가능한 다른 판
    1 - 주기하지 않음   8 - 표출어를 생성하지 않음

  775 ▼a기본표목. ▼t표제, ▼b판차. ▼c부가적 식별정보. ▼d발행지 : 발행처, 발행년
    ▼g관련 부분[반복], ▼xISSN ▼zISBN[반복] ▼w레코드제어번호

[예시] 245 00 ▼a오늘의 한국
   775 0b ▼ tKOREA, ▼ x1043-2343 ▼ eeng

   245 00 ▼ aCuba noticias economicas
   580 bb ▼ aIssued also in English: Cuba economic news
   775 1b ▼ tCuba economic news, ▼ x0590-2932 ▼ eeng

10) 776 기타 형태저록(Additional Physical Form Entry) [반복, 재량]

이 필드에는 해당 자료가 이용 가능한 다른 물리적 형태의 자료로 간행되고 있을 때(수평적 관계), 이에 관한 사항을 기술한다. 이렇게 함으로써 같은 표제를 가진 다양한 물리적 형태의 레코드를 연결한다. 지시 및 식별기호 사용법은 다음과 같다.

   제1지시기호 - 주기 제어   제2지시기호 - 표출어 제어
    0 - 주기함   b - 이용 가능한 다른 형태자료
    1 - 주기하지 않음   8 - 표출어를 생성하지 않음

  776 ▼a기본표목. ▼t표제, ▼b판차. ▼c부가적 식별정보. ▼d발행지 : 발행처, 발행년
    ▼g관련 부분[반복], ▼xISSN ▼zISBN[반복] ▼w레코드제어번호

[예시] 245 10 ▼ aCollege English
   530 bb ▼ aAlso available on microfilm from University Microfilms
   776 1b ▼ tCollege English, ▼ x0010-0994 ▼ w(DLC)scb84007753

```
245  00  ▼aCollege English ▼h[microform]
776  1♭  ▼tCollege English, ▼x0010-0994 ▼w(DLC)♭♭♭41006180
```

11) 777 동시발간저록(Issued With Entry) [반복, 해당시필수]

이 필드에는 해당 자료와 수평관계에서 해당 자료에 포함되어 발간되거나 해당 자료와 함께 발행되었지만 별도로 목록이 작성된 자료에 대한 정보를 기술한다. 이 필드는 발간된 간행물이 나중에 함께 제본되는 경우 또는 구성부분(분출관계)인 합철본주기(501 필드)에는 사용하지 않는다. 지시 및 식별기호 사용법은 다음과 같다.

제1지시기호 - 주기 제어
  0 - 주기함
  1 - 주기하지 않음

제2지시기호 - 표출어 제어
  ♭ - 동시발간자료
  8 - 표출어를 생성하지 않음

```
777   ▼a기본표목. ▼t표제, ▼b판차. ▼c부가적 식별정보. ▼d발행지 : 발행처, 발행년
      ▼g관련 부분[반복], ▼xISSN ▼zISBN[반복] ▼w레코드제어번호
```

[예시]
```
245  00  ▼aMythloreh
580  ♭♭  ▼aIncludes alternate issues of: Mythprint
730  ♭2  ▼aMythprint
777  1♭  ▼tMythprint ▼x0146-9347
```

12) 780 선행저록(Preceding Entry) [반복, 해당시필수]

이 필드에는 해당 자료의 직접적인 선행저록이 있는 경우(선후관계), 그 자료에 관한 사항을 기술하며, 둘 이상의 선행자료가 있는 경우는 780 필드를 반복해서 사용한다. 그리고 표출어를 다르게 표현하거나 제2지시기호에 의해 관계의 유형 표현이 어려울 경우에는 580 필드(연관저록 설명주기)에 기술한다. 지시기호와 식별기호의 사용법은 다음과 같다(〈그림 3-33〉 참조).

제1지시기호 - 주기 제어
  0 - 주기함   1 - 주기하지 않음
제2 지시기호 - 관계의 유형
  0 ○○○을(를) 개제   1 ○○○을(를) 일부 개제
  2 ○○○의 대체   3 ○○○의 일부 대체

   4 ㅇㅇㅇ과 ㅇㅇㅇ을(를) 합병 5 ㅇㅇㅇ을(를) 흡수
   6 ㅇㅇㅇ을(를) 일부 흡수   7 ㅇㅇㅇ으로(으)부터 분리

  780 ▼a기본표목, ▼t표제, ▼b판차, ▼c부가적 식별정보, ▼d발행지 : 발행처, 발행년
    ▼g관련 부분[반복], ▼xISSN ▼zISBN[반복] ▼w레코드제어번호

[예 시] 245 10 ▼a文獻情報學原論 / ▼d정필모
  780 02 ▼t情報經濟學原論

  245 00 ▼aInternational flight information manual
  780 06 ▼tGraphic notices and supplemental data

  245 00 ▼aAnnales geophysicae
  580 ▭▭ ▼aMerger of: Annales de geophysique and: Annali de a
  780 14 ▼tAnnales de geophysique ▼x0003-4029 ▼w(OCoLC)1481255
  780 14 ▼tAnnali de geofisica ▼w(OCoLC)1847060
  [780 필드에서 관계 유형의 표현이 어려울 경우, 580 필드에 기술하여 주기내용을 출력한다.]

[출력형식] 대체선행자료: 情報經濟學原論
    일부흡수선행자료: Graphic notices and supplemental data
    Merger of: Annales de geophysique and: Annali de geofisica

13) 785 후속저록(Succeeding Entry)   [반복, 해당시필수]

이 필드에는 해당 자료의 직접적인 후속저록이 있는 경우(선후관계), 그 자료에 관한 사항을 기술하며, 둘 이상의 후속자료가 있는 경우에는 785 필드를 반복해서 사용한다. 지시기호와 식별기호의 사용법은 다음과 같다.

  제1지시기호 - 주기 제어
   0 - 주기함   1 - 주기하지 않음
  제2지시기호 - 관계의 유형
   0 ㅇㅇㅇ으로(로) 개제   1 ㅇㅇㅇ으로(로) 일부 개제
   2 ㅇㅇㅇ으로(로) 대체   3 ㅇㅇㅇ으로(로) 일부 대체
   4 ㅇㅇㅇ으로(로) 흡수   5 ㅇㅇㅇ으로(로) 부분 흡수
   6 ㅇㅇㅇ과 ㅇㅇㅇ으로(로) 분리 7 ㅇㅇㅇ에 합병

8 ○○○으로(로) 소급변경

785 ▼a기본표목. ▼t표제, ▼b판차. ▼c부가적 식별정보. ▼d발행지 : 발행처, 발행년
▼g관련 부분[반복], ▼xISSN ▼zISBN[반복] ▼w레코드제어번호

[예시] 245 10 ▼情報經濟學原論 / ▼d정필모
785 02 ▼t文獻情報學原論

245 00 ▼a독서문화
785 04 ▼t책과 인생

245 00 ▼aPreliminary seismological bulletin
785 00 ▼tTEIC quarterly seismological bulletin. ▼x0741-1898

[출력형식] 대체후속자료: 文獻情報學原論
흡수후속자료: 책과 인생
개제후속자료: TEIC quarterly seismological bulletin. 0741-1898

14) 787 비특정적 관계 저록(Nonspecific Relationship Entry)　　[반복, 재량]

이 필드에는 해당자료가 765-785 필드에 적용하기 적당하지 않은 연관관계를 가진 자료가 있는 경우, 그 자료에 관한 사항을 기술한다. 지시기호와 식별기호의 사용법은 다음과 같다.

제1지시기호 - 주기 제어　　　　제2지시기호 - 표출어 제어
　0 - 주기함　　　　　　　　　　♭ - 관련 자료
　1 - 주기하지 않음　　　　　　　8 - 표출어를 생성하지 않음

787 ▼a기본표목. ▼t표제, ▼b판차. ▼c부가적 식별정보. ▼d발행지 : 발행처, 발행년
▼g관련 부분[반복], ▼xISSN ▼zISBN[반복] ▼w레코드제어번호

[예시] 245 00 ▼aEmpire State report weekly
580 ♭♭ ▼aCompanion Publication to : Empire State report(1982), ISSN 0747-0711
787 1♭ ▼aEmpire State report(1982), ▼x0747-0711

[출력형식] Companion Publication to : Empire State report(1982), ISSN 0747-0711

제1부 전쟁과 도시
제2부 전쟁의 숲
제3부 에필로그를 위한 전쟁

하얀전쟁
1993년 2월 20일 초판인쇄
1993년 2월 25일 초판발행
지은이/ 안정효(Ahn Jeong Hyo)
펴낸이/ 박현서
펴낸곳/ 고려원
서울특별시 서대문구 대신동 161-89

ISBN 89-12-06168-0 값 15,000원(전3권)

3책 22.2cm
이 책은 "White Badge"라는 이름으로 다시 번역 출판됨 (ISBN 0-8743-4350-8).

001
020 ▾a8912061680 :▾c₩15000(전3권)
056 ▾a813.6▾24
090 ▾a813.6▾b안74ㅎ
100 1ƀ▾a안정효
245 10▾a하얀전쟁 :▾b안정효 장편소설 /▾d안정효 지음
260 ƀƀ▾a서울 :▾b고려원,▾c1993
300 ƀƀ▾a3책 ;▾c23 cm
505 0ƀ▾a제1부. 전쟁과 도시 -- 제2부. 전쟁의 숲 -- 제3부. 에필로그를 위한 전쟁
767 0ƀ▾aAhn, Jeong Hyo.▾tWhite badge,▾z0874343508

〈그림 3-31〉 번역저록이 있는 경우

외국어로 번역본이 있는 경우 767 필드에 식별기호와 함께 형식에 맞춰 기술한다. 위의 예문은 안정효의 장편소설 "하얀전쟁"이 "White Badge"라는 영문표제로 다시 번역 출판된 경우이다.

```
001
020      ▼c₩5000
056      ▼a029 ▼24
090      ▼a029 ▼b동62ㅎ
110 bb   ▼a동아일보사
245 10  ▼a現代韓國의 名著 100卷 : ▼b1945-1984年 / ▼d東亞日報社
260 bb  ▼a서울 : ▼b東亞日報社, ▼c1985
300 bb  ▼a338 p. ; ▼c21 cm
772 0b  ▼t新東亞, ▼g1985년 1월호
```

〈그림 3-32〉 모체레코드의 저록이 있는 경우

모체레코드의 저록이 있는 경우 그 내용은 772 필드에 기술한다. 위의 예문은 "現代韓國의 名著 100卷"이 新東亞(1985년 1월호)의 별책부록으로 발간된 경우이다.

文獻情報學原論

(제3개정판)

정필모 저

구미무역출판부

文獻情報學原論

1977년 3월 10일 초판발행
1983년 9월 30일 개정판발행
1990년 6월 30일 제3개정판발행

저　자: 정필모
발행자: 김우중
발행처: 구미무역출판부
　　　　서울특별시 서초구 방배동 983-41
[값 8,000]

314페이지　　22.2cm
이 책은 "情報經濟學原論"에서
새로운 표제로 다시 출판한 것임.

001
020　　▼c₩8000
056　　▼a020▼24
090　　▼a020▼b정898ㅁ3
100 1b̸ ▼a정필모
245 10 ▼a文獻情報學原論 /▼d정필모 저
250 b̸b̸ ▼a제3개정판
260 b̸b̸ ▼a서울 :▼b구미무역출판부,▼c1990
300 b̸b̸ ▼a314 p. ;▼c23 cm
780 02 ▼t情報經濟學原論

〈그림 3-33〉 선행저록이 있는 경우

해당 자료에 선행저록이 있는 경우 그 내용을 780 필드에 기술한다. 위의 예문은 "文獻情報學原論"이 발간되기 이전의 선행자료인 "情報經濟學原論"에 대한 내용을 기술하는 예문이다. 한편 위의 예문에서 "情報經濟學原論"을 기준으로 목록레코드를 작성할 경우 "文獻情報學原論"은 후속저록에 해당되므로 785 필드에 기술된다.

2.12 총서부출표목(80X-830)

800-830 필드에는 표제와 관련하여 총서의 부출표목을 나타낸다. 이 필드들은 490 필드의 총서사항에 나타난 형식을 총서부출표목으로 나타내는데 사용한다.

800, 810, 811, 830 필드의 입력규칙과 제1지시기호, 그리고 모든 식별기호는 앞서 언급된 X00, X10, X11, X30 필드를 따른다.

1) 800 총서부출표목 - 개인명　　　　　　　　　　　　　　　[반복, 해당시필수]

'저자/표제 총서부출표목' 가운데 저자 부분이 개인명일 경우를 나타낸다. 지시기호는 100 필드와 같으며, 식별기호의 사용법은 다음과 같다.

　　　　800　　▼a개인명,▼d생몰년. ▼t총서표제 ; ▼v총서번호

[예시]　490 11 ▼a(The) James Joyce archive
　　　　800 1b ▼aJoyce, James. ▼tJames Joyce archive

(2) 810 총서부출표목 - 단체명　　　　　　　　　　　　　　[반복, 해당시필수]

'저자/표제 총서부출표목' 가운데 저자 부분이 단체명일 경우를 나타낸다. 지시기호는 bb이며, 식별기호의 사용법은 다음과 같다.

　　　　810　　▼a단체명. ▼t총서표제 ; ▼v총서번호

[예시]　490 10 ▼aCIIL linguistic atlas series ; ▼vv. 1
　　　　810 bb ▼aCentral Institute of Indian Languages. ▼tCIIL linguistic atlas series ;
　　　　　　　▼vv. 1

　　　　490 10 ▼a현대정보관리총서 / 한국정보관리학회
　　　　810 bb ▼a한국정보관리학회. ▼t현대정보관리총서

3) 811 총서부출표목 - 회의명　　　　　　　　　　　　　　[반복, 해당시필수]

'저자/표제 총서부출표목' 가운데 저자 부분이 회의명일 경우를 나타낸다. 지시기호는 bb이며, 식별기호의 사용법은 다음과 같다.

811　　▼a회의명▼n(회차 : ▼d개최일자 : ▼c회의장소). ▼t총서표제 ; ▼v총서번호

[예시]　490 10 ▼aNutrition and food science ; ▼vv. 1
　　　　811 ▭▭ ▼aInternational Congress of Nutrition▼n(11th : ▼d1978 : ▼cRio de Janeiro, Brazil). ▼tNutrition and food science ; ▼vv. 1

4) 830　총서부출표목 – 통일표제　　　　　　　　　　　　　　　　[반복, 해당시필수]

총서의 부출표목이 표제일 경우를 나타낸다. 지시기호는 130 필드와 같으며, 식별기호의 사용법은 다음과 같다(⟨그림 2-24⟩, ⟨그림 3-22⟩, ⟨그림 3-23⟩ 참조).

830　　▼a통일표제. ▼n권차/편차, ▼p권제/편제 ; ▼v총서번호
830　　▼a통일표제 ; ▼v총서번호. ▼a하위총서표제 ; ▼v하위총서번호

[예시]　490 10 ▼a연구보고서 ; ▼v5
　　　　830 ▭0 ▼a연구보고서 (한국원자력연구소) ; ▼v5

　　　　490 10 ▼a실용생활백과 ; ▼v제9권. ▼a명리총서 ; ▼v제2편
　　　　830 ▭0 ▼a실용생활백과 ; ▼v제9권
　　　　830 ▭0 ▼a실용생활백과. ▼p명리총서 ; ▼v제2편

　　　　490 10 ▼aMusica da camera ; ▼vno. 72
　　　　830 ▭0 ▼aMusica da camera (Oxford University Press) ; ▼vno. 72

2.13　소장, 변형문자 등(841-88X)

1) 850　소장기관　　　　　　　　　　　　　　　　　　　　　　　　　[반복, 재량]

해당 자료를 소장하고 있는 기관의 부호를 기술한다. 소장기관이 국내인 경우 국립중앙도서관 '한국도서관관부호'의 해당 부호표를 기술하고, 외국 도서관인 경우 미국의회도서관 'MARC Code List for Organizations'에 따라 기술한다. 지시기호는 ▭▭이며, 식별기호의 사용법은 다음과 같다.

[예시]　850 ▭▭ ▼a소장기관명 부호[반복]
　　　　850 ▭▭ ▼a011001 ▼a211014 ▼a341012
　　　　850 ▭▭ ▼a111014 ▼a341032 ▼a224010

2) 856 전자적 위치 및 접속 [반복, 재량]

전자자원의 위치 식별과 접근에 필요한 정보를 기술한다.

제1지시기호 - 접속방법
- ♭ - 해당 정보 없음
- 0 - 전자우편(e-mail)
- 1 - 파일전송(ftp)
- 2 - 원격접속(telnet)
- 3 - 전화회선(dial-up)
- 4 - http
- 7 - 식별기호 ▼2에 지정

제2지시기호 - 관련성/표출어 제어
- ♭ - 해당 정보 없음
- 0 - 자료자체
- 1 - 자료의 버전
- 2 - 관련 자료
- 3 - 자료의 구성요소
- 4 - 자료의 구성요소 버전
- 8 - 표출어를 생성하지 않음

식별기호
- ▼a - 호스트명
- ▼c - 압축정보
- ▼d - 경로
- ▼f - 파일명
- ▼g - 영구 식별자
- ▼h - 동작하지 않는 URI
- ▼l - 접근제한 표준정보
- ▼m - 접속지원
- ▼n - 접근제한 용어
- ▼o - 운영체제
- ▼p - 포트
- ▼q - 전자형식 유형
- ▼r - 이용 및 복제제한 표준정보
- ▼s - 파일크기
- ▼t - 이용 및 복제제한 용어
- ▼u - URL
- ▼v - 전자자료 이용시간
- ▼w - 레코드 제어번호
- ▼x - 업무용 주기
- ▼y - 링크 안내문
- ▼z - 이용자용 주기
- ▼2 - 접속방법
- ▼3 - 자료 범위지정
- ▼6 - 대체문자 연결
- ▼7 - 접속상태
- ▼8 - 필드 링크와 일련번호

예시
```
856 1♭ ▼uftp://path.net/pub/docs/urn2urc.ps
856 0♭ ▼umailto:ejap@phil.indiana.edu ▼iejap subscription
856 2♭ ▼aanthrax.micro.umn.edu ▼b128.101.95.23
856 40 ▼uhttp://www.cdc.gov/ncidod/EID/eid.htm ▼qtext/html
856 7♭ ▼zBEOnline test record ▼uhttp://www.amcity.com/baltimore/
856 40 ▼3Standard industrial classification manual
        ▼uhttp://www.osha.gov/oshstats/sicser.html
```

856 40 ▼uhttp://www.osha.gov/
856 40 ▼zBEOnline test record ▼uhttp://www.amcity.com/baltimore/

3) 890 미입력문자표시 [반복불가, 해당시필수]

입력대상 문자가 입력할 수 없는 특수문자이거나, 해당 한자가 없어서 한글로 입력하거나, 레코드의 길이를 단축하여 입력하는 경우 등 데이터를 변형하여 입력하였을 때, 이에 관한 사항을 기술한다. 지시기호는 ♭♭이다.

식별기호
▼a - 문자를 빈칸(♭)으로 입력할 경우 [반복]
▼h - 한자를 한글로 입력한 경우 [반복]
▼r - 로마자 이외의 문자를 로마자로 입력한 경우 [반복]
   (예: 원 데이터는 베트남어이며, 이를 로마자로 변형한 경우)
▼s - 레코드의 단축
▼x - 한자 이외의 문자를 한글로 변형 입력한 경우 [반복]

cf. "▼h"가 적용될 경우에는 "▼h" 뒤에 미입력 한자가 있는 사항의 표시기호와 미입력 한자에 해당하는 한글을 함께 입력한다. "▼h" 이외의 식별기호가 적용될 경우에는 해당 식별기호 뒤에 입력하지 못했거나 변형하여 입력된 사항의 표시기호만 입력한다.

예시
890 ♭♭ ▼h245준 ▼x245
890 ♭♭ ▼h245은
890 ♭♭ ▼x440
890 ♭♭ ▼r245

2.14 로컬필드(9XX)

900 로컬표목 - 개인명	910 로컬표목 - 단체명
911 로컬표목 - 회의명	930 로컬표목 - 통일표제
940 로컬표목 - 표제	949 로컬표목 - 총서표제
950 로컬정보 - 가격	980 로컬정보 - 소장표시

3 KORMARC 형식 개정판의 특성

앞서 언급한 바와 같이 KORMARC 형식 통합서지용은 2014년과 2023년에 RDA를 수용하여 개정하면서 많은 변화를 가져왔다.15)

3.1 KORMARC 형식 2014년 개정판

1) 주요 개정 방향

KORMARC 형식 통합서지용 2014년 개정판의 주요 개정 방향은 아래와 같다.
- RDA를 수용하여 전면 개정된 MARC 21 update no.13(Sep. 2011)을 기초로 작성
- 데이터 상호 교환성을 위해 국제표준인 MARC 21과 국내표준인 KORMARC의 내용이 대부분 일치하도록 함
- MARC 21에 새롭게 추가된 내용표시기호(부호/식별기호/지시기호)가 기존 KORMARC의 내용표시기호와 중복될 경우, 새로 추가되는 내용표시기호를 독자적인 기호로 부여
- MARC 21의 필드 중 특정 국가에 관련된 필드들과 국내에 적합하지 않다고 생각되는 필드들은 KORMARC 반영을 보류
- 2013년 이후 해외 반입 레코드에 RDA를 적용한 데이터들이 생성되고 있어 KORMARC에서도 RDA 관련 MARC 필드를 신규로 추가
- 기존 KORMARC 내용에 대한 전반적인 검토

2) 필드의 신설 및 삭제

KORMARC 형식 통합서지용을 개정하면서 아래의 필드들이 새로이 신설되었으며, 440 필드는 삭제되었다. 신설된 필드들은 대부분 RDA 수용을 위해 추가된 것이라 할 수 있다.

---

15) 국립중앙도서관 국가서지과. 한국문헌자동화목록형식: 통합서지용 KS 개정 공청회 자료, 2013년 7월 19일.
국립중앙도서관 국가서지과. 한국문헌자동화목록형식 개정 개요: 설명자료. 2023년 5월 16일.
국립중앙도서관. 한국문헌자동화목록형식-통합서지용. 한국산업표준 KSX 6006-0. 2023년 12월 7일.
〈https://librarian.nl.go.kr/kormarc/KSX6006-0/index.html〉

자료유형과 관련하여 336, 337, 338 필드가 신설되었으며, 저작과 표현형의 속성 기술을 위해 336, 377, 380, 381, 382, 383, 384 필드가 신설되었다. 또한 수록매체의 특성을 기술하기 위해 344, 345, 346, 347 필드, 발행사항 및 저작권과 관련하여 264과 542 필드, 기술의 정보원 주기를 위해 588 필드, 주제명부출표목을 위해 648과 662 필드가 신설되었다.

3) 신설된 필드 및 변경사항

① 자료유형을 기술하기 위한 필드

336 필드(내용유형): 저작이 표현된 내용의 형식을 나타낸다. 자원의 일반적인 내용유형을 나타내는 리더/06(레코드 유형)과 함께 사용된다. 내용유형 및 좀 더 구체적인 내용유형은 정보원의 용어 리스트16)를 참조하여 336 필드에 표현할 수 있다.

337 필드(매체유형): 자원의 내용을 보거나 재생, 작동하는 등에 필요한 매개 장치의 일반적 유형을 나타낸다. 007/00(자료범주표시) 필드에 기술된 부호화된 매체유형에 대한 별법이나 추가 기술로 사용된다. 매체유형 및 좀 더 구체적인 매체유형은 정보원의 용어 리스트를 참조하여 337 필드에 나타낼 수 있다.

338 필드(수록매체유형): 337 필드와 결합하여 저장매체의 형식과 수록매체의 보관용기를 나타낸다. 007/01(특정자료종별) 필드에 기술된 부호화된 수록매체유형에 대한 별법이나 추가 기술로 사용된다. 수록매체유형 및 좀 더 구체적인 수록매체유형은 정보원의 용어 리스트를 참조하여 338 필드에 나타낼 수 있다.

② 저작과 표현형 속성을 기술하기 위한 필드

336 필드(내용유형): 저작이 표현된 내용의 형식을 나타낸다.

377 필드(관련 언어): 레코드에서 기술하고 있는 개체(entity)와 관련된 언어에 대한 부호를 기술한다.

380 필드(저작의 형식): 저작이 속해 있는 부류(class)나 장르를 기술한다.

381 필드(저작 또는 표현형의 기타 구별 특성): 저작이나 표현형의 기타 특성을 기술한다. 다른 필드에 기술되지 않은 사항들을 기술하며, 발행처, 음악의 편곡사항, 버전, 또는 지리적 용어 등을 기술할 수 있다. 동일 표제를 지닌 상이한 저작들을 구별하는데 사

---

16) 내용유형, 매체유형, 수록매체유형의 부호 정보원은 "KORMARC 형식 부록 B. 역할어, 정보원기술부호"의 '장르/형식 정보원 부호(Genre/Form Source Codes)'를 적용함.

용될 수 있다.

382 필드(연주매체): 음악 저작이나 표현형(기록되거나 공연이 이루어진 음악)에서 다루어진 악기, 성악, 연주 매체를 기술한다. 동일 표제를 가진 음악 저작이나 음악 표현형을 구별하는 데 사용될 수 있다.

383 필드(음악 저작 번호 표시): 작곡가, 발행처 또는 음악학자가 저작에 부여한 일련번호, 작품번호, 또는 주제색인번호를 기술한다. 동일 표제의 상이한 음악 저작을 구별하는 데 사용할 수 있다.

384 필드(음조): 음조는 음악 저작에 대한 중심 음색으로서 단일 음의 고저(pitch class)를 설정하는 음의 조정관계 세트이다. 동일 표제의 상이한 음악 저작 또는 표현형을 구별하는 데 사용할 수 있다.

③ 수록매체의 특성을 기술하기 위한 필드

344 필드(사운드 특성): 자원 내 사운드의 인코딩에 관한 기술적인 상세사항 즉, 녹음의 유형, 녹음 매체, 재생 속도, 음구 특성, 트랙 구성, 테이프 구성, 재생채널의 구성, 특수 재생 특성 등을 기술한다.

345 필드(영상자원의 영사 특성): 영상 자원의 영사에 관한 기술적인 상세사항 즉, 표현형식과 영사 속도를 기술한다.

346 필드(비디오 특성): 자원 내 아날로그 비디오 이미지의 인코딩과 관련된 기술적인 상세사항 즉, 비디오 형식과 방송 표준 시스템을 기술한다.

347 필드(디지털파일 특성): 자원 내 문자와 이미지, 오디오, 비디오, 그리고 기타 유형의 데이터들을 디지털로 인코딩하는 것에 관한 기술적인 상세사항 즉, 파일 유형, 인코딩 형식, 파일 크기, 해상도, 지역별 인코딩, 전송 속도 등을 기술한다. 이 정보들은 300 필드의 ▼b(기타 물리적 특성)에도 입력할 수 있다.

④ 발행사항과 저작권 관련 필드

264 필드(생산, 발행, 배포, 제작, 저작권표시): 264 필드에 있는 정보는 260(발행, 배포, 간사 사항) 필드에 있는 정보와 유사하다. 264 필드는 내용 표준이나 기관의 목록 정책에서 생산, 발행, 배포, 제작의 의미에 각각 차이를 두고 구분하여 기술하고자 할 때 유용하다.

542 필드(저작권 관련 정보): 해당 자료의 저작권 관련 정보를 기술한다.

⑤ 주제명 관련 필드

648 필드(주제명부출표목-시대): 주제명부출표목으로 사용된 시대용어를 기술한다.
662 필드(주제명부출표목-계층적 지명): 주제명부출표목으로 사용된 지명의 계층적 형식을 기술한다.

이외에도 007, 008, 041, 049, 490 필드 등에 다양한 부가코드가 추가되는 등 KORMARC 형식에 많은 변화를 가져왔다.

3.2 KORMARC 형식 2023년 개정판

1) 주요 개정 방향 및 내용

KORMARC 형식 통합서지용 2023년 개정판의 주요 개정 방향은 아래와 같다.

- 국제기준인 MARC 21과의 상호호환성 확보 즉, MARC 21 update no.33 (Nov. 2021)을 기초로 작성함으로써 MARC 21의 최근 개정 상황을 반영하여 상호호환성을 확보함
- 도서관 서지정보 개념모형 수용 즉, IFLA의 도서관 참조모형 LRM과 이를 반영한 내용규칙인 RDA 요소를 반영함
  - 예) 저작의 대표표현형 속성 기술 및 연계를 위한 387 필드(대표표현형 특성) 추가, 사건(event) 기술을 위한 647 필드(주제명부출표목-사건명) 추가, 구현형 자체를 기술하는 881 필드(구현형 사항) 추가
- 링크드 데이터 구축을 위한 변경 즉, 시멘틱 웹과 링크드 데이터 환경에서 기계처리, 외부자원 연계 등을 위한 요소를 반영함
  - 예) '실세계 객체' 또는 '사물'을 식별하고 참조하는 URI 기술을 위해 식별기호 ▼1(Real World Object URI) 추가, 도서관 이외의 Wikidata 등 외부자원을 참조하기 위한 758 필드(자원식별자) 추가
- 표준 간 일관성을 강화 즉, KORMARC 형식-통합서지용, 전거통제용, 소장정보용 간 용어 및 형식 일치, 개정 시기 차이로 불일치하는 버전 동일화 등

예 서지형식에서는 '연주 매체', 전거형식에서는 '연주 수단'으로 쓰였던 382 필드 이름을 '연주 수단'으로 통일, 전거형식에서는 이미 적용되고 있던 385 필드(이용대상자 특성), 386 필드 (창작자/기여자 특성)를 서지형식에서는 이번 개정에 신규 반영함

2) 신설된 필드 및 변경사항

① 신설된 필드

031 필드(음악 도입부 정보): 음악 도입부에 대한 부호화된 데이터 기술
251 필드(버전 정보): 자원의 버전 정보가 있는 경우 기술
334 필드(간행단위): 구현형의 간행단위를 기술
335 필드(확장 계획): 저작의 내용에 대한 확장 계획을 범주화하여 기술
341 필드(내용 접근성): 자원의 내용에 대한 접근방식을 기술
348 필드(악보 특성): 악보의 형식뿐 아니라 악보 형식으로 제공되는 자원의 음악적, 물리적 레이아웃을 기술
353 필드(부록 특성): 해당 자료나 딸림자료에 서지, 음반목록(discography), 영화작품목록(filmography), 기타 서지적 참고문헌이 있는 경우에 이를 기술한다. 이 필드는 부록이 해당 자원의 중요한 부분인 경우에만 적용
363 필드(권·연차, 연월차 부호): 자원의 부분을 식별하고 전체와 부분의 관계를 보여주는 권·연차, 연월차에 사용된 숫자나 문자, 일자를 정형화된 형식으로 기술
365 필드(판매 가격): 화폐단위로 표시된 자원의 현재 가격 또는 특별 수출가격 등을 기술
366 필드(판매 정보): 발행처의 자료 가용 상태와 관련된 정보를 기술
370 필드(관련 장소): 원생산지를 포함하여 저작 및 표현형과 관련된 장소를 기술
385 필드(이용대상자 특성): 자원이 의도한 이용자 집단이나 자원의 내용에 적합한 지적 수준을 나타내는 이용자 집단이 있는 경우 이를 기술
386 필드(창작자/기여자 특성): 저작이나 저작 편집물의 창작자 또는 표현형이나 표현형 편집물의 기여자가 속하는 집단 범주를 기술
387 필드(대표표현형 특성): 저작을 식별하기 위한 기준이 되는 대표표현형의 특성을 기술
388 필드(창작 기간): 저작(집합 저작 포함)이나 표현형, 집합물에 포함된 저작이나 표현형의 창작이나 기원(origin) 기간을 기술

532 필드(접근성 주기): 접근성의 특징, 접근성 특징과 관련된 기술적 세부 사항, 위험요소, 결함을 설명하는 정보를 기술

647 필드(주제명부출표목-사건명): 사건명인 주제명부출표목을 기술

688 필드(주제명부출표목-구체화되지 않은 개체의 유형): 개체 유형이 구체화되지 않은 주제명부출표목을 기술

751 필드(부출표목-지명): 기술대상 자료의 특별한 속성과 관련된 지명을 부출표목으로 기술

758 필드(자원식별자): 서지레코드에 기술된 자원 혹은 관련 자원에 대한 자원 식별자를 기술

881 필드(구현형 사항): 구현형 자체를 기술하는 정보를 포함

882 필드(대체 레코드 정보): 삭제 레코드에서 대체 서지 레코드에 관한 정보를 기술

883 필드(메타데이터 출처): 레코드의 데이터 필드에 있는 메타데이터 출처 정보를 기술

884 필드(변환 정보): 다른 메타데이터 구조에서 기계에 의해 변환된 MARC 레코드의 원본에 대한 정보를 제공하는 데 사용

885 필드(매칭 정보): 목록작성자가 두 레코드 간의 가능한 일치 여부를 확인하는 데 도움이 되는 매칭 과정 결과에 대한 정보를 기술

② 표제 관련 필드의 지시기호 변경

표제와 관련하여 130, 220, 240, 242, 243, 245, 630, 730, 740 필드의 지시기호 용어가 아래와 같이 변경됨. 이는 카드목록에 표제를 인쇄한다는 개념에서 온라인 목록에서 표제로 배열한다는 의미로 변경되었다 할 수 있다.

- 관제 및 관사 출력 형태 → 표제 배열
- 0 그대로 인쇄 → 0 그대로 배열
- 1 원괄호를 제외하고 인쇄 → 1 원괄호를 제외하고 배열

③ 기타 용어 수정 및 통일

- 미국국회도서관 → 미국의회도서관
- 주제명표 → 주제명표목표
- 연주 매체 → 연주 수단
- 음조 → 음악의 조성

4 MARC 데이터베이스의 이해

4.1 데이터베이스란 무엇인가?

데이터베이스란 관련 레코드의 집합이다. 그리고 레코드는 컴퓨터가 정보를 처리하는 단위이다. 그러나 단순히 관련 레코드의 집합만으로 데이터베이스가 될 수는 없다. 관련 레코드의 집합이 데이터베이스로 불리어지기 위해서는 저장된 데이터와 인간 간에 상호 정보를 전달할 수 있는 상태이어야 한다. 도서관 데이터베이스를 예로 들면, 현재 도서관이 소장하고 있는 문헌에 대한 정보 즉, 분류기호, 저자, 서명, 출판사항, 형태사항 등에 대해 이용자는 자신이 찾고자 하는 책에 관한 정보를 데이터베이스로부터 검색할 수 있어야 하고, 사서의 입장에서는 데이터베이스의 정보를 검색과 수정이 가능하도록 축적하고 있어야 한다. 다시 말해서 데이터베이스란 인간과 컴퓨터가 상호 정보를 교환할 수 있도록 축적되어 있는 레코드의 집합이라 하겠다.

따라서 데이터베이스는 컴퓨터를 통해 원하는 정보를 검색하고, 필요하면 해당 정보를 수정할 수 있도록 축적되어 있는 관련 레코드의 집합이다. 그리고 각각의 레코드는 다시 여러 개의 필드로 구성되어 있으며, 필드는 또한 복수의 서브필드로 구성될 수도 있고, 서브필드 없이 바로 데이터가 기록될 수도 있다.

4.2 고장길이 레코드 구조의 데이터베이스

고정길이 레코드는 데이터베이스를 구성하고 있는 개개 레코드의 길이(byte)가 모두 동일한 경우를 말한다. 이는 프로그램을 설계할 때, 데이터베이스를 구성하는 레코드의 전체길이와 개개 필드의 길이는 얼마로 구성할 것인지를 미리 정의하여 두고 이 정의된 길이 내에서 데이터를 입력하도록 한 경우를 말한다. 따라서 고정길이 레코드에서는 이미 정의하여 둔 레코드의 전체길이나 필드길이를 초과하여 정보를 입력할 수 없다. 이렇게 입력정보의 길이에 제약을 두고 있기 때문에 고장길이 레코드에 의한 정보처리는 서지정보와 같이 입력정보의 요소가 다양하고 또 입력정보의 길이가 예측 불가능한 경우에는 비효율적이지만, 일반적인 정보처리에서는 가장 손쉽게 편리하게 사용되고 있다.

 그러나 이렇게 미리 정의하여 둔 형식에 따라 정보를 입력하게 되면, 물론 한정된 정보 밖에 입력하지 못하는 단점은 있지만, 정보를 처리하는 데는 그만큼 손쉽게 처리할 수 있고, 입력도 편리한 장점이 있다.

 사실 컴퓨터는 축적된 데이터베이스에서 정보를 레코드 단위로 읽고 처리한다. 이때 축적되어 있는 수억 개의 레코드가 고정길이 레코드로 되어 있다면 레코드 단위로 쉽게 읽을 수 있으며, 또한 읽은 레코드 내에서 필요한 필드를 쉽게 인식하고 정보를 옮기거나 쓸 수도 있다.

 이해를 돕기 위해 우리가 가장 많이 사용하고 있는 Excel을 예로 들어 보자. 〈그림 3-34〉의 Excel 프로그램에서 레코드 구조가 분류기호(10), 저자(20), 서명(30), 출판지(20), 출판자(20), 출판연도(5), 가격(6)의 7개 필드 111 byte로 구성된 경우라면, 각 레코드는 전체 길이가 모두 111 byte로 모두 동일하다. 실제 프로그램을 하는 경우에는 입력정보의 레코드 구조에 대해 미리 정의한다. 그리고 레코드의 좌측에는 레코드 일련번호가 있다. 즉, 각 레코드는 데이터베이스 내에 이러한 순서로 저장되어 있다는 의미이며, 이 번호를 검색키로 하여 하나의 레코드가 111자로 이루어진 만큼, 111자씩 레코드 단위로 찾을 수도 있고, 찾은 다음 필요한 정보를 인쇄하거나 옮기거나 디스플레이 할 수도 있다. 그러나 전체 레코드를 대상으로 순차적 접근방법은 파일의 규모가 큰 경우에 비효율적이어서 실제 정보검색에서는 검색필드를 정의하고, 정의한 필드를 대상으로 색인파일을 만들어 이를 통해 검색하는 방법을 취한다.

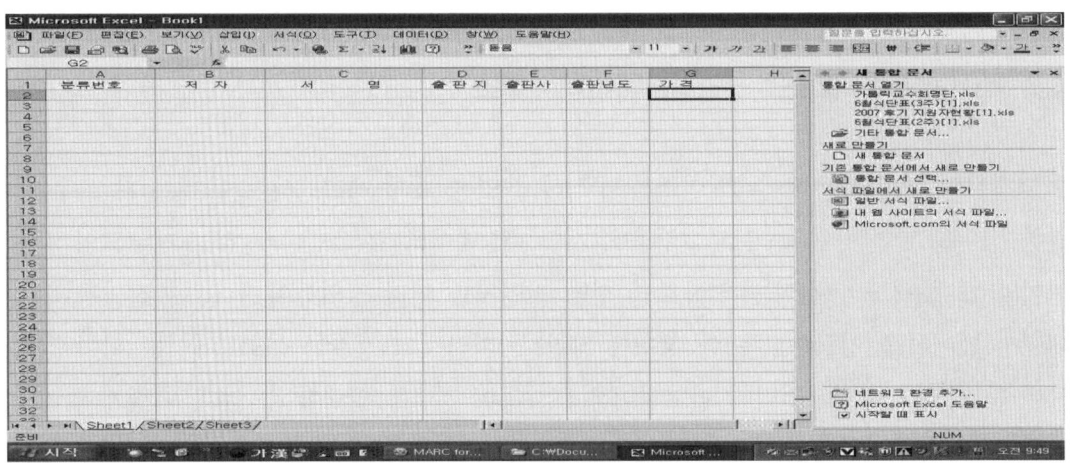

〈그림 3-34〉 Excel의 레코드 구조

〈그림 3-34〉 Excel 파일의 경우를 보면, 각 레코드는 분류기호, 저자, 서명, 출판지, 출판사, 출판년도, 가격의 7개 필드로 구성되어 있다. 그러나 이렇게 데이터베이스를 만들고 난 다음, 분류기호나 저자, 서명으로 검색을 하고자 한다면 이들 필드를 대상으로 색인파일을 만들어야 한다. 물론 실제 데이터베이스에서는 검색하고자 하는 필드를 미리 정의하여 두고, 프로그램에 의해 이들 필드를 자동적으로 색인하도록 하고 있다.

색인파일과 관련하여 우리가 이해하여야 할 점은 마스터파일(master file)과 색인파일(index file)이다. 마스터파일이란 정보를 입력하여 둔 모체파일이며, 가장 중심적인 파일로서 어떤 특정 필드 값으로 배열(대개는 레코드 일련번호)되어 있다. 마스터파일은 정보의 양도 많을 뿐만 아니라 너무 비대한 파일이며, 정보의 집합체이기 때문에 이 데이터베이스를 통해 정보를 검색하는 것은 비효율적이다. 위의 Excel 파일 전체는 바로 마스터파일이 되는 셈이다. 따라서 원하는 필드로 검색을 하기 위해서는 검색에 필요한 필수요소만 추출하여 별도의 간단한 데이터베이스를 만들어 이를 통해 정보를 검색하도록 한 것이 색인파일이다.

```
〈저자명색인 파일〉        〈도치파일〉
김길동  3              12, 34, 3456,
나문희  1              15
문소리  2              100, 345
박문석  1              14
이경수  3              11, 111, 222
이경희  2              16, 18 …
```

〈그림 3-35〉 저자명색인파일과 도치파일

위의 Excel과 같이 데이터베이스를 만든 상태에서 '저자명'으로 검색하고자 한다면, 〈그림 3-35〉와 같이 저자명으로 색인을 해야 한다는 뜻이다. 색인하는 방법은 각 레코드에서 저자를 추출하되, 레코드 일련번호(혹은 고유번호)를 함께 쌍으로 하여 가나다순으로 배열한 저자명색인 데이터베이스를 만든다. 저자명 뒤의 숫자는 이 저자명과 일치하는 수이며, '문소리 2'의 의미는 '문소리'에 관한 문헌이 2개의 레코드가 있다는 의미이다. 이러한 색인파일은 정보를 입력하면 프로그램에 의해 자동적으로 만들어지고, 이용자 입장에서는 저자명으로 '문소리'를 검색하게 되면 2건의 문헌이 있다고 검색결과를 알려주고, 이를 클릭하면, 도치파일(inverted file)에서 100번과 345번의 정보를 확인한 후, 마스터파일에서 100번과 345번 문헌을 검색하여 완전한 서지정보를 출력해 줌으로 이용자는 이를 통해 서지정보를 확인하게 된다. 따라서 하나의 레코드에서 검색필드를 다양하게 하고자 할 경우에는 검색을 원하는 필드마다 색인파일을 만들어야 하는 이유가 여기에 있다.

4.3 MARC의 구조

앞장에서 살펴본 바와 같이 MARC 데이터베이스가 일반 다른 데이터베이스와 구별되는 점은 MARC 데이터베이스의 레코드 구조가 일반 데이터베이스에서 흔히 사용하고 있는 고정길이 레코드가 아닌 가변길이 레코드로 구성되어 있다는 점이다. 이러한 가변길이 레코드 구조를 가지고 있기 때문에 레코드 구조가 복잡하고, 이에 대한 상세한 이해 없이는 입력정보를 자관의 요구에 맞게 적절히 입력하고 처리하기 어려운 점이 있다.

MARC 레코드는 가변길이 레코드 구조를 가지고 있는 데이터베이스로서 고정길이 레코드로 이루어진 데이터베이스 보다 훨씬 복잡하다. 그 이유는 입력하고자 하는 필드가 자료에 따라서 있고 없음이 너무나 다양하고, 또 각 필드의 입력정보의 길이도 일정하지 않은 만큼 레코드의 전체길이가 천차만별이다. 이는 다르게 표현하면, 컴퓨터가 데이터베이스에서 원하는 레코드로 찾아가기도 어렵지만, 찾아간 레코드에서도 원하는 필드의 정보를 바로 확인하는 것도 어렵다는 의미이다. 검색을 원하는 필드는 색인파일을 만들어 접근한다고 하더라도 마스터파일에서 어떻게 원하는 레코드를 찾아가며, 찾은 레코드에서 필요한 필드에 어떻게 바로 접근할 수 있느냐 하는 것이다. 이를 해결하기 위해 다양한 방법이 모색되었고, 이것이 MARC의 설계에 나타나 있다. MARC 데이터베이스의 일반적인 특징은 다음과 같다.

- 레코드의 길이, 필드의 길이가 일정하지 않다.
- 데이터를 입력할 때는 해당 입력요소를 표현하는 기호인 표시기호(태그)를 앞세워 입력한다.
- 입력된 데이터를 근거로 디렉토리를 만들고 이를 근거로 해당 정보를 찾아간다.
- 문헌에 따라 기술하는 필드 유무에 차이가 있다.
- 필요한 필드를 추가하거나 불필요한 필드를 삭제할 수 있다.
- 한 필드내에서 성격이 다른 정보가 있는 경우에는 식별기호를 달리하여 기술할 수 있다.

MARC는 레코드는 리더, 디렉토리, 제어필드, 가변길이 데이터 필드로 구성되어 있으며,

여기에 대한 세부내용은 앞서 KORMARC 형식의 개요에서 자세하게 소개하였으므로 여기서는 생략하기로 한다.

1) 가변길이 데이터필드

MARC 목록을 함에 있어 목록레코드가 가변길이로 설계하는 주된 이유는 고정길이 설계방식으로는 데이터베이스를 효율적으로 관리할 수 없기 때문이다. 이의 주된 이유는 다음과 같다.

- 문헌에 따른 입력항목의 다양성
  입력항목(입력필드)이 있고 없음의 차이, 부출항목의 많고 적음의 차이 등
  (예: 권차의 유무, 부출 항목의 수의 차이, 주제명, 색인어수의 차이)
- 각 기술요소에서 입력내용의 다양성
  하나의 필드 내에서 입력요소가 다양함으로 나타나는 차이
  (예: 245 필드에서 표제관련정보, 대등표제의 있고 없음의 차이)
- 기술요소의 입력정보 길이의 다양성
  하나의 기술요소에서 입력정보의 길이가 다양함에서 오는 차이
  (같은 표제라도 문헌에 따른 입력정보의 길이가 길고 짧음의 차이)

MARC 레코드의 특징은 다른 정보처리상의 레코드와는 달리 레코드의 구조가 가변길이로 되어 있어 레코드의 길이가 일정하지 않다. 따라서 이러한 가변길이 레코드는 정보처리상의 접근과 처리의 어려움이 수반되기 때문에 입력상에 있어 고정길이와는 다른 방법을 사용하고 있다.

가변길이 데이터의 입력은 데이터의 입력에 앞서 해당 가변길이 데이터의 이름을 알려주는 고유번호인 표시기호를 사용한다. 표시기호를 사용하여 입력함으로써 프로그램에 의해 입력한 데이터의 길이와 상대적인 위치를 파악하여 디렉토리를 생성시킴으로써 목록카드의 작성과 서지기술을 가능하게 하고 있다.

2) 목록 데이터 입력 방법

목록 데이터의 입력은 미리 정의하여 둔 데이터 유형별로 서로 다른 표시기호를 앞세워 표시기호, 지시기호, 식별기호의 순으로 기술한다. 여기에서 표시기호는 입력정보의 유형

을 정의하며, 지시기호는 목록에 필요한 각종 규정이나 규칙을 반영하는 부호로 2자리로 입력한다.

식별기호(▼a, ▼b, ▼c 등)는 입력정보 내에서 데이터를 구분해 주는 역할을 하며, 서지기술을 용이하게 하기 위해 입력 데이터를 구분해 준다. 한편, 00X로 시작하는 제어필드 데이터는 지시기호와 식별기호 없이 바로 정보를 입력한다.

4.4 MARC 데이터베이스 구축원리

MARC에서 입력데이터가 표목인 "100 1b$aKatz, William A.,$d1924-"의 데이터를 입력하면 컴퓨터에서는 이 데이터를 입력받아 지시기호부터 입력데이터의 자릿수(29자)를 계산하여 100002900207과 같이 디렉토리를 생성함과 동시에 데이터 필드에 이 데이터를 저장하게 된다. 데이터의 시작번지는 리더부의 24자와 디렉토리의 수($12 \times n$)에 의해 결정되기 때문에 입력하는 순간 디렉토리가 유동적이어서 정확한 값을 계산할 수가 없는 만큼, 임시로 디렉토리가 끝난 다음의 번지를 상대번지로 하여 디렉토리를 만든다.

따라서 최초에 입력하는 데이터의 디렉토리는 001001300000과 같이 데이터의 시작번지를 00000번지로 계상하고 최종적으로 컴퓨터에서 데이터를 읽을 때는 정확한 번지를 계산하여 위치를 추적한다. 디렉토리에서 데이터의 길이와 시작번지를 합산하여 자동적으로 계산한다. 이러한 방식으로 계속 다음의 입력데이터에 대해 입력데이터는 저장되고 디렉토리가 자동적으로 만들어진다.

〈그림 3-36〉은 데이터의 입력내용의 한 예이다. 이러한 데이터가 입력될 때, 데이터베이스가 어떻게 만들어지는지 그 과정을 살펴보자.

레코드의 첫 부분은 리더로 24자로 구성된다. 이 데이터는 00823nambb2200253bbbb4500이다. 물론 24자내에서 입력내용은 문헌에 따라 달라질 수 있다. 다음은 디렉토리가 나타난다. 최초의 입력데이터는 "001 bbb96001741b"로 제어필드인 만큼 지시기호나 식별기호 없이 바로 데이터를 입력한다. 001 데이터의 입력 자릿수는 전체 13자이므로 디렉토리는 001001300000이 되고, 이 순간 레코드는 다음과 같이 생성된다. 001 디렉토리가 끝나는 다음이 목록데이터의 기본번지이다. 데이터의 기본번지는 37번지($24 + 12 \times 1 + 1$) 이다.

00823cambb2200037bbb4500001001300000bbb96001741b%
리 더 　(기본번지)　　　001디렉토리　　001데이터

```
             MARC Record Edit Sheet Display
Control #        001   ␣␣␣96001741␣
MARC field       003   DLC
MARC field       005   19961112154513.8
Fixed Data       008   960123m19979999nyu␣␣␣␣␣b␣␣␣␣001␣0␣eng␣␣
LC Card          010   ␣␣$a 96001741
ISBN             020   ␣␣$a0070342776 (v. 1 : acid-free paper)
ISBN             020   ␣␣$a0070342784 (v. 2)
Cat. Source      040   ␣␣$aDLC$cDLC$dDLC
LC Call          050   00$aZ711$b.K32 1997
Dewey Class      082   00$a025.52$220
ME:Pers Name     100   1␣$aKatz, William A.,$d1924-
Title            245   10$aIntroduction to reference work /$cWilliam A. Katz.
Edition          250   ␣␣$a7th ed.
Imprint          260   ␣␣$aNew York :$bMcGraw-Hill,$cc1997.
Phys Descrpt     300   ␣␣$a2 v. ;$c24 cm.
Note:Bibliog     504   ␣␣$aIncludes bibliographical references and index.
Note:Content     505   0␣$av. 1. Basic information sources -- v. 2.
                       Reference services and reference processes.
Subj:Topical     650   ␣0$aReference services (Libraries)
Subj:Topical     650   ␣0$aReference books$xBibliography.
```

〈그림 3-36〉 MARC 21 입력화면

다음으로 두 번째 입력 데이터인 "003 DLC"를 입력하면 디렉토리는 003000400013이 되고, 레코드는 아래와 같이 만들어진다. 마지막 디렉토리 다음이 항상 데이터의 시작위치이다. 따라서 데이터의 시작위치는 디렉토리의 수에 따라 그 값이 바뀌게 된다. 데이터의 기본번지는 24 + 12 × 2 + 1 = 49가 된다.

00823cam␣␣2200049␣␣␣450000100130000000300040001␣␣␣96001741␣%DLC%
리 더 (기본번지)   001디렉토리   003디렉토리   001데이터   003데이터

이어 세 번째 "005 19961112154513.8"을 입력하게 되면 디렉토리는 005001700017이 되고 레코드는 다음과 같다. 기본번지는 00061이 된다.

00823cam␣␣2200061␣␣␣4500001001300000003000400013005001700017␣␣␣
96001741␣%DLC%19961112154513.8%

또 008의 960123m19979999nyubbbbbbbbbbb001b0bengbb를 입력하면 008의 디렉토리는 008004100034가 되고 기본번지는 00073으로 레코드는 다음과 같이 만들어진다.

00823cambb2200073bbb45000010013000000030004000130050017000170080041000034bbb96001741b%DLC%19961112154513.8%960123m19979999nyubbbbbbbbbbb001b0bengbb%

이상과 같은 원리에 따라 데이터를 입력하면 디렉토리는 자동적으로 만들어지고 입력데이터는 디렉토리 뒷부분에 저장되어 데이터베이스를 만들어간다. 그런데 디렉토리를 만드는 논리적인 과정을 보면, 각 입력데이터의 길이는 컴퓨터가 프로그램에 의해 자동적으로 계산하지만 데이터의 시작번지는 바로 앞 디렉토리의 길이와 시작번지를 합하여 계산한다는 점이다. 위의 예에서 보면 첫 번째 제어필드의 디렉토리가 001001300000 이고, 003의 입력정보의 길이가 0004이면 003 디렉토리는 003000400013과 같이 되어 00013은 바로 앞의 001 데이터의 길이와 시작번지와 합과 동일하다는 것이다. 이와 같은 논리로 005 데이터의 길이가 0017이라면 이의 디렉토리는 005001700017과 같이 자동적으로 만들어 갈 수 있다. MARC형식의 데이터의 입력형태는 〈그림 3-36〉과 같고 만들어진 MARC 레코드의 형식은 〈그림 3-37〉과 같다.

00823cambb2200253bbb4500001001300000003000400013005001700017008004100034010001700075020004000092020002200132040001800154050002000172082001500192100002900207245005500236250001200291260003700303300001900340504005100359505008900410650003500499650003500534bbb96001741b%DLC%19961112154513.8%960123m19979999nyubbbbbbbbbbb001b0bengbb%$abbb96001741b%bb$a0070342776(v.1: acid-free paper)%bb$a0070342784(v.2)%bb$aDLC$cDLC$dDLC%00$aZ711$b.K32b1997%00$a025.52$220%1b$aKatz, William A.$d1924- %10$a Introduction to reference work /$cWilliam A. Katz.%bb$a7th ed.%bb$aNew York :$bMcGraw-Hill,$cc1997.%bb$a2 v. ;$c24 cm.%bb$aIncludes bibliographical references and index.%0b$av.1. Basic information sources -- v.2 Reference services and reference processes.%b0$aReference services(Libraries)% b0$aReference books$xBibliography.@

〈그림 3-37〉 MARC 21 레코드 형식 (%는 필드종료표시, @는 레코드 종료표시)

또 역으로 아래의 디렉토리에서 003의 입력데이터를 삭제하면 003 디렉토리가 삭제되면서 003 이후의 디렉토리는 연쇄적으로 데이터 시작번지의 값만 자동적으로 프로그램에 의해 수정이 이루어지도록 되어 있다.

<u>00100130000</u><u>00030004000</u><u>13</u><u>00500170001700080041000</u><u>34</u><u>0100017000750200040000</u>92
　　(삭제전)

<u>0010013000000050017000130080041000300100017000710200040000</u>88
　　(003 필드 삭제 후)

4.5 MARC 데이터베이스와 정보검색

1) 마스터 파일의 검색

이제 MARC 데이터베이스로부터 문헌을 검색하는 방법을 살펴보기로 한다. MARC 데이터베이스는 〈그림 3-37〉과 같다. 이 데이터베이스에 있는 형식으로 도서관이 소장하고 있는 전체문헌의 정보를 축적하고 있는 데이터베이스가 마스터파일 즉, 마스터 데이터베이스이다.

마스터 데이터베이스는 도서관의 목록 데이터베이스로서 가장 기본이 되고 중심이 되는 파일이다. 이 파일은 항상 일정한 순서로 저장되어 있으며, 저장되어 있는 순서는 대부분 제어번호(001 필드)순이다. 그러나 도서관에 따라서는 제어번호가 아닌 등록번호나 다른 일련번호를 사용할 수도 있다. 도서관에 따라 서로 다른 데이터 값으로 배열할 수는 있으나 가장 중요한 것은 데이터의 고유번호(정보)이어야 하고, 접근이 쉬워야 하고, 논리적으로 설계된 값이어야 한다는 것이다. 이 마스터파일에서의 정보검색은 대부분 이 고유값으로 정보를 검색하기 때문에 만약 이 정보가 중복이 된다면 정보검색이나 처리에 혼란을 가져오게 된다. 따라서 대분의 시스템에서는 제어번호와 같은 값을 입력하면 이 정보가 고유값인지 아닌지를 체크하여 메시지를 보내준다. 마치 우리가 특정사이트에 회원 가입할 때, 주민번호를 검색하고 확인하는 것과 같은 방법이다.

실제 문헌의 검색은 색인파일을 통해서 하고, 색인파일에서 얻은 정보를 바탕으로 마스터 파일에서 해당 레코드를 검색하여 데이터를 출력하거나 수정한다. 마스터 파일은 정보가 너무 비대하고 한마디로 몸집이 너무 커서 신속하게 움직이지 못하는 뚱보와 같다. 그

래서 검색 자체는 다양한 색인파일을 통해서 하며, 몸집이 비대한 마스터 파일을 일일이 이용하지는 않는다. 대부분의 색인파일에서 검색한 결과는 해당문헌의 접근키(access key) 즉, 마스터 파일에서 일정한 값으로 배열한 값인 제어번호를 제공해주는 형식이다.

예를 들어 홍길동에 관한 문헌을 찾았는데 홍길동에 관한 문헌의 제어번호가 1234567, 2345679 라는 정보를 제공하여 주면 이 정보를 가지고 마스터 파일에서 해당 문헌을 찾아가 정보를 디스플레이 하는 것이다. 그러면 마스터 파일에서는 어떻게 가변길이 형식의 데이터베이스에서 1234567번과 2345679번의 레코드를 찾아 가는지 살펴보기로 한다. 우선 1234567번의 레코드의 경우는 프로그램에서는 전체 레코드 수(1000만 건이라고 하자)에서 1/2 위치를 찾아가 이 제어번호가 1/2의 위치보다 앞쪽에 있는지 뒤쪽에 있는지 확인한다. 지금은 앞쪽이다. 다시 앞쪽의 1/2 지점(전체의 1/4위치)에 가서 앞쪽인지 뒤쪽인지 확인한다. 또 앞쪽이다. 다시 1/2 위치로 가서 확인하는 방식으로 마스터 파일에서 검색한다. 실제로 연산은 1초에 1억 번 정도 한다고 보면 눈 깜짝할 사이에 수백 건의 정보라도 바로 찾아갈 수 있다. 그리고 이것은 순차적 파일에서 앞에서부터 계속 읽어 가면서 찾아가는 방법과는 비교되지 않을 만큼 신속하게 해당정보를 찾아갈 수 있다. 마스터 파일에서 정보검색은 이러한 방법으로 이루어진다.

2) 검색한 레코드의 서지정보 읽고 쓰기

마스터 파일에서 원하는 레코드를 탐색하고 난 이후에 해당 레코드에서 어떻게 컴퓨터가 정보를 읽어 올 수 있는지 알아보자. 문제는 레코드가 가변길이로 되어 있기 때문에 정보처리가 쉽지 않다. 해당 레코드에 접근하면 레코드 구조는 〈그림 3-37〉과 같은 형식으로 되어 있다. 우선 간단히 이 레코드 형식에서 저자와 표제를 찾아 디스플레이 하는 방법을 보자. 저자의 표시기호는 100이며, 100의 정보는 100 디렉토리에서 열쇠를 쥐고 있다. 디렉토리는 축적되어 있는 데이터의 주소록으로 데이터의 길이와 레코드 내에서 저장되어 있는 위치를 알려주는 표지판의 역할을 한다. 〈그림 3-37〉에서 100의 디렉토리를 보면, 100002900207로 100 데이터는 길이가 29자(character)이고, 이 레코드의 207번지부터 데이터가 축적되어 있음을 알려준다. 이 디렉토리의 값을 근거로 프로그램은 207번에 가서 29자를 읽어오되 앞부분의 2자리 지시기호와 식별기호, 필드종료기호를 삭제하면 아래와 같이 100의 데이터를 디스플레이 할 수 있다. 표제정보도 이와 같은 방법으로 245005500236

의 디렉토리 값으로 00236번지부터 55자를 읽어 올 수 있다. 디스플레이 하면 다음과 같다.

저자 : Katz, William A., 1924-

표제 : Introduction to reference work / William A. Katz.

3) 색인파일과 정보검색

도서관 목록 데이터베이스와 같이 각 레코드 별로 입력요소가 다양하고, 레코드 수가 많으며, 검색점을 다양하게 해야 할 경우에는 색인파일이 필수적이다. 목록 마스터파일 그 자체는 너무나 방대하고 더구나 가변길이 레코드로 되어 있어 손쉽게 조작할 수 있는 파일이 아니기 때문이다. 위의 〈그림 3-37〉의 레코드 형식과 같이 조직되어 있는 데이터베이스에서 색인파일을 만드는 방법을 살펴보기로 한다.

우리가 도서관 홈페이지에서 도서관소장 자료를 검색하고자 하면 검색창이 나타난다. 그 검색창에서는 대체로 다음과 같은 검색항목이 나타난다.

- 저　　자
- 표　　제
- 분류기호
- 키 워 드
- 주 제 명
- I S B N

이와 같이 저자, 표제, 분류기호, 키워드, 주제명, ISBN으로 검색할 수 있도록 한 것은 마스터 파일의 데이터에서 이러한 데이터를 추출하여 색인파일을 만들어 두었다는 의미이다. 색인파일을 만들 때는 반드시 해당 데이터와 그 레코드의 제어번호(도서관에 따라 다를 수 있음)를 한 쌍으로 하여 색인파일 레코드를 구성해야 한다. 각 색인파일의 구성에 대해 알아보면 다음과 같다.

① **저자명색인파일**

저자명색인파일은 목록 레코드에서 저자 성격을 가진 모든 표시기호를 가지고 와서 만든다. 입력 레코드에서 100, 110, 111, 700, 710, 711 필드의 정보를 추출하여 저자명색인파일을 만든다. 만드는 방법은 대체로 다음과 같다. 〈그림 3-37〉과 같은 경우 100 필드의 정보를 가져오면 다음의 처음과 같으며, 해당 레코드에서 관련 필드가 복수인 경우에는 여러 개의 저자명이 추출된다. 파일은 아래와 같이 항상 자동적으로 자모순으로 배열하며 히트수를 갱신한다.

저 자 명	히트수	제어번호
Bledsoe, J.	1	1234567
Katz, William A., 1924-	1	96001741
Lancaster, F. W.	2	1234567, 3697741
Mount, Ellis	1	1246784
Peck, Theodore P.	3	1246784, 4567890, 6789911

위와 같은 방법으로 색인파일을 만들어 두고 저자로 검색하면, 검색과 동시에 히트수가 나오고 이를 클릭하면 해당 문헌의 서지정보를 마스터 파일에서 검색하게 나타내 준다.

② **표제색인파일**

표제색인파일은 표제에 해당되는 필드로서 검색필드로 사전에 정의 하여둔 필드 데이터만을 대상으로 색인한다. 색인하는 방법은 위와 같다. 표제색인에 해당되는 필드는 130, 240, 245, 246, 440, 505(확장형에서 $t에 기술한 표제), 730, 740 등이다.

③ **분류색인파일**

분류기호만을 추출하여 색인을 한다.

④ **키워드색인파일**

키워드 색인파일은 653 필드의 입력정보를 대상으로 색인하며, 653내에서 $a 를 반복 사용하여 입력한 경우 각각 색인을 하여야 한다. 예를 들어 제어번호가 123456인 문헌에서 653 필드의 입력을 "653 $a정보검색$a색인어$a재현율"로 하면, 다음과 같이 동일한 제어번호가 부여되어 색인된다.

키워드	히트수	제어번호
정보검색	2	123456, 125678
색인어	1	123456
재현율	3	123456, 234567, 345678

이렇게 색인을 하여 둠으로써 이용자가 "정보검색 and 색인어"를 검색하면, 정보검색과 색인어가 동시에 있는 제어번호를 찾아(123456) 결과를 나타내줄 수 있게 된다.

⑤ 주제명색인파일

주제명색인파일은 레코드에서 주제명에 관한 필드 정보만을 추출하여 색인한 경우를 말한다. 일반적으로 주제라고 하면 주제성격의 단어만을 의미하나, 이 주제명에는 600 개인명, 610 단체명, 611 회의명, 630 통일표제, 650 일반주제, 651 지명 등이 포함된다. 따라서 주제명색인을 잘 만든 경우라면, 주제명검색창에서 "셰익스피어"를 탐색하면, 문헌의 주제가 "셰익스피어"로 된 것을 모두 검색할 수 있다. 그러나 일반 이용자는 주제검색에서는 인명으로 검색하는 방법을 아는 경우가 거의 없다.

제4장

RDA (자원기술과 접근)

1. RDA의 특성
2. RDA의 내용구조
3. RDA의 기술 실례

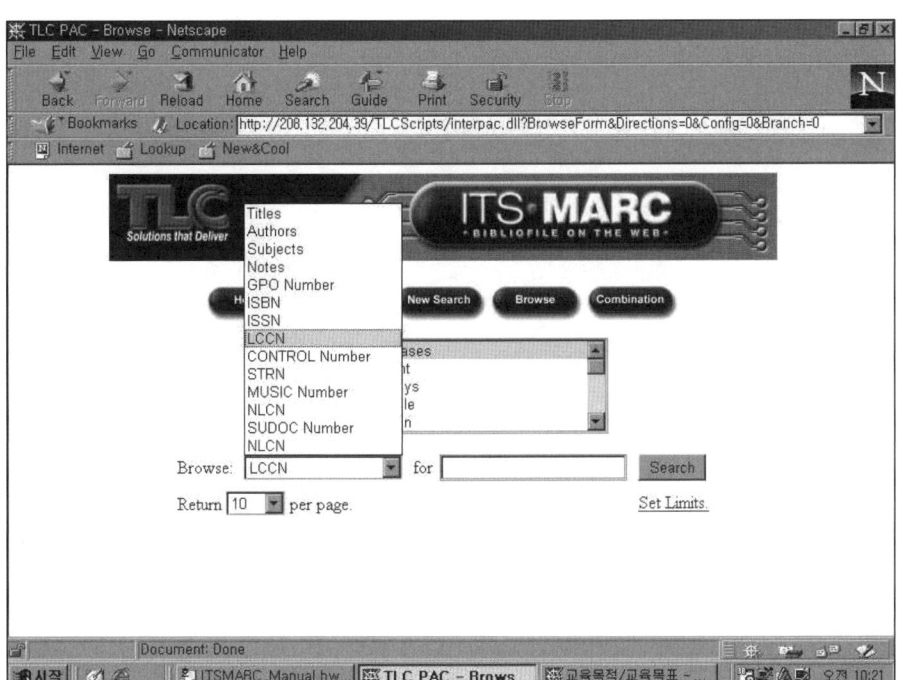

RDA(자원기술과 접근)

1 RDA의 특성

AACR2(영미목록규칙 제2판)와 비교하여 RDA(자원기술과 접근)의 주요 특성을 살펴보면 아래와 같다. 여기서는 RDA가 전면 개정되기 이전의 2017년 개정판[17]을 대상으로 한다.

1.1 RDA의 이론적 기반

RDA의 이론적 배경이 되고 있는 개념 모형은 FRBR, FRAD, FRSAD이다. 즉, RDA의 자원을 기술하는 데이터 요소는 FRBR에서 정의한 저작, 표현형, 구현형, 개별자료라는 개체와 관련된 속성 및 관계를 반영하고 있으며, RDA의 자원관련 개체를 기술하는 데이터 요소는 FRAD에서 정의된 개인, 가계, 단체, 장소라는 개체와 관련된 속성 및 관계를 반영하고 있다. 여기에는 저작, 표현형, 구현형, 개별자료 및 개인, 가계, 단체, 장소 각각의 정의가 나타나 있다. 그리고 주제관계에 대한 RDA의 요소는 FRSAD에서 정의된 대로 저작의 주제와 연관된 관계를 반영하고 있다.

FRBR은 앞서 언급한 바와 같이 IFLA에서 제안한 서지레코드의 개념모형이며, 목록의 대상으로 하는 서지적 세계를 개체, 속성, 관계의 3가지로 구분하여 모형화한 다음 서지레코드에 필요한 데이터요소를 제시한 것이다. 또한 FRAD는 FRBR과 마찬가지로 IFLA에서 제안한 전거데이터에 관한 개념모형이며, FRBR의 제2집단 개체 즉, 개인이나 단체에 가계를 추가한 후 3개 개체에 대해 같은 기법으로 분석하여 전거데이터의 기능과 요소를 명확하게 제시하고 있다.

---

17) *RDA Toolkit, 2017 April Update*, 〈http://access.rdatoolkit.org/〉

RDA를 사용하여 생성한 데이터는 이용자가 자원을 탐색할 수 있도록 지원한다는 '이용자 과업(user tasks)'을 제시하고 있는데 이는 FRBR과 FRAD에 기반하고 있다. 즉, RDA로 자원을 기술하는 데이터 요소는 이용자를 위해 탐색(find), 식별(identify), 선정(select), 확보(obtain)의 4가지, RDA로 자원관련 개체를 기술하는 데이터요소는 이용자를 위해 탐색(find), 식별(identify), 확인(clarify), 이해(understand)의 4가지 과업을 수행하도록 조직된다.[18]

1.2 자원의 유형별 구분

RDA의 특징 가운데 하나가 전반적으로 자료의 물리적 측면과 내용적 측면을 구분하여 기술하고 있다. AACR2와 RDA의 목차를 비교해보면 AACR2에서는 자원유형별로 장이 구성되어 있지만, RDA에서는 기술요소별로 되어 있다.

AACR2에는 제1부 기술에서 물리적 자료만을 대상으로 하여 도서 및 팜플렛(제2장), 마이크로자료(제11장) 등의 자료형태와 지도자료(제3장), 녹음물(제6장), 영화 및 비디오녹화(제7장), 정지화자료(제8장) 등의 내용유형, 게다가 연속간행물(제12장, 2002개정판에는 계속자료) 등의 간행형태가 혼재하고 있다.

RDA에서는 제1부 제3장에 '수록매체기술'의 장을 배치하고, '3.2 매체유형'에서 자료내용의 시청, 재생, 실행 등에 필요한 매체장치의 종류를 구현형의 속성에 관한 요소로 규정하고 있으며, '3.3 수록매체유형'에서는 각 매개 장치의 종류를 구현형의 속성에 관한 요소로 규정하고 있다. 또한 제2부 제6장에서 '6.9 내용유형'을 설정하여 표현형의 요소로서 표현 내용과 그것을 인지하려고 하는 인간의 감각 커뮤니케이션의 기본적인 형식(표현수단, 감각, 그림의 차원, 동화 또는 정지화 등)을 규정하고 있다.

이와 같이 AACR에서는 자원유형이 혼재되어 있었지만 RDA에서는 물리적 측면인 매체유형과 수록매체유형, 내용적 측면인 내용유형으로 구분하여 기술하고 있다.

1) 매체유형

매체유형(media type)은 자원의 내용 감상, 재생, 운영 등을 위해 필요한 일반적인 중개장치의 유형을 반영하고 있다.[19] 〈표 4-1〉에서와 같이 크게 8종으로 구분하고 있다. MARC

---

[18] RDA, 0.0. FRAD는 2009년 2월에 탐색(find), 식별(identify), 관계부여(contextualize), 근거제시(justify)의 4가지로 변경되었다.

21에서는 매체유형을 337 필드에 기술한다.

2) 수록매체유형

수록매체유형(carrier type)은 자원의 내용 감상, 재생, 운영 등을 하는데 필요한 중개 장치의 유형과 결합하여 저장매체와 수록형식을 반영하고 있다. 〈표 4-1〉과 같이 48종으로 구분하고 있다.[20] MARC 21에서는 수록매체유형을 338 필드에 기술한다.

〈표 4-1〉 RDA의 매체 및 수록매체유형

매체유형(8종)	수록매체유형(48종)
오디오 (audio)	녹음벨트(audio belt), 녹음카트리지(audio cartridge), 녹음실린더(audio cylinder), 음반(audio disc), 녹음롤(audio roll), 녹음와이어릴(audio wire rill), 녹음카세트(audiocassette), 녹음테이프릴(audiotape reel), 녹음트랙릴(sound-track reel) (9종)
컴퓨터 (computer)	컴퓨터카드(computer card), 컴퓨터칩카트리지(computer chip cartridge), 컴퓨터디스크(computer disc), 컴퓨터디스크카트리지(computer disc cartridge), 컴퓨터테이프카트리지(computer tape cartridge), 컴퓨터테이프카세트(computer tape cassette), 컴퓨터테이프릴(computer tape reel), 온라인자원(online resource) (8종)
마이크로폼 (microform)	애퍼처카드(aperture card), 마이크로피시(microfiche), 마이크로피시카세트(microfiche cassette), 마이크로필름카트리지(microfilm cartridge), 마이크로필름카세트(microfilm cassette), 마이크로필름릴(microfilm reel), 마이크로필름롤(microfilm roll), 마이크로필름슬립(microfilm slip), 마이크로오패크(microopaque) (9종)
현미경(microscopic)	현미경슬라이드(microscope slide) (1종)
영사 (projected)	필름카트리지(film cartridge), 필름카세트(film cassette), 필름릴(film reel), 필름롤(film roll), 필름슬립(filmslip), 필름스트립(filmstrip), 필름스트립카트리지(filmstrip cartridge), 오브헤드트랜스페어런시(overhead transparency), 슬라이드(slide) (9종)
입체화상 (stereographic)	입체사진카드(stereograph card), 입체사진디스크(stereograph disc) (2종)
중개장치없는 매체 (unmediated)	카드(card), 플립차트(flipchart), 오브젝트(object), 롤(roll), 시트(sheet), 도서(volume) (6종)
비디오 (video)	비디오카트리지(video cartridge), 비디오카세트(videocassette), 비디오디스크(videodisc), 비디오테이프릴(videotape reel) (4종)

---

19) *RDA*, 3.2.
20) *RDA*, 3.3.

3) 내용유형

내용유형(content type)은 표현된 내용과 인간의 지각을 통해 그것을 인지하는 커뮤니케이션의 기본적인 형식을 반영하며, 화상형식으로 표현된 내용에 대해서는 인지해야 할 내용의 공간적 차원 수와 움직임의 유무도 반영한다.[21] 〈표 4-2〉와 같이 23종으로 구분하고 있으며, 이들의 특성을 분석하여 유사한 속성끼리 다시 군집화하면 ① 지도, ② 컴퓨터데이터와 컴퓨터프로그램, ③ 악보와 음악, ④ 소리와 말, ⑤ 정지화상, ⑥ 촉감 관련(점자), ⑦ 텍스트, ⑧ 3차원 형태(실물), ⑨ 동화상 등의 9개로 나눌 수 있다. 한편 MARC 21에서는 내용유형을 336 필드에 기술한다.

〈표 4-2〉 RDA의 내용유형

내용유형(23종)	구분
지도데이터셋(cartographic dataset), 지도(cartographic image), 동화상지도(cartographic moving image), 촉감지도(cartographic tactile image), 3차원촉감지도(cartographic tactile three-dimensional form), 3차원지도(cartographic three-dimensional form) (6종)	지도
컴퓨터데이터셋(computer dataset), 컴퓨터프로그램(computer program) (2종)	컴퓨터데이터, 컴퓨터프로그램
안무기보(notated movement), 악보(notated music), 연주곡(performed music) (3종)	악보, 음악
소리(sounds), 구어(spoken word) (2종)	소리, 말
정지화상(still image) (1종)	정지화상
촉감이미지(tactile image), 촉감악보(tactile notated music), 촉감안무기보(tactile notated movement), 촉감텍스트(tactile text), 촉감3차원자원(tactile three-dimensional form) (5종)	촉감 관련(점자)
텍스트(text) (1종)	텍스트
3차원자원(three-dimensional form) (1종)	3차원 형태(실물)
3차원동화상(three-dimensional moving image), 2차원동화상(two-dimensional moving image) (2종)	동화상

---

21) *RDA*, 6.9.

1.3 기술과 접근을 분리하지 않음

FRBR 모형은 서지레코드가 완수해야 할 기능과 데이터요소를 이용자 요구와 연결시켜 정의하여 구조화한 것이다. 즉, 이용자의 관심 대상인 개체의 속성과 관계가 있고, 이용자는 그 속성과 관계를 통해 개체를 탐색, 식별, 선정 및 입수한다. RDA는 이러한 이용자 과업을 지원할 데이터 구축을 위해 포괄적인 지침으로 자리잡고 있지만, 이것은 소위 종래의 목록기능을 재구축한 것이나 다름없다. AACR2의 '제1부 기술, 제2부 표목(접근점)'이라는 규칙 구조를 나타내고 있던 '기술 = 자료의 식별'과 '표목 = 자료검색의 수단 또는 문헌집중'이라는 기능분담은 제거되고, 구현형과 개별자료의 속성을 기록하는 것으로 자료 탐색, 식별, 선정, 입수 기능을 할 수 있게 되었다. 또 저작과 표현형의 속성을 기술하여 문헌집중 기능이 높아지고 관련있는 자원(異版) 탐색과 식별, 나아가 이용자 요구에 보다 적합한 자원 선정이 가능하게 되었다. 그리고 개체간의 관계를 기술하여 이용자 목록이나 서지데이터베이스의 네비게이트를 향상시킬 수 있다. 이와 같이 RDA에서는 목록기능에 있어 기술과 접근의 분리를 하지 않고 있다.

1.4 접근점

RDA에는 기본표목이라는 말은 나타나 있지 않다. 표목이라는 말을 대신하여 접근점이라는 용어가 사용되고 있다. 그러나 AACR2의 서두에 기술되어 있는 "기술대상 자료에 대해 하나의 기본표목을 작성하고, 여기에 부출표목을 작성한다"고 하는 종래의 목록법에서 전제가 되고 있는 방식을 RDA에서 완전히 제거했다고 볼 수는 없다. RDA에서는 종래의 통일표목에 상당하는 '전거형접근점'과 참조에 상당하는 '이형접근점'에 의해 기본표목의 개념이 유지되고 있다.

이와 같이 우선표제나 우선저자명을 전거형접근점으로 기술하여 저작의 집중을 가능하게 하고 있다. 한편 부출표목은 다른 자원과의 관계를 기술함으로써 구체화하고 있다.

RDA에서는 종래의 목록규칙에 있어 기본표목의 선정과 표목 형식의 복잡성을 배제하여 저작의 속성과 관계를 적절하게 기술함으로써 저작의 집중 및 자원식별과 탐색이라는 이용자 과업을 지원할 수 있게 의도하고 있다. 목록의 기능을 어떻게 파악하여, 어떻게 실현하느냐의 명제는 FRBR을 기반으로 한 RDA에 있어서도 기술대상의 파악과 함께 중요한 과제이다.

2 RDA의 내용구조

2.1 서론

RDA 제정의 목적 및 적용범위, 주요 특징, 자원기술과 접근에 대한 다른 표준과의 관계, RDA의 근간을 이루는 개념모형, 자원접근과 기술을 운영하는 목표 및 원리, 구조, 핵심요소, 접근점, 선택사항과 임의사항, 예시, 국제화, 데이터의 부호화 등에 대해 소개하고 있다.

2.2 속성

RDA의 구조는 기본적으로 FRBR화 되어 있다. 즉, RDA의 제1부~제4부에는 FRBR과 FRAD에서 정의된 개체의 속성에 대해 다루고 있다.

제1부는 구현형과 개별자료의 속성 기록에 대한 일반지침과 규정, 수록매체, 그리고 입수와 접근정보의 제공 등에 관해 기술하고 있으며, 제2부는 저작과 표현형의 속성 기록에 대한 일반지침과 규정, 내용기술 등에 관해 기술하고 있다. 제3부는 개인, 가계, 단체의 속성 기록에 대한 일반지침과 규정에 관해 기술하고 있으며, 제4부는 개념, 대상, 사건, 장소의 속성 기록에 대한 일반지침과 규정에 관해 기술하고 있다.

한편 RDA 0.6.5와 1.3에는 제1부의 '구현형 및 개별자료 속성의 기록'에 관한 핵심요소가, 0.6.6과 5.3에는 제2부의 '저작 및 표현형 속성의 기록'에 있어 저작에 적용된 핵심요소와 표현형에 적용된 핵심요소가 각각 제시되어 있다. 그리고 0.6.7과 8.3에는 제3부의 '개인, 가계, 단체 속성의 기록'에서 개인, 가계, 단체의 핵심요소 및 다른 개인, 가계, 단체와의 식별을 위한 부가적인 요소가 제시되어 있다. 아래의 핵심요소는 RDA 2017 개정판 내용을 바탕으로 한 것이다.[22]

---

22) *RDA*, 0.6.

1) 구현형 또는 개별자료 식별과 기술을 위한 핵심요소

① 표제
 · 본표제
② 책임표시
 · 본표제관련 책임표시(하나 이상일 경우 첫 번째 책임표시만 기록)
③ 판사항
 · 판표시
 · 특정 개정판의 명칭표시
④ 연속간행물의 권호
 · 첫 호/편의 숫자나 문자표시
 · 첫 호/편의 연대표시
 · 마지막 호/편의 숫자나 문자표시
 · 마지막 호/편의 연대표시
⑤ 생산사항
 · 생산일(미발행 형식의 자원)
⑥ 발행사항
 · 발행지(하나 이상일 경우 첫 번째 기록된 것만)
 · 발행처(하나 이상일 경우 첫 번째 기록된 것만)
 · 발행일
⑦ 총서사항
 · 총서 본표제
 · 총서 권호
 · 하위총서 본표제
 · 하위총서 권호
⑧ 구현형 식별자
 · 구현형 식별기호(하나 이상일 경우 국제적으로 인식될 수 있는 것을 우선)
⑨ 수록매체 유형
 · 수록매체 유형

⑩ 수량
- 수량(자원이 완전하거나 전체 수량을 아는 경우만)

2) 저작의 식별과 기술을 위한 핵심요소

① 저작 식별
- 저작의 우선표제
- 저작의 식별기호
② 저작의 우선표제 식별
- 저작의 형식
- 저작의 일자
- 저작의 원생산지
- 저작의 기타 식별특성
③ 음악저작 식별
- 연주매체
- 음악저작의 숫자표시
- 음조

3) 표현형의 식별과 기술을 위한 핵심요소

① 표현형 식별
- 표현형의 식별기호
- 내용유형
- 표현형의 언어
② 표현형의 부가적인 식별
- 표현형의 일자
- 표현형의 기타 식별 특성
② 지도자원의 표현형 식별
- 지도내용의 수평 축척
- 지도내용의 수직 축척

4) 개인, 가계, 단체의 식별과 기술을 위한 핵심요소

① 개인, 가계, 단체의 식별
　• 우선 개인명
　• 개인의 직함(왕족, 귀족, 성직계급이나 지위를 나타내는 단어나 구; 종교분야에 종사하는 사람을 지칭하는 용어)
　• 출생일자
　• 사망일자
　• 개인과 연관된 기타 표시(기독교성자, 영혼, 종교경전이나 외경서에 거명된 인물, 가공의 또는 전설적 인물이거나, 실제 인간의 존재가 아닌 경우)
　• 전문직이나 직업(개인명이 개인의 개념을 전달하지 못하는 어구나 통칭(通稱)으로 되어 있는 경우)
　• 개인 식별기호
　• 우선 가계명
　• 가계유형
　• 가계와 연관된 일자
　• 가계 식별기호
　• 우선 단체명
　• 회의장소 등
　• 회의일자 등
　• 연관기관(회의 등의 경우, 기관명이 지역명보다 더 나은 식별성을 제공하거나 혹은 지역명을 알지 못하거나 쉽게 결정할 수 없는 경우)
　• 회차 등
　• 단체와 연관된 기타 표시(단체명이 단체의 개념을 전달하지 못하는 경우)
　• 단체 식별기호
② 개인, 가계, 단체의 우선명에 대한 부가적인 식별
　• 개인의 직함(지위나 명예, 직장을 나타내는 또 다른 용어)
　• 개인명의 완전형
　• 직업
　• 개인의 활동시기
　• 개인과 연관된 기타 표시

- 가계와 연관된 장소
- 가계의 저명인물
- 단체와 연관된 기타 장소
- 설립일자
- 해체일자
- 단체의 활동시기
- 연관기관
- 단체와 연관된 기타 표시

2.3 관계

RDA의 제5부~제10부에는 FRBR과 FRAD에서 정의된 개체의 관계에 대해 다루고 있다. 즉, 제5부는 저작, 표현형, 구현형, 개별자료간의 1차 관계 기록에 대한 일반지침과 규정에 관해 기술하고 있으며, 제6부는 개인, 가계, 단체와의 관계 기록에 대한 일반지침과 규정에 관해 기술하고 있다. 제7부는 개념, 대상, 사건, 장소와의 관계 기록에 대한 일반지침과 규정에 관해 기술하고 있으며, 제8부는 저작, 표현형, 구현형, 개별자료간의 관계 기록에 대한 일반지침과 규정에 관해 기술하고 있다. 제9부는 개인, 가계, 단체간의 관계 기록에 대한 일반지침과 규정에 관해 기술하고 있으며, 제10부는 개념, 대상, 사건, 장소간의 관계 기록에 대한 일반지침과 규정에 관해 기술하고 있다.

한편 RDA 제5부의 17.3에는 저작, 표현형, 구현형, 개별자료 간의 주요한 관계 핵심요소가 제시되어 있다. 제6부의 18.3에는 자원과 관련된 개인, 가계, 단체의 관계 기록의 핵심요소, 제8부의 24.3에는 저작, 표현형, 구현형, 개별자료 간의 관계 기록의 핵심요소, 그리고 제9부의 29.3에는 개인, 가계, 단체 간의 관계 기록의 핵심요소가 각각 제시되어 있어 기록될 구체적인 항목을 파악할 수 있다.

2.4 부록 및 용어집

RDA에는 모두 12개의 부록(A~L)이 수록되어 있다. 즉, 대문자 사용법, 약어법, 어두관사, 기술데이터에 대한 레코드 구문, 접근점 제어에 대한 레코드 구문, 개인명에 관한 부가 사용설명, 귀족의 칭호나 직위, 기독교력에 있어서의 데이터, 관계표시어(자원과 자원 관련 개인, 가계, 단체간의 관계; 저작, 표현형, 구현형, 개별자료간의 관계; 개인, 가계, 단체간의 관계; 개념, 대상, 사건, 장소간의 관계) 등의 정보를 제공하고 있다.

특히 부록 D에는 ISBD에서 제시한 데이터요소와 배열순서, 구두법에 따라 RDA 요소가 어떻게 표현되는지, 또한 MARC 21 형식을 이용하여 서지레코드 구문을 어떻게 기록하는지 지침을 제공하다. 부록 E에는 AACR2의 접근점 표현법과 MARC 21의 전거데이터 형식을 이용하여 RDA 요소의 레코드 구문에 대한 지침을 제공한다.

3 RDA의 기술 실례

3.1 AACR2와 RDA의 목록기술 비교

목록기술에 있어 AACR2와 달라진 구체적인 사례를 살펴보면 아래와 같다.

1) 본표제

정보원의 본표제에 오자가 있는 경우 AACR2(1.0.F)에서는 그대로 기재하고, 그 다음에 [sic]를 부기하거나 'i.e.'를 관기하여 바른 꼴을 각괄호로 묶어 부기한다. RDA에서는 정보원에 나타난 그대로 기록하고, 식별이나 접근에 중요하다고 생각될 경우 수정된 표제를 이형표제로 기록한다.[23]

> **예** The wolrd of television
> · AACR2　　　The wolrd[sic] of television
> 　　　　또는　　The wolrd[i.e. world] of television
> · RDA　본표제:　The wolrd of television
> 　　　이형표제:　The world of television

---

23) *RDA*, 1.7.9 and 2.3.6.

2) 책임표시

① 책임표시의 역할어는 AACR2(1.1F7)의 경우 생략하지만, RDA에서는 정보원에 나타난 그대로 기록하며, 선택사항으로 본질적인 정보의 손실없이 생략할 수 있는 경우 책임표시를 축약한다.[24]

> 예 by Dr. Harry Smith
> - AACR2: by Harry Smith
> - RDA: by Dr. Harry Smith
>   (선택적 생략가능) by Harry Smith

② 책임표시 4인 이상인 경우

AACR2(1.1F5)에서는 첫 번째 책임표시만 기재하지만, RDA에서는 정보원에 나타난 그대로 기록한다. 선택사항으로 첫 번째를 제외하고 모두 생략하며, 생략된 내용은 각괄호로 처리한다.[25]

> 예 by Dr. Cornelius Snap, Michael Crackle, Robert Pop, Jr., and Rice Krispies
> - AACR2: by Cornelius Snap … [et al.]
> - RDA: by Dr. Cornelius Snap, Michael Crackle, Robert Pop, Jr., and Rice Krispies
>   (선택적 생략가능) by Cornelius Snap [and three others]

3) 판표시

AACR2(1.2B1, App. B)에서는 아라비아 서수의 표준약어형식으로 기재하고 있지만, RDA에서는 정보원에 나타난 그대로 기록한다.[26]

> 예 Forth Supplemented Edition
> - AACR2: 4th supplemented ed.
> - RDA: Forth supplemented edition

---

24) *RDA*, 2.4.1.4.
25) *RDA*, 2.4.1.5.
26) *RDA*, 2.5.1.4.

4) 발행사항

발행사항을 알 수 없는 경우 목록자가 임의로 추정해서 기술하지 말고 아래의 예시와 같이 기술한다.[27]

> [예] 발행지와 발행처는 알 수 없으며, 발행년은 1960년경으로 추정됨
> - AACR2: [S.l.] : [s.n.], [ca. 1960]
> - RDA: Place of publication not identified
>   Publisher not identified
>   Data of publication not identified

5) 형태사항

형태사항의 기술에 있어서도 판표시에서와 같이 정보원에 나타난 용어를 그대로 사용하거나 인위적으로 약어를 사용하지 않는다. 즉, 쪽수나 장수는 'p.'와 같은 약어대신에 pages, leaves, columns 등의 용어를 사용하며, 삽화의 경우에도 'ill.' 대신에 'illustration' 또는 'illustrations'와 같이 완전어로 기술한다.[28]

> [예] 323 pages, illustrations
> - AACR2: 323 p. : ill.
> - RDA: 323 pages : illustrations

6) 접근점

'Bible'에 대한 접근점을 'O.T.'와 'N.T.' 대신에 'Old Testament'와 'New Testament'와 같이 완전어로 기술하고, 신약성서나 구약성서의 하위 표제가 있는 경우에는 아래와 같이 'Bible' 다음에 하위표제를 바로 기술한다.[29]

AACR2	RDA
· Bible. N.T.	· Bible. New Testament.
· Bible. O.T.	· Bible. Old Testament.
· Bible. N.T. Luke.	· Bible. Luke.
· Bible. O.T. Genesis.	· Bible. Genesis.

---
27) *RDA*, 2.8.2.6, 2.8.4.7, 2.8.6.6.
28) *RDA*, 3.4.5 and 7.15.
29) *RDA*, 6.23.

3.2 레코드 작성 예시

[표제면]

[판권기]

Copyright © 1999, 2004, 2008, 2012
by Course Technology
Boston, MA 02210 USA
All rights reserved.
No part of this book publication may be reproduced or distributed in any form or by any means without the permission of the publisher.

ISBN 13-978-1-111-13821-9 $141.95

xxxi, 617 p.   illustrations   23.5 cm
Includes bibliography and indexes

[MARC 21과 RDA 적용]

Leader/06   a
Leader/07   m
007/00   t
008/35-37   eng
020      $a139781111138219 :$c$141.95
037      $bhttp://www.lu.com
100 1 $aWhitman, Michael E.,$d1964-
245 10 $aPrinciples of information security /$cMichael E. Whitman, Herbert J. Mattord.
250      $aForth edition.
260      $aBoston, MA :$bCourse Technology,$cc2012.
300      $axxxi, 617 pages :$billustrations ;$c24 cm.
336      $atext$btxt$2rdacontent
337      $aunmediated$bn$2rdamedia
338      $avolume$bnc$2rdacarrier
490 1 $aInformation professionals security series ;$vv. 5
504      $aIncludes bibliography and index.
546      $aIn English.
650 0 $aComputer security.
700 1 $aMattord, Herbert J.
830 0 $aInformation professionals security series ;$vv. 5.

RDA 요소(조항)	RDA에 의한 레코드 작성 예
① 본표제(2.3.2)	Principles of information security
② 표제관련 책임표시(2.4.2)	Michael E. Whitman, Herbert J. Mattord
③ 판표시(2.5.2)	Third edition
④ 발행지(2.8.2)	Boston, MA
⑤ 발행처(2.8.4)	Course Technology
⑥ 저작권등록년(2.11)	c2012
⑦ 총서의 본표제(2.12.2)	Information professionals security series
총서번호(2.12.9)	v. 5
⑧ 간행형태(2.13)	single unit
⑨ 구현형 식별자(2.15)	ISBN 13-978-1-111-13821-9
⑩ 매체유형(3.2)	unmediated
⑪ 수록매체유형(3.3)	volume
⑫ 수량(3.4)	xxxi, 617 pages
⑬ 크기(3.5)	24 cm
⑭ 입수조건(4.2)	$141.95
⑮ 연락정보(4.3)	http://www.lu.com
⑯ 내용유형(6.10)	text
⑰ 내용의 언어(7.12)	In English
⑱ 삽화내용(7.15)	illustrations
⑲ 보유내용(7.16)	Includes bibliography and index
⑳ 창작자(19.2)	Whitman, Michael E., 1964-
창작자(19.2)	Mattord, Herbert J.
㉑ 관련저작(25.1)	In series: Information professionals security series

〈그림 4-1〉 RDA를 적용한 레코드 작성 예

〈그림 4-1〉은 RDA 전체 초안의 '부록 M. 완전한 예시'에서 제시하고 있는 단행본 서지 레코드의 실례를 바탕으로 하였으며, MARC 21의 레코드도 RDA의 기술내용을 반영하여 작성하였다. 위의 그림에서 ①~⑮는 구현형의 속성, ⑯~⑲는 표현형의 속성, ⑳은 저작과 연결된 개인의 속성, ㉑은 저작 상호간의 관련을 나타낸다.

RDA에서는 '자원식별에 있어 무엇보다 일반적으로 사용되고 있는 구현형'의 속성 기술을 작성하는 것이 기본이다. 구현형의 각 요소는 AACR2 기술 요소에 상당하는 것도 많이 있지만 ⑧ 간행형태, ⑩ 매체유형, ⑪ 수록용기 유형 등 종래의 구조와는 상이한 요소도 있다. 또한 ⑨ 구현형 식별자나 ⑮ 연락정보와 같이 그 범위를 확장한 요소도 있다. 표현형의 속성에 대해서도 ⑯ 내용유형이라는 새로운 구조의 요소가 나타나 있다. 그리고 ⑳ 창작자라는 범주에서 저작과 연결되어 있는 개인과의 관계를 기술하고 있다. ㉑ '관련저작'에 관한 데이터도 기술되고 있다.

RDA에는 구분기호 등 요소 표시에 관한 규칙이나 배열순서는 정해져 있지 않다(데이터의 기록과 표시의 분리). 이것은 '부록 D 기술데이터를 위한 기록 구문' 중에서 다루고 있다(배열순서, ISBD 구분기호 등). 간행형태는 그 자원이 단권 또는 다권인지, 갱신방법, 종간예정 등을 범주화한 것으로 단권자원(single unit), 다권 단행자원(multipart monograph), 연속간행물(serial), 통합자원(integrating resource)의 용어가운데 하나 이상을 기록하도록 하고 있다.

매체유형, 수록매체유형, 내용유형은 AACR2의 GMD와 SMD에 해당되는 내용을 정리하여 크게 재편성한 것이며, 위의 예시에서와 같이 MARC 21에서는 매체유형 337 필드, 수록매체유형 338 필드, 내용유형 336 필드에 각각 기술하도록 규정하고 있다.

'창작자'로 기록되어 있는 ⑳번 데이터는 RDA 제6부(자원과 연결된 개인, 가계, 단체간의 관련기록)의 제19장(저작과 연결된 개인, 가계, 단체)에 규정되어 있는 요소이다. 여기서는 창작자(저작의 창작에 책임이 있는 개인 등)와 기타 개인, 가계, 단체(간접적으로 저작에 관련된 개인 등)의 2개 핵심 요소가 설정되어 있지만 구체적으로 기록된 것은 개인, 가계, 단체를 나타내는 '전거형접근점'과 '개인, 가계, 단체에 대한 식별자', 나아가 이러한 관련 특성을 나타내기 위한 '관련자 표시'(예: author, film producer 등의 용어)이다. 전거형접근점이란 '어떤 개체를 나타내는 표준화된 접근점'으로 설명되고 있지만 즉, AACR2의 '통일표목'에 해당된다. 이러한 관계를 기록하는 것으로 개인, 가계, 단체에 연결된 모든 자원의 탐색에 유익하다고 RDA는 밝히고 있다.

'관련저작'으로 기록되어 있는 ㉑의 데이터는 RDA 제8부(저작, 표현형, 구현형, 개별자료간의 관계를 기술)의 제25장(관련저작)에 규정되어 있는 요소이다. '관련저작'이란 '전거형접근점 또는 기술에 의해 나타내고 있는 저작에 관련된 저작을 참조하게 하는 것'으로 개작, 보유, 속편, 상위저작의 일부 등이 해당된다. 여기서는 관련저작에 대한 식별자, 전거형접근점, 관련저작 기술, 나아가 관계표시어 등이 기록된다.

이와 같이 RDA에 있어 서지레코드의 기록은 각 개체의 속성과 여기에 대한 관련과는 구조적으로 구분하여 기술되고 있음을 알 수 있다.

제5장

MARC 21 형식

1. MARC 21 형식의 개요
2. MARC 21 형식의 레코드 적용 예시

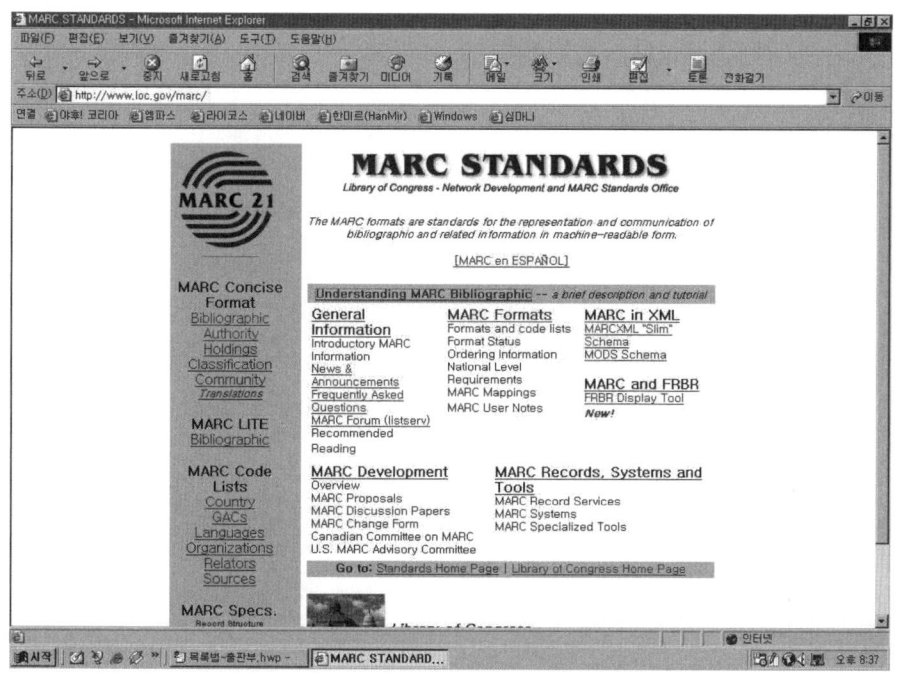

MARC 21 형식

1 MARC 21 형식의 개요

1.1 레코드의 구조

MARC 21 형식의 서지레코드는 KORMARC 형식과 마찬가지로 리더, 디렉토리, 가변길이 제어필드, 가변길이 데이터 필드의 3개 요소로 구성되어 있다.[30]

1) 리더

리더는 레코드 처리를 위한 정보를 제공해주는 데이터 요소이다. 데이터 요소에는 숫자나 코드화된 값이 포함되어 있으며, 해당 문자의 위치로 식별된다. 리더는 길이가 24자(00-23) 고정되어 있으며, 레코드의 첫 번째 필드이다.

2) 디렉토리

디렉토리는 책의 목차와 같은 것으로 필드의 길이와 위치를 표시해준다. 디렉토리부는 여러 개의 디렉토리로 구성되어 있으며, 개개 디렉토리는 필드번호(3자), 데이터 길이(4자), 데이터 시작번지(5자)의 세 개 요소가 모여 각각 12캐릭터로 구성되어 있는데 컴퓨터로 자동 생성된다.

---

30) Library of Congress. *MARC 21 Format for Bibliographic Data,* 1999 Edition, Update No. 1(October 2000) through Update No. 37(Dec. 2023). ⟨http://www.loc.gov/marc/bibliographic/ecbdhome.html⟩ [cited 2024. 6. 5].

3) 제어필드

기계가독형 서지레코드의 처리에 사용되는 제어번호를 비롯하여 제어용 정보와 부호화 정보를 포함하고 있다. 이 필드의 특징은 데이터를 입력할 때 지시기호와 식별기호를 입력하지 않는다.

4) 가변길이 데이터 필드

MARC 레코드의 특징은 다른 정보처리상의 레코드와는 달리 레코드의 구조가 가변길이의 구조를 가진다는 점이다. 이러한 가변길이 구조를 가진 레코드는 각 레코드마다 데이터의 길이가 길고 짧음에 따라 레코드의 길이가 일정하지 않게 된다. 따라서 이러한 가변길이 레코드는 정보처리상의 접근과 처리의 어려움이 수반되기 때문에 입력상에 있어 고정길이 필드와는 다른 방법을 사용하고 있다.

가변길이 데이터의 입력은 데이터의 입력에 앞서 해당 가변길이 데이터의 이름을 알려주는 고유번호인 필드를 사용한다. 필드를 사용하여 입력함으로써 프로그램에 의해 입력한 데이터의 길이와 상대적인 위치를 파악하여 디렉토리를 생성시킴으로써 목록의 작성을 가능하게 한다. 〈그림 5-1〉은 입력된 MARC 21 서지레코드의 예이며, 〈그림 5-2〉는 입력된 레코드가 LC의 목록시스템에서 이용자에게 실제로 제공되는 목록의 예이다.

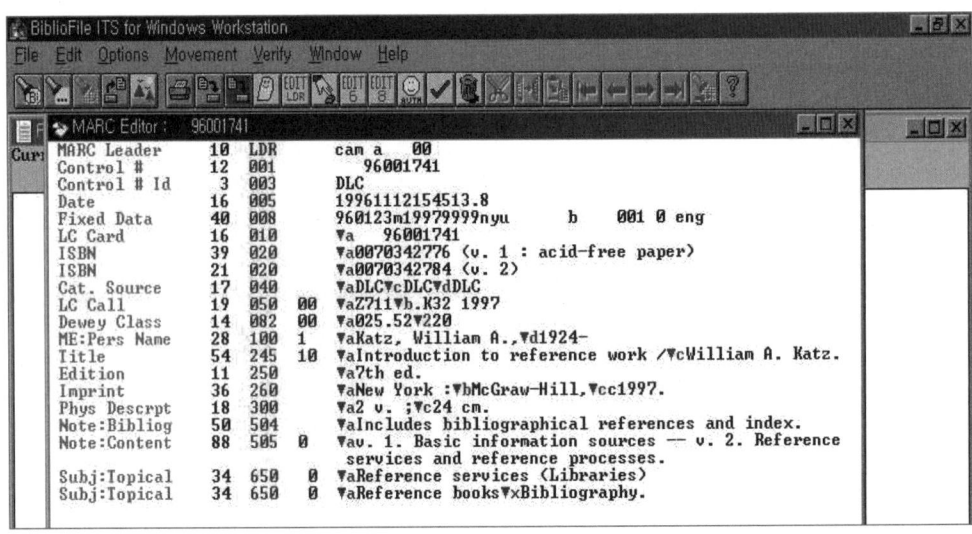

〈그림 5-1〉 MARC 21 서지레코드 예

〈그림 5-2〉 LC OPAC의 목록검색 예

1.2 필드의 세부 내용

MARC 21 형식의 필드별 데이터입력 방식은 앞장에서 설명한 KORMARC 형식의 사용법과 거의 동일함으로 여기서는 생략하기로 한다.

1) 제어필드(00X)

001	제어번호	006	부호화정보필드 - 부가적 자료 특성
003	제어번호 식별기호	007	형태기술 고정길이필드
005	최종처리일시	008	부호화정보필드 - 일반정보

2) 숫자와 부호 필드(01X-09X)

- 010　LC 제어번호
- 015　국가서지번호
- 020　국제표준도서번호
- 022　국제표준연속간행물번호
- 027　표준기술보고서번호
- 037　입수처
- 050　LC 청구기호
- 080　UDC 기호
- 082　DDC 기호

3) 기본표목 필드(1XX)

- 100　기본표목 - 개인명
- 110　기본표목 - 단체명
- 111　기본표목 - 회의명
- 130　기본표목 - 통일표제

4) 표제와 표제관련 필드(20X-24X)

- 210　축약표제
- 222　연속간행물의 등록표제
- 240　통일표제
- 243　집서의 통일표제
- 245　표제와 책임표시사항
- 246　변형표제

5) 판차, 발행 등 필드(25X-28X)

- 250　판사항
- 254　악보 표현형식
- 255　지도제작의 수치데이터
- 256　컴퓨터파일 특성
- 258　우표 발행 데이터
- 260　발행, 배포 등 - 발행사항
- 270　주소

6) 형태사항 등 필드(3XX)

- 300　물리적 기술사항
- 310　현재 간행빈도
- 321　이전 간행빈도
- 336　내용유형
- 337　매체유형
- 338　수록매체유형
- 362　권·연차사항
- 385　이용대상자 특성
- 386　창작자/기여자 특성

7) 총서사항 필드(4XX)

- 490　총서사항

8) 주기 필드(5XX)

500	일반주기	520	요약주기
501	합철본주기	521	이용대상자 주기
502	학위논문주기	530	이용 가능한 다른 형태자료 주기
504	서지주기	534	원본주기
505	내용주기	536	기금정보주기
506	이용제한주기	538	시스템 사항에 관한 주기
510	인용주기	546	언어주기
516	컴퓨터파일 또는 데이터유형 주기	586	수상주기

9) 주제명접근 필드(6XX)

600	주제명부출표목 - 개인명	647	주제명부출표목 - 사건명
610	주제명부출표목 - 단체명	650	주제명부출표목 - 주제명
611	주제명부출표목 - 회의명	651	주제명부출표목 - 지명
630	주제명부출표목 - 통일표제	653	비통제 색인어

10) 부출표목 필드(70X-75X)

700	부출표목 - 개인명	730	부출표목 - 통일표제
710	부출표목 - 단체명	740	부출표목 - 비통제 관련/분출표제
711	부출표목 - 회의명		

11) 연관저록 및 기술 필드(76X-78X)

760	상위총서저록	774	구성단위저록
762	하위총서저록	775	이판저록
765	원저저록	776	기타형태저록
767	번역저록	777	동시발간저록
770	보유 및 특별호저록	780	선행저록
772	모체레코드저록	785	후속저록
773	기본자료저록	787	기타관계저록

12) 총서부출표목 필드(80X-840)

　　800　총서부출표목 - 개인명　　811　총서부출표목 - 회의명
　　810　총서부출표목 - 단체명　　830　총서부출표목 - 통일표제

13) 소장, 위치, 변형문자 등 필드(841-88X)

　　856　전자적 위치 및 접속
　　857　전자아카이브 위치 및 접속

1.3 KORMARC과 MARC 21 형식의 차이점

KORMARC과 MARC 21 형식은 구조적으로 동일하지만 MARC 21에만 설정되어있는 필드들이 많이 있었다. 그런데 KORMARC이 2023년 개정되면서 MARC 21의 신규 필드들을 대부분 새로이 추가하였다. 그렇지만 여전히 245 필드의 식별기호와 지시기호를 비롯하여 한국과 관련된 내용을 기술하기 위해 일부 차이점이 나타나 있다.

1) 245 필드의 식별기호

245 필드의 식별기호는 아래와 같이 대부분 KORMARC에서는 반복 가능하지만, MARC 21에서는 반복 불가능하게 설계되어 있다.

KORMARC 형식	MARC 21 형식
▼a 본표제 [반복]	$a 본표제 (Title) [반복불가]
▼b 표제관련정보 [반복]	$b 기타 표제 (Remainder of title) [반복불가]
▼d 첫 번째 책임표시 [반복]	$c 책임표시 (Statement of responsibility, etc.) [반복불가]
▼e 두 번째 이하 책임표시 [반복]	
▼h 자료유형표시 [반복불가]	$h 자료유형표시 (Medium) [반복불가]
▼x 대등표제 [반복]	-

① KORMARC에서는 본표제 앞에 식별기호 ▼a를 기술하며, 종합표제가 없는 합집과

같이 개별표제가 나열되어 있는 경우, 각 개별표제 앞에 ▼a를 반복해서 기술한다. MARC 21의 경우 본표제앞에 식별기호 $a를 기술하지만 반복 불가이며, 2개 이상의 개별표제가 본표제로 있더라도 첫 번째 저작에만 $a를 기술한다.

② KORMARC에서는 본표제와 별표제 다음에 식별기호 ▼x와 ▼b를 각각 앞세워 대등표제와 표제관련정보를 기술하며, 종합표제 없이 2개 이상의 개별표제 다음에 각각 대등표제나 표제관련정보가 있더라도 해당 식별기호를 반복해서 기술한다. MARC 21의 경우 본표제와 별표제 다음에 대등표제나 표제관련정보가 있는 경우 이들을 모두 기타 표제로 간주하고 식별기호 ▼b를 앞세워 기술하지만, 해당 구두점은 각각 기술하며, 종합표제가 없이 2개 이상의 개별표제와 여기에 따른 대등표제, 표제관련정보 등이 있더라도 식별기호는 반복 기술하지 않는다.

③ KORMARC에서는 첫 번째 책임표시에는 ▼d, 두 번째 이하 책임표시나 역할이 다른 책임표시가 있는 경우 ▼e를 반복 기술하고, 종합표제 없이 2개 이상의 개별표제 다음에 책임표시가 있더라도 해당 식별기호를 반복해서 기술한다. MARC 21의 경우 첫 번째 책임표시에 한해서 $c를 한번 적용하며, 종합표제 없이 2개 이상의 개별표제 다음에 책임표시가 있더라도 식별기호를 적용하지 않는다.

2) 245 필드의 지시기호

245 필드의 지시기호는 KORMARC과 MARC 21이 아래와 같이 기본적으로 다르게 설계되어 있다.

구분	KORMARC 형식	MARC 21 형식
제1지시기호	표제 부출 0 - 표제를 부출하지 않음 1 - 표제를 부출함 2 - 관제를 포함해서 부출함	표제 부출 0 - 표제를 부출하지 않음 1 - 표제를 부출함
제2지시기호	표제 배열 0 - 그대로 배열 1 - 원괄호를 제외하고 배열	배열에서 제외되는 문자 0 - 배열에서 제외되는 문자 없음 1-9 - 배열에서 제외되는 문자의 수

이외에도 222 필드(등록표제), 240 필드(통일표제), 242(목록기관에서 번역한 표제), 243

필드(종합통일표제), 830 필드(총서부출표목-통일표제)의 제2지시기호도 245 필드의 제2지시기호와 동일하며, 130 필드(기본표목-통일표제), 630 필드(주제명부출표목-통일표제), 730 필드(부출표목-통일표제), 740 필드(부출표목-비통제관련/분출표제)의 제1지시기호도 이와 유사한 구조로 되어있다.

이러한 차이점은 기본적으로 KORMARC에서는 표제 앞에 기재된 관제를 원괄호로 묶음으로써 표제의 원형을 유지하려는 것이고, MARC 21에서는 표제의 배열에 있어 표제 앞에 위치한 관사(a, an, the …)를 효과적으로 제어하기 위한 장치라고 할 수 있다. 아래의 예시는 동일한 자료를 KORMARC과 MARC 21로 각각 기술한 것이다.

예시 KORMARC 레코드
245 10 ▼a구조대 ; ▼a백일몽 ; ▼a괴짜 ; ▼a허점/ ▼d아서 클라크 저 ; ▼e심봉주 역
245 01 ▼a(The) analysis of the law / ▼dSir Matthew Hale. ▼aThe students companion / ▼dGiles Jacob.

예시 MARC 21 레코드
245 10$a구조대 ;$b백일몽 ; 괴짜 ; 허점 /$c아서 클라크 저 ; 심봉주 역
245 04$aThe analysis of the law /$cSir Matthew Hale. The students companion / Giles Jacob.

3) 원표제

번역도서의 목록 레코드를 작성할 경우, MARC 21에서는 원표제를 통일표제로 간주하여 240 필드에 기술하지만, KORMARC에서는 원표제를 본표제와 관련된 여러 형태의 표제 가운데 하나로 취급하여 246 필드(여러 형태의 표제)에 기술하고 있다. 이때 246 필드의 제2지시기호 '9'는 '원표제'를 의미한다.

4) 한국 관련 내용의 기술

한국과 관련된 내용을 기술하기 위해 MARC 21과 다르게 KORMARC에서는 아래의 필드를 신설하거나 사항을 추가, 변경하였다.

① 리더

/06(레코드 유형)에 'w 고서' 추가

/09(문자부호체계)를 한국어 부호체계 위주로 변경

/18(목록기술형식)에 한국목록규칙을 추가

② 008 필드(부호화정보필드)에서 자료유형에 '고서 (RB)' 추가

③ 주제명부출표목에서 '주제명표목표/시소러스'를 나타내는 600(개인명), 610(단체명), 611(회의명), 630(통일표제), 647(사건명), 648(연대용어), 650(일반주제명), 651(지명), 655(장르/형식) 필드의 제2지시기호에 '8 국립중앙도서관 주제명표목표(NLSH)' 추가

④ 012(국립중앙도서관 제어번호)와 056(한국십진분류기호) 필드가 신설되었으며, 052 필드는 MARC 21에서는 '지리분류기호'지만 KORMARC에서는 '국립중앙도서관 청구기호'로 변경

5) 기타

① 890(미입력문자표시) 필드는 KORMARC에만 있는 반면, 258(우표 발행 데이터) 필드와 857(전자아카이브 위치 및 접속) 필드는 MARC 21에만 있다.

② 501(합철주기), 502(학위논문주기), 505(내용주기) 필드는 식별기호의 의미가 일부 서로 다르게 되어있으며, 이외도 부분적으로 차이가 있는 곳이 다수 발견되고 있다.

2 MARC 21 형식의 레코드 적용 예시

2.1 숫자와 부호 필드(01X-09X)

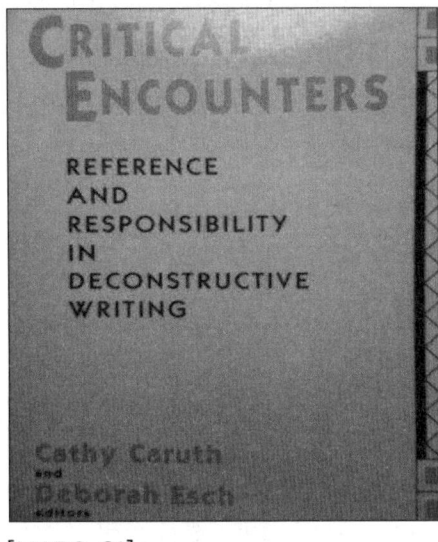

Copyright ⓒ 1995
by Rutgers University Press.
   New Brunswick, New Jersey
   10074

ISBN 0-8135-2085-1(cloth) : $35.00
ISBN 0-8135-2086-X(pbk.) : $34.00

vii, 305 pages   23.3cm

[MARC 21]
```
001     93039309
005     19950310073621.1
008     931015s1995 nju b 001 0 eng
020     $a0813520851 (cloth) :$c$35.00
020     $a081352086X (pbk.) :$c$34.00
050 00  $aPN98.D43$bC75 1995
082 00  $a801/.95$220
245 00  $aCritical encounters :$breference and responsibility in deconstructive writing /
        $cCathy Caruth and Deborah Esch editers.
260     $aNew Brunswick, N.J. :$bRutgers University Press,$cc1995.
300     $avii, 305 pages ;$c24 cm.
700 1   $aCaruth, Cathy,$d1955-
700 1   $aEsch, Deborah,$d1954-
```

〈그림 5-3〉 서지제어번호: ISBN, LC 청구기호, DDC 분류기호

001 필드에는 제어번호, 005 필드에는 최종처리일시, 008 필드에는 고정길이 데이터요소 등이 입력된다. 그리고 020 필드에는 ISBN, 050 필드에는 LC 청구기호, 082 필드에는 DDC 분류기호 등이 입력된다.

2.2 기본표목 필드(1XX)

[MARC 21]
```
001      78004532
020      $a0471996580 :$c$25.50
082 04   $a579$220
100 1    $aSkinner, Orten C.
245 10   $aIntroduction to diagnostic microbiology /$cOrten C. Skinner.
260      $a$aNew York :$bWiley,$cc1988.
300      $a134 pages :$billustrations ;$c24 cm.
490 0    $aAllied health series.
650 0    $aMicrobiology.
```

〈그림 5-4〉 기본표목: 개인명

개인명이 기본표목으로 채택될 경우 필드 100을 사용하며, 입력형식은 다음과 같다. 이때 제2지시기호는 빈칸이다.

  100 1 $a개인명.
  100 1 $a개인명,$d생몰년.
  100 1 $aAdams, Henry.
  100 1 $aMorgan, John Pierpont,$d1837-1913.

한편 〈그림 5-3〉~〈그림 5-27〉의 예시는 가능하면 자료유형을 비롯하여 AACR2에서

RDA로 변화된 내용을 반영하였으며, 또한 약어사용을 지양하고 자료에 나타난 그대로 기술하려는 RDA의 기술 원칙을 적용하였다.

ⓒ 1976 U.S. Department of Justice.
950 Pennsylvania Avenue, NW, Washington,
DC 20530-0001
All rights reserved.
ISBN 0-470-86788-4

176 pages   illustration   26.4cm

[MARC 21]
001   82640926
020      $a0470867884
082 04 $a364.973$220
110 2 $aUnited States.$bDepartment of Justice.
245 10 $aTwo hundred years of American criminal justice /$cU.S. Department of Justice.
260      $aWashington :$bU.S. Department of Justice,$c1976.
300      $a176 pages :$billustrations ;$c27 cm.
650 0 $aCriminal justice$zUnited States$xHistory.

〈그림 5-5〉 기본표목: 단체명

단체가 저작한 자료는 단체명을 기본표목으로 하며, 하부조직인 부나 과는 다음과 같이 하위표목으로 한다. 이때 상위기관명이 지역이나 국가명일 경우에는 제1지시기호가 1, 일반단체명일 경우에는 2가 된다. 제2지시기호는 빈칸이다.

　　110 $a상위기관명.$b하위기관명.$b하위기관명.
　　110 2 $aNational Fire Protection Association.
　　110 1 $aUnited States.$bCourt of Appeals (2nd Circuit)
　　110 2 $aCatholic Church.$bProvince of Baltimore (Md.).$bProvincial Council.
　　110 2 $aAmerican Library Association.$bCataloging and Classification Section.
　　　　　　$bExecutive Committee.

```
Report of the President on U.S.
         Competitiveness
Together with the Study on U.S.
         Competitiveness
Transmitted to the Congress September
              1980

              by
      President Jimmy Carter
```

```
U.S. Department of Labor. Office of Foreign
            Economic Research
              Washington, D.C.
                  1980
```

```
S/N 029-000-00409-9




Copyright ⓒ 1980 Office of Foreign
Economic Research, U.S. Department of
Labor


prices: $13.00
Incumbency of President Carter acting in an
official capacity : 1977 ~ 1981

1041 pages      charts      26.4 cm
```

[MARC 21]

001		3748001
020		c13.00
082	04	$a382.60973$219
110	1	$aUnited States.$bPresident (1977-1981 : Carter)
245	10	$aReport of the President on U.S. competitiveness :$btogether with the study on U.S. competitiness : transmitted to the Congress September 1980 / $cby President Jimmy Carter.
260		$aWashington, D.C. :$bU.S. Department of Labor. Office of Foreign Economic Research,$c1980.
300		$a1041 pages :$bcharts ;$c27 cm.
500		$aS/N 029-000-00409-9.
650	0	$aForeign trade promotion$zUnited States.
700	1	$aCarter, Jimmy,$d1924-

〈그림 5-6〉 기본표목: 단체명(대통령)

한 국가의 대통령이나 국가원수의 연설문, 교서 등을 포함한 공적인 자료는 국가명을 상위 표목으로 하고, 관직명인 대통령이나 국가원수 등을 하위표목으로 하여 110 필드에 기술한다.

110 1 $a국가명.$b관직명 (재임기간 : 개인명)

110 1 $aUnited States.$bPresident.

110 1 $aUnited States.$bPresident (1977-1981 : Carter)

```
Proceedings of the Third
Turbomachinery Symposium

Sponsored by
Gas Turbine Laboratories,
Department of Mechanical Engineering,
Texas A & M University,
College Station, Texas
```
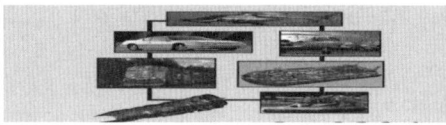
```
Edited by Meherwan P. Boyce
October 1974
```

Printed by
Texas A & M University Press

121 pages illustrations   27.4cm

[MARC 21]

001
082 00 $a621.4/06$219
111 2 $aTurbomachinery Symposium$n(3rd :$d1974 :$cTexas A & M University)
245 10 $aProceedings of the third turbomachinery symposium /$cSponsored by Gas Turbine Laboratories, Department of Mechanical Engineering, Texas A & M University, College Station, Texas ; edited by Meherwan P. Boyce.
260     $aCollege Station :$bTexas A & M University,$c1974.
300     $a121 pages :$billustrations ;$c28 cm.
650 0 $aTurbomachines$xCongresses.
700 1 $aBoyce, Meherwan P.
710 1 $aTexas.$bA & M University, College Station.$bGas Turbine Laboratories.

〈그림 5-7〉 기본표목: 회의명

회의명이 기본표목으로 채택될 경우 필드 111을 사용하여 입력하며, 필요한 경우 회의명 부출표목(711 필드)도 이와 같은 형식으로 기술하면 된다. 제2지시기호는 빈칸이다.

    111     $a회의명.
    111     $a회의명$c(개최지)
    111     $a회의명$d(회의일자 :$c개최지)
    111     $a회의명$n(회차 :$d회의일자 :$c개최지)
    111 2 $aExpo '70$c(Osaka, Japan)
    111 2 $aCongress on Machinability$d(1975 :$cRoyal Commonwealth Society)
    111 2 $aInternational Psychological Symposium$n(21th :$d1994 :$cLondon University)

```
[MARC 21]
001      79023008 //r874
020      $a0310388807
082 04   $a221.4/4$221
130 0    $aBible.$pGenesis.$lHebrew.$f1987.
245 14   $aThe NIV interlinear Hebrew-English Genesis /$cCommentary by John R.
         Kohlenberger III.
246 30   $aInterlinear Hebrew-English Genesis.
260      $aGrand Rapids, Mich. :$bZondervan,$cc1987.
300      $a85 pages ;$c24 cm.
500      $aEnglish and Hebrew.
630 00   $aBible.$sInterlinear translations$lEnglish.
700 1    $aKohlenberger, John R.
730 0    $aBible.$pGenesis.$lEnglish.$sNew International.$f1987.
```

〈그림 5-8〉 기본표목: 통일표제

종교경전은 통일표제를 기본표목으로 다음과 같이 130 필드에 기술하며, 필요한 경우 통일표제의 부출표목(730 필드)도 이와 같은 형식으로 기술하면 된다. 제2지시기호는 빈칸이다.

```
130      $a통일표제
130      $a통일표제.$p권차표제.$l언어.$s버전.$f발행일.
130 0    $aBible.
130 0    $aBible.$pOld Testament.
130 0    $aBible.$pGenesis.
130 0    $aBible.$pGenesis.$lHebrew.$f1987.
130 0    $aBible.$pMatthew.$lKorean.$sRevised standard.$f1993.
130 0    $aQur'an.
```

2.3 표제와 표제관련 필드(20X-24X)

© 2004 by Pearson Prentice-Hall, Inc.
Englewood Cliffs, New Jersey 07632
All rights reserved.

Printed in the United States of American
ISBN 0-13-046190-1

xxv, 834 pages illustrations 24cm

[MARC 21]
001   90007352
020       $a0130461901
082 00 $a004.019/5$220
100 1 $aDix, Alan.
245 10 $aHuman-computer interaction /$cAlan Dix, Janet Finlay, Gregory D. Abowd, Russell Beale.
260       $aEnglewood Cliffs, N.J. :$bPearson Prentice Hall,$cc2004.
250       $aThird edition.
300       $axxv, 834 pages :$billustrations ;$c24 cm.
650   0 $aLogic circuits$xTesting.
650   0 $aLogic design.
700 1 $aFinlay, Janet.
700 1 $aAbowd, Gregory D.
700 1 $aBeale, Russell.

〈그림 5-9〉 저자가 4인 이상일 경우: 첫 번째 또는 대표저자

책임표시가 4인 이상일 경우 모두 기재하는 것을 원칙으로 하고 있으며, 첫 번째 저자만 기재하고 생략할 수도 있다. 역할을 달리하는 저자(편저, 번역자, 삽화자, 해설자 등)는 KORMARC와는 달리 식별기호를 사용하지 않고 세미콜론으로 구분하여 기술한다.

245 10 $aTitle /$cEdward B. Eichelberger… [et al.] ; Henri Collin, editor.
245 10 $aTitle /$cAuthor ; Translater ; Editor ; Illustrator.

Copyright ⓒ 1995 by Norman Mongan
Published in 1995 by Herodotus Press
All rights reserved.

ISBN 0-9535-4140-8

xvii, 192 pages illustrations maps 21cm

[MARC 21]
001   95182180
020   $a0952541408
082 00 $a936.1$220
100 1 $aMongan, Norman.
245 14 $aThe Menapia quest :$btwo thousand years of the Menapii : seafaring Gauls in Ireland, Scotland, Wales, and the Isle of Man, 216 BC-1990 AD / $cNorman Mongan.
246 30 $bTwo thousand years of the Menapii
260    $aDublin :$bHerodotus Press,$c1995.
300    $axvii, 192 pages :$billustrations, maps ;$c21 cm.
600 30 $aMongan family.
650 0 $aMenapii.

〈그림 5-10〉 기타 표제가 있는 경우

245 필드에서 표제를 본표제와 기타표제(부표제는 물론 대등표제도 포함)로 구분하여 식별기호 $a와 $b를 각각 사용하고 있으며, 내용은 반복해서 기술하더라도 식별기호는 반복해서 사용하지 않는다. 그리고 위의 예시에서와 같이 필요한 경우 기타 표제는 246 필드(변형표제)에 다시 기술하여부출표목이 될 수 있도록 한다.

245 10 $aPrivate eyeballs :$ba golden treasury of bad taste : …

245 10 $aRock mechanics :$bjournal of the ISRC = Felsmmechanik = …

245 10 $aAnimalsk production =$bTierezeugung = Animal production = …

(European Women Writers Series)

ⓒ 1994 by Rosa Chacel

Published by University of Nebraska Press
All rights reserved.

ISBN 0-8032-1456-1

199 pages   23cm

[MARC 21]

```
001      93025205 //r95
020      $a0803214561
082 00  $a863$220
100 1   $aChacel, Rosa,$d1898-
240 10  $aMemorias de Leticia Valle.$lEnglish
245 10  $aMemoirs of Leticia Valle /$cRosa Chacel ; translated from the
        French and with an afterword by Carol Maier.
260      $aLincoln :$bUniversity of Nebraska Press,$cc1994.
300      $a199 pages ;$c23 cm.
490  0  $aEuropean women writers series
500      $aTranslation of Memorias de Leticia Valle.
700 1   $aMaier, Carol.
```

〈그림 5-11〉 번역도서인 경우

번역도서는 원저자를 기본표목으로 레코드를 작성한다. 이때 원표제는 240 필드에서 통일표제로 기술하여 주며, 500 필드에 주기하여 준다. 그리고 번역자는 700 필드에 부출표목으로 기술하여준다.

MARC 21에서는 KORMARC와는 달리 번역도서인 경우 위의 예시에서와 같이 원표제를 통일표제로 간주하여 240 필드에 기술하고 있다.

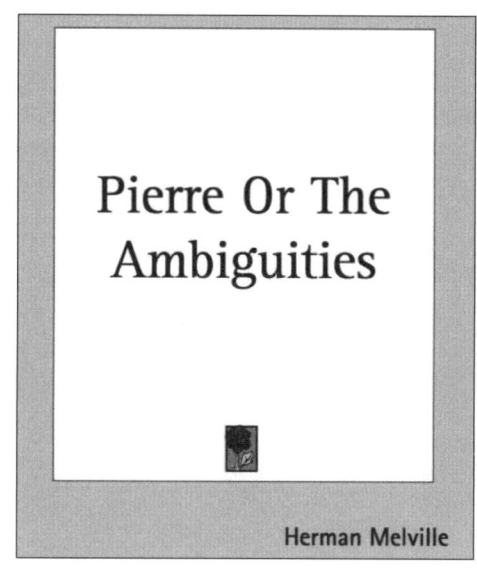

```
[MARC 21]
001
020      $a0471996550 :$c$15.50
082 00   $a813.3$220
100 1    $aMeville, Herman.
245 10   $aPierre, or, The ambiguities /$cHerman Meville.
246 30   $aAmbiguities
260      $a$aNew York :$bWiley,$cc1990.
300      $a181 pages ;$c24 cm.
```

〈그림 5-12〉 별표제가 있는 경우

위의 예시는 "Pierre"라는 본표제 다음에 "The Ambiguities"라는 별표제(alternative title)이 기술되어 있는 도서에 대해 목록레코드를 작성하는 것이다. 여기서 별표제란 한 도서가 가진 동일한 문자로 된 2개의 표제가운데 부차적인 표제로서 본표제 이외의 다른 표제를 말한다. 245 필드에서 본표제 다음에 "or"라는 말을 앞세워 기술한다. 이때 별표제는 다시 246 필드에 기술하여 필요한 경우 부출표목이 될 수 있도록 한다.

```
245 10 $aUnder the hill, or, The story of Venus and Tannhauser.
246 30 $aStory of Venus and Tannhauser
```

```
[MARC 21]
001     78004532
020     $a0471996430 :$c$37.50
082 00  $a641.357$221
100 1   $aHeinerman, John.
245 14  $aThe way of herbs ;$bThe healing herbs ; The food pharmacy /
        $cBy John Heinerman.
260     $a$aNew York :$bMarcel Dekker,$cc1994.
300     $axx, 435 pages :$billustrations ;$c24 cm.
740 42  $aThe healing herbs.
740 42  $aThe food pharmacy.
```

〈그림 5-13〉 합집: 종합표제가 없는 개인저서

표제면에 두 개 이상의 표제가 나란히 표시되어 있으면서 종합표제가 없고, 저자가 동일한 경우에 두 번째 이하의 표제는 245 필드에서 각각 세미콜론으로 연결하여 기술한다. 이때 식별기호는 첫 번째 표제는 $a, 두 번째 표제에는 $b를 표시하고 그 다음 표제에는 표시하지 않는다. 그리고 740 필드(분출표제)에 두 번째 이하의 표제를 다시 기술하여 부출표목이 될 수 있도록 한다. 위의 예시는 John Heinerman이 지은 세 개의 작품을 한 권의 합집으로 종합표제 없이 출판한 형태이다.

2.4 판차, 발행 등 필드(25X-28X)

```
Copyright ⓒ 1980
   Published in Tokyo and New York by
Kodansha International.
   Distributed in the US by Kodansha
International/USA through Harper &
Row.

First edition 1980
ISBN 0-8701-1428-X
Price: $12.95

214 pages       21.2cm
Original title: Kagayakeru Yami
```

[MARC 21]
001   80050500 //r942
020        $a087011428X :$c$12.95
082   00 $a895.6/35$219
100   1 $aTakeshi, Kaiko,$d1930-
240   10 $aKagayakeru yami.$lEnglish
245   10 $aInto a black sun /$cTakeshi Kaiko ; translated from the Japanese
           by Cecilia Segawa Seigle.
260        $aTokyo ;$aNew York :$bKodansha International ;$aNew York :$bdistributed
           in the US by Kodansha International/USA through Harper & Row,$c1980.
300        $a214 pages ;$c22 cm.
500        $aTranslation of Kagayakeru yami.
650   0 $aVietnamese Conflict, 1961-1975$xFiction.

〈그림 5-14〉 발행사항: 발행사항이 중복될 경우
```

발행사항은 발행지, 발행처, 발행연도의 순서로 260 필드에 기술하며, 아래와 같은 형식으로 기술한다. 위의 예시는 발행지가 두 곳 이상이며, 발행처와 배포처가 다를 경우이다.

    260    $a발행지 :$b발행처 :$b발행처,$c발행년.
    260    $a발행지 ;$a발행지 :$b발행처,$c발행년.
    260    $a발행지 :$b발행처 ;$a발행지 :$b발행처,$c발행년.
    260    $a발행지 :$b발행처 ;$a배포지 :$b배포자,$c발행년.
    260    $aNew York ;$aBerlin :$bSpringer,$c1990.
    260    $aParis :$bGauthier ;$aChicago :$bUniversity of Chicago Press,$c1995.
```

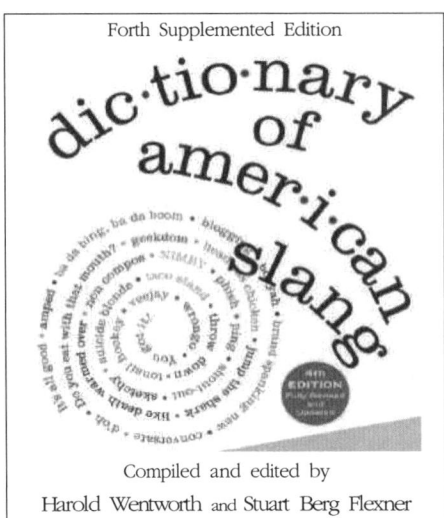

```
Copyright ⓒ 1995, 1992, 1987, 1980
Published in 1995 by Thomas Y. Crowell,
Incorporated, New York 10525

ISBN 0-6900-0670-5

Previous edition of this book was published as
Collection of Americanisms.

xviii, 766 pages        23.4cm
```

[MARC 21]

001		75008644
020		$a0690006705
082	04	$a427.09$221
245	00	$aDictionary of American slang /$cCompiled and edited by Harold Wentworth and Stuart Berg Flexner.
247	10	$aCollection of Americanisms.
250		$aForth supplemented edition.
260		$aNew York :$bCrowell,$c1995.
300		$axviii, 766 pages ;$c24 cm.
500		$a"Previous edition of this book was published as Collection of Americanisms"--T.p. verso.
700	1	$aWentworth, Harold.
700	1	$aFlexner, Stuart Berg.

〈그림 5-15〉 판사항: 개정판의 표제가 변경된 경우

판사항은 일반적으로 내용을 개정하거나 증보한 판(edition)을 대상으로 기술하며, 쇄(printing)에 관한 것은 무시한다. 250 필드에 판사항을 입력하며, 지시기호는 모두 빈칸이다. 위의 예문에서와 같이 개정판의 표제가 바뀐 경우 원래표제를 500 필드(일반주기)에 기술하고, 필요한 경우 247 필드(이전표제)에서 제1지시기호에 0을 입력하면 부출표목으로 나타낼 수 있다.

250      $aSecond edition.
250      $a4th edition /$brevised by J.G. Mesurier and E. McIntosh.
250      $aThird draft /$bedited by Paul watson.

2.5 형태사항 등 필드(3XX)

[MARC 21]
```
001
020      $a0709932480
082 00   $a370.19$219
100 1    $aBarton, Len.
245 10   $aSocial problem & educational research /$cBy Len Barton and Stephen Walker.
246 30   $aSocial problem and educational research.
260      $aLondon :$bCroom Helm,$cc1984.
300      $axii, 347 pages :$billustrations in some colour ;$c22 cm +$e1 computer disk.
504      $aIncludes bibliographies and indexes.
650  0   $aEducation$xResearch.
700 1    $aWalker, Stephen,$d1944-
```

〈그림 5-16〉 형태사항: 페이지수, 삽화, 크기, 딸림자료

300 필드(형태사항)에는 다음과 같이 해당 자료의 페이지나 권수, 삽화사항을 비롯한 기타 물리적 특성, 크기, 딸림자료 등을 기술한다. 이때 지시기호는 모두 빈칸이다.

```
300      $a페이지 :$b삽화사항 ; $c크기 +$e딸림자료.
300      $a104 pages : $billustrations ;$c22 cm.
300      $a5 volumes :$billustrations ; $c24 cm.
300      $a136 pages ;$c10 × 27 cm.
300      $axii, 272 pages :$billustrations in colour ;$c24 cm +$e1 answer book
```

[MARC 21]

001   90029045 //r92
020      $a0122267267 (set) :$c$125.00
082 00 $a550.3$221
245 00 $aEncyclopedia of earth system science /$cWilliam A. Nierenberg, editor-in-chief.
250      $aThird edition.
260      $aSan Diego :$bAcademic Press,$cc1995.
300      $a4 volumes (xi, 2355 pages) :$billustraions ;$c29 cm.
504      $aIncludes bibliographical references and indexes.
650 0 $aEarth sciences$xEncyclopedias.
700 1 $aNierenberg, William Aaron,$d1919-

〈그림 5-17〉 형태사항: 전집

  전집류의 경우 권차제목이 있는 경우는 내용주기(505 필드)가 필요하지만 위의 예시에서와 같이 권차제목이 없고 권차번호만 있는 경우는 내용주기가 필요 없다. 형태사항(300 필드)에는 페이지대신에 권차책수를 기재하며, 이때 전체 페이지수가 나타나 있으면 괄호 속에 기재한다. 그리고 전집류의 경우 권차마다 각각 ISBN이 있으면 020 필드에 모두 기재하여 준다.

2.6 총서사항 필드(4XX)

```
Advances in Rehabilitation Education  Vol. 2
Management and Administration of
Rehabilitation programs

Edited by Roy I. Brown
```

```
College-Hill Press, INC
San Diego, CA 92105
```

```
Copyright ⓒ 1996
   by College-Hill Press Incorporation.
San Diego, California 92105.
All rights reserved.

ISBN 0-8874-4266-9
ISSN 0885-2505(series)

291 pages    illustrations    23cm
Includes bibliographies and indexes.
```

[MARC 21]
001   86006150
020      $a0887442669
082 00 $a362/.0425$219
245 00 $aManagement and administration of rehabilitation programs /$cEdited by Roy I. Brown.
260      $aSan Diego, CA :$bCollege-Hill Press,$cc1996.
300      $a291 pages :$billustations ;$c23 cm.
490 1 $aAdvencers in rehabilitation education,$x0885-2505 ;$vvol. 2
504      $aIncludes bibliographies and indexes.
650 0 $aRehabilitation$xManagement.
700 1 $aBrown, Roy I.
830 0 $aAdvencers in rehabilitation education,$x0885-2505 ;$vvol. 2.

〈그림 5-18〉 총서사항: 총서표제, 총서번호, ISSN

총서사항이 있는 경우 490 필드에 기술하며, 입력형식은 다음과 같다. 이때 부출을 위해서는 그 내용을 반드시 800-830 필드에 다시 기술해야 한다. 즉, 490 필드는 기술역할만 있을 뿐 직접적인 부출기능은 없다고 볼 수 있다.

490 1 $a총서사항,$xISSN ;$v총서번호
490 1 $aThe Pediatrics of North America
490 1 $aEnvironmental science research ;$vvol. 4
490 1 $aRussian titles for the specialist,$x0305-3741 ;$vno. 78

2.7 주기 필드(5XX)

```
[MARC 21]
001      85013954
020      $a0866564470
020      $a0866564551 (pbk.)
082 00   $a615.8/5152/088055$219
245 00   $aOccupational therapy and adolescents with disability /$cFlorence S. Cromwell, editor.
260      $aNew York :$bHaworth Press,$cc1985.
300      $a158 pages ;$c23 cm.
500      $a"Has also been published as Occupational therapy in health care,
         volume 2, number 3, fall 1985"--T.p. verso.
504      $aIncludes bibliographies.
700 1    $aCromwell, Florence S.
```

〈그림 5-19〉 일반주기

일반주기(500 필드)에는 다음과 같이 별도로 규정되어 있지 않은 모든 주기사항을 목록자가 임의로 기술하는데 사용한다. 이때 지시기호는 모두 빈칸이다.

```
500    $aTranslated from German.
500    $aCaption title.
500    $aProgram notes by Phillip Ramey on album.
500    $aFormerly known as: The unidentified soldier.
500    $a"Previous edition of this book was published as Collection of
       Americanisms"--T.p. verso.
500    $aSlides in pocket.
```

```
ENZYMATIC EVALUATION FOR
        THE
DEGREE OF STARCH
  RETROGRADATION
IN FOODS AND FOODSTUFFS

            By
       Martyn Denscombe

         DISSERATION
Submitted in partial satisfaction of the
  requirements for the degree of
       Doctor of Philosophy

 in the GRADUATE DIVISION of the
     UNIVERSITY OF CHICAGO

   DOCTORAL DEGREE CONFERRED
        January 12, 1992
```

Approved :

Committee in Charge

xii, 158 pages   23cm

[MARC 21]

001　　85013936

082 00　$a641$220

100 1　$aDenscombe, Martyn.

245 10　$aEnzymatic evaluation for the degree of starch retrogradation in foods and foodstuffs /$cby Martyn Denscombe.

260　　$aChicago, Ill. :$bUniversity of Chicago,$c1992.

300　　$axii, 158 pages ;$c23 cm.

502　　$aPh.D.--University of Chicago, 1992.

〈그림 5-20〉 학위논문주기

학위논문은 논문 제출자를 기본표목으로 레코드를 작성하며, 다음과 같이 논문이 제출된 연구기관이나 대학명, 학위명을 통일된 형식으로 502 필드에 기술한다. 이때 식별기호 $a다음에 주기내용을 모두 기재하며, 지시기호는 모두 빈칸이다. RDA에서는 학위논문의 경우 'Thesis (Ph.D.)'를 'Ph.D.'와 같이 기술하고 있다(RDA 7.9).

502　　$aM.A.--University College, London, 1969.

502　　$aPh.D.--University of Michigan, 1998.

```
                RNA Genetics              Vol. 1. RNA-Directed Virus Replication
         Vol 1: RNA-Directed Virus Replication   Vol. 2. Retroviruses, Viroids, and RNA
                                                         Recombination
              Edited by  Esteban Domingo       Vol.3. Variability of RNA Genomes
                     Paul Ahlquist
                    John J. Holland
```

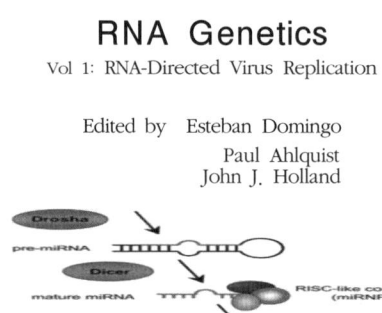

```
                                              Copyright ⓒ 1988 by CRC Press Incooperation.
                                              Boca Raton, Florida 100036
                                              All rights reserved.

                                              ISBN 0-84936-666-6 (v. 1)
                                              ISBN 0-84936-667-4 (v. 2)
                 CRC Press, Inc.              ISBN 0-84936-668-2 (v. 3)
                 Boca Raton, Florid           ISBN 0-84836-669-5 (set) : $97.50

                                              3volumes     illustrations    25.4 cm
```

[MARC 21]
001   87022432
020    $a0849366666 (v. 1)
020    $a0849366674 (v. 2)
020    $a0849366682 (v. 3)
020    $a0849366695 (set.) :$c$97.50
082 00 $a574.87/3283$219
245 00 $aRNA genetics /$cedited by Esteban Domingo, Paul Ahlquist, John J. Holland.
260    $aBoca Raton, Fla. :$bCRC Press,$cc1988.
300    $a3 volumes :$billustrations ;$c26 cm.
505 0 $av. 1. RNA-directed virus replication -- v. 2. Retroviruses, viroids,
       and RNA recombination -- v. 3. Variability of RNA genomes.
700 1 $aDomingo, Esteban.
700 1 $aAhlquist, Paul.
700 1 $aHolland, John J.
740 02 $aRNA-directed virus replication.$nv. 1
740 02 $aRetroviruses, viroids, and RNA recombination.$nv. 2
740 02 $aVariability of RNA genomes.$nv. 3

〈그림 5-21〉 내용주기: 전집의 권차표제가 있는 경우

전집류의 경우 대표 저자명이나 단체저자명이 있으면 이를 기본표목으로 레코드를 작성한다. 그리고 권차표제가 있으면 505 필드(내용주기)에 내용을 하나하나 기술하고, 분출할 필요가 있으면 이 내용을 다시 740 필드(분출표목)에 기술한다. 위의 예문은 "RNA Genetics"라는 종합표제아래 세 권의 권차표제가 있는 전집류이다.

```
                                    ⓒ Copyright 1988 by
Introduction to Foods Science       The AVI Publishing Company, Inc.
                                    250 Post Road East
The Food Composition and Analysis   P.O. Box 831
       by M. D. Tierra              Westport, Connecticut 06881
The Food Quality and Nutrition
       by J. B. Carper              All rights reserved.
The Food Additives and Contaminants
       by J. M. Fennema             ISBN: 0-8705-5498-0
The Food Sanitarians                Price: $45.50
       by L. H. Meyer

    AVI Publishing Company, Inc.    xi, 751 pages    illustrations    23.3cm
         Westport, Connecticut
```

[MARC 21]
```
001      78004532
020      $a0870554980 :$c$45.50
082 00   $a641.3$221
245 00   $aIntroduction to foods science /$cby M. D. Tierra, J. B. Carper, J. M. Fennema,
         L. H. Meyer.
260      $aWestport, Conn. :$bAVI Pub. Co.,$cc1988.
300      $axi, 751 pages :$billustrations ;$c24 cm.
505 0    $aThe food composition and analysis / by M. D. Tierra -- The food quality
         and nutrition / by J. B. Carper -- The food additives  and contaminants /
         by J. M. Fennema -- The food sanitarians / by L. H. Meyer.
700 1    $aTierra, M. D.
...
700 1    $aMeyer, L. H.
740 42   $aThe food composition and analysis.
...
740 42   $aThe food sanitarians.
```

〈그림 5-22〉 내용주기: 종합표제가 있는 합집

종합표제이나 대표표제가 있는 경우 한 개인의 저작일 경우(개인합집)에는 개인명을 표목으로 레코드를 작성하며, 2인 이상의 작품이 수록된 경우에는 종합표제를 표목으로 레코드를 작성한다. 이때 각각의 저작에 대해서는 505 필드에 내용을 기술하며, 필요할 경우 이것을 740 필드에 다시 분출표목으로 기술한다. 위의 예시는 "Introduction to Foods Science"라는 종합표제아래 4인의 저작을 1권의 책으로 모아놓은 합집이다.

2.8 주제명접근 필드(6XX)

[MARC 21]
```
001     87013474
020     $a9004116796
082 04$a225.6$21
245 00$aChristology, controversy & community :$bNew Testament essays in honour of
        David R. Catchpole /$cedited by David G. Horrell & Christopher M. Tuckett
260     $aNew York :$bBrill,$c2000.
300     $axi, 295 pages :$billustrations ;$c24 cm.
490 1▽$aSupplements to Novum Testamentum,$x0167-9732 ;$v12
504     $aIncludes bibliographies and index.
600 10$aCatchpole, David R.
630 00$aBible.$pNew Testament$xCriticism, interpretation, etc.
700 1 $aHorrell, David G.
700 1 $aTuckett, Christopher M.
830 ▽0$aSupplements to Novum Testamentum,$x0167-9732 ;$v12.
```

〈그림 5-23〉 주제명부출: 개인명, 통일표제

위의 예문처럼 기념논문집이나 작품집의 경우 피기념자는 600 필드에 주제부출하며, 기술형식은 100 필드와 동일하다. 그리고 해설이나 연구대상으로 하고 있는 경전은 630필드에 주제부출하며, 기술형식은 130 필드와 동일하다.

2.9 부출표목 필드(70X-75X)

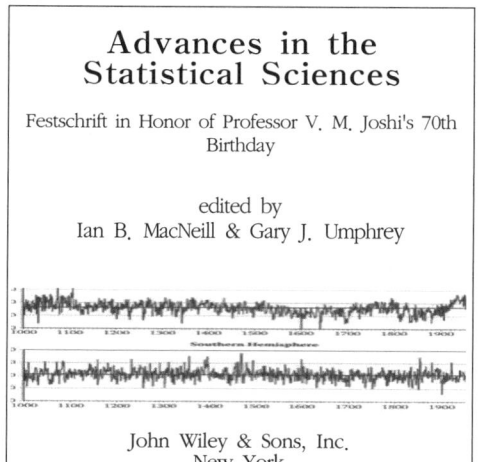

[MARC 21]
001 2406866
020 $a9027723990 (set)
082 04$a519.5$220
245 00$aAdvances in the statistical sciences :$bfestschrift in honor of professor V. M. Joshi's 70th birthday /$cedited by Ian B. MacNeill & Gary J. Umphrey.
260 $aNew York :$bWiley,$cc1997.
300 $a5 volumes :$billustrations ;$c23 cm.
500 $aPapers from a series of symposia held at the University of Western Ontario, London, Canada, May 27-31, 1995.
505 0 $av. 1. Applied probability and sampling theory -- v. 2. Foundations of statistical inference -- v. 3. Time series and econometric modelling -- v. 4. Stochastic hydrology -- v. 5. Actuarial science.
600 14$aJoshi, V. M.
650 0$aStatistics$xCongresses.
700 1 $aMacNeill, Ian B.
700 1 $aUmphrey, Gary J.
740 02$aApplied probability and sampling theory.$nv. 1.
...
740 02$aActuarial science.$nv. 5.

〈그림 5-24〉 부출표목: 분출표제

전집류의 경우 대표 저자명이나 단체명이 있으면 이를 기본표목으로 하고 그렇지 않은 경우 종합표제를 기본표목으로 한다. 이때 각각의 저작에 대한 내용주기는 505 필드에 기술하고, 필요한 경우 740 필드에 다시 분출내용을 기술한다.

2.10 연관저록 및 기술 필드(76X-78X)

[MARC 21]

001
022    $a0306-4573
037   c50.00 (institutions)c25.00 (individuals affiliated with subscribing institution)
210 0 $aInf. process. manage
245 10 $aInformation processing & management :$ban international journal.
246 00 $aInformation processing and management
260    $aNew York :$bPergamon Press,$c19--
300    $a   volumes ;$c28 cm.
310    $aBimonthly
362 0 $aVol. 11, no. 1 (June 1975)-
530    $aAvailable on microfilm from Microforms International Marketing Co.
780 00 $tInformation storage and retrieval$x0020-0271

〈그림 5-25〉 연관저록: 선행저록이 있는 경우

MARC 21에서 선행저록(preceeding entry)이 있는 경우 KORMARC에서와 마찬가지로 그 자료에 관한 사항을 785 필드에 기술하며, 이때 제2지시기호가 0이면 'Continues:'라는 표출어를 생성하며, 식별기호 $t는 표제, $x는 ISSN을 나타낸다.

2.11 총서부출표목 필드(80X-83X)

(J.P. Translation Series)

Copyright ⓒ 1975 by Ueda Akinar
Published in 1975 by University of Tokyo Press
All rights reserved.

ISBN 0-8600-81143-8
Price : $10.50

xxiii, 249 pages   23.5cm

```
[MARC 21]
001       75330677 //r983
020       $a0860081138 :$c$10.50
082 00    $a895.6/3/3
100 1     $aUeda, Akinari,$d1734-1809.
240 10    $aHarusame monogatari.$lEnglish
245 10    $aTales of the spring rain /$cby Ueda Akinari ; translated and with an
            introduction by Barry Jackman.
260       $aTokyo :$bUniversity of Tokyo Press,$c1975.
300       $axxiii, 249 pages ;$c24 cm.
490 1     $aJ. P. translation series
500       $aTranslation of Harusame monogatari.
700 1     $aJackman, Barry.
830  0    $aJapan Foundation translation series.
810 2     $aKokusai Koryu Kikin.$tJapan Foundation translation series.
```

〈그림 5-26〉 총서부출표목

총서사항은 앞서 설명한 490 필드와 같은 형식으로 기술하며, 부출을 위해서는 그대로 부출하거나 목록자가 임의로 다르게 부출하거나 관계없이 그 내용을 반드시 800-830 필드에 다시 기술해야 한다.

490 1b$aUniform crime reports ;$v15
830 b0$aUniform crime reports (Washington, D.C.) ;$v15.

2.12 소장, 위치, 변형문자 등 필드(841-88X)

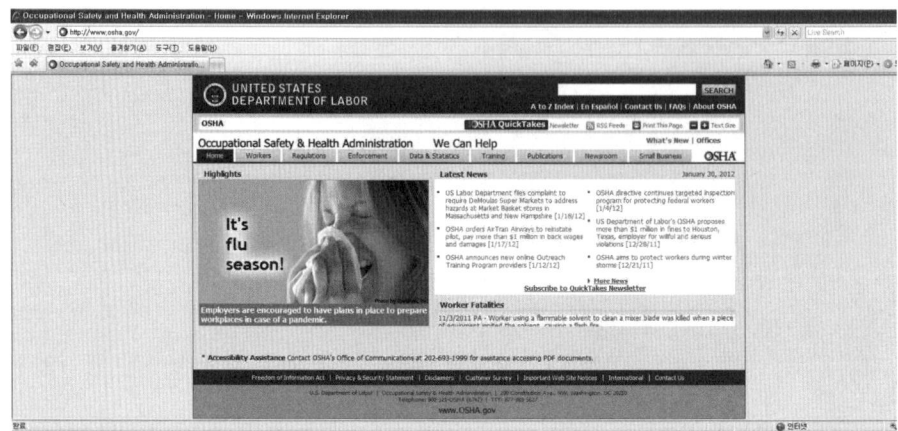

[MARC 21]
Leader/06   m
Leader/07   m
007 cr cnu
008 980410m199u9999xxu   g   j   eng d
245 00$aOSHA :$bUnited States, Development of Labor, Occupational Safety and Health Administration.
246 1 $iHTML title:$aOccupational Safety and Health Administration -- OSHA home page
246 3 $aUnited States, Department of Labor, Occupational Safety and Health Organization
246 30$aOccupational Safety and Health Organization
256     $aComputer data and programs.
260     $aWashington :$bU.S. Department of Labor,$c[199?]-
336     $acomputer dataset$bcod$2rdacontent
337     $acomputer$bc$2rdamedia
338     $aonline resource$bcr$2rdacarrier
538     $aMode of access: Internet.
500     $aTitle from title frame as viewed on Jan. 24, 2012.
856 40$uhttp://www.osha.gov/
856 40$3Standard industrial classification manual
        $uhttp://www.osha.gov/oshstats/sicser.html
856 40$3OSHA Act of 1970 (Amended 1990)
        $uhttp://www.osha-slc.gov/OshAct_toc/OshAct_toc_by_sect.html

〈그림 5-27〉 소장정보: 전자적 위치 및 접속방법 (856 필드)

〈그림 5-27〉에서 인터넷 자료의 주소 및 접속에 관한 정보는 856 필드에 기술하며, 위의 예시와 같이 주소가 두 개 이상일 때는 필드를 반복해서 사용한다. 이때 제1지시기호는 접속방법에 관한 정보를 나타내며, 4는 http를 의미한다. 제2지시기호는 856 필드의 정보와 레코드에 기록된 정보원과의 관련을 나타내며, 0은 'Electronic resource:'라는 표출어를 나타낸다. 또한 식별기호는 모두 28개가 있으며, $u는 URL, $3은 지정자료, $z는 공개정보를 나타낸다.

그리고 346, 347, 348 필드는 AACR2의 자료유형 대신에 RDA의 매체유형, 수록매체유형, 내용유형을 적용하여 기술한 것이다. AACR2를 적용하면 245 필드에 자료유형($h)이 포함되어 아래와 같이 기술된다.

245 00$aOSHA$h[electronic resource] :$bUnited States, Development of Labor, Occupational Safety and Health Administration.

제6장

접근점

1. 접근점의 의의
2. 접근점의 작성

접근점

1. 접근점의 의의

목록은 기술과 접근점으로 구성되어 있는데, 기술은 문헌에 기재된 표제나 저자명, 판차, 발행사항, 형태사항, 주기사항 등 자료의 서지적 속성에 관한 데이터를 일정한 형식에 따라 기술하는 것을 말한다. 접근점은 이러한 서지적 기술사항들을 검색하기 위한 요소를 의미하며, 전통적인 목록에서는 표목이라는 용어를 사용하였다.

전통적인 카드목록에서는 특정 형식의 기본표목을 선정하고, 이와 상이한 형식의 이름과 선정된 표목을 참조로 연결하는 구조였지만 오늘날 온라인 목록이 활용되면서 기본표목의 의미는 상대적으로 퇴색되었다.

1.1 AACR

AACR를 비롯한 전통적인 목록에서는 저록을 기본저록과 부출저록, 참조의 세 종류로 규정하였다. 그리고 기본저록과 부출저록에서 표목의 대상을 저자(단체 포함)와 표제, 주제명, 분류기호로 제한하고, 이 가운데 주제명과 분류기호는 부출표목(added entry heading)으로 취급하였다. 기본표목(main entry heading)이란 기본저록에 사용된 표목으로서 이 표목이 선정되고 나면 기타 공저자나 표제, 주제명, 분류기호를 표목으로 한 부출저록을 작성하게 되고, 이 부출저록에 사용된 표목을 부출표목이라 한다. 아울러 특정 문헌이나 합집에 수록된 개별저작을 대상으로 한 분출저록의 표목을 분출표목(analytical entry heading)이라 한다.

1) 기본표목

기본표목은 앞서 언급한 바와 같이 기본저록에 사용된 표목이며, 대체로 저작에 책임이 있는 저자가 기본저록의 표목이 된다. 저자가 4인 이상인 경우는 표제가 기본표목이 된다. 기본표목이 저자명이냐 표제냐에 따라 목록의 양식도 달라진다. AACR를 기반으로 한 MARC 형식에서 일반적으로 기본표목이 저자명, 단체명, 회의명, 통일표제인 경우는 1XX 필드에 기술하고 있어 결과적으로 245 필드의 내용과 중복 기술되는 측면이 있으며, 표제 기본저록인 경우는 별도의 기본표목필드에 기술할 필요 없이 245 필드에만 기술하면 된다.

2) 부출표목

부출표목은 기본표목이외의 공저자명, 역자명, 표제, 주제명 등을 표목으로 하는 목록을 말한다. 즉, 공저자명을 표목으로 한 부출저록을 저자부출저록(700 필드)이라고 하고, 표제를 부출표목으로 한 것은 표제부출저록(740 필드), 주제명을 표목으로 한 것은 주제명 부출표목(6XX 필드)이라고 한다.

3) 분출표목

분출표목이란 다른 포괄적인 표목이 이미 작성된 하나의 전집이나 총서, 연속간행물이나 기타의 서지적인 단위 속에 수록된 특정 저작이나 저작의 한 부분을 위한 표목을 말한다. 그러므로 분출표목은 상위 저작에 대한 목록의 한 부분으로 별도의 독자적인 목록이 될 수도 있고, 그 부출저록이 될 수도 있다. MARC 형식에서 분출저록은 740 필드에 기술하고, 일반적인 표제부출사항은 246 필드(변형표제)에 기술하도록 규정하고 있다. 저자 분출표목은 700 필드에서 제2지시기호에 2를 입력한다.

1.2 국제목록원칙규범

서지데이터와 전거데이터를 검색하기 위한 접근점을 크게 아래와 같이 제어형 접근점(controlled access point)과 비제어형 접근점(uncontrolled access point)으로 구분하고 있다.[1]

---

[1] IFLA Cataloguing Section. *Statement of International Cataloguing Principles*(ICP), 2016. p.7 〈https://www.ifla.org/wp-content/uploads/2019/05/assets/cataloguing/icp/icp_2016-en.pdf〉

1) 제어형 접근점

개인, 가계, 단체, 저작, 표현형, 구현형, 개별자료, 테마와 같은 개체에 대한 전거형식의 이름과 이형의 이름을 제공한다.

2) 비제어형 접근점

전거데이터에서 제어되지 않는 이름이나 표제(예: 구현형에 나타난 본표제), 부호, 키워드 등으로 서지데이터를 제공한다.

한편 탐색장치로서 접근점을 아래와 같이 필수 접근점(essential access point)과 부차적 접근점(additional access point)으로 구분하고 있다.[2]

(1) 필수 접근점

- 서지데이터
  - 창작자 이름에 대한 전거형접근점 혹은 둘 이상의 창작자 이름이 기재된 경우에는 첫 번째 창작자 이름의 전거형접근점
  - 저작/표현형의 전거형접근점(창작자에 대한 전거형접근점을 포함할 수 있다)
  - 구현형의 본표제 혹은 보충표제
  - 구현형의 발행일 또는 간행일
  - 저작에 대한 주제접근점 및/혹은 분류기호
  - 기술된 개체의 표준번호, 식별기호, 등록표제
- 전거데이터
  - 개체의 전거형 이름
  - 개체의 이형 이름과 이름의 이형
  - 개체의 식별기호
  - 저작의 제어형 이름(예: 주제접근점 및/혹은 분류기호)

(2) 부차적 접근점

- 서지데이터
  - 첫 번째 이외의 창작자명

---

[2] *Ibid.*, pp.11-12.

- 창작자 이외의 역할을 수행한 개인명이나 가계명, 단체명(예: 연주자)
- 이형표제(예: 대등표제, 권두표제 등)
- 총서의 전거형접근점
- 서지데이터 식별기호
- 구현형으로 구현된 표현형의 언어
- 발행지
- 내용유형
- 매체유형
- 수록매체유형
■ 전거데이터
- 관련된 개체의 이름이나 표제
- 전거데이터 식별기호

1.3 RDA

접근점이란 특정 저작, 표현형, 개인, 가계, 그리고 단체를 나타내는 이름, 용어, 부호 등을 말하며, 아래와 같이 전거형접근점과 이형접근점으로 구분하고 있다. 전거형접근점은 하나의 개체를 나타내기 위한 표준화된 접근점이며, 이형접근점은 하나의 개체를 나타내는 전거형접근점에 대한 다른 형식의 접근점이다.[3]

앞서 제4장의 'RDA 특성'에서 언급한 바와 같이 RDA에는 기본표목이라는 용어는 사용하고 있지 않지만 접근점을 '전거형접근점'과 '이형접근점'으로 구분함으로써 기본표목의 개념을 유지하고 있다. 즉, 접근점으로 하려는 저작자마다 표준화된 전거형이 먼저 작성되고 여기에 다양한 형태의 이름 즉, 이형이 작성된다. 그렇지만 AACR2와 같이 역할이 같거나 다른 2인 이상의 저작자가 존재할 경우 어느 저작자를 기본표목으로 할 것인가는 규정하지 않고 있으며, 서로 다른 저작자간에는 모두 동일한 지위의 접근점을 부여하고 있다.

---

3) *RDA*, 0.7.

1.4 한국목록규칙 제4판

한국목록규칙 제4판에서는 접근점을 '목록에서 저록의 검색수단으로 사용되는 모든 요소'라고 규정하고 있으며,[4] 기본표목과 통일표목을 적용하지 않고 있다. 또한 표목의 선정과 형식은 전거에서 처리하도록 규정하고 있으나 그 이후 관련 규정이 지금까지 제정되지 않고 있다. 그런데 앞서 설명한 바와 같이 한국목록규칙 제5판(안)에서는 RDA를 반영하여 접근점에 대한 규정이 신설되어 있다.

2 접근점의 작성

오늘날 많은 학자들이 기본표목의 개념이 사라진 기술단위시스템을 적용하는 것이 온라인 환경에서는 더욱 효과적이며, 서지 데이터베이스의 구체적 호환이 용이하다고 주장하고 있다. 그러나 앞서 언급한 바와 같이 AACR2에 비해 RDA에서 기본표목의 취지가 상당 부분 퇴색되었다고 할지라도 여전히 접근점을 전거형접근점과 이형접근점으로 구분함으로써 기본표목의 개념이 계속 유지되고 있다고 볼 수 있다. 전거형접근점은 저작자의 우선명과 저작의 우선표제로, 이형접근점은 저작자의 이형명과 저작의 이형표제로 각각 작성한다. 저작자가 둘 이상인 경우 첫 번째 또는 대표저작자의 우선명으로 저작의 전거형접근점을 작성한다는 점은 AACR2의 기본표목 전통이 그대로 이어지고 있다. 여기서는 RDA 2017년 판의 저작, 표현형, 저작자에 대한 접근점 작성 지침[5]을 중심으로 소개하고자 한다.

---

[4] 한국목록규칙, 제4판, 0.7.2.
[5] *RDA*, 5-6, 8-11.

2.1 저작의 접근점

1) 저작의 전거형접근점(RDA 6.27.1)

(1) 단독저작: 저작자의 전거형접근점 + 우선표제(6.27.1.2)

저작자란 저작의 창작에 책임있는 개인, 가계, 단체 즉, 창작자를 의미하며, 창작자의 범주를 상세하게 규정하고 있다. 특히 창작자로 간주되는 단체는 ① 내부의 정책, 절차, 제정, 운영, 연혁, 명부, 소장목록 등과 같이 단체의 관리적 성격을 지닌 저작, ② 위원회나 심의회 보고서, 공식 성명서, 회의록, 조사보고서, 전시회 등과 같은 단체의 집단적 의사나 활동을 기록한 저작, ③ 공연이나 연주 등 단체의 집단적인 활동의 결과물로서의 저작, ④ 헌법, 법령, 명령, 판결 등의 법령저작, ⑤ 기타 책임있는 단체가 창작한 저작이다(19.2).

| 예 | 전자자료조직론 / 김정현 지음
⇒ 김정현. 전자자료조직론

| 예 | 농업과학기술원 소장 곤충표본 목록 / 농업과학기술원 편찬 및 발행
⇒ 농업과학기술원. 농업과학기술원 소장 곤충표본 목록

| 예 | 한국문헌정보학회지 / 한국문헌정보학회 편찬 및 발행
⇒ 한국문헌정보학회지
* 일반 저널이나 학회지의 경우 편찬자를 창작자로 간주하지 않기 때문에 우선표제만으로 전거형접근점을 작성

(2) 공동저작: 주된 책임이 있거나 첫 번째 저작자 + 우선표제(6.27.1.3)

| 예 | 사회복지행정론 / 최칠성, 전재현, 오단이, 전우일 공저
⇒ 최칠성. 사회복지행정론

영화, 비디오, 비디오게임과 같은 동영상저작은 예외적으로 저작의 우선표제만으로 작성한다(6.27.1.3).

(3) 합집이나 편집 저작: 여러 저작을 한 권의 저작으로 발행(6.27.1.4)

① 종합표제가 있는 경우: 종합표제(우선표제)로 전거형접근점을 작성
이때 합집과 개별저작과의 관계는 관련 저작(25.1)으로 기록한다.

> [예] 우리 문헌정보학의 길 어떻게 걸어 갈 것인가 / 김정근 엮음 (여러 필자의 글을 편집)
> ⇒ 우리 문헌정보학의 길 어떻게 걸어 갈 것인가

> [예] *Classic Irish drama* / edited with an introduction by W.A. Armstrong은 The Countess Cathleen / W.B. Yeats, *The playboy of the Western world* / J.M. Synge, *Cock-a-doodle dandy* / Sean O'casey를 묶어 한 권으로 편찬됨.
> ⇒ Classic Irish drama
> - 관련 저작: Container of: Yeats, W. B. The Countess Cathleen
>   Container of: Synge, J. M. The playboy of the Western world
>   Container of: O'casey, Sean. Cock-a-doodle dandy
>   [종합표제 *Classic Irish drama*를 이 저작의 전거형접근점으로 작성. 개별표제를 관련 저작으로 작성]

② 종합표제가 없는 경우: 개별 저작자의 전거형 전근점 + 개별표제(우선표제)

> [예] 塵土 / 金源一 저. 虛妄의 碑 / 李炳洙 저. 高麗의 마지막 별 / 崔泰應 저
> ⇒ 김원일. 진토
>   이병수. 허망의 비
>   최태응. 고려의 마지막 별

> [예] *In praise of older women* / by Stephen Vizinczey. Take my drum to England / by Desmond Cory. *The graveyard shift* / by Harry Patterson.
> ⇒ Vizinczey, Stephen. In praise of older women
>   Cory, Desmond. Take my drum to England
>   Patterson, Harry. The graveyard shift
>   [개별저작을 저작의 전거형접근점으로 각각 작성]

③ 종합표제가 없는 저작자의 일반 전집이나 특정 형식(또는 장르)의 전집인 경우: 저작자의 전거형접근점 + 전통적인 '저작집', '시집', '소설집' 등을 종합표제로 기록.

> [예] 김동인 단편전집 / 김동인 지음
> ⇒ 김동인. 단편집

> [예] The Complete Novels of Jane Austen / by Jane Austen
> (오스틴의 소설 6권으로 구성: Sense and Sensibility, Pride and Prejudice, Mansfield Park, Emma, Northanger Abbey, and Persuasion.)
> ⇒ Austen, Jane. Novels

(4) 전집의 부분 저작(6.27.2): 2권 이상의 저작으로 발행되고 총서와는 구분됨

① 한 부분

전집의 한 부분에 대한 저작은 부분에 책임이 있는 저작자의 전거형접근점과 부분의 우선표제로 전거형접근점을 작성한다.

> [예] Alms for oblivion / by Simon Raven의 전집 가운데 한 부분(Book 2)
> Book 1. Fielding Gray : A novel.   Book 2. Sound the Retreat.
> Book 3. The Sabre Squadron.   …   Book 10. The Survivors.
> ⇒ Raven, Simon. Sound the retreat

예외적으로 부분이 식별성이 없는 일반적인 용어이거나 연속간행물과 통합자원의 한 섹션 또는 부록, 그리고 TV나 라디오 프로그램의 부분인 경우에는 전체 저작의 전거형접근점+부분의 우선표제로 전거형접근점을 작성한다.

> [예] Homer's Illiad 가운데 Book 1 (부분의 표제는 없고 'Book 1' 처럼 번호만 있음)
> ⇒ Homer. Illiad. Book 1

> [예] TV 애니메이션 시리즈인 The Simpsons의 1998년 에피소드: King of the Hill
> ⇒ The Simpsons (Television program). King of the hill

② 둘 이상의 부분

한 저작자의 전집이 두 부분 이상 연속적으로 매겨진 번호를 갖고, 각 부분이 일반용어와 번호만으로 식별되는 경우, 전집의 전거형접근점과 부분의 해당 순차의 우선표제로 전거형접근점을 작성한다.

둘 또는 그 이상의 부분이 번호매김이 없거나 연속적으로 매겨진 번호를 갖지 않는 경우 각 부분마다 전거형접근점을 작성한다.

(5) 개작과 개정서(6.27.1.5)

① 단순 개정

기존 저작의 표준형으로 취급한다. 즉, 기존 저작의 전거형접근점에 표현형의 식별 특성, 예를 들어 판표시를 추가하여 전거형접근점을 작성한다.

> [예] 정보자원의 기술과 메타데이터, 개정판 / 남태우, 이승민 공저
> ⇒ 남태우. 정보자원의 기술과 메타데이터. 개정판

② 개작이나 상당한 내용의 개정

기존 저작의 각색이나 개정이 저작의 내용과 성격을 상당히 변경한 경우, 각색이나 개정을 새로운 저작으로 간주하고 전거형접근점을 작성한다.

> [예] 한여름 밤의 꿈 / 셰익스피어 원작 ; 지은우 각색
> ⇒ 지은우. 한여름 밤의 꿈

> [예] The Pilgrim's Progress / by John Bunyan ; retold and shortened for modern readers by Mary Godolphin.
> ⇒ Godolphin, Mary. The pilgrim's progress

(6) 기존 저작에 주석, 해설, 삽화 등이 추가된 저작: 편집 저작으로 간주(6.27.1.6)

새로운 편집 저작을 나타내는 우선표제로 전거형접근점을 작성한다. 이때 편집 저작과 개별저작과의 관계는 관련 저작(25.1)으로 기록한다.

> [예] A commentary on Virgil's Bucolica
> [Bucolica / by Virgil (원본) ; A commentary on Virgil's Bucolica / by Wendell Clausen (주석) → 주석과 원본을 한 권으로 묶어서 발행]
> ⇒ A commentary on Virgil's Bucolica
> • 관련 저작: Clausen, Wendell. A commentary on Virgil's Bucolica

(7) 저작자의 신원이 다양한 저작(6.27.1.7)

저작의 구현형에서 가장 널리 사용되는 신원의 전거형접근점 + 우선표제.
가장 널리 사용되는 신원을 알 수 없으면 가장 최근 신원의 전거형접근점 + 우선표제.

(8) 저작자가 불확실하거나 미상인 저작: 저작의 우선표제로 전거형접근점 작성(6.27.1.8)

> [예] 옥중화, 열녀춘향가, 열녀춘향수절가, 츈향전, 春香傳, 獄中花, 廣寒樓記, …
> [이 가운데 가장 널리 알려진 표제가 '춘향전'일 경우]
> ⇒ 춘향전

(9) 저작을 나타내는 접근점에 부가요소(6.27.1.9)

앞서 소개한 사용법을 적용하여 작성된 접근점이 다른 저작을 나타내는 접근점과 동일하거나 유사하지만 다른 저작, 또는 저작자나 장소로 표현된 저작에는 아래의 사항 중 하나 이상을 추가한다.

① 저작의 형식: 저작의 유형이나 장르 즉, 시, 소설, 영화, 컴퓨터 파일 등
② 저작의 일자: 창작 일자, 조약일자 등
③ 저작의 원생산지: 저작이 생산된 지리명
④ 저작의 기타 식별특성: 저작과 관련 있는 기타 특성 즉, 간행단체, 제작회사, 소유자 등

> [예] 봉준호 감독의 영화: 기생충
> ⇒ 기생충 (영화)

> [예] Ocean's eleven [저작의 형식과 일자를 추가하여 저작을 구분]
> ⇒ Ocean's eleven (Motion picture : 1960)
> Ocean's eleven (Motion picture : 2001)

2) 음악저작의 전거형접근점(6.28.1)

(1) 여러 작곡가들의 합집이나 편집물: 우선표제만으로 전거형접근점 작성

혼성곡이나 발라드 오페라 등의 음악이 여러 작곡가들의 기존 작품으로 구성된 합집, 또는 혼성곡이나 발라드 오페라 등에서 발췌한 편집물인 경우에는 우선표제만으로 전거형접근점을 작성한다(6.28.1.3.2, 6.28.1.3.3).

> [예] The beggar's opera / written by John Gay ; the overture composed and the songs arranged by John Christopher Pepusch. [성악보]
> ⇒ The beggar's opera

(2) 작곡가/개작가의 전거형접근점 +우선표제

가사, 대본, 텍스트 등의 형식으로 단어가 포함된 음악저작(예: 노래, 오페라, 뮤지컬 코미디), 혼성곡이나 발라드 오페라의 원곡, 혼성곡 등에서 발췌한 단일 발췌곡, 안무동작을 위한 작곡집, 개작, 카덴차, 그리고 연극이나 영화를 위한 부수음악은 작곡가나 개작가에 대한 전거형접근점과 우선표제를 순서대로 조합하여 전거형접근점을 작성한다(6.28.1.2, 6.28.1.3.4, 6.28.1.4, 6.28.1.5, 6.28.1.7, 6.28.1.8).

> [예] 춘향전 / 현제명 작곡 ; 이서구 대본 [창작 오페라]
> ⇒ 현제명. 춘향전

> [예] Dreamgirls / music by Henry Krieger ; book and lyrics by Tom Eyen [가사, 대본, 텍스트 등이 있는 음악작품]

⇒ Krieger, Henry. Dreamgirls

> **예** 하이든 주제에 따른 변주곡 Op. 56 / 요한네스 브람스 작곡
> [원표제: Variationen über ein Thema von Haydn op. 56 / Johannes Brahms]
> ⇒ Brahms, Johannes, 1833-1897. Variationen über ein Thema von Haydn, op. 56

(3) 작곡가의 전거형접근점 + 우선표제 + 부가요소

저작의 우선표제가 하나 이상의 작곡유형만으로 구성된 경우, 전거형접근점에 대해 ① 연주수단, ② 숫자표시, ③ 음조의 부가요소를 순서대로 하나 이상 부가한다(6.28.1.9).

> **예** The Sonata No. 2 for violin and piano in F minor, Op. 6, is the second violin sonata by the Romanian composer George Enescu, completed in 1899
> ⇒ Enesco, Georges. Sonatas, violin, piano, no. 2, op. 6, F minor

(4) 음악저작의 부분을 나타내는 전거형접근점

전체로서 저작을 나타내는 전거형접근점 + 해당 부분의 전거형접근점
둘 이상의 부분을 식별하는 경우 각 부분의 전거형접근점

> **예** Ungarische Tänze by Johannes Brahms are a set of 21 lively dance tunes based mostly on Hungarian themes, completed in 1879 [이 가운데 Nr. 5와 Nr. 6]
> ⇒ Brahms, Johannes. Ungarische Tänze. Nr. 5
>   Brahms, Johannes. Ungarische Tänze. Nr. 6

3) 법령저작의 전거형접근점(6.29.1)

(1) 우선표제만으로 전거형접근점 작성

둘 이상의 사법 권역에 적용되는 법령(6.29.1.3); 고대법, 중세법, 관습법 등(6.29.1.6); 법원 규칙의 합집(6.29.12); 조약(6.29.1.15); 조약집(6.29.1.17); 재판의 공식절차나 기록의 합집(6.29.1.28) 등은 저작의 우선표제만으로 전거형접근점을 작성한다.

> **예** The narcotic laws of Mexico and the United States of America = 멕시코와 미국간 마약법
> ⇒ The narcotic laws of Mexico and the United States of America

> [예] 한미상호방위조약 1953년 10월 1일 조인 = Mutual Defense Treaty between the Republic of Korea and the United States of America
> ⇒ 한미상호방위조약

(2) 사법 권역의 전거형접근점 + 우선표제

하나의 사법 권역에 적용되는 법령(6.29.1.2), 단일 사법 권역의 여러 법정에 적용되는 규칙

> [예] 독점규제 및 공정거래에 관한 법률 (약칭: 공정거래법)
> ⇒ 한국. 공정거래법

> [예] The constitution of the United States = 미국 헌법
> ⇒ United States. Constitution of the United States

(3) 입법기관의 전거형접근점 + 우선표제

법안의 경우, 해당 입법기관(legislative body)의 전거형접근점과 법안의 우선표제를 순서대로 조합하여 저작의 전거형접근점을 작성한다(6.29.1.5).

> [예] Second Corporate Law Simplification Bill : second draft / by House of Representatives, Parliament of Australia
> ⇒ Australia. Parliament. House of Representatives. Second Corporate Law Simplification Bill

(4) 재판소의 전거형접근점 + 우선표제

단일 재판소에 적용되는 재판소 규칙(6.29.10), 기록원이 명시되지 않은 판례집(6.29.1.18.2), 배심원에 대한 판사의 적시(6.29.1.24), 판결이나 기타 재판소 결정(6.29.1.25) 등은 해당 재판소의 전거형접근점과 우선표제를 순서대로 조합하여 저작의 전거형접근점을 작성한다.

> [예] Rules of practice and procedure of the United States Tax Court = 미국 조세 법원의 실무 규칙 및 절차
> ⇒ United States. Tax Court. Rules of practice and procedure of the United States Tax Court

(5) 단체의 전거형접근점 + 우선표제

법률이 아닌 행정규정(6.29.1.7), 국제정부간 단체의 헌법이나 헌장(6.29.1.13), 기소된

단체의 형사소송절차 및 항소(6.29.1.21), 단체가 제기한 민사 및 기타 비형사 소송의 공식적 절차 및 기록(6.29.1.22), 소송 단체의 공판 변론취지서, 항변, 기타 공식 기록 (6.29.1.27.1) 등은 해당 단체의 전거형접근점과 우선표제를 순서대로 조합하여 저작의 전거형접근점을 작성한다.

> **예** Charter of the United Nations = 유엔 헌장
> ⇒ United Nations. Charter of the United Nations

(6) 개인의 전거형접근점 +우선표제

기록원이 명시된 판례집(6.29.1.18.1, 6.29.19.1), 개인이 명시된 법령 인용이나 요약집 (6.29.1.20), 기소된 개인의 형사소송절차 및 항소(6.29.1.21), 개인이 제기한 민사 및 기타 비형사 소송의 공식적 절차 및 기록(6.29.1.22), 법관의 판결의견(6.29.1.26), 소송 개인의 공판 변론취지서, 항변, 기타 공식 기록(6.29.1.27.1), 변호사의 법정변론(6.29.1.27.2) 등은 개인의 전거형접근점과 우선표제를 순서대로 조합하여 저작의 전거형접근점을 작성한다.

> **예** Common bench reports : cases argued and determined in the Court of Common Pleas / reported by James Manning, T.C. Granger, and John Scott. (기록원이 명시된 판례집)
> ⇒ Manning, James, 1781-1866. Common bench reports

(7) 법령저작의 접근점 + 부가요소

법령 등을 나타내는 접근점이 동일하거나 유사한 경우, 공표 연도를 추가(6.29.1.29), 조약은 조약일자 추가(6.29.1.30.1); 개별적으로 기술되는 의정서, 개정, 확장, 기타 부수적인 협정서 등은 'Protocols, etc.'(의정서 등)과 일자를 부가(6.29.1.30.3)하여 저작의 전거형접근점을 작성한다.

> **예** Protocol Amending the International Convention for the High Seas Fisheries of the North Pacific Ocean = 북태평양 공해어업에 관한 국제협약 개정 의정서
> ⇒ International Convention for the High Seas Fisheries of the North Pacific Ocean (1952 May 9). Protocols, etc. (1978 April 25)

4) 종교저작의 전거형접근점(6.30.1)

대부분의 종교경전(6.30.1.2), 신학적 교리와 신앙고백록(6.30.1.4) 등은 저작의 우선표

제로, 경전의 부분저작은 부분저작의 우선선표제로 전거형접근점을 작성한다. 일반적으로 저작의 우선표제는 원어표제로 기록하지만 종교경전의 경우 데이터 작성기관이 우선하는 언어의 표제를 기록한다(6.23.2.5).

> 예 구약성서 ⇒ 성경. 구약 또는 Bible. Old Testament
> 구약성서 창세기 ⇒ 성경. 창세기 또는 Bible. Genesis
> 불교경전 금강경 ⇒ 불경. 금강경

5) 저작, 법령저작, 음악저작, 종교저작의 이형접근점 (6.27.4, 6.28.4, 6.29.3, 6.30.5)

저작의 이형접근점은 저작자의 전거형접근점과 저작의 이형표제를 기반으로 작성한다. 이형표제에는 상이하게 표현되는 언어형식이나 문자, 철자, 번자 등이 있다.

1.2 표현형의 접근점

1) 표현형의 전거형접근점(6.27.3)

저작에 대한 특정 표현형을 나타내는 전거형접근점은 저작이나 저작의 부분을 나타내는 전거형접근점에 아래의 사항을 하나 이상 추가하여 작성한다.

① 내용유형(6.9): 표현된 내용과 인간의 지각을 통해 그것을 인지하는 커뮤니케이션의 기본적인 형식을 반영한 범주 즉, 텍스트, 지리데이터, 정지화상, 악보 등
② 표현형의 일자(6.10): 텍스트의 집필 일자, 악보의 기보 일자 등
③ 표현형의 언어(6.11): 표현된 언어 즉, 한국어, 영어, 불어 등
④ 표현형의 기타 식별특성(6.12): 번역자, 안무가, 해설자, 버전 또는 판표시 등

> 예 The Zemganno Brothers / by Edmond de Goncourt, translated from the French by Lester Clark and Iris Allan.
> [원표제: *Les Frères Zemganno* (영어 번역본임)]
> ⇒ Goncourt, Edmond de, 1822-1896. Frères Zemganno. English

> 예 Babar and his children / Jean de Brunhoff, translated from the French by Merle Haas, audio recording of an English translation.

[원표제: *Babar en famille* (영어 번역본의 오디오 녹음자원임)]
⇒ Brunhoff, Jean de, 1899-1937. Babar en famille. English. Spoken word

2) 음악저작 표현형의 전거형접근점(6.28.3)

음악저작의 전거형접근점과 내용유형, 표현형 일자, 표현형 언어, 표현형의 기타 식별특성과 같은 하나 이상의 표현형 요소를 조합하여 작성한다.

> [예] Hair '72 : the American tribal love-rock musical / [lyrics] by James Rado, Gerome Ragni ; [music by] Galt MacDermot ; concert band arranged by Len Goldstyne. (성악을 밴드용으로 편곡한 작품임)
> ⇒ MacDermot, Galt. Hair; arranged

3) 법령저작 표현형의 전거형접근점(6.29.2)

법령저작의 전거형접근점과 하나 이상의 표현형 요소(6.27.3)를 조합하여 작성한다.

> [예] 한미상호방위조약. 한국어
> 한미상호방위조약. 영어

4) 종교저작 표현형의 전거형접근점(6.30.3)

종교저작 및 종교저작 부분의 전거형접근점에 하나 이상의 표현형 요소를 조합하여 종교저작의 표현형을 나타내는 전거형접근점을 작성한다. 성서의 경우, 표현형의 언어, 표현형의 기타 식별특성, 표현형의 일자가운데 하나 이상을 순서대로 추가한다(6.30.3.2)

> [예] English New Testament, 1975 revised standard
> ⇒ Bible. New Testament. English. Revised Standard. 1975

5) 표현형의 이형접근점(6.27.4.5, 6.28.4.5, 6.29.3.4, 6.30.5.3)

1.3 개인의 접근점

1) 개인의 전거형접근점(9.19.1)

(1) 우선 개인명

전거형접근점의 근거로서 우선 개인명(9.2.2)을 사용한다.

(2) 우선 개인명 + 필요한 부가사항

우선 개인명에 왕족이나 귀족, 성직자 계급의 직함, 성인(Saint)이나 초자연적 존재(Spirit) 등의 용어, 개인과 연관된 기타 표시 등 필요한 사항을 추가한다.

> 예 정조, 조선 제22대왕, 1752-1800
> Anne, Queen of Great Britain
> John, the Baptist, Saint

(3) 우선 개인명 + 구별을 위한 부가사항

하나의 접근점과 다른 접근점을 구별할 필요가 있는 경우 우선 개인명에 출생 및 사망일자를 추가한다. 출생 및 사망일자를 확인할 수 없는 경우, 이름의 완전형을 추가한다. 출생 및 사망일 또는 이름의 완전형을 알 수 없는 경우, 개인의 활동시기 및 전문직이나 직업을 추가한다. 출생 및 사망일이나 이름의 완전형, 개인의 활동시기 및 전문직이나 직업을 알 수 없는 경우, 계급이나 명예, 관직 등의 기타 용어를 추가한다.

> 예 Butler, Jean (Composer)
> Munro, Jean, Ph. D.

(4) 우선 개인명 + 필요한 부가사항 + 구별을 위한 부가사항

> 예 김수현 (방송작가), 1943-
> 김수현 (영화배우), 1988-
> Fowler, T. M. (Thaddeus Mortimer), 1842-1922

2) 개인의 이형접근점(9.19.2)

개인을 나타내는 이형접근점을 작성하는 경우, 접근점의 근거로서 이형 개인명(9.2.3)을 사용한다. 식별상 중요하다고 판단될 경우, 해당 이름에 대한 부가사항을 작성한다.

> 예 [전거형접근점] → 신경숙, 1963
> 　　[이형접근점]　→　Sin, Kyŏng-suk, 1963-
> 　　[이형접근점]　→　Sin, Kŏng-suk, 1963-
> 　　[이형접근점]　→　Shin, Kyung-Sook, 1963-

1.4 가계의 접근점

1) 가계의 전거형접근점(10.11.1)

(1) 우선 가계명

가계를 나타내는 전거형접근점을 작성하는 경우, 전거형접근점의 근거로서 우선 가계명(10.2.2)을 사용한다.

(2) 우선 가계명 + 필요한 부가사항

동일한 이름을 가진 다른 가계를 나타내는 접근점과 구별할 필요가 없을 경우에도 가계 유형, 가계와 연관된 일자를 추가한다.

> 예 고려 (왕조 : 918-1392)
> 　　Pahlavi (Dynasty : 1925-1979)

(3) 우선 가계명 + 필요한 부가사항 + 구별을 위한 부가사항

동일한 이름을 가진 다른 가계를 나타내는 접근점과 구별할 필요가 있는 경우, 가계와 연관된 장소, 가계의 저명인사를 추가한다.

> 예 Peale (Family : Peale, Charles Willson, 1741-1827)
> 　　Peale (Family : Peale, Norman Vincent, 1898-1993)

2) 가계의 이형접근점(10.11.2)

가계를 나타내는 이형접근점을 작성하는 경우, 접근점의 근거로서 이형 가계명(10.2.3)을 사용하며, 이형명 다음의 괄호안에 가계유형을 추가한다.

1.5 단체의 접근점

1) 단체의 전거형접근점(11.13.1)

(1) 우선 단체명

단체를 나타내는 전거형접근점을 작성하는 경우, 전거형접근점의 근거로서 우선 단체명(11.2.2)을 사용한다.

(2) 우선 단체명 + 필요한 부가사항

우선 단체명이 단체의 개념을 전달하지 못하거나 동일한 이름을 가진 서로 다른 단체를 나타내는 접근점을 구별할 필요가 있는 경우, 단체의 유형, 단체와 연관된 장소, 연관기관, 연관일자, 관할권의 유형, 기타 연관된 표시를 추가하여 작성한다. 회의를 나타내는 접근점의 경우, 회의명 등에 회차, 회의일자, 회의장소를 추가한다((11.13.1.2-11.13.1.8).

① 둘 이상의 단체가 동일한 이름을 가졌거나 이름이 유사해서 혼동의 여지가 있는 경우, 단체의 유형을 표시하는 용어 부가

　　예　한울타리 (장애인복지시설)
　　　　한울타리 (전자제품몰)

② 단체와 연관된 장소 즉, 국가명이나 주명, 또는 지역명 추가

　　예　National Measurement Laboratory (Australia)
　　　　National Measurement Laboratory (U.S.)

③ 단체와 연관된 기관명 추가

　　예　인문학연구소 (서울대학교)
　　　　인문학연구소 (제주대학교)

④ 단체와 연관된 일자 추가

> 예 Gesellschaft fur Musikforschung (1868-1906)
> Gesellschaft fur Musikforschung (1946-)

⑤ 관할권의 유형을 추가

> 예 New York (State)
> New York (City)

⑥ 기타 적절한 표시사항 추가

> 예 Korea (North)
> Korea (South)

⑦ 회의명 등에 회차, 회의일자, 회의장소를 순서대로 추가

> 예 대한기초의학 학술대회 (제30회 : 2023 : 연세대학교 컨버전스홀)
> European Society for Neurochemistry. Meeting (11th : 1996 : Groningen, Netherlands)

2) 단체의 이형접근점(11.13.2)

이형접근점의 근거로서 이형 단체명(11.2.3)을 사용한다. 식별상 중요하다고 판단될 경우, 해당 이름에 대한 부가사항을 작성한다.

> 예 [전거형접근점]   →   한국교육학술정보원
>
> [이형접근점]   →   韓國敎育學術情報院
> [이형접근점]   →   Korea Education and Research Information Service
> [이형접근점]   →   KERIS

제7장

주제명목록과 전거제어

1. 주제명목록
2. 전거제어

주제명목록과 전거제어

1 주제명목록

1.1 주제명목록의 개념과 특성

1) 주제명목록의 개념

주제명목록(subject catalog)이란 각 자료의 내용이 담고 있는 주제로 자료를 검색할 수 있도록 주제명을 표목으로 채기하여 자모순으로 편성한 목록을 말한다. 전통적인 목록카드시스템에서는 저자, 표제, 주제명 저록을 하나의 목록체계로 구성하여 사전체 목록으로 편성하거나, 주제명목록만으로 된 분할목록으로 편성하여 왔다.

온라인 목록 환경에서는 목록데이터의 한 요소로서 주제명을 통한 정보검색이 더욱 중요시 되고 있다. 이는 과거의 주제명목록 카드에서와 같은 배열과 검색상의 어려움이 온라인 목록시스템에서는 쉽게 해결되어 주제명에 의한 검색이 훨씬 용이하게 되었기 때문이다.

2) 주제명목록의 특성

이용자가 저자명과 표제 외에 주제로 자료를 검색하고자 할 경우, 목록카드시스템에서는 분류목록과 주제명목록을 사용하여 왔는데, 주제명목록 체계의 장점을 분류목록의 체계와 비교하면 다음과 같다.

① 이용자가 알고 있는 용어로 목록을 직접 검색할 수 있다. 분류목록에서는 검색하려는 주제가 분류체계의 어느 계열에 속하는 것인지의 논리적인 사고를 거친 후나 주제명색

인에서 분류기호를 확인한 다음 검색이 가능하지만, 주제명목록에서는 주제를 나타내는 명사로 바로 접근이 가능하다.

② 표목의 자모순으로 배열되어 있기 때문에 새로운 표목을 자유롭게 추가할 수 있다. 반면, 분류목록은 하나의 계통적인 체계를 이루고 있기 때문에 새로운 주제를 삽입하기가 어렵다.

③ 특정 주제를 다루는 관점이 다르더라도 하나의 주제명 아래 같은 주제의 자료를 집중시키는 것이 가능하지만 분류목록의 경우에는 동일 주제라도 취급하는 관점에 따라 분류기호가 다르게 나타난다.

반면 다음과 같은 단점을 가지고 있다.

① 주제명이 자모순으로 배열되기 때문에 인접 주제들 사이에 관련성이 떨어진다. 동음이의어가 혼합 배열되고 관련 표목이라 할지라도 분산되기 쉬워 특정 분야의 표목을 두루 살펴보기에는 부적당하다.

② 분류목록에서는 용어에 관계없이 개념의 계통을 더듬어 접근하는데 비해, 주제명목록에서는 용어가 표목으로 확정되지 않고서는 검색되지 않는다.

③ 주제를 용어로 표현하기 때문에 외국어로 된 자료에 한국어 주제명을 부여할 경우 내용을 정확히 표현한 표목을 주기가 어렵다. 따라서 동서와 양서 모두에 적용할 수 있는 주제명표목표를 선정하거나 개발해야 한다. 반면 분류목록에서는 주제를 기호화하기 때문에 어떤 언어의 자료라도 분류표 적용에 문제가 없다.

1.2 주제명표목의 구조

주제명표목(subject heading)이란 주제명목록에서 자료의 주제를 표현하는 표목이 되는 단어나 구를 말한다. 표목은 하나의 사물이나 개념을 하나의 명사로 표현한 단일어표목(단일표목)과 둘 이상의 독립개념이 접속사, 세목, 도치 등의 방법으로 조합된 복수어표목(복합표목)이 될 수 있다. 또한 동일표목의 범위 내에서 그 내용을 다시 세분할 수 있는데, 이 경우에 주가 되는 표목을 주표목, 세분된 표목을 세목이라고 한다. 일반적으로 주표목은 자료의 중심주제를 표현한 것인데 비해, 세목은 주표목의 형태와 관점, 관련지역, 적용시대를 표현한 것으로 세목을 통해 주표목의 특정성을 높이고 관련표목을 한 자리에 집중시킨다.

1) 주표목

주표목은 세목없이 기본개념을 표현하는 주제명표목을 말한다. 기능에 따라 다음과 같이 구분된다.

① 주제표목 : 자료에서 취급된 주제 즉, 개념이나 사물을 표현한 표목임
② 형식표목 : 자료의 서지형식을 표현한 표목으로서 특정 주제로 한정할 수 없거나 종합적인 참고자료와 같이 다수의 주제를 취급한 자료에 적용되며, 예술양식과 문학형식에도 이 범주에 해당됨
③ 고유명표목 : 인명이나 지명 등과 같은 고유명을 표현한 표목임

2) 세목

주표목의 형태와 관점을 표현하기 위한 수단인 세목에는 주제세목, 형식세목, 지리세목, 시대세목이 사용된다. 즉, 효과적인 정보검색을 위해 해당주제의 내용을 한정시키는 형식, 시간, 장소 등의 의미를 갖는 항목들을 의미한다.

① 주제세목 : 일반적으로 주표목과 관련된 활동이나 작용과정을 세목으로 사용함
② 형식세목 : 대상자료의 서지형식이나 문학형식, 예술양식 등 대개 저작형식으로 표현한 세목임. 즉, 일반형식세목과 문학형식세목
③ 지리세목 : 주표목의 기원과 소재를 제시하기 위한 것으로 직접지리세목과 간접지리세목으로 구분
④ 시대세목 : 주표목의 시대범위나 문헌의 발행년을 제시하기 위한 것임

3) 참조

전통적인 주제명표목표에서 사용되는 참조는 크게 보라참조(See reference), 도보라참조(See also reference), 일반참조(general reference)로 나눌 수 있다. '보라참조'는 표목으로 채택되지 않은 주제명에서 채택된 주제명표목으로 연결하기 위한 장치이며, '도보라참조'는 특정 표목과 관련된 표목간을 연결하기 위한 것으로 표목들간의 종속 및 상호관계를 표현하는데 사용된다. 일반참조는 개별표목에 대해 하나하나 참조하지 않고 전체를 일괄하여 설명식으로 참조하는 것이다.

참조를 나타내는 지시기호는 "→, ⇒, X, XX, SA, see, see also, 보라, 도보라" 등을 사용해 왔는데, 최근에는 시소러스 형식의 참조표시인 UF, USE, RT, NT, BT 등을 사용해서 아래와 같이 용어들간의 다양한 관계를 나타내고 있다.

① 대등관계 : 대등한 표목간을 연결하기 위함(USE와 UF).
② 계층관계 : 상위어와 하위어를 사용하여 관련된 표목을 계층적으로 연결(BT와 NT).
③ 상관관계 : 대등관계나 계층관계 이외의 관계를 나타냄(RT).
④ 일반참조 : 특정 용어나 일반표목에서 일단의 표목간을 연결하기 위함(USE).

1.3 주제명표목표

주제명표목표는 주제명목록에서 표목으로 사용될 수 있는 주제명을 일정한 형식으로 통일하기 위해 편찬한 일종의 통제어휘사전이다. 도서관이나 정보센터에서 자료를 분류하기 위해서는 분류표가 필요하듯이 통일성 있는 주제명목록의 작성을 위해서는 주제명표목표가 필수 도구인 것이다. 따라서 각국의 도서관에서는 오래전부터 나름대로 독자적인 주제명표목표를 개발하여 사용하고 있다.

이 가운데 미국의회도서관(LC)에서 개발한 미국의회도서관 주제명표목표(Library of Congress Subject Headings: LCSH)가 가장 방대하고 오랜 전통을 유지하고 있다. 1914년 초판이 발행된 이래 2013년 제35판이 책자형태로는 마지막 판이며, 그 이후 매년 PDF 파일로 간행되고 있다. 2022년 3월에 간행된 제44판에는 총 382,713개의 표목과 참조를 수록하고 있다.[6]

국내의 것으로는 1994년 국립중앙도서관에서 개발된 「주제명검색요어집」을 바탕으로 2002년에 개발된 「국립중앙도서관 주제명표목표(NLSH)」가 있으며, 이는 후조합 색인언어로서 다양한 정보검색시스템에서 사용할 수 있는 시소러스 형식이다. 기본어로 선정된 7만 용어를 중심으로 210,000여개의 용어관계가 정의되어 있다.

이외도 수록된 주제의 범위에 따라 아래와 같이 많은 형태의 주제명표목표가 개발되어 있다.

---

[6] Library of Congress. *Introduction to Library of Congress Subject Headings*. 2022 ⟨https://www.loc.gov/aba/publications/FreeLCSH/LCSH44-Main-intro.pdf⟩ [cited 2024. 6. 20].

주제명표목표. 이재철 편. 연세대학교, 1961.
주제명검색요어집. 국립중앙도서관, 1994.
국립중앙도서관 주제명표목표. 2002-
基本件名標目表, 第4版. 東京 : 日本圖書館協會, 1999.
學校圖書館件名標目表: 小學校用, 第2版. 東京 : 全國學校圖書館協議會, 2004.
中学·高校件名標目表, 第3版. 東京 : 全国学校図書館協議会, 1999.
中國分類主題詞表, 第2版, 北京 : 北京圖書館出版社, 2006.

Canadian Subject Headings, 3rd ed. National Library of Canada, 1992.
Library of Congress Subject Headings, 44th ed. Library of Congress, 2022.
Sears List of Subject Headings, 21st ed. edited by Joseph Miller. Wilson, 2014.
Subject Headings for Children, 2nd ed. edited by Lois Winkel. Forest Press, 1999.

2 전거제어

2.1 전거제어의 개념과 특성

전거제어(authority control)의 개념은 다양하게 표현되는 동종 자료를 집중하고, 동명이인과 같은 이종의 자료를 식별할 수 있게 한다는 의미이다. 즉, 전거제어란 목록에서 표목이나 접근점으로 사용되는 개인명, 단체명, 회의명, 통일표제, 주제명, 지리명 등의 근거가 되는 모든 형식을 통일적이고 일관성 있게 유지할 수 있도록 하는 일련의 과정이다. 여기서 표목이나 접근점의 형식은 하나의 대상이나 주제에 대해 다양한 형식으로 나타나고 있는 모든 표현형식을 찾아내어 일정한 규칙에 따라 접근점이 될 수 있는 전거형과 접근점이 될 수 없는 이형으로 구분할 수 있으며, 이를 근거로 도서관 등에서 목록데이터의 기술을 통일하고 일원화함으로써 자료검색의 효율성과 집중성을 가져올 수 있다.

이러한 전거제어의 가장 대표적인 예가 주제명표목표(subject headings)이다. 이는 과거 수작업 목록환경에서부터 사용되었던 책자 형태의 전거제어 유형으로 미국의회도서관의

LCSH(*Library of Congress Subject Headings*), 미국국립의학도서관의 *MESH*(*Medical Subject Headings*), 그리고 *Sears List of Subject Headings* 등이 널리 알려져 있다. 그러나 오늘날의 전거제어는 MARC 목록환경에 적용하기 위해 MARC 형태의 데이터베이스를 만들어 전거제어를 하고 있으며, 이는 책자 형태의 전거제어와 원리는 같으나 표현형식이나 이용 방법이 다를 뿐이다.

무엇보다 도서관에서 전거제어를 하는 이유는 다양한 형태로 표현되고 있는 동일 저자의 동시검색, 내용이 유사하지만 표제가 다양한 자료의 표제에 의한 자료집중, 자연어 표현의 차이에서 주제가 다르게 표현되는 경우를 해결하여 한꺼번에 동일 주제를 검색할 수 있게 하는 일, 나아가 단체명이나 회의명, 지명 등도 표현의 차이를 통일함으로써 검색의 효율성을 높이는 데 있다. 이러한 전거제어에 의한 목록은 제4장에서 소개한 바 있는 RDA의 기본원리이기도 하다.

2.2 KORMARC 형식의 전거제어

KORMARC 형식 전거통제용은 앞서 언급한 바와 같이 1999년 KS로 제정된 이후 2016년과 2023년에 각각 개정되었다.[7] 주요 개정내용으로 도서관계의 다양한 변화와 도서관 참조모형 및 RDA와 같은 국제적인 흐름 반영, 데이터의 상호 호환성을 위하여 국제표준인 MARC 21과 상호 호환성 확보, KORMARC 형식 통합서지용 개정판과 용어 및 형식을 통일하여 서지데이터와 전거데이터 간의 유기적 연결 및 통일성 확보 등을 제시하고 있다. 기본적인 구조는 그대로 유지하면서 개인이나 단체 등을 식별할 수 있는 요소를 기술할 수 있도록 많은 필드가 추가되었다.

특히 2023년 개정판에서 서지형식과 마찬가지로 전거형식에서도 시멘틱웹과 링크드데이터 환경에서 기계처리, 외부자원 연계 등을 위한 요소를 반영하였으며, 대표적인 예로 '실세계 객체' 또는 '사물'을 식별하고 참조하는 URI 기술을 위한 식별기호 ▼1(Real World Object URI)이 추가되었다. 또한 도서관 참조모형 및 RDA를 반영하여 '사건' 기술을 위한 X47(사건명) 필드, 저작의 대표표현형 속성 기술 및 연계를 위한 387 필드(대표표현형 특

---

[7] 국립중앙도서관 국가서지과. 한국문헌자동화목록형식 개정 개요-설명자료. 2023년 5월 16일.
국립중앙도서관. 한국문헌자동화목록형식-전거통제용. 한국산업표준 KSX 6006-4. 2023년 12월 7일.
〈https://librarian.nl.go.kr/kormarc/KSX6006-4/index.html〉.

성) 등이 추가되었다.

1) 레코드의 구조

KORMARC 형식의 전거레코드는 서지레코드와 마찬가지로 리더, 디렉토리, 가변길이필드(제어필드와 데이터필드)로 구성된다. 리더를 제외한 모든 필드의 끝에 필드종단기호(FT)가 기입되며, 마지막 데이터필드의 끝에는 필드종단기호 다음에 레코드 종단기호(RT)가 기입된다. 〈그림 7-1〉은 KORMARC 전거레코드의 구조를 나타낸 것이다.

리더	디렉토리	가변길이필드											
		제어필드 1FT	2	3	4	…	nFT	데이터필드 1FT	2	3	4	…	nFT RT

〈그림 7-1〉 KORMARC 전거레코드의 구조

모든 전거레코드는 서지레코드와 마찬가지로 레코드의 처리에 필요한 정보를 갖고 있는 고정길이 필드인 리더로 시작된다. 리드 다음에는 레코드 내에 있는 가변길이필드의 위치를 지시해 주는 디렉토리, 그 다음에 제어필드와 일반데이터를 갖고 있는 데이터필드들이 나온다.

(1) 리더

리더의 구조는 서지레코드와 동일하게 24개의 자리로 고정되어 있으며, 일부 데이터요소를 제외하고 거의 유사하다.

(2) 디렉토리

디렉토리의 구조도 서지레코드와 마찬가지로 표시기호, 필드길이, 필드시작위치를 나타내는 일련의 항목으로 구성되어 있으며, 해당 레코드의 25번째 자수위치부터 12자리로 구성된다.

(3) 가변길이필드

가변길이필드는 제어필드와 데이터필드로 구성되며, 각각의 필드를 유형별 또는 기능별로 표시하는 표시기호가 부여된다. 가변길이 제어필드는 00X 필드, 가변길이 데이터필드는 00X 필드 이외의 모든 가변길이필드를 말한다. 이 데이터필드는 디렉토리의 필드 표시 기호로 식별되며, 각 필드의 시작위치에 두 자리의 지시기호를 가진다. 그리고 그 필드 내에서는 두 자리의 식별기호를 갖는다. 가변길이 필드는 표시기호의 첫 번째 숫자에 따라 0-9까지의 블록으로 아래와 같이 나누어진다.

　　　　0XX　　제어정보, 표준번호, 분류기호 등
　　　　1XX　　표목
　　　　2XX　　복합 보라 참조
　　　　3XX　　복합 도보라 참조
　　　　4XX　　보라 부출
　　　　5XX　　도보라 부출
　　　　6XX　　총서처리, 복합이름참조, 주기
　　　　7XX　　표목 연관저록
　　　　8XX　　기타 가변길이 필드
　　　　9XX　　로컬필드

1XX, 4XX, 6XX, 7XX, 8XX 블록 내에서 표시기호의 뒷부분 두 자리의 숫자에는 일반적으로 다음과 같은 의미가 있다.

　　　　X00　　개인명　　　　　　X51　　지명
　　　　X10　　단체명　　　　　　X55　　장르/형식 용어
　　　　X11　　회의명　　　　　　X62　　사건명
　　　　X30　　통일표제　　　　　X80　　일반세목
　　　　X47　　사건명　　　　　　X81　　지리세목
　　　　X48　　연대 용어　　　　 X82　　연대세목
　　　　X50　　일반주제명　　　　X85　　형식세목

이러한 가변길이필드의 내용을 좀더 구체적으로 살펴보면 아래와 같다.

① 00X, 01X-09X 제어필드, 숫자와 부호필드

00X 필드에는 전거레코드의 제어번호와 제어번호 식별기호, 최종처리일시, 부호화정보, 01X-09X 필드에는 표준번호, 분류기호, 각종 숫자와 부호로 구성되는 정보를 기록한다.

제어필드	001 제어번호 003 제어번호 식별기호	005 최종처리일시 008 부호화정보필드
숫자와 부호필드	012 국립중앙도서관 제어번호 016 국가서지기관 제어번호 020 국제표준도서번호 022 국제표준연속간행물번호 024 기타 표준식별자	040 목록작성기관 052 국립중앙도서관 청구기호 056 한국십진분류기호 083 듀이십진분류기호 090 자관 청구기호

② 1XX, 3XX 표목과 부가적 정보

1XX 필드에는 표목이나 주제세목에 사용되는 개인명, 단체명, 회의명, 통일표제, 그 외 각종 용어를 각 기관에서 적용하는 목록규칙이나 시소러스 규칙에 따라 기록한다. 3XX 필드에는 표목에 대한 속성 즉, 부가적 정보를 기록한다.

표목필드	100 표목-개인명 110 표목-단체명 111 표목-회의명 130 표목-통일표제 147 표목-사건명 148 표목-연대 용어 150 표목-주제명	151 표목-지명 155 표목-장르/형식 162 표목-연주수단 용어 180 표목-일반세목 181 표목-지리세목 182 표목-연대세목 185 표목-형식세목
표목속성 필드	336 내용유형 368 개인/단체의 기타 속성 370 관련 장소 371 주소 372 활동분야 373 관련 단체 374 직업 375 성별 376 가족 정보	377 관련 언어 378 개인명의 완전형 380 저작의 형식 381 저작 또는 표현형의 기타 구별특성 382 연주수단 383 음악저작 번호표시 384 음악의 조성 385 이용대상자 특성 386 창작자/기여자 특성

③ 4XX, 5XX, 260, 360, 663-666 부출 및 참조주기

부출필드는 표목에서 다른 표목으로 직접 안내 역할을 하는 것으로 두 가지 형태가 있다. 즉, 4XX(보라부출) 필드는 이형접근점에서 전거형접근점으로, 5XX(도보라부출) 필드는 전거형접근점에서 관련 있는 다른 전거형접근점으로 안내한다. 참조주기필드는 4XX와

5XX 필드를 부가 설명하는 역할을 하는 것으로 두 가지 형태가 있다 즉, 전거형접근점에서 다른 전거형접근점으로 안내하기 위해 사용하는 도보라참조주기(360, 663, 665 필드), 이형접근점을 전거형접근점으로 안내하기 위한 보라참조주기(260, 664, 666 필드)가 있다.

보라부출 필드	400 보라부출-개인명 410 보라부출-단체명 411 보라부출-회의명 430 보라부출-통일표제 447 보라부출-사건명 448 보라부출-연대 용어 450 보라부출-주제명	451 보라부출-지명 455 보라부출-장르/형식 용어 462 보라부출-연주수단 용어 480 보라부출-일반세목 481 보라부출-지리세목 482 보라부출-연대세목 485 보라부출-형식세목
도보라부출필드	500 도보라부출-개인명 510 도보라부출-단체명 511 도보라부출-회의명 530 도보라부출-통일표제 547 도보라부출-사건명 548 도보라부출-연대 용어 550 도보라부출-주제명	551 도보라부출-지명 555 도보라부출-장르/형식 용어 562 도보라부출-연주수단 용어 580 도보라부출-일반세목 581 도보라부출-지리세목 582 도보라부출-연대세목 585 도보라부출-형식세목
참조 주기필드	260 복합보라참조-주제 360 복합도보라참조-주제	663 복합도보라참조-이름 664 복합보라참조-이름 665 연혁참조 666 일반설명참조-이름

④ 64X, 667-68X, 7XX, 8XX 총서처리, 주기, 표목 연관저록, 기타

640-646 필드에는 1XX 총서표목이 서지레코드에서 표목으로 사용되는 경우 그 총서처리에 관한 정보를 기록한다. 667-688 필드에는 일반주기(667과 668 필드)와 표목과 관련된 특별한 주기(667과 668 이외의 필드)를 기록한다, 7XX 필드는 서로 다른 형식으로 기술된 동일한 표목 또는 서로 다른 전거파일이나 시소러스에 포함된 동일한 표목을 기계적으로 연결시켜주기 위해 사용되며, 이는 채택표목 연관저록(700-762 필드), 세목 연관저록(780-785 필드), 복합연관저록(788 필드)으로 구분된다. 8XX 필드에는 전자적 위치 및 접속, 변형문자표시, 자동생성 메타데이터 출처 등을 기록한다.

총서처리	640 총서발행일자와 순차표시 641 총서번호 특징 642 총서번호 예시 643 총서의 발행지와 발행처	644 총서분출방법 645 총서부출방법 646 총서분류방법
주기	667 업무용 일반주기 670 정보원 있음 672 개체와 관련 있는 표제 673 개체와 관련 없는 표제 675 정보원 없음	678 전기적 또는 역사적 정보 680 이용자용 일반주기 681 주제명예시 참조주기 682 삭제표목정보 688 변천주기
표목연관 저록	700 채택표목 연관저록-개인명 710 채택표목 연관저록-단체명 711 채택표목 연관저록-회의명 730 채택표목 연관저록-통일표제 747 채택표목 연과저록-사건명 748 채택표목 연관저록-연대 용어 750 채택표목 연관저록-주제명	751 채택표목 연관저록-지명 755 채택표목 연관저록-장르/형식 용어 762 채택표목 연관저록-연주수단 용어 780 채택표목 연관저록-일반세목 781 채택표목 연관저록-지리세목 782 채택표목 연관저록-연대세목 785 채택표목 연관저록-형식세목 788 복합연관저록
기타	856 전자적 위치 및 접속 880 변형문자표시 883 메타데이터 출처	884 변환정보 885 매칭정보

2) 전거데이터의 작성

앞서 살펴본 바와 같이 KORMARC 형식의 전거레코드 구조는 기본적으로는 전거형접근점과 이형접근점으로 구분하여 전거제어를 할 수 있도록 한다. 그런데 동일한 이름이라도 서양인의 경우 표목을 원어로 표기하느냐 한글로 번자하느냐는 목록규칙이나 각 도서관의 방침에 따라 다를 수 있다. 국립중앙도서관의 전거표목 표기 방식에 따르면 한국인은 한글로, 서양인은 로마자 원어로, 일본인은 원어 발음의 한글 번자로 표기하고 있다. 아래의 개인명과 단체명의 예시는 국립중앙도서관의 전거표목 표기 방식에 따라 KORMARC 형식으로 기술한 것이다.

(1) 개인명

예시 Twain, Mark, 1835-1910

ISNI 0000 0001 2132 4854
생몰년: 1835-1910, 미국 (플로리다)에서 출생, 미국 (레딩)에서 사망
활동분야: 영미문학   직업: 소설가이자 발명가
다른 이름: 트웨인, 마크; 투인, 마크; トウェーン, マーク; Twain, M.; Clemens, Samuel Langhorne; 클레멘스, 새뮤얼 랭혼

[KORMARC 전거레코드: 한국인]

001		KAC199605242
005		20240305110111
024	7	▼a0000000121324854▼2isni
100	1	▼aTwain, Mark,▼d1835-1910
370		▼a미국 (플로리다)▼b미국 (레딩)
372		▼a영미문학
374		▼a소설가
374		▼a발명가
375		▼a남성
377		▼l영어
400	1	▼a트웨인, 마크,▼d1835-1910
400	1	▼a투윈, 마크,▼d1835-1910
400	1	▼aトウェーン, マーク,▼d1835-1910
400	1	▼aTwain, M,,▼d1835-1910
400	1	▼aClemens, Samuel Langhorne,▼d1835-1910
400	1	▼a클레멘스, 새뮤얼 랭혼,▼d1835-1910
670		▼a톰 소여의 모험 (다락원, 2012)
670		▼a가상국제전거파일(VIAF)▼uhttp://viaf.org
670		▼a허클베리 핀의 모험 (지식을 만드는 지식, 2023)

(2) 단체명

예시 국립중앙도서관(National Library of Korea)

ISNI 0000 0001 2242 9500 단체유형: 도서관. 활동분야: 문헌정보학.
위치: 서울 서초구 반포대로. 201. 관련 단체: 조선총독부도서관; 국립도서관
연혁: 1945년 10월 15일 「국립도서관」으로 개관, 1963년 10월 28일 도서관법 제정으로 「국립중앙도서관」으로 개칭
다른 이름: 國立中央圖書館; 한국. 문화체육관광부. 국립중앙도서관; 문화체육관광부. 국립중앙도서관; National Library of Korea

[KORMARC 전거레코드: 단체명]

001	KAB201400144
005	20230727152212
024	▼a0000000122429500 ▼2isni
110	▼a국립중앙도서관
368	▼a도서관
370	▼e서울 서초구 반포대로 201
372	▼a문헌정보학
410	▼a國立中央圖書館
410	▼a한국. ▼b문화체육관광부. ▼b국립중앙도서관
410	▼a문화체육관광부. ▼b국립중앙도서관
410	▼aNational Library of Korea
510	▼a조선총독부도서관
510	▼a국립도서관
665	▼a1945년 10월 15일 「국립도서관」으로 개관, 1963년 10월 28일 도서관법 제정으로 「국립중앙도서관」으로 개칭
670	▼a국립중앙도서관 ▼uhttp://www.nl.go.kr

(3) 주제명

예시 감기(感氣)

> KDC6 분류기호: 513.205
> 동의어(UF): 고뿔   영어(ENG): cold
> 상위어(BT): 내과질환; 호흡기질환
> 하위어(NT): 기침감기; 독감(감기); 몸살감기; 유행성 감기; 코감기
> 관련어(RT): 감기마스크; 감기약; 코로나바이러스[coronavirus]

[KORMARC 전거레코드: 주제명]

```
001      ▼aKSH1998008031
005      ▼a20200306145956
056      ▼a513.205▼26
150      ▼a감기(질병)[感氣]
450      ▼a고뿔
450      ▼acold
550      ▼a내과질환
550      ▼a호흡기질환
550      ▼a기침감기
550      ▼a독감(감기)
550      ▼a몸살감기
550      ▼a유행성 감기
550      ▼a코감기
550      ▼a감기마스크
550      ▼a감기약
550      ▼a코로나바이러스[coronavirus]
```

위의 예시와 같이 개인명이나 단체명, 회의명, 표제, 주제명, 지리명 등에서 가장 널리 사용되는 용어(전거형접근점)는 1XX 필드에 기록한다. 즉, 가장 우선하는 용어가 바로 정보검색에서 접근점(표목)이 되는 용어이며 또한 색인어가 된다. 그리고 동의어(UF)나 외국어 표현 등과 같은 다양한 형태의 비우선 용어(이형접근점)는 4XX 필드에 기록하고, 상위어(BT)나 하위어(NT), 관련어(RT) 등과 같은 관련되는 표목들은 5XX 필드에 기록한다. 4XX 필드에 기록한 용어는 '우선 용어를 보라(~를 보라)'라는 의미이며, 5XX 필드에 기록

된 용어는 1XX 필드에 기록된 우선 용어와 5XX 필드에 기록된 용어(역시 우선 용어)는 서로 관련이 있는 바, '~도보라'를 통해 상호 참조할 필요가 있다는 의미이다. 위의 예시에 기록된 주요 필드의 의미를 살펴보면 아래와 같다.

001 필드: 제어번호
005 필드: 최종처리일시
024 필드: 기타 표준식별자. 위의 예시에는 개인명과 단체명에 대한 국제표준이름식별기호(ISNI)가 기록되어 있음
056 필드: 한국십진분류기호
100 필드: 표목-개인명
110 필드: 표목-단체명
150 필드: 표목-주제명
368 필드: 개인/단체의 기타 속성 즉, 개인의 지위나 단체의 유형 등을 기록
370 필드: 관련 장소 즉, 출생지/사망지, 국가, 거주지/본사의 위치 등을 기록
372 필드: 활동분야
375 필드: 성별
377 필드: 관련 언어
400 필드: 보라부출-개인명: 표목과 다르게 표기되는 개인명을 기록
410 필드: 보라부출-단체명: 표목과 다르게 표기되는 단체명을 기록
450 필드: 보라부출-주제명 즉, 표목에 대한 동의어, 외국어 등을 기록
550 필드: 도보라부출: 주제명 즉, 표목에 대한 상위어, 하위어, 관련어를 기록
665 필드: 연혁참조 즉, 표목에 대한 연혁 정보를 기록
670 필드: 정보원 즉, 표목에 대한 출처를 기록

참고문헌

국립중앙도서관. 한국문헌자동화목록형식-전거통제용. 한국산업표준 KSX 6006-4. 2023년 12월 7일. 〈https://librarian.nl.go.kr/kormarc/KSX6006-4/index.html〉.

국립중앙도서관. 한국문헌자동화목록형식-통합서지용. 한국산업표준 KSX 6006-0. 2023년 12월 7일. 〈https://librarian.nl.go.kr/kormarc/KSX6006-0/index.html〉

국립중앙도서관 국가서지과. 한국문헌자동화목록형식: 통합서지용 KS 개정 공청회 자료, 2013년 7월 19일.

국립중앙도서관 국가서지과. 한국문헌자동화목록형식 개정 개요: 설명자료. 2023년 5월 16일.

김남석. 자료목록학, 제4개정증보판. 대구 : 계명대학교출판부, 2008.

김정현. 목록조직의 실제, 제5판. 대구 : 태일사, 2024.

김정현. RDA 이론과 실제 : MARC 환경을 중심으로. 대구 : 태일사, 2017.

김정현. "AACR2R 2002 개정판의 개정내용과 특성분석," 情報管理學會誌, 第20卷 第1號(2003. 3), pp.251-270.

김정현. "서지적 관계를 기반으로 한 한국어 도서의 저작유형 분석," 한국도서관정보학회지, 제38권 제3호(2007. 9), pp.183-200.

김정현. "한국어 서지레코드에 있어 FRBR 모형의 유용성에 관한 연구," 한국문헌정보학회지, 제41권 제4호(2007. 12), pp.295-314.

김정현. "KORMARC 형식 통합서지용의 특성에 관한 연구," 도서관, 제61권 제1호(2006. 6), pp.89-113.

김정현. "한국목록규칙 제5판의 개정 방향과 핵심 내용," 도서관문화, 제65권 제3호(2024. 4), pp.20-23.

김정현. "한국목록규칙의 개정 방향에 대한 연구," 한국도서관정보학회지, 제44권 제4호(2013. 12), pp.123-143.

김정현, 문지현, 김효숙. 비도서자료의 이해. 광주 : 전남대학교출판부, 2010.

김정현, 문지현, 김효숙. RDA의 이해. 광주 : 전남대학교출판부, 2013.

김태수. 목록의 이해, 개정증보. 서울 : 한국도서관협회, 2008.

김태수 외. 기계가독목록의 이해. 서울: 문헌정보처리연구회, 1996.

노지현, 이미화, 이은주. 목록이론의 이해와 적용. 서울 : 한국도서관협회, 2023.

오동근 외. KORMARC의 이해. 대구: 태일사, 2007.

이경호 역. BiblioFile 목록법 : bfc 6.0버전. 대구 : 정각당, 1995.

이경호, 김정현. "KORMARC 형식 통합서지용의 특성과 문제점 분석에 관한 연구," 제37권 제4호 (2006. 12), pp.201-223.

이창수. 정보자료의 목록. 대구 : 태일사, 2010.

정진식. 최신 정보미디어조직론. 서울 : 학문사, 1997.

최달현, 이창수. 정보자료의 분류와 주제명, 개정판. 서울 : 한국도서관협회, 2010.

최정태, 양재한, 도태현. 목록조직의 이론과 실제. 부산 : 부산대학교출판부, 1999.

韓國圖書館協會 目錄委員會 編. 韓國目錄規則, 第4版. 서울 : 韓國圖書館協會, 2003.

日本圖書館情報學會研究委員會 編. 圖書館目錄とメタデータ. 東京 : 勉誠出版, 2004.

柴田正美, 高畑悅子. 情報資源組織論, 三訂版. 東京 : 日本圖書館協會, 2020.

丸山昭二郎. 洋書目錄法入門 : マニュアル編. 東京 : 日本圖書館協會, 1988.

American Library Association. *Anglo-American Cataloguing Rules, 2nd ed., 2002 Revision*. Chicago : ALA, 2002.

Cutter, Charles Ammi. *Rules for Dictionary Catalog, 4th ed*. Washington, D.C. : Government Printing Office, 1904.

Dublin Core Metadata Initiative. *Using Dublin Core : Dublin Core Qualifiers*, 2003. 8, 〈http://dublincore.org/documents/usageguide/qualifiers.shtml〉 [cited 2016. 6. 20].

Fritz, Deborah A. and Fritz, Richard J. *MARC 21 for Everyone : a Practical Guide*. Chicago : ALA, 2003.

Hunter, Eric J. *Examples Illustrating AACR2 1988 Revision, 2nd ed*. London : LA, 1989.

IFLA Cataloguing Section. *Statement of International Cataloguing Principles*(ICP), 2016. 〈https://www.ifla.org/wp-content/uploads/2019/05/assets/cataloguing/icp/icp_2016-en.pdf〉

IFLA FRBR Review Group. *IFLA Library Reference Model : A Conceptual Model for Bibliographic Information*. 2018. 〈https://repository.ifla.org/handle/123456789/40〉

　　IFLA 도서관 참조모형 : 서지정보의 개념모형. 이미화 역. 서울 : 국립중앙도서관, 2020.

IFLA ISBD Review Group. *ISBD International Standard Bibliographic Description* : 2021 Update to the 2011 Consolidated Edition, Feb. 2022.

　　〈https://repository.ifla.org/handle/123456789/1939〉

IFLA Study Group on the FRBR. *Functional Requirements for Bibliographic Records: Final Report*. München : Saur, 1998.

　　서지레코드의 기능상의 요건(FRBR). 김태수 역. 서울 : 국립중앙도서관, 2003.

IFLA Working Group on FRANAR. *Functional Requirements for Authority Data*. 2009. 〈https://www.ifla.org/wp-content/uploads/files/assets/cataloguing/frad/frad_2013.pdf〉

　　전거데이터의 기능 요건(FRAD). 김태수 역. 서울 : 국립중앙도서관, 2012.

IFLA Working Group on FRSAR. *Functional Requirements for Subject Authority Data*. 2010. 〈https://repository.ifla.org/handle/123456789/835〉

　　주제전거 데이터의 기능 요건(FRSAD). 박지영 역. 서울 : 국립중앙도서관, 2012.

Joint Steering Committee for Revision of AACR. *RDA : Resource Description and Access*. Chicago : ALA, 2010(RDA Toolkit, 2016 April Update).

　자원의 기술과 접근(RDA). 김정현 역. 서울 : 국립중앙도서관, 2015.

Library of Congress. *MARC 21 Format for Bibliographic Data, 1999 Edition, Update No. 1(October 2000) through Update No. 37(Dec. 2023)*.

　⟨http://www.loc.gov/marc/bibliographic/ecbdhome.html⟩ [cited 2024. 6. 5].

Library of Congress. *Introduction to Library of Congress Subject Headings. 2022*.

　⟨https://www.loc.gov/aba/publications/FreeLCSH/LCSH44-Main-intro.pdf⟩ [cited 2024. 6. 20].

Library of Congress. *Metadata Object Description Schema : MODS Version 3.2*.

　⟨http://www.loc.gov/standards/mods/mods-outline.htm⟩ [cited 2016. 6. 20].

Maxwell, Margaret F. *Handbook for AACR2 1988 Revision*. Chicago : ALA, 1989.

Taylor, Arlene G. FRBR의 이해. 오동근 외역. 대구 : 태일사, 2010.

Piepenburg, Scott. *Easy MARC : a Simplified Guide to Creating Catalog Records for Library Automation Systems, 4th ed*. San Jose, Cal. : F & W Associates, 2002.

Saye, Jerry D. *Manheimer's Cataloging and Classification : a Workbook*. New York : Marcel Dekker, 1991.

Shera, Jesse Hauk. *Libraries and the Organization of Knowledge*. London : C. Lockwood, 1966.

부 록

■ 용어해설

용어해설

가변길이 필드(variable-length field): 입력되는 데이터의 글자 수에 따라 길이가 정해지는 필드. 가변장 필드라고도 함. MARC 레코드에서 한 필드당 최대 9,999개 캐릭터까지 가능하다.

각색자(脚色者): 소설 등을 연극으로 상연하거나 영화로 상영하는 데에 적합하도록 무대장치와 대사, 연출 지시문 등을 기록하여 고쳐 쓴 사람.

감수자(監修者): 저술이나 편집을 지도하고 총괄하는 사람.

개별표제(個別標題, distinctive title): 매권 또는 매호마다 나타나는 고유표제 이외의 특별한 표제로, 주로 연속간행물이나 연감 또는 특별한 주제와 관련된 회의록에서 볼 수 있다.

개작(改作, adaptation): 원작을 별도의 문학형식으로 고쳐 쓰거나 또는 원저자가 의도한 독자층과는 다른 계층을 위해 고쳐 쓴 저작. 예컨대 소설을 희곡으로 고쳐 쓰거나 성인용 저작을 아동용으로 고쳐 쓴 저작.

개정(改訂): 원래의 판에 인쇄원판을 새로이 하는 정도의 변경이나 정정을 가하는 것.

계속자료(繼續資料, continuing resources): 종결예정 없이 계속 발간되는 서지적 자료이다. 여기에는 연속간행물과 계속적인 통합자료가 포함된다. AACR2R 제12장의 자료가 여기에 해당된다.

관용적 어구(慣用的 語句): 표제에서 고유명사로서의 의미가 박약한 일반적이고 관용적인 어구 (예: 규정집, 논문집…).

관제(官題): 본표제 앞에 기재된 문구.

권두(卷頭): 두루마리나 도서 등의 본문의 앞부분.

권두표제(卷頭標題): 권두에 기재된 표제

권차(卷次): 총서나 연속간행물을 구성하는 개개의 자료에 번호 등으로 순서를 부여한 것. 이 번호의 앞뒤에 이를 수식하는 어구가 첨부되는 경우도 있다.

고정길이 필드(fixed-length field): 입력되는 데이터의 글자 수에 관계없이 길이가 고정되어 있는 필드. 고정장 필드라고도 함.

공저자(共著者, joint author): 2인 이상의 저자가 공동으로 집필한 도서의 저자로서, 각 저자는 동일하거나 공통의 역할을 한 것으로 취급된다.

기계가독목록(機械可讀目錄, MARC): 서지기술과 접근점, 청구기호 등 저록에 포함되는 정보를 일정한 형식에 의해 컴퓨터로 처리할 수 있도록 매체에 기록하거나 기록한 것.

기본저록(基本著錄, main entry): 한 자료에 대한 완전한 목록레코드로서, 해당 자료를 일관되게 식별하고 인용하는 형식으로 제시된다.

기본표목(基本標目, main heading): 표목은 목록기술의 첫머리에 있는 명칭, 단어나 어구로서 배열의 기준이 되는 것으로 기본표목은 기본저록 카드목록의 표목을 말함.

기술(記述, description): 특정 자료를 기록하고 식별하기 위한 일단의 서지데이터. 특정 자료와 이와 다른 자료, 또는 동일 저작의 다른 판과의 식별을 위해 표제와 책임표시사항과 판사항 등 일련의 서지사항을 조직하여 기록하는 것. 또는 이렇게 기록된 일련의 서지사항.

난외표제(欄外標題, running title): 도서관 학술지의 각 면의 상단이나 하단의 난외에 반복되어 기재된 표제나 간략표제.

내용주기(內容註記, contents note): 특정 자료에 복수의 저작이 포함된 경우, 표제와 책임표시사항에 기술되지 않은 저작의 표제 또는 표제와 저작자를 기술한다. 다권본을 일괄 기입한 경우에는 각 권의 표제와 책임표시가 기술된다.

다권본(多卷本, multipart item): 형태상 여러 권으로 분리된 저작이 하나의 단위 물로 발행된 출판물.

단체(團體, corporate body): 하나의 개체로 활동하면서 특정한 이름으로 식별되는 조직이나 집단으로서 여기에는 회의체를 포함한다. 전형적인 예로는 학회나 협회, 기관, 기업체, 비영리단체, 정부, 정부기관, 종교단체, 교회, 회의 등이다.

단행자료(單行資料, monographs): 한 개의 부분으로 완성되거나, 제한된 숫자의 부분으로 완성하려는 의도가 있는 서지적 자료이다. 예를 들면, 도서, 전자도서, 지도, 음반 등이 여기에 속한다. AACR2R 제2장에서 제11장까지의 자료가 여기에 해당된다.

딸림자료(accompanying material): 기본이 되는 출판물과 동시에 간행된 것으로서 함께 사용하도록 마련되고 서지적 연결성이 있는 자료.

대등표제(對等標題, parallel title): 다른 언어나 문자로 기재된 본표제.

대역본(對譯本): 본문에 쓰여진 문자가 둘 또는 그 이상의 언어로 대칭되어 번역된 도서.

데이터 기본번지(base address of data): 한 레코드 내에서 첫 번째 가변장필드(001)가 시작되는 문자의 위치. 리더에 디렉토리의 길이를 합산한 숫자가 됨.

데이터필드(data field): 제어필드와 대조되는 필드로서 일반 서지데이터가 기록되는 가변장필드. 표시기호가 '00'이외의 숫자로 시작됨.

등록표제(登錄標題, key title): 연속간행물의 개별화를 위해 국제연속간행물 데이터시스템(ISDS)에서 부여한 표제. 대개 ISSN과 등록표제는 동시에 부여된다.

디렉토리(directory): 각각의 필드가 레코드 내의 어느 위치에서 시작되며, 길이가 얼마인가를 지시해 주는 디렉토리 항목의 집합으로, 각 표시기호에 대해서 한 개씩의 디렉토리 항목이 만들어짐.

디렉토리 항목(directory entries): 표시기호, 필드길이, 필드시작위치를 하나의 세트로 하여 구성되며, 이 디렉토리 항목이 모여 디렉토리가 됨.

레코드(record): ① 저록, ② 컴퓨터파일에서 하나의 단위로 취급되는 관련된 데이터요소의 집합.

레코드 종단기호(record terminator): 하나의 레코드가 종단됨을 표시하는 기호로 해당 레코드내 마지막 필드의 필드종단기호 다음에 기입되며, ISO 646의 '1D(16)'을 사용.

리더(leader): 각 레코드의 제일 앞에 나타나는 24자리의 고정길이 필드로서 레코드 처리에 필요한 기초적인 정보만을 수록하여 레코드 전체를 이용하기에 앞서 필요한 예비적 정보를 식별하는데 유용한 내용 수록.

머리지면(preliminaries): 표제면, 이표제면, 그리고 목차를 포함하여 본문 앞에 오는 모든 지면.
목록(目錄, catalog): ① 특정 도서관이나 다수의 도서관이 소장하고 있는 자료의 저록을 일정한 체계아래 조직한 것. ② 넓은 의미에서 특정한 목적으로 작성된 자료 일람표. ③ MARC 레코드 파일.
발행년(發行年, date of publication): 출판물이 간행된 연도.
발행처(發行處, publisher): 출판물을 간행한 개인이나 단체.
발행지(發行地, (place of publication): 출판물이 간행된 지역.
번안(飜案): 외국 소설이나 희곡 등의 줄거리나 사건은 원작의 것을 그대로 따르되 풍속이나 지명, 인명 등을 자국의 것으로 고쳐 쓰는 것.
번역(飜譯): 특정 언어로 된 저작의 내용을 다른 언어로 바꾸는 것. 고문을 현대문으로 바꾸는 것도 포함된다.
별표제(別標題, alternative title): 본표제가 각기 독립된 표제로 간주될 수 있는 두 부분으로 되어 있고, 이 사이를 '일명'이나 이의 상등어(영어의 'or')에 의해 연결된 표제에서 '일명'이나 'or' 다음의 표제.
복제물(複製物, reproduction): 인쇄나 사진, 복사, 녹음, 녹화, 기타의 방법으로 원자료를 복원하거나 또는 복원할 수 있도록 다시 제작한 것. 원본의 점역도서, 미술품의 복제화, 데이터베이스를 다른 매체로 복제하는 것 등을 포함한다.
본표제(本標題, title proper): 출판물의 주된 표제.
부표제(副標題, subtitle) → 표제관련정보
부출표목(added entry): 기본표목으로 채택된 표목 이외의 표목(공저자, 편자, 역자, 주제명, 총서표제 등)을 말함.
분류기호(分類記號): 자료의 주제를 숫자기호화 하여 만든 분류표(KDC, DDC 등) 상의 기호로 동일한 주제의 자료는 같은 분류기호가 부여됨.
사용제한 주기: 대외비, 비밀, 특수자료 등과 같이 자료를 이용하는데 일정한 제한이 있는 경우, 이것을 나타내 주는 사항.
사항(事項): 특정한 범주 또는 일단의 범주에 대한 데이터로 구성된 서지기술의 구분(예: 형태사항, 주기사항...).
삽화(揷畵, illustration): 출판물 안에 그림이나 도표형태로 나타낸 표현물.
속편(續編, sequel): 이미 발행된 저작의 보완용으로 후속해서 발행된 저작.
쇄(刷, impression, printing): 한번 또는 한번의 작업으로 밀어낸(인쇄한) 한판의 판본들로서 이는 내용이나 판형에 변화가 없다.
서지자료(書誌資料, bibliographic resources): 서지기술의 근거가 되고 있는 저작의 표현형이나 구현형, 또는 개별자료이다. 실체가 있거나, 없을 수도 있다. 이는 크게 종결자료와 계속자료로 구분할 수 있다.
서지제어(書誌制御, bibliographic control): 서지업무 전체를 포괄하는 용어로서, 기록된 정보를 이용할 수 있도록 조직하고 관리하는 것, 서지통저이라고도 함.. 각종 목록이나 서지 등의 2

차자료나 3차자료의 작성, 컴퓨터에 의한 서지정보의 축적 등이 해당된다. 현재는 국제서지제어(Universal Bibliographic Control) 활동을 통해 ISBD, ISSN, ISBN 등의 성과를 얻어낸 바 있다.

서지주기(bibliography note): 저작에 참고자료목록이나 인용자료목록이 수록되어 있는 경우, 수록된 페이지를 나타내 주는 사항.

식별기호(subfield code): 가변길이 필드내의 각 데이터 요소를 구분 짓고 성격을 식별하기 위하여 사용하는 부호로서 두 자리(구분기호 한자리와 데이터 요소 식별기호 한자리)로 구성.

엔트리 맵(entry map): 리더의 구성요소로서 디렉토리 항목의 구조를 정의하여 주는 요소.

연관저록필드(linking entry field): 기계가독목록에서 해당 저작과 연관된 저작(원서와 번역본과의 관계 등)의 레코드를 기계적으로 연결하기 위해 사용되는 필드.

연속간행물(連續刊行物, serials): 연속적인 낱개의 형태로, 일상적인 권호매김이 있으며, 종결예정 없이 발행되는 계속자료이다. 예를 들면, 저널, 잡지, 전자저널, 계속적인 주소록, 연차보고서, 신문, 단행본 시리즈 등이 여기에 속한다.

연속간행물과 통합자료의 구분: 갱신될 때 연속간행물은 이전 자료가 낱개의 형태로 남아있지만, 통합자료는 남아 있지 않고 하나의 통합된 형태로만 남아있다.

영인(影印): 출판물 전체를 기본이 되는 판 그대로 복제한 것.

요소(要素, element): 서지정보의 특정항목을 표시하고자 표현된 한 어구 또는 일군의 문자로서 서지기술사항의 부분을 이룬다(예 : 발행자, 발행년…).

원표제(原標題, original title): 번역자료에 있어서 그 저작을 최초로 지은 사람이 그 저작에 붙인 원어제목.

원저자(原著者, original author): 원작을 지은 사람.

으뜸정보원(主情報源, chief source of information): 서지기술을 할 때 정보원에서 우선권이 부여된 서지데이터의 정보원.

이표제면(裏標題面, verso of the title page): 표제면의 뒷면.

일반주기(一般註記, general note): 자료의 일반적인 특징이나 목록상에 기술된 내용을 보충 설명하여 주는 사항.

자료유형표시(資料類型表示, general material designation, GMD): 목록 이용자에게 자료의 유형을 알리기 위해 본표제 다음에 기재되는 서지사항. 특정자료종별 참조.

저록(著錄, bibliographic record, or entry): 목록에서 특정 서지자료에 관한 기록으로서, 소재정보와 기술이 포함된다. 카드(인쇄)목록에서는 표목올림지시가 포함되는 것이 보통이다. 서지레코드라고도 한다.

저작(著作, works): 일반적으로 개인에 의한 지적, 예술적 창조의 결과로서 문자나 기호, 도형 등으로 표현되거나 기록되어 구체화된 것. 표제를 가짐으로써 하나의 실체로 취급된다.

저작역할어(著作役割語:, role in a work): 저작에 기여한 역할을 나타낸 어구(예: 저, 편, 역…).

저자표시(著者表示, author statement): 어떤 출판물의 지적 또는 예술적 창작에 관계된 개인이나 단체에 관한 표시.

전거제어(典據制御, authority control): 저록에 사용된 이름(인명과 단체명, 지명, 표제명)과 주제명 등의 형식을 일관되게 유지하여 관련 자료를 목록상의 특정 위치에 집중하거나 검색되도록 하는 행위.

전거파일(authority file): 동일 접근점과의 상이한 형식간을 연결하기 위해 사용하는 파일. 일반적으로 인명과 단체명, 주제명 전거파일이 사용된다.

전자자료(電子資料, electronic resources): 컴퓨터장치에 의해 작동되도록 코드화된 자료 즉, 데이터와(또는) 프로그램을 말하며, 이는 CD-ROM 드라이브와 같이 컴퓨터장치에 직접 연결해서 이용하거나, 인터넷과 같이 컴퓨터네트워크에 연결하여 이용할 수 있다.

접근점(接近點, access point): 목록에서 저록의 검색과 식별도구로 사용되는 용어나 부호.

정보원(情報源, source of information): 서지기술에서 기술대상자료의 서지사항을 기록하는 경우, 그 근거.

제어필드(control field): 데이터필드와 대조되는 필드로서 레코드의 처리에 필요한 제어용정보와 부호화정보가 기록되는 가변장필드. 표시기호가 '00'으로 시작됨.

종결자료(終結資料, finite resources) : 공식적인 정의는 없지만 계속자료의 대응개념으로 사용되고 있으며, 한번 또는 종결예정으로 여러 번 발간되는 서지적 자료이다. 즉, 단행자료와 종결된 통합자료가 여기에 해당된다.

종합표제(綜合標題, collective title): 각기 분리된 둘 이상의 출판물의 표제가 그 출판물 전체를 대표할 수 있는 하나의 주된 표제.

주기사항(註記事項, notes area): 목록을 기술할 때 표제책임표시사항에서 총서사항까지의 정형의 서지사항으로 구성된 서지기술을 추가로 설명하거나 보완, 한정할 필요가 있을 때 기술되는 사항.

지시기호(指示記號, indicator): 기계가독목록에서 표시기호가 나타내는 정보이외의 정보를 추가하여 나타내고자 사용하는 부호로서 한 데이터 필드에 대해 두 자리의 숫자기호를 사용.

주제명목록(主題名目錄, subject catalog): 자료의 주제 또는 형식을 명사로 표현한 주제명을 표목으로 한 목록.

주제명표(主題名表, list of subject headings): 접근점으로 사용된 주제명 및 참조를 일정한 체계로 배열한 일람표. '주제명표목표'라고도 한다.

주제명표목(主題名標目, subject headings): 자료의 주제를 표현한 표목으로서, 채용한 주제명표(시소러스)나 주제명 전거파일에 따른 형식을 취한다.

참조(參照, reference): 목록에서 특정 접근점을 다른 접근점으로 유도하고 안내하는 기록. 특정 접근점을 직접 다른 접근점으로 유도하는 '보라 참조', 그리고 관련된 다른 접근점의 존재를 알리는 '도보라 참조'가 있다.

청구기호(請求記號, call number): 자료의 서가상의 위치를 나타내 주는 기호로 도서관에서 자료를 청구할 때 이 기호를 사용.

총서(叢書, series): 동일한 편저나 출판사에 의해 동일한 체제로 공통의 종합표제아래 일정 기간에 걸쳐 계속적으로 발행되는 다수의 독립된 저작물 전체를 말한다. 총서는 전체로서 종기(終

期)를 예정하지 않고, 계속 간행된다는 점에서는 연속간행물이지만 개개의 자료가 독립된 표제를 가지며, 출판물로서 도립되어 있다는 점에서는 단행본의 집합이다. 개개의 자료에는 순서를 나타내기 위해 총서번호가 부여되는 것이 보통이다.

총서표제(叢書標題, title of series): 여러 개로 분리된 출판물이 상호 연결되어 있을 때 각 출판물이 자체의 본 표제를 지님과 동시에 그 무리 전체에 통용되는 집합적인 표제.

통일표목(統一標目, uniform heading): 저자나 서명, 주제명 등이 복수의 상이한 형식으로 식별되는 경우, 그 중 특정 형식을 선정하여 목록에서 일관되게 사용되는 표목. 통일표목으로 선정되지 않은 다른 형식에서는 참조를 이용하여 통일표목으로 연결되어 목록의 저록집중기능을 달성하게 된다.

통일표제(統一標題, uniform title): 한 저작이 복수의 상이한 표제로 알려져 있는 경우, 이를 목록상에서 한자리에 집중하기 위해 특별히 선정된 표제.

통합자료(統合資料, integrating resources): 낱개로 분리되어 있지 않고 전체로 통합된 형태를 유지하면서, 추가되거나 갱신되는 서지적 자료이다. 예를 들면, 갱신되고 있는 가제식자료나 웹사이트, 데이터베이스 등이 여기에 속한다. ISBD(CR)에서는 통합자료를 '종간을 예정하고 있지 않은 가제식자료, 데이터베이스, 웹 사이트 등과 같이 계속적으로 간행되고 있는 자료 가운데 내용이 최신의 것으로 갱신되고 있는 것'이라고 정의하고 있다. 일본도서관협회의 목록위원회에서는 여기에 대해 자료의 특성을 가장 적절히 표현하고 있다는 측면에서 이것을 '更新資料'로 번역하고 있다.

특정자료종별(特定資料種別, special material designation, SMD): 자료가 속한 자료유형을 다시 세분하여 특정화한 이름. 자료유형표시 참조.

판(版, edition): 동일한 조판으로 인쇄한 출판물 또는 하나의 원판에 의해 생산된 출판물로 한 출판자가 간행한 것.

판권기(版權紀, colophon): 출판물의 말미에 있는 지면으로서 그 출판물의 각종 서지정보가 기재되어 있어 기술의 중요한 전거가 됨.

판사항(版事項, edition area): 자료의 내용을 수정·보완하여 다시 출판한 경우 제2판, 개정판, 증보판 등을 나타내 주는 사항.

표목(標目, heading): 카드(인쇄)목록에서 저록의 맨 위(앞)에 기재된 단어나 기호로서 저록의 배열과 검색수단이 되고 있다. 일반적으로 표제와 인명, 주제명, 분류기호 등이 표목으로 사용되고 있다. 접근점 참조.

표시기호(表示記號, tag): 가변장필드의 각각의 필드를 유형별 또는 기능별로 표시하고자 사용하는 부호로서 세 자리의 숫자로 구성됨. 태그라고도 함.

표제관련정보(標題關聯情報): 본표제 또는 대등표제 등을 한정하고 설명한 어구. 부표제라고도 함.

표제면(標題面, title page): 출판물의 첫머리에 있는 지면으로 가장 완전한 서지정보가 수록되어 으뜸전거의 대상이 됨.

표출어(表出語, display constant): 주기사항을 기술하고자 할 때 첫머리에 표시되는 어구.

필드종단기호(field terminator): 레코드내에서 하나의 필드가 종단됨을 표시하는 기호로 ISO 646의

'1E(16)'을 사용.

하위총서(下位叢書, subseries): 하위의 서지수준에 속하는 총서.

학위논문주기(dissertation note): 학위논문의 학위수여 대학명, 전공학과명, 학위수여연도 등을 나타내 주는 사항.

합철본주기(合綴本註記, 'with' note): 단행본으로 간행된 몇 개의 저작을 함께 묶은 경우 함께 묶여진 저작의 표제, 저자명, 출판사항 등을 나타내 주는 사항.

형태사항(形態事項, physical description area): 출판물의 외형적인 특징을 기술하는 사항으로서 면장수나 권책수, 삽화표시, 크기, 딸림자료의 기술이 포함됨. 대조사항이라고도 함.

색 인

국문 색인

ㄱ

가계의 접근점	395
가변길이 필드	189
가제식 목록	22
개별자료	50
개인의 접근점	394
고정길이 레코드	307
관계	332
관리용 메타데이터	67
구두법	47
구성단위저록	289
구조용 메타데이터	67
구현형	50
국가서지번호	213
국립중앙도서관 제어번호	212
국립중앙도서관 청구기호	220
국제목록원칙규범	18, 40
국제목록전문가회의	40
국제십진분류기호	221
국제표준도서번호	214
국제표준연속간행물번호	214
권·연차사항	344
권두	82
권차	99
근대 목록규칙	31, 35
기금정보주기	263, 345
기본목록	22
기본자료 저록	288
기본표목	344, 380
기본표목 - 개인명	344
기본표목 - 단체명	344
기본표목 - 통일표제	344
기본표목 - 회의명	344
기본표목 필드	351
기본표목-개인명	225
기본표목-단체명	226
기본표목-통일표제	227
기본표목-회의명	227
기술 필드	372
기술(記述)	20
기술관계	59
기술용 메타데이터	67
기술의 정보원	81
기타 표준부호	215
기타 형태저록	290

ㄴ

내용유형	248, 326, 344
내용주기	256, 345
녹음자료	96

ㄷ

단체의 접근점	396
대등관계	59
대등표제	97
데이터베이스	307
도보라참조	403
동시발간저록	291

듀이십진분류기호 ·················· 222
디렉토리 ····················· 189, 197
딸림자료 ···························· 154
딸림자료관계 ························· 59

ㄹ

레코드의 구성요소 ················ 188
레코드의 구조 ···················· 341
리더 ························· 188, 194

ㅁ

마스터 파일 ························ 315
마이크로자료 ························ 96
매체유형 ················ 248, 324, 344
메타데이터 ························· 66
모체레코드 저록 ·············· 288, 345
목록기능의 역사 ···················· 17
목록의 기능 ························· 19
목록의 요소 ························· 20
목록의 의의 ···················· 17, 49

ㅂ

발행, 배포, 간사사항 ·············· 243
발행년 ···························· 137
발행사항 ············ 83, 131, 243, 344
발행예정일자 ······················ 244
발행지 ···························· 131
발행처 ···························· 134
배포년 ···························· 137
배포지 ···························· 131
배포처 ···························· 134
번역저록 ······················ 287, 345
변형표제 ··························· 344
보라참조 ··························· 403

보유판 및 특별호 저록 ············ 287
복제주기 ··························· 262
본표제 ······························ 90
부분-전체관계 ······················ 59
부출표목 ················ 279, 345, 380
부출표목 - 개인명 ············· 279, 345
부출표목 - 단체명 ············· 280, 345
부출표목 - 비통제 ·················· 281
부출표목 - 비통제 관련/분출표제 ··· 345
부출표목 - 통일표제 ··········· 280, 345
부출표목 - 회의명 ············· 280, 345
부출표목 필드 ······················ 371
부호 필드 ··························· 350
부호화 정보필드 ···················· 205
분류목록 ···························· 24
분류색인파일 ······················ 318
분출표목 ··························· 380
비디오녹화자료 ······················ 96
비통제주제명 ······················ 345
비특정적 관계 저록 ················ 293

ㅅ

사무용 목록 ························· 22
사전체목록 ·························· 24
삽화류표시 ·························· 151
상위총서저록 ······················ 286
서가목록 ··························· 23
서명색인파일 ······················ 318
서지기술의 요소 ···················· 44
서지목록 ··························· 24
서지적 관계 ························· 57
서지주기 ······················ 256, 345
선행저록 ······················ 291, 345
세목 ······························ 403

소장기관 ·· 298	요약주기 ·· 345
소장목록 ·· 24	원본주기 ·· 263, 345
소장사항 ·· 220	원저저록 ·· 286, 345
속성 ·· 328	이용 가능한 다른 형태자료 주기 · 261, 345
수록매체유형 ·························· 248, 325, 344	이용과 복제 제한에 관한 주기 ········ 264
수상 주기 ·· 265	이용대상자 주기 ························ 261, 345
수상주기 ·· 345	이용자 과업 ·· 324
수직적 관계 ·· 58	이용제한주기 ······································ 258
수평적 관계 ·· 58	이판저록 ·· 289
숫자 필드 ·· 350	이표제면 ·· 82
숫자필드 ·· 344	이형접근점 ·· 383
시스템 사항에 관한 주기 ················ 264	인용/참고주기 ···································· 259
시스템사항에 관한 주기 ·················· 345	인용주기 ·· 345
	일반주기 ·· 254, 345
	일반참조 ·· 403

ㅇ

악보 ·· 96	입수조건사항 ······································ 182
악보 표현형식 ······································ 344	입체자료 ·· 96
약표제면 ·· 82	
언어부호 ·· 217	

ㅈ

언어주기 ·· 345	자관 청구기호 ···································· 223
여러 형태의 표제 ······························ 237	자료원부 ·· 23
연관저록 ·· 284, 345	자료유형 ·· 96
연관저록 설명 주기 ·························· 265	자료의 수량 ·· 143
연관저록 필드 ···································· 372	자산목록 ·· 17
연대적 관계 ·· 58	자원기술과 접근 ································ 323
연속간행물 ·· 96	저록(著錄) ·· 20
연속간행물의 등록표제 ···················· 344	저자명목록 ·· 23
연차표시 ·· 99	저자명색인파일 ·································· 318
열람용 목록 ·· 22	저작 ·· 50
영국도서관협회목록규칙 ···················· 36	저작권 등록번호 ································ 213
영미목록규칙 ·· 40	저작의 접근점 ···································· 384
영화 ·· 96	전거목록 ·· 23
요약 등 주기 ······································ 260	전거제어 ·· 401, 405
요약저자서명목록규칙 ························ 36	전거제어의 개념 ································ 405

전거형접근점	383, 389		

전거형접근점 ······ 383, 389
전시 주기 ······ 265
전자자료 ······ 96
전후관계 ······ 59
점자자료 ······ 96
접근점 ······ 327, 379
접근점의 의의 ······ 379
제어번호 ······ 199, 212
제어필드 ······ 198, 343
제위트의 목록규칙 ······ 36
제작사항 ······ 140
종합목록 ······ 24
종합통일표제 ······ 234
주기 필드 ······ 366
주기사항 ······ 84, 167, 254, 345
주제명목록 ······ 24, 401
주제명부출표목 ······ 272
주제명부출표목 - 개인명 ······ 272, 345
주제명부출표목 - 단체명 ······ 345
주제명부출표목 - 일반주제명 ······ 275
주제명부출표목 - 주제명 ······ 345
주제명부출표목 - 지리명 ······ 345
주제명부출표목 - 지명 ······ 276
주제명부출표목 - 통일표제 ······ 274, 345
주제명부출표목 - 회의 ······ 273
주제명부출표목 - 회의명 ······ 345
주제명색인파일 ······ 319
주제명접근 필드 ······ 370
주제명접근필드 ······ 345
주제명표목표 ······ 404
주표목 ······ 403, 407, 411
지도자료 ······ 96
지도제작의 수치데이터 ······ 344
집서의 통일표제 ······ 344

ㅊ

참조 ······ 403
책등 ······ 82
책임표시 ······ 101
책자형 목록 ······ 21
청구기호(請求記號) ······ 21
총서부출표목 ······ 297, 346
총서부출표목 - 단체명 ······ 297
총서부출표목 - 통일표제 ······ 298
총서부출표목 - 회의명 ······ 297
총서부출표목 - 개인명 ······ 297
총서부출표목 필드 ······ 373
총서사항 ······ 84, 158, 250, 344
총서사항 필드 ······ 365
출판예정 도서목록 제어번호 ······ 215

ㅋ

카드형 목록 ······ 21
카터의 사전체목록규칙 ······ 36
컴퓨터파일 또는 데이터유형 주기 ······ 345
컴퓨터파일 특성 ······ 344
키워드색인파일 ······ 318

ㅌ

통일표제 ······ 233, 344
특성공유관계 ······ 59
특정자료종별 ······ 143

ㅍ

파리원칙 ······ 40
파생관계 ······ 59
판권기 ······ 82
판사항 ······ 83, 122, 243
판차 ······ 243, 344

판표시	122
표목(標目)	20
표목지시(標目指示)	21
표제 및 표제관련사항	344
표제 필드	356
표제관련 필드	356
표제관련정보	98
표제면	82
표제목록	23
표제와 책임표시사항	82, 89, 234, 344
표준번호	182
표지	82
표현형	50
표현형의 접근점	392
프로이센목록규칙	38

ㅎ

하위총서저록	286
학위논문주기	255, 345
한국목록규칙	42, 75, 77
한국목록규칙 제4판	18, 383
합철본주기	345
합철주기	255
현재 간행빈도	247
형태기술필드	200
형태사항	83, 143, 247, 344
형태사항 등 필드	363
화상자료	96
회차	99
후속저록	292

영문 색인

A
AA Code 38
AACR 379
AACR2 333
administration metadata 67
ALA 규칙 예비판 37
ALA 저자목록규칙 38

B
Bertha 59
bibliographic record 20
braille 96

C
Carrier Type 248
CD-ROM 목록 22
Charles Ammi Cutter 18
CIP system control number 215
Collective Uniform Title 234
COM 목록 22
Content Type 248

D
DC 68
DDC 222
description metadata 67

E
Edition Statement 243
electronic resource 96

F
FRAD 53, 323
FRBR 61, 323
FRSAD 54, 55, 323

G
graphic materials 96

I
inventory list 17
ISBD 43
ISBN 214
ISSN 214

J
Jesse Hauk Shera 18

K
KORMARC 64
KORMARC 특성 301
KORMARC 형식 187, 301

L
Language Code 217
LC 기술목록규칙 38
Local Call Number 223
LRM 56

M
MARC 21 형식 341
MARC 레코드 65

MARC의 개념 ······ 62
MARC의 구조 ······ 310
Media Type ······ 248
metadata ······ 66
microform ······ 96
MODS ······ 68, 71
motion picture ······ 96
music ······ 96

N
National Bibliography Number ······ 213

O
official catalog ······ 22
On-line 목록 ······ 22
Other Stand Identifier ······ 215

P
Panizzi ······ 59
Projected Publication Data ······ 244
public catalog ······ 22
Publication, Distribution, etc. ······ 243

R
RDA ······ 41, 323, 333, 382

S
serial ······ 96
Smiraglia ······ 60
sound recording ······ 96
structural metadata ······ 67
subject catalog ······ 401

T
Tillett ······ 59
Title Statement ······ 234

U
UDC ······ 221
Uniform Title ······ 233
user tasks ······ 324

V
Varying Form of Title ······ 237
videorecording ······ 96

■ 저자소개

• 이경호(李慶浩) khlee@daegu.ac.kr

경북대학교 도서관학과 졸업
경북대학교 대학원 도서관·정보학과 석사
성균관대학교 대학원 문헌정보학과 박사
대구대학교 사회과학대학 학장 역임
한국도서관정보학회 회장 역임
한국도서관협회 대구·경북지구협의회 회장 역임
대구대학교 문헌정보학과 명예교수

〈주요 저서〉
정보시스템론 (역서, 1986)
정보학개론 (공저, 1987~1993(1~4판))
BiblioFile 목록작성 지침서 (역서, 1990)
BiblioFile 목록법: bfc 6.0버전 (역서, 1995)
학술정보탐색법 (공저, 1997)
정보학의 이해 (공저, 1998, 2000)
자동화목록법 (공저, 1998)
정보검색 (공저, 1999)
도서관자료목록법 (공저, 2000)
정보학 (2002, 2007, 2011, 2013)
자료목록법 (공저, 2003, 2005, 2007, 2009, 2016)
자료조직론 (공저, 2005, 2009)
정보봉사론 (저서, 2007) 외
학술논문 다수

• 김정현(金正賢) jhgim@jnu.ac.kr

경북대학교 도서관학과 졸업
경북대학교 대학원 도서관·정보학과 석사
중앙대학교 대학원 문헌정보학과 박사
한국도서관정보학회 회장 역임
(현)한국도서관협회 목록위원회 위원장
전남대학교 문헌정보학과 교수

〈주요 저서〉
뉴미디어와 도서관 (공저, 1992)
도서관정보관리편람 (공편, 1994)
자동화목록법 (공저, 1998)
자료조직연습론 (저서, 1999)
도서관자료목록법 (공저, 2000)
목록조직의 실제 (저서, 2001, 2006, 2011, 2024)
문헌분류의 실제 (저서, 2001, 2009, 2014)
전자자료조직론 (저서, 2002)
자료목록법 (공저, 2003, 2005, 2007, 2009, 2016)
국제표준서지기술법: 계속자료용 (공역, 2006)
재외한인 정보자원 생성과 변천 (공저, 2008)
대학원생을 위한 논문작성법 (공저, 2008)
국제연속간행물번호편람: 목록편 (역서, 2009)
비도서자료의 이해 (공저, 2010)
FRBR의 이해 (공역, 2010)
RDA의 이해 (공저, 2013)
자원의 기술과 접근: RDA (역서, 2015)
RDA의 이론과 실제 (저서, 2017) 외
학술논문 다수

자료목록법[제7판]

초 판 발　행 / 2003년　8월 10일
개정판 발　행 / 2005년　8월 15일
제3판 발　행 / 2007년　8월 15일
제4판 발　행 / 2009년　7월 20일
제5판 발　행 / 2012년　8월 20일
제6판 발　행 / 2016년　8월 20일
제7판 2쇄발행 / 2024년 11월 30일

저　자 _ 이경호·김정현
펴낸이 _ 김선태
발행처 _ 도서출판 태일사(www.taeilsa.kr)
　　　　대구광역시 중구 2·28길 26-5(남산1동)
　　　　전화 053-255-3602 | 팩스 053-255-4374
등록일자 _ 1991. 10. 10　　등록번호 _ 제6-37호

정가 26,000원

ISBN 979-11-87268-82-6　　93020

※ 무단복사, 전재를 금하며 잘못된 책은 교환하여 드립니다.